全国高等院校 21 世纪教学用书

现代教育技术技能理论与实践

焦中明　赖晓云　主　编

中国科学技术出版社

CHINA SCIENCE AND TECHNOLOGY PRESS

·北　京·

BEIJING

图书在版编目(CIP)数据

现代教育技术技能理论与实践/焦中明,赖晓云主编.—北京:中国科学技术出版社,2006.12
ISBN 978-7-5046-4633-0

Ⅰ.现… Ⅱ.①焦… ②赖… Ⅲ.教育技术学-高等学校-教材 Ⅳ.G40-057

中国版本图书馆 CIP 数据核字(2007)第 027469 号

自 2006 年 4 月起本社图书封面均贴有防伪标志,未贴防伪标志的为盗版图书。

内 容 提 要

本书是按照教育技术基本理论、教学媒体、设计与制作及整合与研究四个方面展开的。全书分为四篇共十一章,内容包括现代教育技术概论、现代教育技术的理论基础、现代教学媒体、常见教学媒体设备的使用、现代远程教育在中小学的应用、信息化时代的教学设计与教学评价、多媒体课件设计、多媒体课件制作、网络教学平台设计、信息技术与课程整合和现代教育技术研究与方法。

本书在内容设计与编排上充分考虑了与教育部出台的《中小学教师教育技术能力标准》相匹配,因而本书既可作为高等院校学生的教育技术公共课课程的教材,也可作为各类学校教师培训教材。

中国科学技术出版社出版
北京市海淀区中关村南大街 16 号 邮政编码:100081

策划编辑	林 培 孙卫华	**责任校对**	林 华
责任编辑	孙卫华 程安琦	**责任印制**	安利平

电话:010-62103210 传真:010-62183872
http://www.kjpbooks.com.cn
科学普及出版社发行部发行
北京蓝空印刷厂印刷

*

开本:787 毫米×1092 毫米 1/16 印张:19 字数:486 千字
2007 年 3 月第 1 版 2009 年 8 月第 5 次印刷 定价:29.00 元
ISBN 978-7-5046-4633-0/G·444

(凡购买本社的图书,如有缺页、倒页、
脱页者,本社发行部负责调换)

前　言

　　在我国师范教育中,为学生开设教育技术方面的公共必修课程已好多年了。2004 年 12 月,教育部出台了《中小学教师教育技术能力标准》,这是我国颁布的第一个中小学教师专业能力标准,其目的是加强中小学教师对技术的理解和应用的自觉性;加强教师信息素质的培养;使中小学教师逐步掌握并不断提高运用信息技术与学科教学进行有效整合的能力;加强技术对教育的服务与支持。这就对培养教师的师范院校提出了更高的要求,也对教育技术公共课提出了更高的要求,编制一本与之相适应的教材也是当务之急的事,本书正是基于这一思想编写的。

　　为了能使学生在学习了教育技术基础这门公共课之后达到并高于《中小学教师教育技术能力标准》中的各项能力标准,本书在许多方面都不同于其他的教育技术学教程,主要表现在以下几个方面:

　　(1)内容新。本书融入了国际教育技术领域的新概念、新观点和新的研究成果。

　　(2)结构新。本书在结构设计上充分考虑了知识的承接性,并充分考虑到国内各高校教学的实际需要,每章都明确给出了学习目标。

　　(3)实用性强。本书重视此课程教学中理论与实践的结合,在书中提供了大量的案例与范例,有利于学生通过案例学习来连接理论与实践,方便教师的教学与学生的自学。既适用于师范院校的教育技术课程的教学,也适用于中小学教师培训之用。

　　(4)教学资源丰富。本书一些实践性强的章节添加了附录,提供相关实践与实验的教学与学习案例,方便学生学习。

　　本书由焦中明与赖晓云负责全书的策划和结构的设计及内容的编写,参加编写的还有廖卫华、杨丹、孔利华、杨建军、谭支军、彭伟成和戴云武。这些教师都是长期从事教育技术学这门公共课教学与研究的一线教师。

　　本书在编写过程中引用了大量专家、学者的著作、论文和网上资源,在此表示衷心的感谢。同时感谢赣南师范学院教材基金资助项目对本教材的资助。

编　者

2006 年 12 月 20 日

目 录

第四篇　整合与研究篇

第一篇　理论篇

第一章　现代教育技术概述

学习目标
1. 指出高科技时代教育面临的挑战。
2. 理解教育技术的定义和内涵。
5. 熟悉教育技术的发展过程。
4. 了解教育技术的发展趋势。
5. 理解师范生学习教育技术的意义。

教育技术学是现代教育科学发展的重要成果，是教育科学中的一门新的综合性学科。教育技术在教学中的应用研究，改变了教育过程的模式，优化了教学过程的组织序列。随着现代教育科学和现代技术的发展，人们对教育技术的理解和认识不断深入，它的理论、概念和方法也在不断完善之中。

第一节　教育改革与教育技术

一、信息时代的教育

教育本身承载的是一个国家民族素质的提高，文化和价值观念的继承与发展。人类的发展离不开教育的发展，国家的强盛也离不开发达的教育。社会的每一次进步、每一种社会形态的更替背后都有强大技术革命的有力推动，同时技术的发展又带动教育的发展。当代科学技术，特别是信息技术的迅速发展，正在轰轰烈烈地改变着世界的一切，使几百年、几千年来逐渐形成的教育制度受到严重的挑战。面对史无前例的信息技术革命，传统教育制度的深刻变革已成为历史的必然。信息时代给教育注入了新的生机和活力，对教育产生了更高的要求。开展信息教育、培养学习者的信息意识和信息能力成为当前教育改革的必然趋势。

信息技术对教育的影响将是不可估量的。它不仅带来教育形式和学习的重大变化，更重要的是对教育的思想、观念、模式、内容和方法产生深刻影响。教育信息化是从思想观念到实践方法都必须面对的一场革命。

1. 社会对教育信息化认识的转变

鉴于信息化对学习观和教育观带来的影响，许多国家已经充分认识到信息化在教育领域中所处的重要地位，纷纷对教育信息化建设给予了前所未有的关注，把教育信息化作为提高综合国力的重要推动力，呈现出国家重视、政府推动的显著特征。如美国的教育技术规划、日本的第六代计算机进入教育网计划、欧盟的尤利卡计划、法国的实践计划行动纲领、韩国的虚拟大学、新加坡的智慧岛方案等。我国也在加大教育信息化的投入，有些有远见的大学或政府部门已经设置了教育信息化处室，统筹规划学校信息化建设、把握教育发展变革方向。但从整体上看，全社会对教育信息化的重要意义认识不足，有些部门只是喊在口头上，在网络基础设施、师资技能准备、教育资源建设上的投入远远不够。

2. 学校功能的转变

由于学习方式的多样化，大学的另一个功能——知识水平鉴别功能将渐渐增强。对学习效果的鉴别与认证将随着学生个性发展的多样化趋于复杂化、科学化、专业化。

3. 教师教学观的转变

具有现代化教学观念的教师，应从传统意义上知识的传授者转变为学习的组织者和协调者，即对学生的学习活动进行指导、组织和协调，注重培养学生自我学习及获取信息和知识的能力。过去培养学生自我学习的能力强调利用好两个工具，即字典和图书馆。今后要增加并强调互联网这个工具，强调通过互联网学习。教师要注重自身素质的提高，注重利用新技术开发课程课件。

4. 学生学习观的转变

学生应在教师的指导下，将信息网络及技术变成自觉学习、自我发现、自主探索的工具。这里就有一个观念问题，不能仅认为只有进入课堂才是学习，只有教师讲的才是知识，只有考分才说明能力，要全面、正确地理解知识和学习，理解教育信息化。

具有现代化学习观念的学生，应从传统的被动地接受知识、理解知识、掌握知识转变为主动地获取知识、处理知识、运用知识，要有能力利用信息网络进行对知识的探索，具备较强的自我学习能力。

二、信息时代的教育改革

信息时代的教育面临着一系列来自国际、国内的挑战。这就要求教育必须进行改革。

（1）教育需要更新观念，要建立全民、全时空的大教育观，针对 21 世纪人才培养需要制订整体的教育改革方案。

（2）教育需要对课程结构和教学内容进行改革。由于科学技术的高速发展，促使了学科的分化和综合，因此需要对专业设置、课程体系以及每一门课程内容进行改革。同时对人才的培养要强调个别化、个性化，加强对获取知识能力的培养，使人才培养的质量符合信息时代的要求。

（3）教育需要寻求新的模式和传播手段，以适应终身教育、全民教育的需要，传统的学校教育、正规教育的模式已经不能满足信息时代的学习需要。要充分利用新信息技术提供的新的传播手段和方法，采取多样的、更新的教育模式使更多的人获得学习的机会。

随着信息技术的发展，信息技术为教育的改革提供了可行的条件，教育技术也成为教师必备的一项基本技能。

第二节　教育技术的基本概念

一、教育技术的名称演变

由于教育和信息技术发展水平的差异，教育技术在不同的国家经历了不同的发展阶段。一般来说，发达国家的教育技术是在视觉教育、视听教育、教育传播的基础上发展起来的。

西方发达国家的教育技术的名称演变大致经历了四个阶段。

1. 视觉教育阶段

17～18 世纪，J. A. 夸美纽斯和 J. H. 斐斯泰洛齐等人创立直观教学，主要采用图片、实物和模型等直观教具来辅助教学。19 世纪末，由于科学技术的长足进步，出现了照相、幻灯、无声电影等新媒体，并相继运用于教学，它们可以为学生提供生动的视觉形象，使教学获得了良好的效果，于是产生了视觉教育的概念。1906 年美国宾夕法尼亚州一家公司出版了《视觉教育》一书，最早使用"视觉教育"这个术语，此书介绍了照片拍摄、制作与幻灯片的使用。1923 年，美国教育协会建立了视觉教育分会。1924 年在美国心理学会的会议上，S. L. 普莱西宣布他设计了第一台可以教学、测验和记分的教学机器。教学机器与音像媒体的重要区别是，前者不仅能呈现课堂材料，还能针对学生的学习情况提出反馈信息。该机器可用于个别化教学活动，因而产生了早期的个别化教学。1937 年，霍邦（G. F. Honan）等人在《课程的视觉化》一书中提出了视觉教材的模式和选用原则。如图 1-1-1 所示。

这个模式主要以教具为基准，按其所提供的教材的具体—抽象程度排列成示意图：从实地见习开始，它提供的教材最具体；越向上，具体性逐渐减少而抽象性逐渐增加；相对来说，言语最抽象。

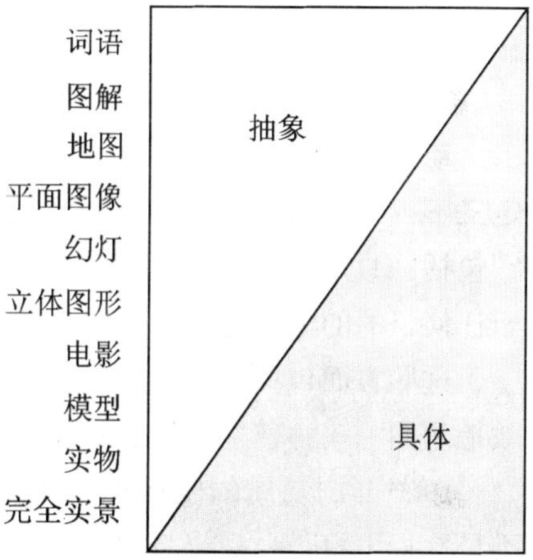

图 1-1-1 视觉教材的分类模式

2. 视听教育阶段

20 世纪 30 年代后半叶，无线电广播、有声电影、录音机先后在教育中获得运用，人们感到"视觉教育"名称已经概括不了已有的实践，并开始在文章中使用"视听教育"的术语。1931 年 7 月，美国辛克斯公司的教育电影部在华盛顿用电影教学做了一个实验：在儿童看电影的前后，分别用 5 种测验表格考查他们的学习成绩，看电影后比看电影前成绩平均增加 88 分，学生增加知识量 35％。同时，美国哈佛大学在麻省的 3 个中学所进行的实验也证明，用电影教学的学生比不用电影教学的学生成绩高 20.5％。随着第二次世界大战的爆发，视听设备在军事机关和工业部门被广泛应用。战争期间，美国政府通过其"战争培训视觉教具部"生产工业培训电影 457 部。政府为军队购买了 5.5 万部电影放映机，花费在影片上的投资达 10 亿美元。在短短的 6 个月中，把 1200 万名缺乏军事知识的老百姓，训练成为陆、海、空各兵种的作战部队，把 800 万名普通青年训练成为制造军火、船舶的技术工人。1945 年德国投降后，德军总参谋长威廉·凯塔谈及战争失败原因时说："我们精确计算了一切因素，只是没有算到美国训练军队的速度，我们最大的错误就在于低估了他们迅速掌握电影教育的速度。"视听设备在战时人员培训方面取得了显著成效，提高了人们对战后学校教学使用视听媒体的兴趣和热情。同时人们也感到"视觉教育"这一名称已不能准确反映当时的教育实践活动，因此提出了"视听教育"的概念。1947 年美国教育协会"视觉教学部"正式改名为"视听教育部"。20 世纪 50 年代电视的出现为视听教育提供了更好的手段，与电影相比，它具有制作周期短，传播、复制容易等优点，被迅速应用到教育领域。从 30 年代到 50 年代，美国掀起了一场视听教育运动。与此同时，关于视听教育理论的研究进一步推动了视听教育的发展，在诸多视听教育的研究中，尤以戴尔（Dale）的"经验之塔"理论最具代表性，它成为当时及后来视听教育的主要理论依据。

从总体上看，视听教育的概念与视觉教育没有很大的差异，没有质的飞跃，主要是把原先的视觉辅助扩充成了视听辅助工具。然而至 20 世纪 50 年代初，有两种并行的新的理论观点开始渗入视听教育领域，即传播理论和早期的系统观念，它们逐渐引发了教育技术领域的一次质的飞跃。

20 世纪 50 年代中期，美国心理学家斯金纳根据行为主义学习理论设计了新一代的教学机器——"斯金纳程序教学机"，在大学与军队中得到应用。

3. 视听传播阶段

20 世纪 50 年代以后，西方学校中视听设备和资料剧增，教育电视由实验阶段迈入实用阶段，程序教学和教学机器风靡一时，计算机辅助教育开始了实验研究。这些新的媒体手段的开发和推广使用给视听教育注入了新的血液。同时，由 H. D. 拉斯维尔等人在 40 年代创立的传播学开始向相关领域渗透，有人已将教学过程作为信息传播的过程加以研究。

60 年代前美国的国民对教育大为不满，因此美国国防委员会开展了一次全国性的课程改革运动，从而推动了对教学传播的重视，提出了视听传播的概念。1963 年对视听传播进行了定义：视听传播是教育理论和实践的分支，它主要研究控制学习过程的信息的设计和使用，它包括：①关于直观和抽象的信息的各自独特的和相互联系的优缺点的研究，这些信息可用于任何目的的学习过程；②将教学环境中的人和设施产生的教育信息结构化和系统化。

这些方面包括计划、制作、选择、管理、运用部分和整个结构系统，它的实践目标是有效地运用每一种传播方法和媒体来帮助发展学习者的全部潜能。（D. P. Ely，1963）

1960 年，美国的视听教育协会组成特别委员会，研讨什么是视听教育。1963 年 2 月，该委员会提出报告，建议将视听教育的名称改为视听传播，并对此作了详细的说明。另外，许多研讨视听教育的文章和著作，也都趋向于采用传播学作为视听教育的理论基础。

传播的概念和原理引入视听教学领域后，使广大专业工作者茅塞顿开，把眼光从表态的、单维的物质手段的方面转向了动态的、多维的教学过程。这从根本上改变了视听领域的实践范畴和理论框架，即由仅仅重视教具教材的使用，转为充分关注教学信息怎样从发送者（教师等），经由各种渠道（媒体等），传递到接受者（学生）的整个传播过程。又由于教学信息的传播是一个复杂的多要素相互作用的过程，传播理论必然会与跟它差不多同时形成的系统观念汇合，共同影响"视听教育"向"视听传播"的过程。

至此，教育界利用视听媒体术语取代原来的视听辅助名称，并有了硬件和软件之分；视听教材被视为传递教学信息的媒体，而不仅是辅助教学的工具。这时，比视听媒体术语更具包容性的名词教学资源崭露头角。学者们将关注的焦点从原先的视听教具逐渐转向整体的教学传播过程以及教学系统这一宏观层面。这种更新了的见解集中体现在伊利（D. P. Ely）于 1963 年提出的一个模式中。如图 1 - 1 - 2 所示。

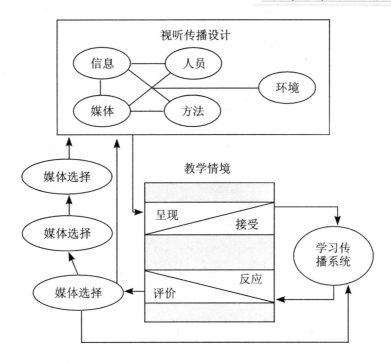

图 1 - 1 - 2　教育传播过程中的视听关系

4．教育技术形成和计算机辅助教学阶段

20 世纪 60 年代，人们开始使用教育技术这个术语，并围绕它形成了独立的知识体系。现代科学技术和现代教育理论的不断发展，赋予了教育技术充实的内涵和无限的生命力。随着微型计算机应用于教育，它的交互性已不能用视听教育来概括，1970 年 6 月 25 日，美国视听教育协会改名为教育传播和技术协会（Association for Educational Communication and Technology，简称 AECT），提出了教育技术的概念，并首次对它进行了定义。1972 年和 1977 年 AECT 又两次对定义进行修改，并在原有的传播理论、行为主义学习理论的基础上，把系统理论作为教育技术的理论基础。标志着教育技术学科和研究领域的形成。

随着多媒体计算机、网络技术、远距离通讯、激光视盘等媒体技术的发展，教育技术的实践也进一步深入，使教育技术的内涵不断丰富，同时也推动了理论的研究。把认知主义学习理论，建构主义学习理论和系统理论作为其理论基础。1994 年 AECT 对教育技术再次进行定义，使教育技术更加完善。

二、教育技术的概念

1．1994 年 AECT 对教育技术的定义

1994 年美国教育传播与技术学会（AECT）对教育技术作了全新的定义：

"教学技术是关于学习过程与学习资源的设计、开发、利用、管理和评价的理论与实践。"原文是"Instructional technology is the theory and practice of design，development，utilization，management and evaluation of processes and resources for learning"。可用图 1 - 1 - 3 来表示。

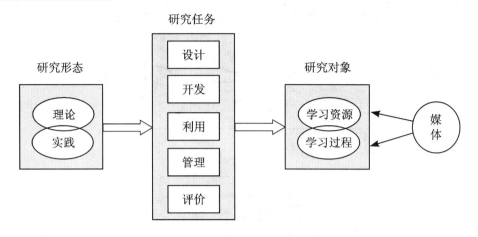

图 1 - 1 - 3　关于教育技术的 AECT94 定义的结构

　　教育技术的研究对象是有关学习过程和学习资源的。对于定义中的学习过程和学习资源，可以这样理解：学习过程是广义上的学习过程，是"学与教"的过程，既包括无教师参与的学习过程，也包括有教师参与的学习过程，前者就是通常所说的"教学过程"。学习资源并非仅指用于教学过程的设备和材料，而是指在学习过程中可被学习者利用的一切要素。学习资源有人力资源和非人力资源，其中人力资源包括教师、同伴、小组、群体等；非人力资源包括各种教学设施、教学材料和教学媒体等。

　　需要说明的是，教育技术的这五个研究领域之间不是线性的逻辑关系，它们之间既相互独立又相互渗透、协同作业，如图 1 - 1 - 4 所示。

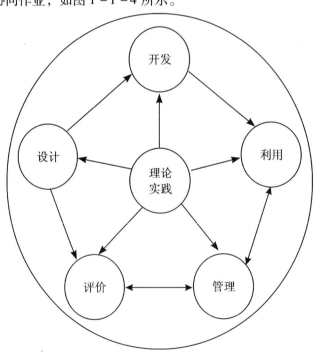

图 1 - 1 - 4　教育技术各研究领域之间的关系

2. 教育技术的研究内容

按照教育技术的 AECT94 定义，教育技术的研究内容是学习过程和学习资源的设计、开发、运用、管理和评价等五个方面，每个方面都有其具体的内容。

（1）设计：主要包括理论和实践的四个主要方面：教学系统设计、信息设计、教学策略设计、学习者特征分析。

（2）开发：是把设计方案转化为物理形态的过程。需要使用印刷技术、视听技术、计算机辅助技术、整合技术等。

（3）运用：包括媒体的运用、革新与推广、实施和制度化、政策和法规等。

（4）管理：包括项目管理、资源管理、教学系统管理和信息管理等。

（5）评价：包括问题分析、参照标准评价、形成性评价和总结性评价等。

从我国教育技术研究与应用实际来看，教育技术的研究内容可以归纳成以下七个方面。

（1）教育技术的学科基础理论：包括教育技术学科的性质、任务、基本概念、研究方法、教育技术与相关学科的关系等。

（2）视听教育的理论与技术：包括常规视听媒体的教育功能，常规媒体教材的设计、制作、使用与评价技术，各种常规媒体的组合应用，利用常规媒体优化教学过程的理论与实践研究。

（3）计算机辅助教育的理论与技术：包括计算机辅助教学、计算机辅助测试、计算机管理教学等。

（4）教学设计与评价的理论与技术：包括学习理论、教学理论、教育传播理论、系统方法论的应用研究，以及信息技术教育、信息技术与学科教学整合、现代教学测量评价技术与方法的应用研究。

（5）远程教育的理论与技术：包括计算机网络建设与教学应用、远程教育的形式、特点、组织、实施与管理等。

（6）教育技术管理的理论与技术：包括教育技术硬件设施和软件资源的管理方法、教育技术的专业设置、组织机构以及相关的方针、政策等的研究。

（7）新技术、新方法和新思想在教育中的应用：包括网络新技术、人工智能技术、虚拟现实技术等现代信息技术应用于教育的研究、开发与运用。

综合国内外专家对于教育技术的理解可以看出，教育技术的主要任务是：在系统科学方法论指导下，运用现代教育科学理论和先进的技术手段与方法，对教育、教学中存在的问题进行分析，提出解决问题的策略和方法，实施并给予评价和修改，以实现教育教学的最优化，促进学习者的良好发展。

3. 教育技术的本质特征

对于教育技术的本质特征，何克抗教授和祝智庭教授等都作过阐述。

何克抗教授的阐述是："教育技术发展的特点：①非替代性；②选择性，即适者生存；③对人的作用的认识越来越深刻；④需要新的观念，要通过推进教育的整体改革使自身获得快速发展。(《教育技术学》)"

祝智庭教授的阐述是："教育技术的本质特征：①开发和使用各种学习资源；②用系统方法设计和组织教学过程；③追求教育的最优化。(《现代教育技术——走向信息化教育》)"

对于 AECT 94 定义，国内不少学者对它进行过评述，如何克抗教授在他的《关于教育技术学逻辑起点的论证与思考》中指出教育技术学科的质的规定性——教育技术学科区别于教育学其他二级学科的根据所在。这种质的规定性就是运用技术来优化教育、教学过程，以提高教育、教学的效果、效率与效益。这里的"技术"既包括有形的"物化技术"（物化技术中又分硬件技术和软件技术），也包括无形的"智能技术"；既包括现代技术也包括传统技术。AECT 94 定义是把教育技术学的研究对象定位在学习过程与学习资源上，把教育技术学的研究范畴定位在学习过程与学习资源的设计、开发、利用、管理和评价上。由此可见，AECT 94 定义是把学习而且是未加任何限定的学习（而非教育或教学），作为教育技术学的逻辑起点，这正是 AECT 94 定义的最大缺陷；除此以外，AECT 94 定义还有一个不足之处就是，对其研究对象未作任何限定，所以，由此而形成的、有关教育技术学的定义以及学科的理论体系没有能体现出本学科的特色。

4. 教育技术 AECT 05（04）定义

2004 年暑假，"长春 2004——教育技术国际论坛"在吉林大学举行。美国 AECT 定义与术语委员会主席巴巴拉·西尔斯教授（Barbara Seels）在长春会议上首次提出了 AECT 2004 年关于教育技术的新定义，即 AECT 于 2005 年发布的 05 定义。

该定义的英文原文是："Educational technology is the study and ethical practice of facilitating learning and improving performance by creating, using and managing appropriate technological processes and resources"。

焦建利老师对 2005 年定义的翻译是："教育技术是指通过创建、运用和管理适当的技术过程和资源来促进学习和提升绩效的研究和符合职业道德规范实践。"

北京师范大学刘志波博士翻译的全文："教育技术是通过创设、使用、管理合适的技术性的过程和资源，以便利学习和提高绩效为目的的合乎职业道德规范的研究和实践。"

05 定义把 94 定义的提法，"教学技术"改为"教育技术"，将教育技术的五个领域合并为三个领域。

（1）创造。创造指的是在各种不同的，正式或非正式的环境中，创建学习情境所涉及的研究、理论和实践。创造可以包括一系列活动，具体根据使用的设计方法而定。设计方法可以由不同的习惯衍化而来：包括审美的、科学的、工程的、心理的、程序的、系统的。每一种都可以用来为有效的学习创造必要的材料和条件。

例如，系统方法要求这样一个过程：分析教学问题，设计和开发一个解决方案，在每个步骤过程中进行评价并做相应修改，最后实施解决方案。在过程中的评价和修正活动称之为形成性评价，而在项目的最后对结果的评价称之为总结性评价。不同的阶段所提出的评价问题是不同的。在前端分析阶段问题是：是否存在一个绩效问题，是否需要用教学来解决这个问题？在学习者分析阶段问题是：学习者的特征是什么？在任务分析阶段问题是：学习者需要掌握什么技能？在设计阶段问题是：学习目标是什么？设计方案是否符合这个目标？教学材料是否体现了信息设计的原则？在开发阶段问题是：这个设计原型是否能引导学习者通向最终的目标？在实施阶段问题是：是否使用了新的解决方案？是否使用恰当？对最初的问题产生了什么影响？

（2）使用。这一要素是指将学习者带入学习环境，接触学习资源所涉及的理论和实践。因此，这是一个中心活动。活动从选择合适的过程和资源（或称之为方法和材料）开始，无论选择来自于学习者还是教师。明智的选择必需基于对材料的评价，即判断现有的资源是否适合对象和目的。通常在一个教师的指导下，经过一些步骤，学习者在某个环境中接触学习材料。这样的设计和操作过程可以称之为利用（utilization）。如果资源中涉及不熟悉的媒体类型或方法，需要事先对其可用性进行测试。

当前，人们努力促使教师考虑教学革新、推广革新。这种传播的过程也可视为另一种阶段的使用。当教师将新的资源与课程计划结合起来时，就称之为整合（integration）。当这种整合大规模发生，并与革新组织结构相结合时，则称之为制度化（institutionalization）。

（3）管理。教育技术领域工作者最早的职责之一就是管理。在早年，管理的形式是指导视听中心的操作。当媒体的制作和教学开发过程变得日益复杂化和大规模时，工作人员还必须掌握项目管理（project management）技能。当开发基于信息和通信技术的远程教育项目时，教育技术人员又参与了传输系统管理（delivery system management）。所有的这些管理功能都是人事管理和信息管理的子功能。所谓人事管理和信息管理，指的是组织工作人员，设计和控制管理过程或组织中的信息存储和处理。周到的管理同样要求进行项目评价。在系统方法中，要求采用质量控制措施，以监督结果，采用质量保证措施，使管理过程不断得到优化。

定义特别阐明了为什么不再把"评价"作为一个专门的领域，因为定义提到的教育技术概念中的三个主要功能——创造、使用和管理，可以被视为三种独立的活动，由不同的人士在不同的时间中各自进行。它们也可被视为一个大的教学开发过程中的不同阶段。从系统方法论来看，每个阶段都伴随着评价的过程，实现对每个阶段的过程进行监督，并采取纠正性措施，这正是系统方法的重要特征。

新的定义特别强调了"提高绩效"与"符合伦理道德"，这是对94定义的进一步完善和发展。

（1）绩效。在定义中绩效指的是学习者的能力及其在新环境中的迁移能力。从历史上看，教育技术始终特别注重结果，以程序教学为例，这是第一个冠以教育技术名称的教学过程。程序教学以用户在教学后完成"最终目标"的程度进行评价。最终目标以精确的条件进行陈述，然后训练学习者，并根据学习者在这种条件中的表现情况进行评价。"提高绩效"同样强化了学习的新含义：不仅是静态的知识，而且是应用的能力。这段定义也反映了美国人对绩效的理解，不仅指学习成绩，更重视学习者的能力及其在新环境中的迁移能力。

（2）符合伦理道德。新定义强调指出，长久以来，教育技术一直坚持符合伦理道德的立场，并有一系列道德规范实践要求。AECT道德规范委员会通过提供一些可供讨论和理解的个案实例，积极地建立该领域的道德规范标准。事实上，针对社会上最近对于媒体和知识产权的使用道德规范的强调，该委员会已对教育技术领域的要求做了说明。

教育技术领域对伦理道德的关注正在日益增强。伦理道德并不仅仅只是一些"规定和要求"，它是行为实践的基础。事实上，与其说符合伦理道德的实践是一系列的要求、界定和新的规则，还不如说它是一种工作的方法或构想。我们的定义将符合伦理道德的实践视为本专业成功的核心，如果缺乏伦理道德的考虑，教育技术是不可能成功的。

新的定义对伦理道德的理解不仅仅是知识产权、版权意识等，更重视社会责任感。定义一再强调，从批判性的视角而言，教育技术的专业人士必须质问自己的实践活动，对自身在恰当的、符合伦理道德应用方面加以关注。从批判性的视角而言，我们无论是对那些最基本的概念，如传统的系统方法的和教学技术的效力，或是对那些强势的理论，如设计和开发技术方案等，都要加以质问。采取一种后现代主义的姿态推动教育技术工作者在实践中考虑学习者、学习环境和社会对"好"的需求；考虑应当包括谁、向谁授权以及谁拥有权威是设计和开发学习方案中的新问题。但是一种注重伦理道德的立场认为，教育技术工作者除了考虑那些传统的有效性和效率的概念之外，必须坚持对自己的实践行为提出质问。

AECT 道德准则包括"旨在帮助其个体成员和集体都保持一种高水平的专业行为"（Welliver，2001）的原则。AECT 道德准则分为三个部分：对个体的承诺，如对获取研究材料的途径的保护，努力保护专业人员的健康和安全；对社会的承诺，如对于教育问题提出真实的公众声明，从事公正、平等专业实践活动；对行业的承诺，如提升专业知识和技能，对发表的著作和观点给予准确的评价。在这三个原则中，每个都列出了一系列的承诺，来帮助教育技术专业人士知晓应采取的恰当行为，不管他们的背景和职务如何都应如此。这为那些研究者、教授、顾问、设计师和学习资源主管提供了需要考虑的事项，帮助他们形成自己的专业行为和符合伦理道德的操作方式。

5．AECT 05 定义与 AECT 04 定义的比较

自 AECT 在 2005 年发布关于教育技术的新定义（以下简称 05 定义）以来，引起了国内教育技术界的高度关注，许多专家、学者积极参与讨论、分析，甚至提出批判或质疑。到底应当如何看待 05 定义？以及 05 定义与 94 定义之间有什么样的关系？何克抗教授的观点如下。

（1）"教学技术"的名称被"教育技术"名称取代；

（2）"理论与实践"这两个研究领域被更改为"研究与符合伦理道德的实践"；

（3）"学习过程"与"学习资源"这两个研究对象被变换为"用来促进学习和提高绩效的、并有合适技术（支持）的过程和资源"；

（4）学习过程和学习资源的"设计、开发、利用、管理和评价"五个研究范畴被缩减为相关过程和资源的"创造、使用和管理"三个范畴。

在上述 4 项改变中，第（1）项没有实质性意义（在 AECT 当年发布的有关 94 定义的说明文件中就曾经指出：可以把教学技术视同教育技术）。真正有实质意义的修改是后面 3 项，尤其是第三项——它直接针对 94 定义的主要缺陷与不足。这表现在三个方面。

第一，把原来的"for learning"（为了学习）明确地改为"facilitating learning"（促进学习）。"为了学习"强调的只是"学"；"促进学习"则既强调"学"，也重视"教"（对学习的促进，很大程度上要依赖教，尤其是学校教育更是如此）。显然，这是受 Blending Learning 思想影响的结果。所以由"为了学习"转向"促进学习"是教育思想、观念的转变与提高，是和 94 定义相比最具积极意义的进步表现。

第二，将原来的"学习过程和学习资源"变换为"用来促进学习和提高绩效的、并有合适技术（支持）的过程和资源"。如上所述，由于"促进学习"有赖于教，"绩效的提高"也与教有很大关系，所以这里所说的过程和资源绝非一般的过程和资源，而是指教育过程和教育资源（对于学校来说，就是指教学过程与教学资源）；与 94 定义相比，不仅是"学习过程和学习资源"变换为"教育过程与教育资源"，而且这种过程和资源的前面加了修饰语——并非任意的教育过程与教育资源，而是伴随有合适技术的（即有合适技术支持的）教育过程与教育资源。这样就较好地克服了 94 定义未能体现教育技术学科特色的不足。必须强调指出的是，05 定义中所规定的、作为教育技术学研究对象的过程和资源，尽管在其前面加了起修饰作用的限定词（有合适技术的），但由以上分析可见，并未能改变其教育过程和教育资源的本质；千万要避免断章取义地把 05 定义中的过程和资源仅仅理解为"有合适技术的过程和资源"（即变成纯技术性的过程和资源），若是这样，那就大错而特错了。

第三，除了强调相关过程和资源要促进学习之外，还强调要提高绩效。对学习者来说，

绩效是指有目的、有计划的行为倾向和结果（即学习者的能力及其在新环境中的迁移能力）；对企业来说，绩效则是指该企业预期的、符合总体目标的业绩。和 94 定义相比，增加有关"绩效"的考虑，不仅显得 05 定义既关注学习过程也关注学习结果，而且还表明通过培训来提高企业绩效也是教育技术学重要的研究与应用领域。可见，以上三个方面都是 05 定义和 94 定义相比，有所前进、有所发展的突出优点。

至于上述 4 项改变中的第（2）和（4）两项，美国伊利（D. P. Ely）和我国学者孟红娟等人则认为是 05 定义的败笔，和 94 定义相比，不仅没有前进反而倒退了。

先看第（2）项修改。它涉及两个方面：第一，以"研究"（study）取代"理论"（theory）。伊利认为以"研究"取代"理论"在一定程度上造成了"教育技术内涵的游移不定，对澄清领域内的一些问题并没有任何帮助"；与 94 定义所使用的"理论"相比，05 定义使用"研究"一词"把基于直觉与经验的批判性反思作为一种重要研究方法的同时，也消解了教育技术作为一个专门研究领域致力于理论创建的努力，不利于教育技术的学科建设。"第二，在"实践"之前加上"符合伦理道德"的修饰语，强调伦理道德的重要性无疑是对的，但不应把它直接纳入定义而应通过制订专门的职业道德规范加以限制及约束。

再看第（4）项修改——将"设计、开发、利用、管理和评价"五个研究范畴缩减为"创造，使用和管理"三个范畴。尽管新定义使用了比 94 定义更通俗化的术语，以便让更多的非教育技术专业人士能够理解；但是，这样做是以丧失教育技术理论框架的清晰性为代价的。系统方法是教育技术的核心，只有通过系统方法才能把握教育技术的本质。94 定义的原有理论框架是历史形成的，"设计、开发、利用、管理与评价"已成为教育技术学科领域相对独立而且稳定的研究范畴，其中涉及的概念、术语均已明确界定，且有各自特定的内涵与外延。因此，若继续运用这一理论框架将能有效地促进教育技术学科的发展。反之，若代之以"创造"、"使用"之类未经明确界定的非专业术语，既不利于本领域内专业人员之间的沟通与交流，更不利于教育技术学科理论体系的形成与发展。

第三节　教育技术的发展与趋势

一、教育技术的产生

教育技术作为一个新兴的实践和研究领域，在美国开始于 19 世纪末期的视听教育和程序教学运动，在中国是以"电化教育"出现，并从"电化教育"综合发展演变而来。从 1963 年到 1994 年，美国教育技术界对教育技术进行了多次定义。我国的学者在多年的研究和实践当中，对教育技术也逐渐形成了自己的看法，并针对新兴技术和传统技术的结合，提出了现代教育技术的概念。普遍认为教育技术的发展分为五个阶段。

第一阶段 17 世纪中叶至 19 世纪末，称为直观教育技术阶段。这一阶段的特点是强调"感觉是一切知识的源泉"，注重图片、模型、书本、黑板、粉笔等媒体的结合，确立了直观性教学原则。

第二阶段 19 世纪末至 20 世纪 40 年代，称为教育技术初期发展阶段，也称为"媒体技术阶段"。在这一阶段，许多工业实用技术成果，如幻灯、照相、电影、电视、计算机等引入了教育领域，对教育技术的发展产生了重大影响，由视觉教育和播音教育发展为视听教育。

第三阶段 20 世纪 50 年代到 60 年代，称为教育技术迅速发展阶段。在这一阶段，任务分析、行为分析、标注参照测验、形成性评价等一系列系统方法被引入教育领域，视听教育的范畴被突破，视听教育也登上了一个新台阶——教育技术，因而具备更为广泛的内涵。

第四阶段 20 世纪 70 年代到 90 年代初，称为系统发展阶段。在这一阶段，现代系统科学方法论应用于教育领域，"教育技术学"诞生，并提出了"教学设计"的思想。

第五阶段 20 世纪 90 年代起至今，称为网络发展阶段。随着现代科学技术的发展，特别是多媒体技术、网络通信技术在教育中应用，教育技术正步入信息技术发展阶段。在这一阶段，教育技术的显著特点是技术的综合化和多媒体化。多媒体技术的出现，使得电子视音频技术（声像技术）、信息技术、通信技术（包括卫星通信技术、网络通信技术）这三大信息处理技术融为一体，使得教育技术由此进入了一个多媒体化、网络化、信息化的时代。

二、我国教育技术的起步与发展

我国的教育技术萌芽于 20 世纪 20 年代，起步于 30 年代。自 30 年代以来，一直用"电化教育"这个概念来表示运用先进的媒体技术进行教育教学活动。在几十年的发展历程中，尽管这一概念的内涵不断地扩充，以把最新的教育技术纳入其中，但是这一名称却始终没有改变，表明它具有强大的生命力。所以，在中国很多时候把"电化教育"作为"教育技术"的同义语。

1. 教育技术与电化教育的关系

教育技术名称来源于国外，现已在我国正式使用。电化教育是我国特有的名词，至今仍被广泛使用。电化教育一词是 20 世纪 30 年代在我国出现的。对于电化教育这个名称，如《中国大百科全书》所说，是"利用幻灯、投影器、电影、无线电广播、电视、录音、录像、程序学习机和电子计算机等教学设备及相应的教材进行的教育活动"。传到国外，《国际教育辞典》把它解释为"中文用以说明借助收音机和电视之类所进行的教育的术语"。显然，电化教育这个概念对其所涉及的传播媒体的范围是有明确规定的，即限于所谓的电能和电子传播媒体。

从概念的本质上说，教育技术与电化教育是相同的，两者都具有应用学科属性，目的都是要取得最好的教育效果，实现教育最优化。两者的特点、功能以及分析、处理问题的方式也是相同或相近的，都是利用新的科技成果开发新的学习资源，并采用新的教与学的理论、方法控制教学过程。

但是从概念的涵盖面来看，教育技术的范围要比电化教育广泛得多。教育技术指的是所有的学习资源，包括与教育有关的一切可操作的要素；而电化教育所涉及的则主要是利用科技新成果发展起来的声、像教学媒体。由此，在处理问题的方法方面，教育技术主要采用了系统的方法，它所考虑的是整个教育的大系统，即"教与学总体过程的系统方法"；在具体实施过程中，它能运用于教育系统的不同的层次，可以是教育规划方面的宏观问题，也可以是课程开发层次的问题，还可以是具体的课堂教学过程中的问题。而电化教育虽然也用系统的方法来考虑、处理问题，但它的重点放在电子传播媒体的选择、组合和应用的小系统。当然，电化教育有时也涉及较大范围的问题，不过更多的情况是大中系统的其他因素作为不变条件，而主要去研究小系统的控制和变化效果。

如此看来，电化教育是教育技术的一个部分，是教育技术发展到一定阶段的产物，是注重现代媒体的开发和利用的阶段性的教育技术，是狭义的教育技术。

2. 我国教育技术的萌芽阶段

20 世纪 20 年代，受美国视听教育运动的影响，我国教育界也尝试利用电影、幻灯等媒体作为教学工具。主要运用幻灯、播音、电影等媒体进行社会教育和学校教育活动，由此揭开了中国电化教育发展的序幕。1919 年开始幻灯教学的实验；1920 年，商务印书馆创办的国光电影公司拍摄无声教育影片《女子体育》与《盲童教育》；1922 年商务印书馆出版了我国第一本教育技术专著《有声电影教育》（陈有松著）；1932 年成立了"中国教育电影协会"；1936 年，我国最早的教育技术刊物《现代教育技术》周刊在上海出版；1937 年建立了"播音教育指导委员会"；1940 年，教育部将"电影教育委员会"和"播音教育委员会"合并成立了"电化教育委员会"；1940 年，当时的国立教育学院设立电化教育专修科，1948 年改为电化教育系，培养电化教育专门人才；1945 年，我国最早的教育技术系在苏州国立社会教育学院建立；1948 年 8 月中华书局出版了《电化教育讲话》。

3. 我国教育技术的初步发展阶段

中华人民共和国成立以后，中国教育技术的发展翻开了新的一页。1949 年 11 月在文化部科技普及局成立了电化教育处，负责领导全国教育技术工作。

（1）播音教育和电视教育成为社会教育的重要形式。1949 年，北京人民广播电台和上海人民广播电台举办俄语讲座，后又改为俄语广播学校。每年参加学习的学员达 5000 人，到1960 年，累计招生 19 万多人。1960 年起，上海、北京、沈阳、哈尔滨、广州等地相继开办电视大学，培养社会发展急需的人才，取得了一定的成绩。

（2）学校电教促进教育改革。北京师范大学、西北大学等许多高校开设了"电化教育"、"视听教育"等课程。同时，一些高校开始尝试利用视听媒体辅助课堂教学，特别是在外语教学方面取得了较好的效果。在 1958 年前后，中国掀起了教育改革运动，推动了高等学校和中小学电化教育活动的开展。北京、上海、南京、沈阳等地相继成立了电化教育馆，负责开展中小学的教育技术活动，取得了很大的成绩。

4. 我国教育技术迅速发展阶段

20 世纪 70 年代，受"文化大革命"的影响，我国的教育技术几乎没有发展。党的十一届三中全会以后，我国的教育技术获得了长足发展。1995 年，中国教育科研网开通，标志着中国网络教育应用的开端。2000 年，教育部制订了在中小学普及信息技术教育和实施"校校通"工程的战略目标。

在教育技术的组织机构方面，从 1979 年开始，教育部成立了电化教育局和中央电教馆，负责全国的教育技术管理和业务工作。现在，中央和各省市都建立了电化教育馆，各级各类学校建立了专业性的教育技术机构。1991 年中国电化教育协会成立。

在学术刊物方面，主要有《中国电化教育》、《电化教育研究》、《中国远程教育》、《开放教育研究》、《现代远距离教育》、《外语电化教学》等。其中，《中国电化教育》由中国电化教育杂志社主办，是一本面向教育工作研究人员和实践工作者的综合性杂志，属于中国教育类核心期刊。《电化教育研究》创刊于 1980 年 11 月，是一本理论性刊物，主要由电教理论探讨、网络教育、中小学电教研究等栏目构成。

在人才培养和学科建设方面，1978 年全国有教育技术从业人员 1400 多人，据 1995 年的调查，我国已有教育技术机构 74849 个，专职从事教育技术工作的人员达 20 万人。从 1978年开始，几所高等院校着手开设教育技术（电化教育）专业。1986 年，国务院学位委员会正式批准北京师范大学、河北大学、华南师范大学设立教育技术学硕士学位授予点。2004年5月的统计，全国高等院校开办教育技术学专业的共140所，其中38所高校具有教育技术学硕士学位授予权，6所高校有博士学位授予权，从而形成了完整的、多层次的、多方向的教育技术专业人才培养体系。

三、教育技术的发展趋势

随着现代科学技术的发展和教育信息化建设步伐的加快，教育技术也将不断发展，其发展趋势主要体现在以下几个方面。

1. 教育技术作为交叉学科的特点将日益突出

教育技术是涉及教育、心理、信息技术等学科的一门交叉学科。教育技术需要技术，尤其是信息技术的支持。作为交叉学科，教育技术融合了多种思想和理论，它的理论基础包括教育理论、学习理论、传播学、系统理论等。在教育技术领域内，上述理论相互融合，以促进人的发展为目标而各尽其力。现在，教育技术研究不仅关注个别化学习，还对学生之间如何协同与合作进行系统的研究。此外，教育技术交叉学科的特性决定了其研究和实践主体的多元化，协作将成为教育技术发展的重要特色。包括教育、心理、教学设计、计算机技术、媒体理论等不同背景的专家和学者共同研究和实践，开放式的讨论与合作研究已成为教育技术学科的重要特色。

2. 教育技术将日益重视实践性和支持性研究

教育技术作为理论和实践并重的交叉学科，需要理论指导实践，在实践中进行理论研究。目前，教育技术研究最前沿的两个领域是信息技术与课程整合和网络教育，所有这些乃至终身教育体系的建立都强调对学习者学习的支持，即围绕如何促进学习展开所有工作。正因如此，人们将会越来越重视包括教师培训、教学资源建设、学习支持等在内的教育技术实践性和支持性研究。

3. 教育技术将日益关注技术环境下的学习心理研究

随着教育技术的发展，技术所支持的学习环境将真正体现出开放、共享、交互、协作等特点，因此，适应性学习和协作学习环境的创建将成为人们关注的重点。教育技术将更加关注技术环境下的学习心理研究，深入研究技术环境下人的学习行为特征、心理过程特征、影响学习者心理的因素。更加注重学习者内部情感等非智力因素，注重社会交互在学习中的作用。

4. 更重视学习活动的设计与支持

未来的教学设计将不仅重视学习资源和学习过程的设计，而且更重视学习活动的设计和支持。为了培养综合素质的人才，教学设计将越来越关注课程整合尤其是一般学科与信息技术的整合。在整合过程中，如何设计研究型的学习活动、基于实际问题的学习活动，综合型的学习活动、协作型的学习活动，以便让学习者综合应用多个学科领域的知识，培养创新人才是教学设计的重点，也是难点。学习者的学习过程和活动的设计将更加灵活和弹性化，教师在学习过程中的指导者角色将更为突出，学习过程的支持研究将变得更为重要。

5. 教育技术的手段将日益网络化、智能化、虚拟化

教育技术网络化的主要标志就是Internet应用的迅速发展。在信息社会中，Internet是进行知识获取和信息交流的强有力工具，它将改变人们的学习、工作和生活方式。基于Internet

的远程教育目前正在发挥着越来越重要的作用。

人工智能是一门研究运用计算机模拟和延伸人脑功能的综合性学科。与一般的信息处理技术相比，人工智能技术在求解策略和处理手段上有其独特的风格。人工智能的一些成果，以及智能计算机辅助教育系统目前已在教育教学领域得到应用。

虚拟现实是继多媒体广泛应用后出现的更高层次的计算机接口技术，其根本目标是通过视、听、触等方式达到真实体验和交互，它可以有效地被用在教学、展示、设计等方面。虚拟现实技术支持下的学习环境将成为人们进行思维和创造的助手，以及对已有概念进行深化和获取新概念的有力工具。随着教育信息技术的发展，教育技术网络化、智能化、虚拟化的程度将日益提高，并对教学手段、教学方法和教学模式产生深远影响。

第四节　教育技术与教师信息素养

现代教育技术是以计算机为核心的信息技术在教育、教学领域的运用，显然，这决不能仅仅看做一般的教育手段和教学方法的运用问题。信息技术的深入发展将导致整个经济基础和上层建筑的彻底变革，那么，信息技术在教育教学领域的全面应用，也必将导致教学内容、教学手段、教学方法和教学模式的深刻变革，并最终导致教育思想、教学观念、教与学的理论乃至整个教育体制的根本变革。因此教师及作为未来教师的师范生学习和掌握现代教育技术既非常必要也非常重要。世界各国分别对教师的教育技术能力提出了要求，这里以中、美两国对中小学教师的教育技术的要求为例进行说明。

一、美国国家教师教育技术标准

作为一个信息时代的合格教师，究竟应该具备哪些有关信息技术的基本知识、技能和素养，具备哪些运用信息技术进行教学的知识和技能，才能有效地在课堂教学中使用信息技术？早在 1993 年，国际教育技术联合会（International Society for Technology in Education，简称ISTE）就制订了美国国家教师教育技术标准（National Educational Technology Standard for Teachers，简称 NETS），具体说明了教师在教学中有效运用计算机和其他电子设备所必须具备的技能和知识。美国国家教师教育认证委员会（The National Council for Accreditation of Teacher Education，简称 NCATE）将这个标准作为审核教师认证、培训相关项目的依据。具体如下：

- 美国国家教师教育技术标准（第三版）

Ⅰ．技术的操作和概念：教师应对技术的操作和概念形成正确的理解。

A．形成有关技术的基本知识、技能和概念理解。

B．能持续更新自己有关技术的知识和技能，以跟上技术的新发展。

Ⅱ．策划和设计学习环境和过程：教师策划和设计基于技术支持的学习环境和过程。

A．设计适应学生发展水平的学习活动，在其中采用能够发挥技术优势的教学策略，满足学习者的不同需要。

B．在设计教学环境和过程时，能利用教学技术研究的新成果。

C．能够找到各种技术资源，并对其进行鉴别，评价其精确度和适用性。

D．制订学习活动中教学资源的管理计划。

E．制订技术环境中学生学习的管理策略。

Ⅲ．教学、学习与课程：教师完成全部课程计划，其中包含应用技术促进学生学习的最优化方法和策略。

A．使基于技术的学习同时达到课程内容标准和学生技术标准。

B．用技术支持以学习者为中心的教学策略，满足学生的不同需要。

C．运用技术发展学生的高级思维能力和创造力。

D．管理学生在技术化环境中的学习活动。

Ⅳ．测试与评估：教师利用技术进行更方便、有效的评估。

A．运用技术、采用多种评价方法来评价学生对学科内容的掌握情况。

B．利用技术收集、分析各种数据，得出分析结果，并与他人交流、分析结果，以改进教学实践，促进学生学习的最优化。

C．使用多种评价方法，判断学生在学习、交流和实践活动中使用技术资源的有效性。

Ⅴ．工作实效和职业实践：教师利用技术促进他们的工作实效和职业实践。

A．利用技术资源促进持续的专业能力发展和终身学习。

B．对自己的教学活动进行不断的评价和反思，以便在利用技术促进学生学习方面作出有效的决策。

C．利用技术提高自己的工作实效。

D．借助技术手段与其他教师、家长和社区成员进行交流、合作，以更好地促进学生的学习。

Ⅵ．社会、道德、法律、人性方面的问题：教师要了解与学前教育、中小学中技术应用有关的社会、道德、法律和人性问题，并将这些知识观念应用于实践中。

A．示范、传授与技术利用有关的法律和道德习惯。

B．利用技术资源使不同背景、不同性格、不同能力的学习者均能得到良好的发展。

C．能够鉴别、使用体现多元化差异的技术资源。

D．促进技术资源的健康、安全使用。

E．保障所有学生能够有均等的机会使用各种技术资源。

二、针对"已经完成第一年教学实践的教师"的具体行为项

需要说明的是，这些具体行为项可能涵盖一个或多个能力范畴，每个行为项所涵盖的能力范畴在后面的括号中有标注。

（1）能够评价本校的技术资源状况，充分利用可获取的技术资源设计教学活动，确定合适的方法以进一步获得其他必要的软件和硬件，以满足本班学生的具体学习需要。（Ⅰ，Ⅱ，Ⅳ）

（2）依据地区、州的标准，对各种技术系统、资源和服务作出合理的选择。（Ⅰ，Ⅱ）

（3）安排使用技术资源的平等机会，让不同学科、不同年级的学生都能进行成功的学习活动。（Ⅱ，Ⅲ，Ⅵ）

（4）不断精心设计教学过程，将技术资源整合到教学中，将课程内容的学习与学生对技术的掌握最佳地结合起来。（Ⅱ，Ⅲ）

（5）设计、实施基于技术的学习活动，促使学生进行分析、综合、解释活动，创造新颖的作品。（Ⅱ，Ⅲ）

（6）作为课堂教学及其他特殊教学活动的一部分，教师应该能够对学生使用技术资源的情况进行有效的管理，要为此进行计划、实施和评价。（Ⅰ，Ⅱ，Ⅲ，Ⅳ）

（7）采用各种教学技术策略与分组策略（如全班性的、协作性的、个别化的、以学习者为中心的等），其中包括适当的隐含式测验（embedded assessment），以更好地适应学生的不同需求。（Ⅲ，Ⅳ）

（8）增加学生利用学校及社区资源的机会，以发展他们的技术水平和具体学科能力。（Ⅲ）

（9）教会学生有关的方法、策略，以评价利用技术工具所收集信息的有效性和可靠性。（Ⅱ，Ⅳ）

（10）识别、发现学生在技术应用上的天分，给他们提供与教师、同伴及他人分享知识经验的机会。（Ⅱ，Ⅲ，Ⅴ）

（11）引导学生使用自评、同伴互评工具，对学生创作的技术产品及其创作过程作出批判性评价。（Ⅳ）

（12）支持并帮助学生使用能体现社会需求、文化特性，能促进与全球社区互动的技术。（Ⅲ，Ⅵ）

（13）借助测评结果（如学生档案袋、计算机辅助测验、电子档案袋）来改进教学的计划、管理和学习策略的实施。（Ⅱ，Ⅳ）

（14）用技术工具来收集、分析、解释、表现、交流有关学生表现及其他信息的数据资料，以便制订教学计划、改进学校工作。（Ⅳ）

（15）利用技术资源促进学校与学生父母或其他监护人的沟通。（Ⅴ）

（16）识别当前的和正在出现的技术资源的优势与局限，评价这些系统或服务在满足个人生活、终身学习和实际工作需求方面的潜力。（Ⅰ，Ⅳ，Ⅴ）

（17）参与基于技术的协作活动，并将其作为持续性的、综合性的职业发展的一部分，以不断掌握最新的可以促进中小学学生学习的技术资源。（Ⅴ）

（18）对于技术和信息的使用，能够在学生、同事及社区成员之中提倡和做出合乎法律、道德的行为。（Ⅴ，Ⅵ）

（19）强化课堂程序，引导学生安全、健康地使用技术，利用技术来帮助有特殊需要的学生。（Ⅵ）

（20）提倡学生在学校、社区、家庭中均有平等的使用技术资源的机会。（Ⅵ）

（21）实施与学区、学校政策相一致的程序，保护学生的隐私，保障学生资料信息的安全。

2000年，美国教育部还颁布了《美国国家教育技术标准学生标准》，它与ISTE制订的国家教师技术标准相一致，明确规定各年级的中小学学生在各个学科的学习中，除了达到学科课程标准外，还必须学会利用掌握的信息技术技能进行学科学习，达到"教育技术标准"的要求。如果学生只达到课程标准的要求而未达到"教育技术标准"，仍不能算是一名合格的毕业生。

三、中国中小学教师教育技术标准

为了贯彻经国务院批准的《2003～2007年教育振兴行动计划》，配合基础教育课程改革和"农村中小学现代远程教育计划"的实施，提高中小学教师教育技术能力水平，按照《教育部关于加快推进全国教师教育网络联盟计划，组织实施新一轮中小学教师全员培训的意见》（教师［2004］4号）精神，2005年4月4日教育部下发了·《教育部关于启动实施全国中小学教师教育技术能力建设计划的通知》（教师［2005］5号）决定启动实施全国中小学教师教育技术能力建设计划。

全国中小学教师教育技术能力建设计划的宗旨是：以《中小学教师教育技术能力标准（试行）》为依据，以全面提高教师教育技术应用能力，促进技术在教学中的有效运用为目的，建立教师教育技术培训和考试认证体系，组织开展以信息技术与学科教学有效整合为主要内容的教育技术培训，全面提高广大教师实施素质教育的能力水平。

该计划按照"总体规划、分步实施、学用结合、注重实效"的原则组织实施。从2005年开始，组织部分省（自治区、直辖市）先行试点。在取得经验的基础上，从2006年开始在全国范围内推开。到2007年底，各省（自治区、直辖市）通过采取多种途径和方式，使绝大多数中小学教师普遍接受不低于50学时的教育技术应用能力培训，并参加国家统一组织的教育技术能力水平考试认证。

《中小学教师教育技术能力标准（试行）》是指导开展中小学教师教育技术培训与考核的基本依据，适用于中小学教学人员、中小学管理人员和中小学技术支持人员教育技术能力的培训与考核。教育部还将依据这一《标准》研究建立中小学教师教育技术培训、考试和认证体系，以促进中小学教师教育技术培训与考核的健康发展。

这个试行标准分为"教学人员教育技术能力标准"、"管理人员教育技术能力标准"、"技术人员教育技术能力标准"几部分，每一部分都制订了"意识与态度"、"知识与技能"、"应用与创新"、"社会责任"方面的细则。例如在"知识与技能"的"基本技能"中，列举了掌握信息检索、加工与利用的方法，掌握常见教学媒体选择与开发的方法，掌握教学系统设计的一般方法，掌握教学资源管理、教学过程管理和项目管理的方法等。具体如下。

1. 中小学教师教育技术标准（教学人员）

1   范围

本标准表述了中小学教师教育技术标准中有关教学人员的要求。标准中的教学人员是指基础教育系统内从事学科教学工作的教师。本标准适用于：

A. 基础教育系统中从事学科教学的人员；

B. 对教学人员进行培训与培养的组织；

C. 对教学人员进行教育技术方面内容审核的各级教育组织；

D. 制订相关标准的人员。

2   引用标准

无

3   术语与定义

3.1   教育技术

教育技术是关于学习过程和学习资源的设计、开发、利用、管理和评价的理论与实践。在教育教学中，针对教学实际需求和条件，应用教育技术的方法和原则，通过有效选择和开发必要的资源，选择合适的教学模式、方法和评价手段，可提高教育、教学的效率和效果。

在进入信息时代，特别需要注重信息技术及其应用。

3.2   教学系统

教育系统的子系统。既可理解为由教师、教材设计者和课程专家及其他人开发编制的供学生学习的教学计划（可以是学校的全部教学工作，也可以是一门独立课程，甚至只涉及几小时的教学），也可理解为任何一个为达到一定教学目的、教学目标而组织的机构和方法。把教学看成一个系统是教学设计的需要，便于考虑整体实施的步骤，考虑各部分的关系，对整体作评价和最优选择。

3.3 教学系统设计

教学系统设计又叫教学设计，是运用系统方法，将学习理论与教学理论的原理转换成对教学目标（或教学目的）、教学条件、教学方法、教学评价等教学环节进行具体计划的过程。其根本目的是通过对学习过程和学习资源所做的系统安排，创设各种有效的教学系统，以促进学习者的学习。

3.4 信息

信息是对事物属性及其动态的表征。在教育中包括表示教学内容的信息，描述师生特性的信息，反映教学过程动态的信息等。

3.5 信息资源

信息资源是指通过一系列的认知和创造之后以符号形式储存在一定载体上，可供利用的全部信息，它由信息内容、符号、载体等要素构成。

3.6 信息技术

信息技术是指研究信息如何产生、获取、表示、传输、变换、识别和应用的科学技术。其中应用在教育领域的信息技术主要包括数字音像技术、卫星电视广播技术、多媒体计算机技术、人工智能技术、网络技术和虚拟现实仿真技术等。

3.7 信息处理

信息处理是指基于一定的目的，对信息进行收集、编码、存储、整理、分类、分析等系统化的操作。

3.8 教育信息

教育信息是指反映教育/教学系统中诸要素属性及其相互关系与系统动态的数据资料。

3.9 信息化

信息化是指将信息资源和信息技术，应用于社会各个领域和部门的过程。

3.10 教育信息化

教育信息化是指在教育与教学的各个领域中，积极开发并充分应用信息技术和信息资源，促进教育现代化以培养大批适应信息社会需求人才的过程。

3.11 信息素养

广义的信息素养包括信息意识、信息能力和信息道德等三方面的素质，狭义的信息素养通常只指信息能力。

3.12 信息意识

信息意识是人脑特有的对信息和信息活动的态度控制系统，即对客观事物中有价值信息的觉察、认识和力图加以利用的强烈愿望。

3.13 信息能力

信息能力是指对信息的获取、分析、加工、创造、传递、利用与评价的能力。

3.14 信息道德

信息道德是在信息领域调整人们之间相互关系的行为规范和社会准则，它是信息化社会最基本的伦理道德之一。信息道德的主要内容是：诚实守信、实事求是；尊重人、关心人；己所不欲，勿施于人；在信息传递、交流、开发利用等方面服务群众、奉献社会，同时实现自我。

3.15 信息安全

　　信息安全就是要保障电子信息的有效性，它涉及信息的保密性、完整性、可用性和可控性。保密性就是对抗对手的被动攻击，保证信息不泄漏给未经授权的人；完整性就是对抗对手主动攻击，防止信息被未经授权的篡改；可用性就是保证信息及信息系统确实可以为授权使用者所用；可控性就是对信息及信息系统实施安全监控。

　　3.16　信息技术与课程整合

　　信息技术与课程整合是指在学科教学过程中通过把信息技术、信息资源和课程内容有机结合，来构建一种良好的学习环境和有效的学习方式。

　　3.17　信息技术教育

　　信息技术教育是指以培养学生的信息技术知识与能力，即以提高学生信息素养为目标的教育。

　　3.18　学习资源

　　学习资源是在学习过程中可被学习者利用的一切要素，主要包括下列内容：

　　A．信息：主要指教学内容。例如：概念、规则、原理等；

　　B．材料：信息的载体。例如：课本、录音带、CAI 课件等；

　　C．设备：加工、传递信息的工具。如：幻灯、投影仪、录音机、录像机、计算机、网络等；

　　D．人员：促进学习的人。如：专家、教师、小组、同伴等；

　　E．场所：学习所处的物理环境。如：教室、图书馆等；

　　F．资金：学习所需的费用。如：学费、培训费等。

　　学习资源必须与具体的学习过程结合起来，才能有现实的教学意义。对学习过程和学习资源的有效分析和设计是教育技术应用的基础。

　　4　规范要求

　　4.1　意识与态度

　　4.1.1　教育技术的重要性

　　4.1.1.1　能够认识到教育技术的有效应用，对于推进教育信息化的重要作用

　　4.1.1.2　能够认识到教育技术的有效应用，对于促进教育改革的重要作用

　　4.1.1.3　能够认识到教育技术的有效应用，对于顺利实施新课程标准的重要作用

　　4.1.2　应用意识

　　4.1.2.1　具有在教学中开展信息技术与课程整合的兴趣与愿望

　　4.1.2.2　具有在教学中应用技术进行教学改革研究的兴趣与愿望

　　4.1.2.3　具有运用技术不断丰富教学资源的意识与愿望

　　4.1.2.4　密切关注新技术的价值，不断挖掘教育中应用的潜力

　　4.1.3　评价与反思

　　4.1.3.1　具有对技术在教学中应用的效果与效率进行评价与反思的意识

　　4.1.3.2　具有对学习资源利用进行评价与反思的意识

　　4.1.3.3　具有对教学统计信息的评价与分析的意识

　　4.1.4　终身学习

　　4.1.4.1　具有积极学习信息技术的意识

　　4.1.4.2　具有利用技术进行终身学习，实现持续性专业发展与个人发展的能力

　　4.2　知识与技能

4.2.1　理论知识

4.2.1.1　了解现代教学理论和新型教育观念

4.2.1.2　了解中小学学生认知发展规律及学习理论

4.2.1.3　了解教育传播理论和系统方法

4.2.2　基本技能

4.2.2.1　掌握信息检索、加工与利用的方法

4.2.2.2　掌握教学系统设计的一般方法

4.2.2.3　掌握常见教学媒体选择与开发的方法

4.2.2.4　掌握资源管理、过程管理和项目管理的方法

4.2.2.5　掌握对教学媒体、学习资源、统计数据与教学效果的评价方法

4.3　应用与创新

4.3.1　教学实践

4.3.1.1　有效地分析课程的教学目标、教学内容，根据学生特点和教学条件设计合理的教学过程，并积极寻求优化教学的措施

4.3.1.2　积极开展不同学科内容之间的整合，并积极实现信息技术与课程的有效整合

4.3.1.3　掌握、应用和整合与学科教学相关的技术资源和校内外学习资源

4.3.1.4　在教学过程中，不断为学生创设各种应用技术进行实践的机会

4.3.1.5　应用技术辅助开展对学生的评价和对课程的评价

4.3.2　教学管理

4.3.2.1　制订与实施教学活动中学习资源的管理计划

4.3.2.2　制订与实施技术环境中学生学习活动的管理策略

4.3.2.3　制订与实施教学过程管理与改进的策略

4.3.3　教学科研

4.3.3.1　针对实际情况进行教育技术应用模式的研究

4.3.3.2　针对教学中教育技术应用效果的研究

4.3.3.3　针对技术环境下教学方法的研究

4.3.4　合作与交流

4.3.4.1　与同事在教学和科研方面广泛开展合作与交流

4.3.4.2　与教育管理人员就教育管理工作进行沟通

4.3.4.3　与技术人员在学习资源的设计、选择与开发等方面进行合作与交流

4.3.4.4　与学生和家长就学习进行交流与合作

4.3.4.5　与学科专家、教育技术专家就信息技术与课程整合进行交流与合作

4.4　社会责任

4.4.1　公平利用

促进不同性别、经济状况的学生在利用技术和资源上享有均等的机会

4.4.2　有效应用

促进不同背景、性格和能力的学生利用技术和学习资源均能得到良好发展

4.4.3　健康使用

促进学生健康地使用技术与信息，减小技术和信息带来的负面影响

4.4.4　规范行为

4.4.4.1   学习、示范、传授与技术利用有关的社会、法律和道德内容

4.4.4.2   规范技术利用的言论与行为方式

5   应用案例及说明

5.1   Ⅰ类案例（只涉及本学科）

（1）案例名称

（2）运用年级段

（3）涉及的绩效指标项（行为指导项）

（4）相关学科（新课标相关条目）

（5）案例来源

（6）案例内容及使用说明

5.2   Ⅱ类案例（涉及多个学科）

（1）案例名称

（2）运用年级段

（3）涉及的绩效指标项（行为指导项）

（4）相关学科（新课标相关条目）

（5）案例来源

（6）案例内容及使用说明

2. 中小学教师教育技术标准（管理人员）

1   范围

本标准表述了中小学教师教育技术标准中有关管理人员的要求。标准中的管理人员是指基础教育系统内从事教育与教学管理的工作人员。本标准适用于：

A.   基础教育系统中从事教育教学管理的人员；

B.   对管理人员进行培训与培养的组织；

C.   对管理人员进行教育技术方面内容审核的各级教育组织；

D.   制订相关标准的人员。

2   引用标准

无

3   术语与定义

3.1   教育技术

教育技术是关于学习过程和学习资源的设计、开发、利用、管理和评价的理论与实践。在教育教学中，针对教学实际需求和条件，应用教育技术的方法和原则，通过有效选择和开发必要的资源，选择合适的教学模式、方法和评价手段，可提高教育、教学的效率和效果。

在进入信息时代，特别需要注重信息技术及其应用。

3.2   教学系统

教育系统的子系统。既可理解为由教师、教材设计者和课程专家及其他人开发编制的供学生学习的教学计划（可以是学校的全部教学工作，也可以是一门独立课程，甚至只涉及几小时的教学），也可理解为任何一个为达到一定教学目的、教学目标而组织的机构和方法。把教学看成一个系统是教学设计的需要，便于考虑整体实施的步骤，考虑各部分的关系，对整体作评价和最优选择。

3.3   教学系统设计

教学系统设计又叫教学设计，是运用系统方法，将学习理论与教学理论的原理转换成对教学目标（或教学目的）、教学条件、教学方法、教学评价等教学环节进行具体计划的过程。其根本目的是通过对学习过程和学习资源所做的系统安排，创设各种有效的教学系统，以促进学习者的学习。

3.4　信息

信息是对事物属性及其动态的表征。在教育中包括表示教学内容的信息，描述师生特性的信息，反映教学过程动态的信息等。

3.5　信息资源

信息资源是指通过一系列的认知和创造之后以符号形式储存在一定载体上，可供利用的全部信息，它由信息内容、符号、载体等要素构成。

3.6　信息技术

信息技术是指研究信息如何产生、获取、表示、传输、变换、识别和应用的科学技术。其中应用在教育领域的信息技术主要包括数字音像技术、卫星电视广播技术、多媒体计算机技术、人工智能技术、网络技术和虚拟现实仿真技术等。

3.7　信息处理

信息处理是指基于一定的目的，对信息进行收集、编码、存储、整理、分类、分析等系统化的操作。

3.8　教育信息

教育信息是指反映教育/教学系统中诸要素属性及其相互关系与系统动态的数据资料。

3.9　信息化

信息化是指将信息资源和信息技术，应用于社会各个领域和部门的过程。

3.10　教育信息化

教育信息化是指在教育与教学的各个领域中，积极开发并充分应用信息技术和信息资源，促进教育现代化以培养大批适应信息社会需求人才过程。

3.11　信息素养

广义的信息素养包括信息意识、信息能力和信息道德等三方面的素质，狭义的信息素养通常只指信息能力。

3.12　信息意识

信息意识是人脑特有的对信息和信息活动的态度控制系统，即对客观事物中有价值信息的觉察、认识和力图加以利用的强烈愿望。

3.13　信息能力

信息能力是指对信息的获取、分析、加工、创造、传递、利用与评价的能力。

3.14　信息道德

信息道德是在信息领域调整人们之间相互关系的行为规范和社会准则，它是信息化社会最基本的伦理道德之一。信息道德的主要内容是：诚实守信、实事求是；尊重人、关心人；己所不欲，勿施于人；在信息传递、交流、开发利用等方面服务群众、奉献社会，同时实现自我。

3.15　信息安全

信息安全就是要保障电子信息的有效性，它涉及信息的保密性、完整性、可用性和可控性。保密性就是对抗对手的被动攻击，保证信息不泄漏给未经授权的人；完整性就是对抗对手主动攻击，防止信息被未经授权的篡改；可用性就是保证信息及信息系统确实可以为授权使用者所用；可控性就是对信息及信息系统实施安全监控。

3.16 信息技术与课程整合

信息技术与课程整合是指在学科教学过程中通过把信息技术、信息资源和课程内容有机结合，构建一种良好的学习环境和有效的学习方式。

3.17 信息技术教育

信息技术教育是指以培养学生的信息技术知识与能力，即以提高学生信息素养为目标的教育。

3.18 学习资源

学习资源是在学习过程中可被学习者利用的一切要素，主要包括下列内容：

A. 信息：主要指教学内容。例如：概念、规则、原理等；

B. 材料：信息的载体。例如：课本、录音带、CAI 课件等；

C. 设备：加工、传递信息的工具。如：幻灯、投影仪、录音机、录像机、计算机、网络等；

D. 人员：促进学习的人。如：专家、教师、小组、同伴等；

E. 场所：学习所处的物理环境。如：教室、图书馆等；

F. 资金：学习所需的费用。如：学费、培训费等。

学习资源必须与具体的学习过程结合起来，才能有现实的教学意义。对学习过程和学习资源的有效分析和设计是教育技术应用的基础。

4 规范要求

4.1 意识与态度

4.1.1 重要性认识

4.1.1.1 能够认识到教育技术的有效应用，对于推进教育信息化的重要作用

4.1.1.2 能够认识到教育技术的有效应用，对于促进教育改革的重要作用

4.1.1.3 能够认识到教育技术的有效应用，对于顺利实施新课程标准的重要作用

4.1.2 应用意识

4.1.2.1 具有推动信息技术与课程整合实施的意识

4.1.2.2 具有推动技术应用环境下的教学改革研究的意识

4.1.2.3 具有支持基层应用技术的意识与愿望

4.1.2.4 密切关注新技术的价值，不断挖掘教育中应用的潜力

4.1.3 评价与反思

4.1.3.1 对地区教育信息化建设的评价与反思

4.1.3.2 对基层技术应用的效果与效率的评价意识

4.1.3.3 对基层教学统计信息的评价与分析

4.1.4 终身学习

4.1.4.1 具有积极学习信息技术的意识

4.1.4.2 具有利用技术进行终身学习，不断提高人文素质的意识

4.2 知识与技能

4.2.1 理论知识

4.2.1.1 了解新型教育观念和教育的发展趋势

4.2.1.2　掌握宏观教学系统设计的一般方法

4.2.2　基本技能

4.2.2.1　掌握信息检索、加工与利用的方法

4.2.2.2　掌握技术应用项目管理的技术与方法

4.2.2.3　了解应用技术辅助教育评估与评价的方法

4.3　应用与创新

4.3.1　教学管理

4.3.1.1　根据地区特点和实际教育情况，宏观调配教育资源，系统设计教育系统

4.3.1.2　评价技术应用的效果，促进技术应用体系的改进、更新与发展

4.3.1.3　运用技术辅助教学管理和日常工作

4.3.2　决策与评估

4.3.2.1　有效应用技术与数据辅助决策过程

4.3.2.2　制订与实施教师员工绩效评估方法，激发教师应用技术的积极性与热情

4.3.3　教学科研

4.3.3.1　倡导针对教学开展的教育技术应用研究

4.3.3.2　支持运用技术辅助教育创新

4.3.4　合作与交流

4.3.4.1　促进教师、学生和家长之间的合作与交流

4.3.4.2　促进学校之间教育资源的共享

4.3.4.2　应用技术促进上级与下级良好的沟通与信息反馈

4.4　社会责任

4.4.1　公平利用

4.4.1.1　促进学生在技术和学习资源利用的机会均等

4.4.1.2　促进教师在技术和学习资源利用的机会均等

4.4.2　有效应用

4.4.2.1　促进教学资源应用潜能的发挥

4.4.2.2　促进技术应用的有效性

4.4.2　安全使用

4.4.2.1　确保技术环境的安全性

4.4.2.2　提高技术应用的安全性

4.4.4　规范行为

4.4.4.1　加强信息道德的宣传教育

4.4.4.2　规范技术应用的行为与言论

4.4.4.2　促进技术环境下知识产权的保护

5　应用案例及说明

（1）案例名称

（2）案例来源

（3）涉及的绩效指标项（行为指导项）

（4）案例内容及说明

3.　中小学教师教育技术标准（技术人员）

1　范围

本标准表述了中小学教师教育技术标准中有关技术人员的要求。标准中的技术人员是指为基础教育系统内从事技术支持的各类人员，包括各级各类中小学校信息技术教师、网络管理人员、电教人员、各级电化教育馆、各级教育信息中心等从事中小学信息技术支持的人员。本标准适用于：

A. 基础教育系统中从事技术支持的人员；

B. 对技术人员进行培训与培养的组织；

C. 对技术人员进行教育技术方面内容审核的各级教育组织；

D. 制订相关标准的人员。

2　引用标准

无

3　术语与定义

3.1　教育技术

教育技术是关于学习过程和学习资源的设计、开发、利用、管理和评价的理论与实践。在教育教学中，针对教学实际需求和条件，应用教育技术的方法和原则，通过有效选择和开发必要的资源，选择合适的教学模式、方法和评价手段，可提高教育、教学的效率和效果。

在进入信息时代，特别需要注重信息技术及其应用。

3.2　教学系统

教育系统的子系统。既可理解为由教师、教材设计者和课程专家及其他人开发编制的供学生学习的教学计划（可以是学校的全部教学工作，也可以是一门独立课程，甚至只涉及几小时的教学），也可理解为任何一个为达到一定教学目的、教学目标而组织的机构和方法。把教学看成一个系统是教学设计的需要，便于考虑整体实施的步骤，考虑各部分的关系，对整体作评价和最优选择。

3.3　教学系统设计

教学系统设计又叫教学设计，是运用系统方法，将学习理论与教学理论的原理转换成对教学目标（或教学目的）、教学条件、教学方法、教学评价等教学环节进行具体计划的过程。其根本目的是通过对学习过程和学习资源所做的系统安排，创设各种有效的教学系统，以促进学习者的学习。

3.4　信息

信息是对事物属性及其动态的表征。在教育中包括表示教学内容的信息，描述师生特性的信息，反映教学过程动态的信息等。

3.5　信息资源

信息资源是指通过一系列的认知和创造之后以符号形式储存在一定载体上，可供利用的全部信息，它由信息内容、符号、载体等要素构成。

3.6　信息技术

信息技术是指研究信息如何产生、获取、表示、传输、变换、识别和应用的科学技术。其中应用在教育领域的信息技术主要包括数字音像技术、卫星电视广播技术、多媒体计算机技术、人工智能技术、计算机局域网络技术、因特网络技术和虚拟现实仿真技术等。其中多媒体与网络技术在教育领域中已逐步得到广泛应用。

3.7 信息处理

信息处理是指基于一定的目的，对信息进行收集、编码、存储、整理、分类、分析等系统化的操作。

3.8 教育信息

教育信息是指反映教育/教学系统中诸要素属性及其相互关系与系统动态的数据资料。

3.9 信息化

信息化是指将信息资源和信息技术，应用于社会各个领域和部门的过程。

3.10 教育信息化

教育信息化是指在教育与教学的各个领域中，积极开发并充分应用信息技术和信息资源，促进教育现代化以培养大批适应信息社会需求人才的过程。

3.11 信息素养

广义的信息素养包括信息意识、信息能力和信息道德等三方面的素质，狭义的信息素养通常只指信息能力。

3.12 信息意识

信息意识是人脑特有的对信息和信息活动的态度控制系统，即对客观事物中有价值信息的觉察、认识和力图加以利用的强烈愿望。

3.13 信息能力

信息能力是指对信息的获取、分析、加工、创造、传递、利用与评价的能力。

3.14 信息道德

信息道德是在信息领域调整人们之间相互关系的行为规范和社会准则，它是信息化社会最基本的伦理道德之一。信息道德的主要内容是：诚实守信、实事求是；尊重人、关心人；己所不欲，勿施于人；在信息传递、交流、开发利用等方面服务群众、奉献社会，同时实现自我。

3.15 信息安全

信息安全就是要保障电子信息的有效性，它涉及信息的保密性、完整性、可用性和可控性。保密性就是对抗对手的被动攻击，保证信息不泄漏给未经授权的人；完整性就是对抗对手主动攻击，防止信息被未经授权的篡改；可用性就是保证信息及信息系统确实可以为授权使用者所用；可控性就是对信息及信息系统实施安全监控。

3.16 信息技术与课程整合

信息技术与课程整合是指在学科教学过程中通过把信息技术、信息资源和课程内容有机结合，来构建一种良好的学习环境和有效的学习方式。

3.17 信息技术教育

信息技术教育是指以培养学生的信息技术知识与能力、即以提高学生信息素养为目标的教育。

3.18 学习资源

学习资源是在学习过程中可被学习者利用的一切要素，主要包括下列内容：

A. 信息：主要指教学内容。例如：概念、规则、原理等；

B. 材料：信息的载体，常指软件。例如：课本、录音带、CAI课件等；

C. 设备：加工、传递信息的工具，常指硬件。如：幻灯、投影仪、录音机、录像机、计算机、网络等；

D. 人员：促进学习的人。如：专家、教师、小组、同伴等；

E. 场所：学习所处的物理环境。如：教室、图书馆等；

F. 资金：学习所需的费用。如：学费、培训费等。

学习资源必须与具体的学习过程结合起来，才能有现实的教学意义。对学习过程和学习资源的有效分析和设计是教育技术应用的基础。

4   规范要求

4.1   意识与态度

4.1.1   重要性认识

4.1.1.1   能够认识到教育技术的有效应用，对于推进教育信息化的重要作用

4.1.1.2   能够认识到教育技术的有效应用，对于促进教育改革的重要作用

4.1.1.3   能够认识到教育技术的有效应用，对于顺利实施新课程标准的重要作用

4.1.2   应用意识

4.1.2.1   研究信息技术与课程整合的意识

4.1.2.2   不断提高技术资源和学习资源利用率与效果的意识

4.1.2.3   辅助教学人员和管理人员开展技术应用的意识

4.1.2.4   密切关注新技术的应用价值，尝试将其应用于教学的意识

4.1.3   评价与反思

4.1.3.1   对基础设施建设和应用效果进行评价与反思的意识

4.1.3.2   对技术应用的有效性进行评价与反思

4.1.4 终身学习

4.1.4.1   具有积极学习信息技术的意识

4.1.4.2   具有利用技术进行终身学习，不断提高人文素质的意识

4.2   知识与技能

4.2.1   理论知识

4.2.1.1   了解现代教学理论和新型教育观念

4.2.1.2   了解中小学学生心理特点和学习理论等心理学理论

4.2.1.3   了解教育传播理论和系统方法

4.2.2   基本技能

4.2.2.1   掌握信息检索、加工与利用的方法

4.2.2.2   掌握教学系统设计的原理与方法

4.2.2.3   掌握教学媒体的设计与开发的技术

4.2.2.4   掌握教学设备的维护与管理的方法与技术

4.2.2.5   掌握学习资源和教学过程有效管理的方法

4.2.2.6   掌握对教学媒体、学习资源、统计数据与教学效果的评价方法

4.3   应用与创新

4.3.1   设计

4.3.1.1   整体设计与规划本单位教育信息化的建设与发展

4.3.1.2   根据单位基础设施、信息资源和师生情况辅助设计技术应用方案

4.3.2   开发

4.3.2.1   收集、整理已有教学资源，并进一步开发符合实际教学需要的学习资源

4.3.2.2　根据实际教学需要选择、设计与开发课程、教学辅助软件和系统

4.3.3　应用

4.3.3.1　应用技术辅助与支持教学人员的教学、科研等工作

4.3.3.2　应用技术辅助与支持管理人员的管理、评估等工作

4.3.3.3　应用技术促进本职工作

4.3.4　管理

4.3.4.1　应用项目管理的方法对教育技术应用与建设项目进行管理

4.3.4.2　对学习资源进行合理和有效的分类整理和加工

4.3.4.3　对教学设施的使用进行有效的记录、检查与维护

4.3.5　评价

4.3.5.1　对教学中开展的信息技术与课程整合的有效性开展评价

4.3.5.2　对教育信息资源建设的效果进行评价

4.3.5.3　对教学设施应用状况进行评价

4.4　社会责任

4.4.1　公平利用

4.4.1.1　保证教师应用技术和资源的机会均等

4.4.1.2　保证学生应用技术和资源的机会均等

4.4.2　有效应用

4.4.2.1　加强信息资源的管理

4.4.2.2　促进技术应用的有效性

4.4.2　安全使用

4.4.2.1　提高技术应用环境的信息安全与保密

4.4.2.2　为教师和学生提供可靠的技术服务

4.4.4　规范行为

4.4.4.1　促进技术资源的健康、安全使用

4.4.4.2　加强技术环境下信息内容的管理

4.4.4.3　规范技术应用行为方式

5　应用案例及说明

（1）案例名称

（2）案例来源

（3）涉及的绩效指标项（行为指导项）

（4）案例内容及说明

第二章　现代教育技术的理论基础

学习目标

1. 理解行为主义学习理论、认知主义学习理论、人本主义学习理论的含义并应用这些理论解决教育技术中的实际问题。
2. 理解视听教育理论的内涵及其在教育技术发展中的重要作用。
3. 理解信息传播系统的组成、功能及信息传播的几种主要模式。
4. 理解技术主义和人本主义哲学理论的含义及其对教育技术学发展的影响。

现代教育技术应用的理论基础主要有学习理论、视听教育理论、信息论、技术哲学论基础、教育技术的后现代观等。

第一节　学习理论

学习理论是关于人类如何学习的理论，研究学习理论不仅可以了解学生的学习是如何发生的、有哪些规律、是什么样的过程以及怎样才能进行有效的学习，使教育和教学有更坚实的理论基础，还可以据此改进学习方法，提高自身素质，从而提高教学质量。学习理论的流派很多，大体上可分为三类。

一、行为主义学习理论

这里所说的"行为"指的是心理学和社会学领域的人类行为。行为主义学习理论强调可观察的行为，强调知识技能的学习靠条件反射，靠外在强化，认为行为的多次愉快或痛苦的后果改变了个体的行为，或者个体模仿他人的行为，学习就是形成刺激和反应的联结和联想。在实际工作中，行为主义理论在教学设计中的应用和对个人或社会性问题的行为治疗，至今仍有影响。

1. 巴甫洛夫的经典条件反射理论

俄国心理学家伊凡·巴甫洛夫（Ivan Pavlov）在研究人和动物的高级神经活动时做了一个实验。他的实验方法是：把食物（无条件刺激）显示给狗，并测量其唾液分泌（反应）。在这个过程中，他发现如果随同食物反复给一个中性刺激，即一个并不自动引起唾液分泌的刺激，如铃响，狗就会逐渐"学会"在只有铃响没有食物的情况下分泌唾液。可见，一个中性的刺激（条件刺激）与一个原来就能引起动物某种反应的刺激（无条件刺激）在时间上结合多次后，就会使动物对那个中性刺激也作出反应。巴甫洛夫将这种现象称为条件反射，即条件刺激与无条件刺激的结合使得条件刺激也能引起与无条件刺激所引起的反应相同的反应。

巴甫洛夫的研究成果对心理学产生了重大影响。学习情境中有相当一部分行为都可以用经典条件反射理论来解释。但对学校中的知识学习，经典条件反射的原理却少有应用价值。

2. 华生的行为主义学习理论

美国心理学家华生是早期行为主义的代表，是行为主义学习理论的创始人，也是第一位将巴甫洛夫的研究成果作为学习理论基础的人。他认为心理学研究的目的在于确定刺激和反应之间的规律，以使人们在已知刺激后，就能预料将来发生怎样的反应，或者已知反应后，能够指出有效刺激的性质，从而建立起著名的 S - R 行为公式，即刺激—反应论的公式，如图 1 - 2 - 1 所示。其中 S 代表刺激，R 代表反应。

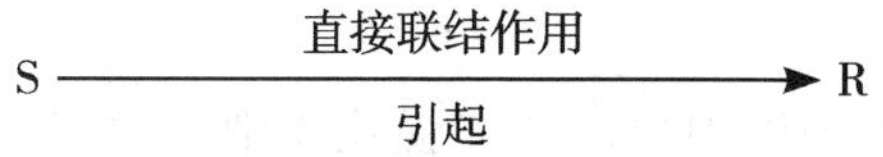

$$S \xrightarrow[\text{引起}]{\text{直接联结作用}} R$$

图 1 - 2 - 1　行为主义的刺激反应论图解

华生是一位极端行为主义者，主张一切行为都是以经典条件反射为基础的。虽然他的观点对倡导心理研究的客观性和科学性具有积极意义，但他否定了刺激反应间的心理因素，在理论上存在混乱与矛盾。因此，1930 年以后又出现了新行为主义学习理论。

3．桑代克的学习联结说

桑代克（E. L. Thorndike）是美国极有声望的心理学家，受冯德和莫尔根的影响，他从 1896 年开始从事动物学习的实验研究，先后对鱼、小鸡、猫、狗和猴子进行研究，其中最著名的是对猫所做的"疑难笼"实验。他设计了一个"问题笼"，里面装有门钮，他把一只饿猫放到笼子里，笼外放有鱼、肉等食物，观察猫能否出笼取食物。开始时，猫在笼内盲目地乱抓、乱咬、来回跑动，偶尔碰到门钮，笼门打开，猫逃出笼外，取得了食物，然后，再把猫放回笼内，再作同样"开门"的实验。他发现：随着试验次数的增加，猫的无效动作越来越少，打开笼门所需时间越来越短，直到最后把猫一放进笼内，它立刻去转动门钮，打开笼门。到这时，猫已经完成了打开笼门取食物的学习。桑代克认为，这种学习的建立，就是笼内门钮这一情境同转动门钮开门这一反应之间建立了巩固的联结。学习的实质在于形成刺激与反应的联结，即 S - R 联结。这种联结形成的过程是渐进的尝试错误直到最后成功的过程，因此，桑代克的联结说又被称为试误说。桑代克在总结早期实验的基础上还提出了三个学习律：准备律、练习律和效果律。准备律指当学习者有准备而给予活动就满意，有准备而不给予活动就感到烦恼，学习者没准备而强制给予活动也会感到烦恼；练习律指一个联结加以应用会增强这个联结的力量，不应用则会导致这一联结的减弱或遗忘；效果律指凡是导致满意的行为会被加强，而带来烦恼的行为则会被削弱或淘汰。

桑代克的联结说是教育心理学史上第一个较为完整的学习理论，它系统地回答了有关学习的一些最基本的问题。他发现的学习律虽然有些简单和粗糙，不能完善地说明学习的根本规律，但也有部分合理性，对于了解学习，特别是了解动物的学习过程及其外部条件有一定的参考价值，而且他的有关学习理论对后来的一些联结主义者如赫尔、斯金纳等人关于学习的研究影响也很大。但他不重视领会、理解等心理过程在学习中的作用，尤其对人的学习的论述是非常不充分的，因此他没能揭示出人学习的实质。

4．斯金纳的操作条件反射理论

斯金纳（B. F. Skinner）是行为主义学派中最有影响的心理学家之一，他的学习理论对教育实践起了非常巨大的作用。

斯金纳的操作条件反射理论，是由华生的行为主义派生出来的一种新行为主义理论。斯金纳认为，一切行为都是由反射构成的，任何刺激—反应单元都应看做反射。斯金纳将有机体的行为分为两类：应答性行为和操作性行为。应答性行为是由已知的刺激引起的，操作性行为是由人自身发出的。无条件反应是一种应答行为，是由无条件刺激引起的。应答行为包括所有的反射在内，如用针刺激一下手，手马上就会缩回来；当遇到强光时，瞳孔马上就会收缩等。而操作性行为由于一开始不是与已知的刺激相联系，是自发的行为，如唱歌、开车、打电话及上网等，人类的大多数行为都是操作性行为。这两种行为具有不同的条件作用形成机制，即巴甫洛夫的经典条件反射和操作性条件反射，操作性条件反射是不同于经典条件反射的另一种条件反射机制。

斯金纳在操作性条件反射理论中提出了"强化原则"，并认为立即强化优于延缓强化，部分强化优于连续强化。强化原则是斯金纳学习理论中最重要的部分，斯金纳运用操作强化原则设计和制造了一种教学机器，进行程序教学，为后来的计算机辅助教学奠定了理论基础。

斯金纳程序教学的基本方法是：向学习者呈现一个小单元的信息（称为框面）作为刺激，学习者通过填空或回答的方式作出反应，然后由反馈系统对反应作出评价。反应错误就告诉学习者错误的原因；反应正确就得到强化，学习者就可以进入第二个框面的学习。刺激—反应—强化的过程不断反复，直到学习者完成一个程序的学习。

斯金纳的学习理论推动了程序教学运动的发展，使行为科学和教育技术的结合进入一个更为密切的阶段。在程序教学活动中出现的一些观点，如重视教学机器的作用、重视学习理论的基础与指导作用等，对教育技术的理论发展产生了重要影响。除此之外，程序教学的思想在个别化教学、计算机辅助教学（CAI）等教学形式中也发挥了重要的作用。但斯金纳否定教师主导作用，忽视了学习过程中人主观能动性的发挥，因此他的理论尚存在不足之处。

5. 班杜拉的社会学习理论

班杜拉（A. Bandura）的社会学习理论主要关注儿童社会行为的获得。班杜拉认为，儿童通过观察他们生活中重要人物的行为而获得社会性行为。这种通过观察他人的行为及其后果而发生的替代性学习就是观察学习。观察学习是社会学习的一种最重要的形式，一般分四个阶段。

（1）注意：即注意和知觉榜样及其行为。对榜样行为的观察不仅取决于该行为的特点，也取决于观察者本身的特征、过去的经验与当时的意愿。

（2）保持：保持是以符号的形式表示所观察的行为。观察者的认知结构和练习活动（外显的或默默进行的）对保持的效果均有影响。

（3）复制：复制从榜样中所观察到的行为，产生动作再现。此阶段，自我观察和矫正反馈是重要的观察因素。

（4）动机：动机是由复制行为而得到强化。强化包括外部强化、替代强化和自我强化。其中，替代强化是观察者因看到榜样而间接地受到强化，自我强化是个体根据社会标准对自己的行为进行自我奖励，这两种强化比外部强化更为重要。

班杜拉的社会学习理论由于能较满意地解释社会行为的学习而引起人们的广泛注意。他的理论与传统的行为主义观点不同，他不否认认知功能是人行为的一个决定性因素，相反，他重视人的行为的内部原因，重视符号、替代及自我调节所起的作用。因此，班杜拉被认为是稳健派行为主义者，他的理论由于融合了行为主义和认知主义两派的观点而被称为认知行为主义。虽然班杜拉对儿童的社会化、行为矫正及观察学习等领域都作出了重要贡献，他所做的实验研究也很有创造性，但也有人批评他在借用认知概念时没有揭示导致认知活动结果的过程和条件。

二、认知主义学习理论

认知主义学习理论，也称"顿悟说"，是格式塔心理学派的学习理论，其代表人物有韦特海墨、苛勒、考夫卡、托尔曼、布鲁纳、奥苏泊尔及加涅等。

认知学习理论指出，学习的实质并非一连串的刺激与反应，而是要在头脑中形成认知地图，即形成认知结构的结果。认知结构在学习过程中用来同化新知识的某些观点，因此教师在进行教学设计时应尽量使学习者联系以往已经学过的科学知识，逐步由已知引申到未知，并充分阐明两者之间的联系与区别，以帮助学者更好地学习新知识。

认知主义学习理论强调认知结构和内部心理表象，即学习的内部因素，这与行为主义学习理论只关注学习者的外显行为，无视其内部心理过程有很大的不同。二者曾经展开激烈的论争，最后认知主义学习理论占了上风，并逐渐取代行为主义学习理论，在教育教学实践中发挥指导作用。对现代教育技术而言，认知主义的学习理论告诉我们不能仅仅停留在对学习内容和所提供材料的研究上，还必须研究在应用现代教育技术过程中，学生的学习发生了哪些变化。要针对学生的心理，通过多种教学媒体充分调动学生这个学习主体的积极性，使他们能积极、主动地进行思维活动。

认知主义学习理论包括以认知过程为主要研究对象的各种学习理论。

1. 格式塔学习理论

格式塔是德文"Gestalt"一词的译名，译为"完形"或"能动的整体"。格式塔学习理论是认知学习理论的先驱，代表人物有韦特海墨（M. Wetheimer）、苛勒（K. Kohler）和考夫（K. Koffka）等人。他们主张学习在于构成一种完形，是改变一个完形为另一个完形，学习是知觉的重新组织，这种经验变化的过程不是渐进的尝试错误的过程，而是突然顿悟的。这一结论基于苛勒在黑猩猩身上所做的实验。

苛勒是德国的著名心理学家，他用了7年多的时间对黑猩猩的学习过程进行了实验研究，并设计了一系列关于黑猩猩学习的实验。他把黑猩猩放在笼子里，在笼子外放置香蕉（用"手"取不到），笼子内有一根手杖，用它很容易就能取到香蕉。刚开始，黑猩猩静静地察看周围，不乱抓也不乱动，后来它突然拿起手杖，用它取得了香蕉。之后，苛勒把香蕉放在了更远的地方，并在笼子里放了两根竹竿。黑猩猩先拿起两根竹竿摆弄，当它发现两根竹竿能连接成一根竿时，就把细竹竿插到粗竹竿的一端，并立即用接好的竹竿取到香蕉。由此实验，苛勒认为，黑猩猩学会用手杖和竹竿取得香蕉，并不是通过尝试错误而达到刺激与反应的联结，而是突然领会和理解的，即形成了手段、目标及其关系的认知，这就是"顿悟说"。

格式塔学习理论作为早期的认知理论，对学习者有许多合理的解释，如强调认知结构、创造性等，但他全面否定尝试，将学习完全看成顿悟，具有很大的片面性。带着严重的主观唯心主义和神秘主义色彩，而且其实验研究缺乏对变量的适当控制，因此不如行为主义者的实验精确。

2. 托尔曼的认知学习理论

托尔曼（E. C. Tolman）受格式塔学习理论的影响，提出了中间变量的概念。他认为学习的实质是在头脑中形成了认知地图，即"目标—对象—手段"三者联系在一起的认知结构，而不是学会了一连串的S-R联结，在S（外部刺激）和R（行为反应）之间还存在着一个中间变量。他主张将行为主义S-R公式改为S-O-R，O指有机体的内部变化。他还认为，外有的强化并不是学习产生的必要因素，不强化也会出现学习，只不过没有表现出来而已。

托尔曼的认知学习理论将"刺激—反应"理论与格式塔学习理论结合起来，在情境与反应之间加进了目的与认知这样的中间变量，使得学习理论的研究有了新的发展。但他所说的认知仅仅是对行为的一种描述，没有认识到它的本质所在，其观点是机械主义的。

3. 布鲁纳的认知结构学习理论

美国心理学家布鲁纳（J. B. Bruner）是一位在西方教育界和心理学界都享有盛誉的学者，他主要研究知觉与思维方面的认知学习，并在此基础上形成了自己的理论，他最著名的一本书是1960年出版的《教学过程》。

布鲁纳在20世纪60年代提出了"认知发现说"，他认为：人的认知活动是按照一定阶段的顺序形成和发展的心理结构来进行的，这种心理结构就是认知结构。学习者通过把新的信息和以前的心理框架联系起来，建构自己的知识。同时，他还认为，应该培养学生具有探索新情境、提出假设、推测关系、应用自己的能力解决新问题、发现新事物的态度。因此，他提倡发现学习，主张教学应创造条件，让学生通过参与探究活动而发现基本原理或规则。除此之外，布鲁纳还提出了"知识结构论"、"学科结构论"。他认为要让学习者学习学科知识的基本结构，并按学习者不同发展阶段的特点进行学习。

布鲁纳的这些思想对于指导和改进教学有重要意义，但他的理论也存在明显的不足。布鲁纳认知结构学习论过于强调学科的基本结构，这种学习对自然科学可能是有效的，但却不太适合人文学科的学习；他所提倡的发现学习的确具有接受学习不可比拟的优点，但发现法的运用也受许多因素的影响，如学生已有的知识经验等的限制，因此过于强调发现是有失偏颇的。

4. 奥苏伯尔的认知同化学习理论

奥苏伯尔（D. P. Ausubel）的认知同化学习理论，又称认知同化论，核心是学生能否获得新信息，主要取决于他们认知结构中已有的观念，也就是新旧知识能否达到认知的同化。有意义学习是其学习理论中一项很重要的研究，也是奥苏伯尔对教育心理学的重大贡献。所谓有意义学习，是指符号所代表的新知识与学习者认知结构中已有的适当观念建立起非人为的、实质性的联系，有意义学习是通过新信息与学生认知结构中已有的观念相互作用才得以发生的，这种相互作用的结果导致了新旧知识的意义的同化。

同时，奥苏伯尔认为学习是通过接受而发生的，学习的主要内容基本上以定论的形式传授给学生。对学生来讲，学习不包括任何发现，只要求他们把教学内容整合到自己的认知结构中，以便将来能够提取或运用。这种教学方法被他称作"讲解教学"。

奥苏伯尔的认知同化理论强调学习者的积极主动精神，强调新观念与已有认知结构的相互作用，这些与行为主义仅仅强调外在刺激与反应的观点相比，无疑更能解释人类的观念学习。但是，关于这一理论在教学中的应用效果，目前尚未获得一致的研究结论。

5. 加涅的信息加工认知学习理论

信息加工认知学习理论是20世纪60年代以来在西方兴起的一种心理学思潮。信息加工把人的认知和计算机进行功能模拟，用信息加工的观点看待人的认知过程，认为人的认知过程是一个主动寻找信息、接受信息，并在一定的信息过程中进行加工的过程。受此观点的影响，越来越多的人接受了计算机模拟的思想，把学习过程作为一个信息加工的过程，并用计算机模拟来分析人的内部心理状态和过程。信息加工学习理论的观点多种多样，并不以某一位学者的研究或其中特定的研究方法为特征。鉴于加涅的信息加工学习理论有较大的影响，我们主要介绍加涅的理论。

加涅（R. M. Gagne）是信息加工认知学习理论的重要人物，他早年接受了行为主义的学习观，但从20世纪60年代起，他开始转向信息加工认知学习观点，被认为是行为主义与认知派的折中主义者。他吸收了行为主义和认知派学习过程的观点，提出了学习过程的基本模式，如图1-2-2所示。

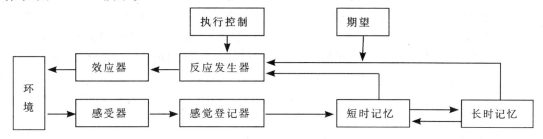

图1-2-2 加涅的学习与记忆信息加工模式

这一模式表明，来自外界环境的刺激通过学生的感受器，以映象的形式输入到感觉登记器，进行瞬时记忆，如果受到注意则进入短时记忆，以语义的形式储存。经过复述、精细加工及组织编码等，则进入长时记忆。长时记忆中的信息也能回到短时记忆中，并到达反应发生器。反应发生器将信息转化成行动，也就是激起效应器的活动，作用于环境。在这个模式中，执行控制和期望是两个重要的结构。执行控制即加涅所讲的认知策略，执行控制过程决定哪些信息从感觉登记器进入短时记忆，如何进行编码，采用何种提取策略等，是已有经验对当前学习过程的影响，起调节作用；期望是指学生期望达到的目标. 即学习动机，是动机系统对学习的影响，起定向作用。

加涅博采众家之长提出的信息加工认知学习理论，其最大的优点是注意应用，即把学习理论研究的结果运用于教学实践，加涅将其思想应用于教学设计，推动了教育技术的发展。但加涅的理论作为一种综合的理论，缺乏独创性和严密的逻辑性，也缺乏必要的实践证明，许多概念还处于经验思辨水平。

6. 建构主义学习理论

建构主义（Constructivism）也译作结构主义，它源自关于儿童认知发展的理论，其最早提出者可追溯到瑞士的皮亚杰。

皮亚杰（J. Piaget）是认知领域最有影响的一位心理学家，他所创立的关于儿童认知发展的学派被人们称为日内瓦学派。皮亚杰的理论充满辩证唯物法，他坚持从内因和外因相互作用的观点来研究儿童的认知发展。他认为，儿童是在与周围环境相互作用的过程中逐步建构起关于外部世界的知识，从而使自身认知结构得到发展。儿童与环境的相互作用涉及两个基本过程："同化"与"顺应"。同化是把外部环境中的有关信息吸收进来并结合到儿童已有的认知结构中，即个体把外界刺激所提供的信息整合到自己原有认知结构中的过程，也只有通过这一过程，主体才能对新刺激作出反应；顺应是指外部环境发生变化，而原有认知结构无法同化新环境提供的信息所引起的儿童认知结构发生重组与改造的过程，即个体的认知结构因外部刺激的影响而发生改变的过程。由此可见，同化是认知结构数量的扩充（图式扩充），而顺应则是认知结构性质的改变（图式改变）。图式（scheme）是皮亚杰用于解释认知结构的术语，是人们为了应付某一特定情境而产生的认知结构。人最初的图式来源于先天的遗传，为了应付周围的世界，个体逐渐地丰富和完善自己的认知结构，形成了一系列的图式。认知个体（儿童）就是通过同化与顺应这两种形式来达到与周围环境的平衡。当认知个体能用现有图式去同化新信息时，他是处于一种平衡的认知状态；当现有图式不能同化新信息时，平衡即被破坏，而修改和创造新图式（即顺应）的过程就是寻找新的平衡的过程。个体的认知结构是通过同化与顺应过程逐步建构起来，并在"平衡—不平衡—新的平衡"的循环中不断得到丰富、提高和发展，这就是皮亚杰关于建构主义的基本观点。

在皮亚杰的上述理论的基础上，科尔伯格在认知结构的性质与认知结构的发展条件等方面作了进一步的研究；维果茨基着重探讨了社会主义历史对人的心理发展的影响，特别是人类社会特有的语言和人际交往对高级心理发展的影响；斯腾伯格和卡茨等人则强调了个体的主动性在建构认知结构过程中的重要作用，并对认知过程中如何发挥个体的主动性作了较深的探索。研究成果从不同的方面丰富和发展了建构主义的理论，从而为建构主义实际应用于教学过程创造了条件。

建构主义学习理论的基本思想是：学习是学习者主动建构内部心理结构的过程，它不仅包括结构性的知识，也包括大量的非结构性的经验背景。

建构主义学习理论的代表人物是美国心理学家威特罗克（M. C. Wittrock），他总结了近20年来认知心理学家在人类认知和发展、能力、学习与教学等方面的经验，特别是信息加工心理学的有关研究，提出了人类学习的生成模式，对建构模式作出了说明。

他认为学习的生成过程是学生已有的知识经验（即原有认知结构）与从环境中主动选择和注意的信息相互作用，主动建构信息的意义的过程，这一模式说明，学习总是要涉及学生原有的知识经验，并利用这些经验来理解和建构新的知识。

威特罗克给出了学习的信息加工流程图，如图1-2-3所示。

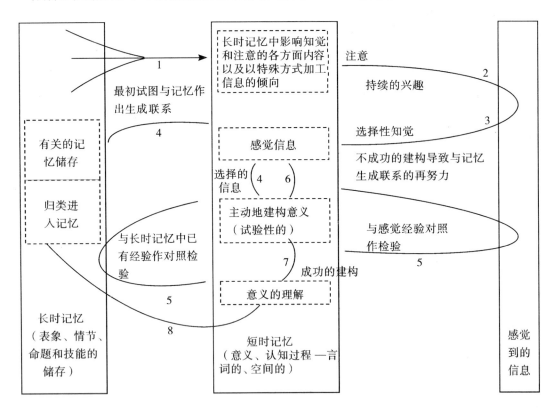

图1-2-3   学习的信息加工流程

与一般的信息加工模式相比，他更加注重理解在学习中的作用，他认为生成学习的最终目标就是达到意义的理解。此外，威特罗克在流程图中还加强了对生成学习过程的意识和监控，也就是强调认知的作用。其"生成学习"是一个动态、发展的过程，自始至终反映了学习过程中学习者与环境的多向性交互作用，学习者是有意识的、主动的。模式的中心因素是长时记忆储存系统，它对学习发挥着基础作用，长时记忆的内容也就是以前的知识经验和知觉，它也影响着学习的过程。

建构主义学习理论提倡的学习方法是教师指导下的、以学生为中心的学习。学生是知识意义的主动建构者；教师是教学过程的组织者、帮助者、指导者和促进者；教材所提供的知识不再是教师讲授的内容，而是学生主动建构意义的对象；媒体也不再是帮助教师传授知识的手段、方法，而是用来创造情境、进行协作式学习和会话交流，即作为学生主动学习、协作式探索的认知工具。

建构主义是认知主义的进一步发展，建构主义学习理论强调学习过程中学习者的主动性、建构性，提出了自上而下的教学设计及知识结构的网络概念的思想以及改变教学脱离实际情况的情境性教学等，进一步强化了认知心理学在教育和教学领域中的领导地位，而且，使我们认识到了传统教学行为的缺陷，对于深化教学改革具有深远影响。

我们也应注意，过分强调学习中主观性的一面容易导致唯心论，过分强调非结构性的背景知识会导致否定传统的系统学习方法，过分强调教学的情景性会导致否定通过学习间接经验来迅速积累知识这一有效途径。

三、人本主义学习理论

人本主义心理学派是西方一种颇有势力的心理学学派，人本主义者的学习理论就是以人本主义心理学的基本理论框架为基础的。它强调人的尊严和价值，反对心理学中将人兽性化和机械化的倾向，主张心理学要研究对个人和社会的进步富有意义的问题。与此相应，人本主义强调学习的基本原则必须是尊重学生，重视他们的意愿、情感和观念，必须相信人都能教育自己，并认为学习就是个人潜能的充分发展，是人格的发展。

人本主义学习理论的代表人物是英国著名的心理学家卡尔·R. 罗杰斯（C. R. Rogers），他对心理学的贡献主要表现在人格的自我理论的提出、以人为中心的疗法的创立和以学生为中心的教育思想的倡导。

罗杰斯对教学理论颇有一番抱负，他不愿意在改良的意义上对传统的"以教师为中心"的理论进行"修修补补"，而要来一场天翻地覆的革命。他认为"多少年来我们所受的教育只是强调认知，摒弃与学习活动相联系的任何情感，我们否认了自身最重要的部分"，这是一种知情严重分离的教育，与把"学生作为一个完整的个体加以接受，把学生作为具有各种感情，埋藏着大量潜能的一个尚未臻于完美的人"的人本主义观点相悖，于是他提出了"以学生为中心"的教学理论以及"非指导性教学"理论与策略。

罗杰斯以"学生为中心"的教学理论归属"个别化教学"的范畴，同所有主张个别化教学的理论家一样，罗杰斯所重视的是个体的独特性，是学生的"充分"发展。他主张反对班级授课制度，因此壮大了"个别化教学"的阵营。

罗杰斯认为教学的目标应该是促进变化和学习，培养积极愉快、能适应时代变化和知道如何学习的人。按照这种教育目标培养出来的人应该是能够充分发挥作用的人。与传统教育注重知识接收、养成顺从特性的人相比，这种人具有更大的灵活性、自主性和创造性，因此，他提倡"非指导性教学"，认为应该创造一种有利于学生学习的气氛，教师充分信任学生、了解学生、尊重学生，使学生在整个学习过程中都感到安全与自信，从而充分地显露自己的潜能。

罗杰斯的"非指导性教学"基于他的人本主义学习理论及其所根植的人本主义教育价值观。他从注重人的本身价值和长期以来被教学界所忽视的情感领域着手,探讨教学如何培养和发展人的完美个性,以适应社会的需要。在人本主义学习理论中,他提到如下几点。

(1)人类生来就有学习的潜能。

(2)当学生觉察到学习内容与他自己的目标有关时,意义学习就发生了。

(3)涉及改变自我组织(即改变对自己的看法)的学习是有威胁性的,并往往受到抵制。

(4)当外部威胁降到最低限度时,就比较容易觉察和同化那些威胁自我的学习内容。

(5)对自我的威胁很小时,学生就会用一种辨别的方式来知觉经验,学习就会取得进展。

(6)大多数意义上的学习是从做中学的。

(7)当学生负责任地参与学习过程时,就会促进学习。

(8)涉及学习者整个人(包括情感与理智)的自我发起的学习是最持久、最深刻的。

(9)当学生以自我批判和自找评价为主要依据,把他人评价放在次要地位时,独立性、创造性和自主性就会得到促进。

(10)在现代社会中最有用的学习是了解学习过程,对经验始终持开放态度,并把它们结合进自己的变化过程中去。

在国际教育理论界学派林立的情况下,罗杰斯以独树一帜的理论,吸引了人们的注意力,并对教育实践活动产生重大影响。当代学校教学活动正在实践着罗杰斯所憧憬的,尽管这种实践在目前还没有像 20 世纪 60 年代课程结构改革运动般如火如荼,但却如破土而出的嫩芽,显示出勃勃的生机,给人们带来了新的思考、新的力量和新的希望。

人本主义学习理论不仅有力地冲击了行为主义与精神分析对教育理论与教学实践的消极影响,促进了当时的教育革新,而且为我国当前的快乐学习、情感教育、教育与教学管理心理及学校中的社会心理等问题的研究与实践提供了一些新的观点和途径。

人本主义学习理论也有其片面性,它强调学生天赋潜能的作用而无视人的本质的社会性,过分强调学生的中心地位,使教学不恰当地拘泥于满足学生个人自发的兴趣与爱好,忽视教育与教学的效能,忽视教学内容的系统逻辑性和教师在学科学习中的主导作用,这些势必会影响到教育和教学的质量。事实上,过分控制学生和过分放纵学生都不利于学生的发展。

第二节 视听教育理论

一、视听教育的发展

19 世纪末 20 世纪初,工业革命推动了科学技术的迅猛发展,一些新的科技成果如照相机、幻灯及无声电影等被引入教育领域,克服了教学中强迫学生死记硬背一些不易理解的文字内容的现象,为学生提供了生动的视觉形象,极大地提高了教学效率,因此有越来越多的教育工作者参与到视觉教育中来。1913 年,爱迪生宣布"不久将在学校中废弃书本……有可能利用电影来传授人类知识的每一个分支。在未来的 10 年里,我们的学校将会得到彻底的改造。"在爱迪生预言的 10 年里,他预期的结果没有出现,但这 10 年间视觉教育却获得了长足的发展。1923 年,英国成立了全美教育协会"视觉教育部"(Department of Visual Instruction)。视觉教育论者开始发展他们自己的学说,断定视觉经验对学习的影响比其他各种经验都要强烈得多，并于 1928 年出版了《学校中的视觉教育》一书。随着科技的进步，无线电广播、有声电影及录音机等可发声的媒体在教育中得到推广和应用，人们开始对具有视听双重特征的媒体进行研究，产生了"视听教育"。1947 年，美国"视觉教育协会"正式更名为"视听教育协会"。

在此期间，战争对视听教育产生了较大的影响。据报道，1939 年当问到希特勒第一帝国最新式的武器是什么时，他的问答是："我们的 6000 台活动电影放映机"。与此同时，电影教育在训练美国军队技术人员方面也获得了极大的成功。在短短的 6 个月中，他们利用电影教育，把 1200 万缺乏相关知识的人训练成为制造军火船舶的技术工人。因此，1945 年德国投降后，德军参谋长凯塔谈到失败原因时说："我们精确计算了一切因素，只是没有算到美国训练军备的速度，我们最大的错误是低估了他们对电影教育掌握的速度。"可见，大量制作用于军事训练和教育的电影推动了电影教学的发展。

应当指出，凡是传授观察经验的教育活动都属于视听教育，不仅是幻灯、电影、录音及广播等现代媒体的应用，还包括照片、图表、模型和标本等直观教学工具及参观、旅行和展览等形式的教学活动。

二、视听教育理论

视听教育研究了录音、广播等视听教育手段怎样在教学中使用，会产生什么样的效果等一系列的问题，总结出了很多视听教学的方法，并提出了相关的教学理论，即视听教育理论。该理论对我们在教学中如何选择教学媒体、如何增强学生的感性认识及如何提高学生的学习兴趣具有重要的指导意义。

视听教育理论的核心是戴尔的"经验之塔"。爱德加·戴尔（Edgar Dale）是美国俄亥俄州州立大学教育研究所课程研究室主任，是从事视听教育的心理学家，也是视听教育理论的主要代表人物。他总结了视听教育的经验，把人类获取知识的各种途径和方法概括为一个"经验之塔"来系统描述。"经验之塔"理论是 1946 年戴尔在《视听教育法》（Audio-Visual Methods in Teaching）中首次提出的，之后在 1969 年第三版《教学中的视听方法》一书中又略作修改而最终形成的。其结构如图 1 - 2 - 4 所示。

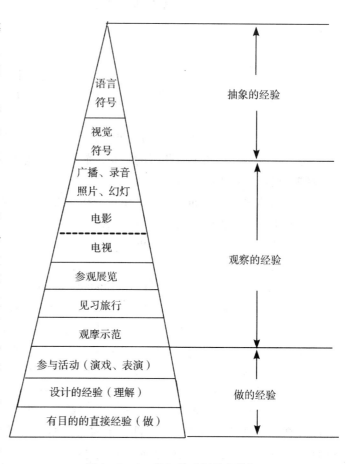

图 1 - 2 - 4　戴尔的"经验之塔"

戴尔认为，人们获取知识有两条途径：一是直接经验，二是间接经验。并将各种经验按抽象程度分为三类十个层次。

1. 做的经验

（1）有目的的直接经验（Direct Purposeful Experience）。此经验位于"经验之塔"的底部，是指从日常生活中所看到、听到、摸到、尝到及闻到的具体事物中获得知识。这些知识是教育的基础，是从生活中总结出来的最丰富、最具体的经验，但获得直接经验并不是目的，它的目的是为了帮助学习者更好地形成概念，进行科学的抽象。

（2）设计的经验（Contrived Experience）。此经验是指通过模型、标本等间接学习材料获得的经验。这些模型和标本是通过人工设计仿制出来的，尽管其大小、结构及复杂程度与实物略有差异，但用于教学能使复杂的实际事物更易于理解。

（3）参与活动（Dramatic Participation）。此经验是指通过演戏、表演等接近真实和参与重现的经验。学习者对许多事物都是无法通过直接实践去获得经验的，如历史事件、意识形态及社会观念等，这时就可将其编成戏剧让学习者在其中扮演角色，使其获得接近于实际的有关经验。

上述三个层次都含有亲自实践的成分，所以说获得的经验是直接做的经验，是具体的经验。

2. 观察的经验

（1）观摩示范（Demonstrations）。观摩示范的经验是指学习者先看别人怎么做，然后再去模仿，通过观摩示范获得的经验。若学习者能亲自尝试示范过程，可以获得更多的直接经验。

（2）见习旅行（Field Tours）。见习旅行是指到一定的地方，通过观察真实的事物和情景，进行学习、增长知识而获得的经验，旅行不是为了游玩，而是为了观察在课堂上看不到的事物，包括参观访问、考察等活动。

（3）参观展览（Exhibits）。此经验是指学习者通过看而获取观察的经验。展览的陈列物一般有文物、模型、图表及照片等，它们组成整体，用以说明某一事件的特定意义，具有一定的典型性，因此参观展览看到的事物比真实的事物更突出、更集中，但其真实性差些，并且不一定具有普遍性。

（4）电视（Television）与电影（Motion Pictures）。电视和电影是用图像与声音代替客观事物来提供一种间接的、替代的经验。学习者在观看时并没有直接体验，因此他们获得的经验是间接经验。电视和电影是综合的艺术，它可以通过编辑、特技、动画等多种表现手法来表现教学中的难点，使讲授的内容更形象、生动、直观，更易于理解。将电视置于电影的下面的原因，是因为电视具有直接功能，它可以给学习者带来更直接的经验。

（5）广播（Radio）、录音（Recording）、照片（Picture）与幻灯（Still Picture）。它们提供的信息可分别为学习者提供听觉与视觉经验。与电视和电影相比它们的真实性差些，抽象程度较高，但仍具有一定的直接性，也属于观察的经验。上面五层也含有"观察"的成分，故称为"观察的经验"，越往上抽象程度越高。

3. 抽象的经验

（1）视觉符号（Visual Symbols）。此符号主要指图表、挂图及示意图等抽象的视觉符号，如用箭头代表液体流动的方向，用车子代表载体等。视觉符号比语言文字直观，作为学习者只有先学会视觉符号，才能理解符号所代表的事物，才能从中获得知识。

（2）语言符号（Verbal Symbols）。语言符号包括口头语言、书面语言（文字）和内部语言（无声语言），是一种抽象化了的代表事物和观念的符号。语言符号位于"经验之塔"的最顶端，抽象程度最高。在具体使用时，它总是和"经验之塔"中的其他材料一起发挥作用。也就是说，学生在自己的整个学习过程当中，都在程度不同地进行抽象思维。

鉴于计算机技术和网络技术的发展和普及，在电视、电影和广播、录音、照片及幻灯之间还应增加一个新层，叫"计算机互联网"，它属于观察的经验。

"经验之塔"的理论蕴涵了众多重要的教育原理与原则，对教育技术学的理论与实践具有重要的启迪。

综上所述，"经验之塔"的理论要点主要包括：①塔基的学习经验最具体、最直接，学习起来也最容易，越往上越抽象，塔的顶层经验最抽象，最易获得概念，便于应用；②位于塔中部是观察经验，易于培养学习者的观察能力，能冲破时空的限制，弥补学生直接经验的不足；③教育应从具体经验入手，逐步上升到抽象，学习间接经验应尽可能以直接经验作为充实的基础，但也不能过分强调直接经验，要引导学生向抽象思维发展，使其形成概念；④在学校中，应用各种教学媒体，可以使教育更为具体，从而形成科学的抽象。

事实上戴尔的"经验之塔"是一种关于学习经验分类的理论模型，它所阐述的经验与抽象程度的关系，符合人们认识事物由具体到抽象、由感性到理性、由个别到一般的认识规律。因此，它不仅是视听教育理论的基础，也是现代教育技术的重要理论基础之一。

以"经验之塔"为核心的视听教育对现代教育技术有重大贡献，主要表现在以下三个方面：①把学习经验分为具体与抽象，提出学习应从生动的直观向抽象的思维发展，符合人类的认识规律，提出了教学中应用视听教材的理论依据；②提出了视听教材分类的理论依据，即应以其所能提供的学习经验的具体或抽象程度作为分类依据，这对后来进行的教学媒体的分类及教学媒体的选择研究奠定了基础；③视听教材必须与课程相结合，这个基本思想在现代教育技术理论研究中得到了发展与深化。

当然，视听教育也有其局限性，主要表现在两个方面：①视听教育仅重视视听教材本身的作用，而忽略了视听教材的设计、开发、制作、评价以及管理等方面；②关于媒体在教学过程中的作用与地位的问题，视听教育把视听教材看成一种辅助教学的工具，在这种思想的指导下，视听教育对教学改革的作用是有限的。

第三节 信息论基础

信息论是关于研究控制系统中信息的计量、传递、变换、贮存和使用规律的科学。

1. 信息

信息是与物质能量密切相关的事物的同性、联系和含义的表征，即人的精神产物的外化和内储，是人类适应外部世界并与其进行交换的内容的名称。

信息不是物质，也不是能量，它是事物运动的存在或表达形式。物质、能量、信息三者密切相关。没有信息，事物的运动就无从谈起。世界的无限运动也决定了信息的无限性。信息是主观世界和客观世界的桥梁。人脑是一个信息处理中心，它在不断接收和处理各种信息。

信息大致可划分为人类信息、自然信息、机器信息三大类。这三大类信息的共同特点是信息源于物质（对物质的依赖性）；信息传递需要能量，能量控制又需要信息；信息是事物属性及变化，事物间差异与联系的表征，信息可被感知、检索、存储、处理和应用。

2．通信系统

信息的传递需要一个系统，即通信系统。典型的通信系统由信息源、发信机、信道、收信机、噪声源、收信者组成。

当然，物质世界的信息传递系统一般都更复杂。

3．编码和译码

将信息装载到传播工具上靠编码，电报把电文转变成点模式电码是编码的一种形式，人类用语言、文字、图形来表达思想也叫编码。电子计算机的二进制技术和数字技术是典型的数字编码技术，这种编码技术已使人类进入信息领域并正在引起人类社会的巨大变革。

4．信息量

信息是可以量度的，量度信息的多少就是信息量。信息量的大小与概率的大小有密切关系，概率越大则信息量越小．越是意外的信息则其信息量越大。

在一般的情况下，当事先知道某件事发生的概率为 P_1，在获得一定的信息后知道该事件发生的概率为 P_2，$P_2 > P_1$，则获得的信息量为 $I = -\log (P_2/P_1)$。

无论是信息量的定义还是信息源的统计结构都离不开概率，概率描述的是一种可能性，一种不确定性，它说明了信息与事物的不确定性有着密切关系。认识过程是获得信息的过程，通过这种过程，认识对象的不确定性就可以减少。

5．信息的传播

信息是与传播紧密联系着的。人类社会的信息传播现象并非现代社会的产物，它是与人类同步发生、发展着的，然而随着信息时代的来到，"传播"这个词的含义便有了极大的扩展，并形成了一个新的概念。

在信息社会中，信息的传播无疑具有划时代的意义，于是总结人类信息传播过程的特点和规律，便成了人们所普遍关心的问题，传播学也就应运而生了。

教育离不开传播，传播学正在为教育科学的研究、为现代教育学的理论和实践提供着新鲜养料，于是教育传播学又在教育与传播的嫁接点上生长发育，在教育技术的新园地中茁壮成长。

一、传播的定义

传播是特定的个体或群体即传播者运用一定的媒体和形式向受传者进行信息传递和交流的一种社会活动。

教育传播是指传播用于教育目的并具有教育相关特性的传播活动。它是一种以培养人和训练人为目的而进行的传播活动。

二、传播的基本类型

传播类型的分类方法有多种。按信息的接受者分，可分为4种基本类型。

1．人的内向交流

与动物不同，人是能自我认识、有自我意识的实体。人的自我意识活动主要是在大脑中进行的。在个体单独活动以及个体与其他个体的互动中，个体都不断地对自己的身体状况和心理活动进行觉察、认知和调节。如与异性交流时，会随时监督自己的言谈举止，力图使自己富有吸引力。在因工作失误而懊恼时，会自责或自我发泄一番；反之，也会自我陶醉。这时，个体在意识下将自我划分为主体的我和客体的我，个体既是觉察的主体又是被觉察的客体。这种个体意识活动下的主客体"我"之间的信息互动就谓之"人的内向交流。"

2. 人际传播

指个人与个人之间的信息交流，如两人面谈，或通过电话书信往来等交流信息，它对人际关系的维系和发展有着重要的作用。人际传播与人的内向交流的最大区别在于信息的传与受双方并不集于一身。

3. 组织传播

指群体组织内成员之间和组织与组织间的信息沟通，它是由各种相互依存的关系而结成网络，为应付环境的不确定性而创造和交流信息的过程。这种传播不仅要通过担任各种不同职务的成员（如厂长、车间主任、校长、任课教师、班干部等），而且要经过以一定规则组合起来的通道（传播网络）来进行。组织传播是否有效，与显示和发挥组织活力和功能的关系很大，对组织既定目标的实现会产生直接的影响。

4. 大众传播

大众传播是指职业传播者通过大众传播媒介（如书刊、报纸、广播、电影、电视）广泛、迅速和连续地向广大受众传递信息的过程。与人际传播不同，大众传播过程中的传者不知道受方究竟是谁，并且不能很快或即时取得他们的反馈信息。大众传播对社会有着潜移默化的作用，它改变着人们的工作方式和生活方式，改变着世俗的偏见和传统的观念。随着电子通讯技术的更新和普及（如电子报纸、卫星电视直播系统、光纤通讯等），将使人类世界成为"地球村"的预言成为现实。

上述 4 种信息传播的基本类型并非是孤立存在的，它们既相互交叉，又互为补充，同时它们之间的联系正发生着巨大的变化，主要表现在：①受方的人数越来越多；②消息的个性成分越来越不明显；③传者与受者在距离上和情感上越来越远；④组织系统和传播技术越来越复杂。

三、几种主要的传播理论

1. 拉斯威尔的理论

在传播学研究史上，第一次提出传播过程模式的是英国政治家哈罗德·拉斯威尔（Harold Lasswell）。1948 年，他在题为"传播在社会中的结构与功能"的论文中首次提出了构成传播过程的五种基本要素，并将他们按照一定的顺序排列，形成了后来被人们称为传播过程的"5W"模式，即。

Who	谁	教师或其他信息源
Say What	说什么	教学内容
In Which Channel	通过什么渠道	教学媒体
To Whom	对谁	教学对象，即学生
With What Effect	产生什么效果	教学效果

如图 1 - 2 - 5 所示：

图 1 - 2 - 5　拉斯威尔的"5W"模式

拉斯威尔的"5W"模式对传播过程进行了简明的概括，提出了传播过程的五个要素，即传者（消息的来源）、信息（声音、文字、图片等）、传播媒介（天然媒介或人工媒介）、受者（听众、观众、读者、集体或个人）及效果（效果大或小，明显或不明显）。

现代教育技术中，这"5W"分别对应：Who—指教师；Says What—指文字教材和电教教材；In Which Channel—指现代教学媒体和方法；To Whom—指学生、观众；With What Eeffect—指现代教育技术的效率、质量、效益和影响的大小。在现代教育技术中应用此模式，主要是发挥传者和受者的主动性和积极性，选择和组合适合教学内容的现代教学媒体，通过这些媒体将信息直接或间接地传递给受者。实践证明，这种传播是有效果的，这种理论是有积极作用的。

拉斯威尔的"5W"模式在传播学史上具有重要意义，这个模式第一次将人们每天从事却又阐释不清的传播活动明确表述为由五个环节和要素构成的过程，为人们理解传播过程的结构和特性提供了具体的出发点。

当然，作为早期的传播过程模式，拉斯威尔的理论还不完全，这主要表现在它属于一个单向直线模式。拉斯威尔虽然考虑到了受者的反应（效果），却没有提供一条反馈渠道，因而这个理论没有揭示出人类社会传播的双向性和互动性。

2. 香农的理论

香农（Claude Shannon）是传播理论的奠基人之一，他的传播理论是由他所研究的信息论引申出来的。传播模式如图 1 - 2 - 6 所示。

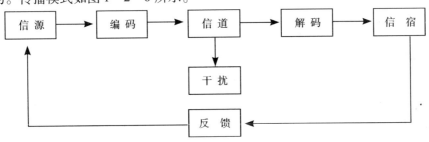

图 1 - 2 - 6　香农的传播理论模式

香农认为信息传播要经过编码和解码，信源（传者）把要传递的信息，经过编码，制成符号（文字、图片、声音、视频等），然后通过信道（媒体）传递给信宿（受者），受者在接受这些信息时要经过解码，将其还原。为保证信息能正确、有效地传播，要求传者和受者要有共向的"经验"，否则受者就会难以理解或正确认识。在信息传播过程中存在着各种干扰（其他信号、噪声等），对这些干扰应当尽量避免和加以抑制。在信源和信宿之间存在反馈通道，受者通过反馈通道可将反应反馈给传者，传者根据反馈的情况重新设计或修改传播内容，使之更适合受者的雷要，从而提高传播效果。现代教育技术采用香农的传播理论，主要在于选择合适的教学媒体，发挥师生共同的"经验"部分，及时分析来自各个渠道的反馈信息，以取得教学效果的最优化。

3. 韦斯特莱的理论

韦斯特莱（Westley）的传播理论是一种控制论的模式，它强调传播行为应是有目的、有计划地进行的。其传播模式如图 1 – 2 – 7 所示：

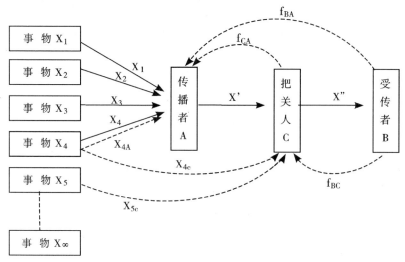

图 1 – 2 – 7　韦斯特莱的传播模式

其中：X 代表周围信息；A 代表信源（传播者）；B 代表信宿（受传者）；C 代表把关人（在传播线路上决定让哪些信息通过的人）；f_{BA} 表示受传者向传播者反馈；f_{BC} 表示受传者向把关人反馈；f_{CA} 表示把关人向传播者反馈。

韦斯特莱认为，在信息传播过程中，各种信息都要经过把关人过滤，即经选择后才能传给受者。受者对外界的信息也不是兼收并蓄，而是有所选择地加以吸收，即只接收他所感兴趣的内容。不同受者由于生活经历和知识水平不同，因此对同一信息的接受程度也不相同。传播过程中反馈十分重要，受者的反馈是多方向的，他可将反馈信息由把关人反馈给传者，也可直接反馈给传者。

现代教育技术是利用现代教学媒体来传播教学信息的，在传播过程中应用此模式，A 相当于教学信息的编制者，C 相当于教师，B 相当于学生。教师应选择多种教学信息，并重视学生的反馈信息，教学信息的编制者也应获得教师和学生的反馈信息，以提高所编教材、课件等的质量。

4. 贝罗的理论

贝罗（David K. Berlo）的理论是 1960 年在拉斯威尔研究的基础上提出的。他的传播理论把传播过程分为四个基本要素：信息源、信息、通道和接受者。传播模式如图 1 – 2 – 8 所示：

贝罗模式也叫 SMCR 模式，S 代表信息源 Source，M 代表信息 Message，C 代表通道 Channel，R 代表接受者 Receiver。贝罗模式明确而形象地说明了影响信息源、接受者和信息实现其传播功能的因素，说明信息传播可以通过不同的方式和渠道，而且最终效果不是由传播过程中某一部分决定的，而是由组成传播过程的信息源、信息、通道和接受者四部分以及它们之间的关系共同决定的，传播过程中每一组成分又受其自身因素的制约。

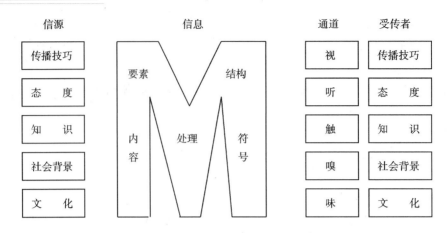

图 1-2-8 贝罗的传播理论模式

　　贝罗模式现在常被用来解释教育传播过程，它说明了在教育传播过程中，影响和决定教学信息传递效率和效果的因素是多方面的、复杂的，各因素之间是既相互联系又相互制约的。为了提高教育传播的效果，必须研究和考察各方面的因素。

　　总之，从传播学角度，探讨教育活动中教育者与受教育者之间的信息互动现象及其规律，是传播学应用研究的一个重要而广阔的领域，也是教育科学研究的一个崭新领域。

第四节　技术哲学基础

　　现代教育技术随着科技发展形成了独特的教学体系和教学范式，由于教育技术一开始就受严密的逻辑科学及行为的影响，使得教育技术自身打上了"机械性、逻辑性、定量化"的烙印，在教学设计上注重严密的程序操作和外部控制，使教学主体丢失了自主性。现代教育技术发展到多媒体网络教学阶段，为融入人本主义教学思想创造了条件，这就要求在开发、设计、实施、评价、组织管理的程序化时，汲取人本主义思想的合理成分，为学生的创造性学习创设科学的、人本的教学环境，促使学生有效地学习。

一、技术主义

1. 关于技术

　　纵观 20 世纪，技术这一术语在不断发展变化，到现在，已经包括了许多种类的技术：

　　（1）技术作为物体，如：工具、机器、设备、武器、用具等，指那些支持技术工作的物理设备；

　　（2）技术作为知识，那些支持技术创新的知识；

　　（3）技术作为行动，也就是人们的行为、技能、方法、过程、程序；

　　（4）技术作为一个处理过程，从需要出发，获得一种解决问题的方法；

　　（5）技术作为一个社会技术系统，综合地利用人力和其他物体。

　　技术已经渗透到社会的各个方面，极大地改变了人们的生活、工作、学习方式，改变了社会的面貌。技术的飞速发展，超出了人类所能够适应的速度，给社会带来了更为复杂的改变。因此对于技术出现了许多不同的态度和思想观念。例如，有些人对技术极为钟爱，因此就有技术偏爱论；有些人认为技术对人类的自由构成了威胁，因此就有技术威胁论。技术主义是与技术决定论联系在一起的。

2. 关于技术决定论

技术决定论认为，技术是对社会最具影响力的因素，是塑造社会的力量。技术决定论观点是关于社会变革的技术引导理论，将技术看做是历史的推动者。根据技术决定论，某些特定技术的发展，传播技术或媒体技术或更广泛的技术，通常是社会变革唯一的或主要的前因，并且技术被看做是社会组织模式的基本条件。

技术决定论认为，技术特别是传播技术是社会发展的基础，像书写、印刷、电视、计算机等技术"改变了社会"。最极端的看法是，整个社会的形成被看做是由技术决定的：新的技术在每个层面上改变着社会，包括社会制度、人与人之间的交互和社会中的个体。至少，大量的社会和文化现象被看做是由技术形成的，人的因素和社会的调节被看做是第二位的。

传播技术领域普遍存在着技术决定论的观点，认为传播技术的改变具有重要的文化影响，例如麦克鲁汉等都认为印刷媒体使得思维更有理性、更符合逻辑、更善于抽象思维。

麦克鲁汉将不同媒体与特定认知结果相联系，这种观点被称为媒体决定论。他将传播媒体和技术看成和语言一样，塑造和影响着人类的感知和思维。

比较适度的媒体决定论认为，媒体的使用对人们能够产生一定的影响，但更重要的是社会情境。极端的技术决定论认为特定的传播技术是决定社会发展的一个充分条件（唯一原因），或者至少是一个必要条件。技术发展的结果是必然的或至少是有很大的可能性。更为普遍适用的技术决定论则认为，传播技术是一种促进力量，但所提供的可能性并不一定发生。

二、人本主义

1. 人本主义的基本思想

人本主义具有许多不同的意义，每一种意义构成一种人本主义，可以归纳为：①文学人本主义；②文艺复兴人本主义；③文化人本主义；④哲学人本主义。

人本主义思想一般包括对自由和自治的信念，认为人类有能力克服遗传、个人历史和环境的限制而做出有意义的个人选择，强调个体重要性以及特殊的人类需要。人本主义思想的基本要素是：① 人性本善；② 个体是自由的、自治的，有能力做出自己的个人选择；③ 人类的发展潜力是无限的；④ 自我观念在发展中起着重要作用；⑤ 个体有着自我实现的欲望；⑥ 现实是由每个个体定义的；⑦ 个体不仅对自己而且对他人负有责任。

人本主义的教育基于相类似的思想，认为教育的目的是发展自我实现的个体，人本主义的教育是一个终身的过程，其目的是发展能够快乐地过有意义的生活的个体。人本主义教育首先考虑的是：发展感情方面的能力，形成情感需求，充分表达美，增强自我导向和控制能力。人本主义教育者的本质特征是对感情的理解、尊重和接受。

2. 人本主义与教育技术

19 世纪末幻灯机出现以后，又先后有了电影、广播、录音技术；到了 20 世纪 50 年代，电视机、磁带录音机相继出现，教学机器的发明；60、70 年代，闭路电视、计算机开始进入人类社会的诸多领域，卫星电视教育和计算机辅助教育成为开发和发展的重点；到了 90 年代，多媒体技术和信息处理技术的发展，多媒体教学系统成为教学开发和广泛应用的热点。近几年，计算机网络化的发展，使得多媒体教学真正实现了个别化教学、程序教学。计算机网络为人们的学习创设了广阔而自由的学习环境，提供了丰富的学习资源，使得教学从传统的密集型课堂教学走向了个别化、分散化、社会化和家庭化，不但突破了传统的教学形式，还拓展了教学时空的维度，为同伴教学、分组学习、合作学习、发现学习、探究学习提供了基础。学生自己选择学习方向，参与发现自己的学习资源，阐述自己的问题，决定自己的行动，自己承担选择的后果。这样学生就负责任地参与到学习过程中，容易全身心地把情感和理智投入创造性学习中，并对自己的学习结果作出评价。这基本上实现了人本主义所主张的以学生为中心的教学形式和学生自主学习、自我实现、自我评价的目的。教师的主要任务是允许学生自己学习，满足学生的好奇心和求知欲，建立一种开放平等的教学环境，实现教学手段和目的相一致。

同时，由于现代教学技术要求学生具有较高的学习策略和自主学习能力，这对教师的作用提出了新的要求。教师由传统的一味的知识传授者转变为学生学习的指导者、合作者和咨询者。教师和学生的地位不再是不平等的权威关系和依赖关系，而是师生双向参与、双向沟通、平等互助的关系，达到人本主义崇尚的人的尊严、民主、自由、平等的价值观。

三、技术主义与人本主义之协调

持人本主义观点的教育观察家们曾经认为，教学硬件设备在课堂中的广泛使用导致一种欺骗学生的倾向，好像学生不是人而是机器。也就是说，技术的使用使教/学过程忽略了人性特点。但是，现代化的教学媒体运用得当，在某种程度上能够赋予这一过程以个性，从而也就使这一过程具有人性的特点，而这在以前被认为是不能达到的。

海涅克（R. Heinich）认为所谓的技术主义，其根源不在于使用了媒体。如果教师把学生看做机器，那么不管用不用教学媒体，他们都会一样地不把学生当人对待；如果教师把学生看做是具有基本公民权利和意愿的人，那么不管用不用教学媒体，他们都把学生看作进行学习活动的人。也就是说，是使用媒体的方式而不是媒体本身导致了把学生当作机器来对待。

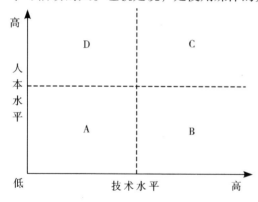

图 1-2-9 技术与人本主义之协调关系

换一种说法，就是重要的不是课堂中使用了什么教学媒体，而是教师在使用媒体的过程中如何引导学生学习。处于某种压力下，高度忧虑的学生容易出错，学习的效率也比较低。很多时候，对那些高度忧虑的学生来说，充满压力的学习情境使他们很难取得成功。假设运用教学媒体进行相同序列的教学，只有在学生需要时才使用媒体，那么就可能减少环境带来的压力。这样，运用媒体就能够使教学具有人本主义色彩。

与一些教育者的观点相反，海涅克认为，技术和人本主义可以各种方式共存或各自独立存在。图 1-2-9 展示了技术和人文主义的四种组合方式。

A. 大学里的讲座，教授和学生之间很少或根本没有交互作用——技术水平和人本水平都很低。

B. 由一系列模块组成的一门课，而每一模块又都是由作业目标、完成这些目标要用到的材料以及一种自我评价模式组成的——技术水平高，而人本水平低。

C. 与范例 B 相似，但是学生是根据自己的兴趣和请教教师之后选定研究的课题。在这一教学系统中，学生和教师之间的交互作用是定期的，比如讨论现在的学习情况和下一步应该研究什么——技术水平高，人本水平也高。

D. 一个学习小组定期见面，讨论彼此共同的阅读作业——技术水平低，人本水平高。

这些例子都经过了很大程度的简化，仅用来展示上面所形成的概念，但是它们可以作为分析人本主义和技术之间的关系的基础。这些例子说明教学过程的技术和人本主义水平可以很低，同样，也可以很高。

教学技术的运用并不排斥充满人本主义色彩的教与学的环境。恰恰相反，教学媒体能够有助于提供一个学习环境，在这样一个环境中学生能够积极地参与学习过程。如果教学媒体在课堂中运用得当，而且运用时具有一定的创造性，那么随心所欲打开或关上的是机器，而不是学生。

第五节　教育技术的后现代观

一、教育技术的发展轨迹

教育技术的发展历史以及对教育技术的研究有两种不同的观点。

第一种是相对传统的观点，将教育技术看做是如何通过技术来促进教学与学习，这一观点是在物理科学模式和行为科学模式之间艰难前行的。

物理科学模式着重的是那些对教师的教学和学生的学习有潜在影响的发明创造，历史地看，这些发明有粉笔、照相、复印、录音、运用图像、电视、录像，以及当前的计算机信息技术远程通信技术和 Internet。这些只是试图改变课堂教学的发明中的一部分。

行为科学是从心理学角度对同一历史的研究，这一观点不着重于硬件和软件，而是着重于利用。典型的历史时期开始于夸美纽斯将图片应用到教科书里去，或早期设立的行为主义原则的学习步骤。20 世纪的心理学理论主要有行为主义、控制论、认知主义和建构主义，同时传播理论也从个别化传播理论，逐渐发展为大众传播理论、小组传播理论。教育技术就是这些理论、概念和思想的"教育的"部分。

另一种完全不同的观点，则是沿着一条不同的轨迹看待教育技术的发展历史，这一观点是尚未成型的或尚不完善的，被划为后现代一类。

设想教育技术是一种艺术形式，产生的艺术作品叫做"象本"（presentation），里面包含各种符号。这些"象本"以各种各样的形式出现，有印刷、录音、电影、录像、计算机软件及超文本等。教育技术人员的作用和电影评论家、艺术评论家或电视评论家的作用一样，介绍新的"象本"，提供评论，为听众揭示"象本"是怎样发挥作用的。

这样一种历史可以从传统的批判模式开始，吸收各种评论家的思想，带着问题去审视"象本"。面对文化的复苏，面对霸权的覆灭，就会出现多种角度、多重视点，不同的评论家会指向不同的方向，从而产生无序。但是就像凤凰涅槃一样，正是通过解构才能获得新的结构，我们似乎是重新开始了，但是这一次是在更高的层次上开始的。我们对每一种技术进行审视，一方面认识到它的进步，也认识到它的不足。现在已经认识到每一种教学信号并不是对所有的学生和所有的教师都是相同的，实用者看到的是其使用价值，建构主义者看到的是其意义，而评论家看到的是其意识上的独断。

人们似乎垂涎在一个符号无限的世界里，但其无序状态却是非常正常的，因为寻求的不是最好的一条途径，而是达到不同目标的不同途径。

这样一种教育技术的历史就是后现代主义的。教育技术在今天还不是后现代主义的，但是，教育技术"时刻准备着"成为后现代主义，因为有许多其他的声音、其他的思想、其他的模型在酝酿着、在跃跃欲试着。当只有一种观点被人们接受，只有一种模型被用来解释所有的一切时，后现代主义就会消失。但是在教育技术这样一个充满动态特点的领域，这种情况似乎是不可能的。

二、后现代主义

后现代主义是一个处于不断变动中的难以把握的概念。

认识到后现代主义不是一种意识形态而是一种"状态"。人们不会去做一个后现代主义者，后现代主义没有计划、不寻求转变。相反，世界能够在后现代主义的框架内被认识。

后现代主义状态渗透到当代社会的所有方面。科学家写出后现代主义的科学，文学家谈论着后现代主义的文学。后现代主义还出现在建筑、艺术、社会学、哲学、教育和自然科学等广泛的领域。教育技术人员根本没有机会选择是不是希望介入后现代主义现象中去，后现代主义是存在的状态。

后现代主义是什么？要把握后现代主义的含义，需要先回到现代与后现代的对立点上，后现代主义必定是"后于"现代的，那么什么是现代主义？所谓现代主义，就是最终的、最好的方法。现代主义的规定性特点有：①对科学和技术的压倒一切的信仰和信任；②推崇技术的正面效果；③认为发展是必然的，是现代思维希望的结果。

后现代主义则是对现代主义景象的怀疑，最极端的是整个地排斥现代主义观点。如果现代主义是寻求永恒真理，那么后现代主义就是对这些永恒真理的怀疑；如果现代主义是寻求知识的明确表征，那么后现代主义认为"知识的状态随着社会进入后工业时代以及文化进入后现代时代而改变着"。

这样，后现代主义的规定性特点就是对现代主义规定性特点的排斥，并代之以：①信仰多元化；②对技术的效果进行多方面审视；③审视发展是否总是必然的，从而产生一个严肃的主张。如果用其他标准审视，"技术发展"可能根本就不是发展。

三、两个模型：给予的世界，建构的世界

为了讨论后现代主义，必须区分两个不同甚至是相反的看待教育技术的观点，首先是传统的观点，将技术看做是信息传播技术发展的一部分。第二种观点是将技术看做是知识建构的一部分。

1. 给予的世界

在"知识传递"观点中，建立了关于传送者、传播信道、信号、接收者等的传播理论。在这种观点下，教育技术的作用是如何更有效地传送教学信号，目的是以尽可能高的保真度将特定信号从发送者传送到接收者。

在教育技术领域，这种"发送者—接收者"模型的变体有教学开发、教学设计或教学系统设计，具体的模型多种多样，但其一般模型都是服从"定义—开发—评价"这样一种结构。基本步骤是首先定义教学事件，然后开发适当的方案，最后检验该方案是否有效。教育技术发展的历史实际上就是一系列更好地调整这一模型的历史。

2. 建构的世界

另一种观点以完全不同的角度看待信息的流通，认为信息传播过程所包含的不是特定信

息传输，而是意义的产生。这样一种模型包含着后现代主义的观点。

在这种观点下，关注的重点从"发送者—信号—信道—接收者"模型，转移到另一个方面，也就是"作者—文字—读者"，这一转变似乎只是用词上装饰性的改变，说到底，作者就是发送者，信号就在文字中，接收者就是读者。在这里，关键的问题是最终的权威或真理落实在哪儿。传统观点，人们默认为文字的作者就是最终的权威，如果有人知道"真相"，那无疑就是作者。但是很显然，有些情况下作者的意图不可能获得，例如作者已经去世，就无法问及作者某段文字是什么意思。

这样，作者的权威就由文字的权威所取代，其"真理"就落实在文字本身，新的任务是对文字的解释，所要做的是将文字的意思解释出来或翻译出来。

当代的文学理论又前进了一步，也许权威并不仅仅是作者或落实于文字，而是阅读文字的读者。说到底，每个读者都是独特的，在阅读中每个读者都将自己的背景、兴趣、需要和理解带到文字中去。这样一种观点可以解释为什么有的读者认为某一段文字很重要，而相同一段文字在另一个读者看来，不仅无用甚至是错误的。如果让你说出最伟大的小说是哪一部，你可能认为是《战争与和平》，你的同事可能认为是《飘》。寻找"最好的小说"是毫无意义的现代主义的陷阱，这和寻求最佳教学媒体是同样难以把握的。

或许权威落实在作者、文字和读者三者之间，即用信息的建构主义模型代替了线性传输模型，这样的观点是后现代主义的。

四、后现代主义教育技术的特点

后现代主义的特点可以归纳为五个基本点：矛盾、不连续、随意、无节制、流程短。

实际上，这五个特点是与所谓好的教学设计相对立的，要使教学设计系统容忍矛盾、不连续、随意、无节制、流程短这些特点，显然不是传统的观点。但是如果细想一下，可能就有不同的结论了，开放性体现了矛盾的特点；超文本则体现了不连续、随意性特点；计算机辅助教学的多路径、反馈循环以及补救途径实质上就产生无节制；当代的教学软件允许学生根据前测结果绕过细节部分，则正是流程短的体现。Internet 提供信息数据库的访问以及各种通信工具，更是体现了这五个特点。

联系到教育，后现代主义的特点可归纳为五个，分别是针对：①权威和知识的形式；②对个体的关注；③物质基础；④看待历史的观点；⑤团体和传统的位置。

这些都能够扩展到教育技术领域内，下面的讨论就是在后现代主义框架内探讨教育技术的问题。

1. 权威的形式

权威的结构是共同参与的、对话式的、多种形式的。教育技术人员早就认识到单一的权威已经不再适用于媒体产品了。一个复杂的教学设计产品要经过试验、修正、评价等过程，是团队共同努力的成果。事实上，当前的教学设计或明或暗地都是采用团队的方法进行教学系统、程序和产品的开发的，这种特征显然是后现代主义的。

2. 个体的概念

后现代主义对个体的观点是：……不再成为中心的，是由文化所决定、所构造的对立的、相关的……主体。这里就出现了两难：教学设计者是假设所有学习者具有相同的需要从而针对"平均"的目标受众而启动市场呢，还是不仅允许个体需要，而且也强调个体的不同？传统的教学开发是假设一个受众的平均量，然后根据这一平均量提供预先确定的材料。然而现代的建构主义理论已经认识到有必要为每个学习者建立各自的学习安排，像超文本技术就能够满足不同的学习需要，用看起来混乱的模型代替了传统的线性课程表示模型。

3. 物质基础

后现代主义的物质基础是信息。在每一课程开发浩劫中，信息都是一个起点，在教学设计中，首先一个步骤就是确定在开发的教学产品中要包含哪些信息。后现代主义看待信息的角度则不同，不再认为信息是最终的，而是认识到虽然信息的符号表现似乎是固定的，而实际上信息本身是流动的、多样性的、变化的。如果以这种角度看待信息，那么专利法产品或课程所包含的内容就不再显得那么生硬了，教学设计所关注的重点也就从内容转移到了过程。

4. 团体的位置

后现代主义的团体概念始于麦克鲁汉的"地球村"的概念，进而扩展为一个"跨国超空间的、不同而没有敌对的、生态型的团体"。教育技术不是有正确答案的一系列问题，而是一系列问题、关系、需要和技术对策的网络。每个团体根据自己的需要和关心的问题进行开发，但是在局部的自主团体内部，技术又创造了新的跨国团体，例如，Internet 所提供的电子邮件、文件传输、远程登录等，所有这些都改变着看待团体以及看待技术的方式。

五、后现代主义作为另一种模式：教育鉴赏

后现代主义所产生的一个主要影响是提出了进行研究的另一种模式。传统的教育技术是被当作科学看待的，这就意味着，已经接受了的实践模式，是以实证主义哲学为基础的。

教育技术理论早就认识到了实证主义模式的优缺点，从而产生了从定量到定性模式的转移，而第三种实践模式，是既将教育技术看做是一门艺术，同时又看做是科学。

批判作为一种学术方法，在艺术研究中被广为使用。建立在定量、定性、实证和系统模式上的教育和教育技术，则很难接受用艺术批判这种形式来作为学术研究的方法。然而，一些研究者逐渐对以艺术批判这种新的思维模式研究教育产生了兴趣。

1. 分析和批判

首先，可以从五个方面对课程进行分析：①在技术方面，针对课程方法和结果之间的合理性；②在对策方面，针对权力和控制；③在科学方面，是否最大可能地提高效果；④在美学方面，是否将教与学当成一门艺术；⑤在伦理方面，考察教育艺术的价值。

然后是"课程批判"，课程批判家应该和文学批判家一样，课程批判家的作用是揭示其意义，阐明其答案。

现在课程评估者已经广泛使用教育鉴赏和教育批判这样的术语，鉴赏是欣赏的艺术，而批判是揭示的艺术。利用这样的术语描述课程材料也成为教育技术人员的一个特殊兴趣。每个人都是一个课程材料的批判者，虽然是在比较肤浅的层次。批判是对艺术作品的感觉、分析、阐释和描画。教育批判的目的是刻画、解释和评价教育材料、教育环境、课程和教学。

2. 教育批判的作用

一个鉴赏家应该清楚自己的历史，这样才不会总是"重新发明轮子"。一个能够与历史、与艺术、与文化相交流的鉴赏家才是真正意义的鉴赏家。教育批判的作用主要是：

（1）从内容及其形式的关系角度解释技术目标或过程；

（2）从部分和整体的角度解释技术目标或过程；

（3）提供对主题及设计的洞察力，从而在丰富性和复杂性上把握技术目标或过程；

（4）揭示评论家对教育技术过程或产品所具有的亲身体验；

（5）揭示对教育技术过程或目标进行判断的基础，以及该目标或过程对人类经验所产生的作用；

（6）综合不同途径的研究结果，形成综合的理论。

六、后现代主义分析方法：解构

一方面，刚刚接触后现代主义的新手会试图寻找规则。而另一方面，后现代主义又是反对规则化的，如果刻板地沿用一个精确的过程，那就全然违背了后现代主义的基本观点，即不是追求创造一个最佳路径。精确地描述一个过程，实际上是提供一种"超越的意义"、一个最终的意义、一个最佳的方法，而这正是为后现代主义观点所驳斥的。因此，这里所谓的后现代主义法，实际上只是参考性的建议。

后现代主义理论的主要概念之一是解构。解构的第一步是按照传统的角度确定二元对抗，前一项是正常的，后一项则相反，例如好/坏、自然/技术、男/女等。解构的下一步是将这一对抗颠倒过来，也就是，经过分析与争论，表明原来常常被贬低的第二项，实际上是应该被重视的，一些代表现代主义的二元对抗如：形式/反形式、设计/机会、层次/无序、线性/非线性等，在现代主义观点看来，这些二元对抗的第一项都是稳定的术语，形式、设计、层次等都是现代主义的关键概念。解构主义对其中有些（并不是全部）反其道而行之，并且表明同样也是站得住脚的，例如，设计/机会，在现代主义看来，设计是被接受的模式，但是换个角度看，设计也意味着限制和强迫。教师要按照设计的课程计划上课，但是好的教师则抓住每一瞬间的各种机会，联系到课程中去的。这就需要采用一种偶然性模型，需要利用各种随意性的能力，实际上，设计的教学常常导致乏味和沉闷的课堂氛围。

这样在详细审查下，设计被解构，看到在设计中，需要给无序或"反设计"一席之地，实际上，"反设计"在好的设计中总是已经存在的，在认识到设计的重要性的同时，也必须认识到反设计的必要性，以避免产生呆板的设计。最终，对抗不再存在，被确定的现代性（设计/机会）被解构了。

七、后现代主义教学设计

从以上认识出发，后现代主义思想可以为教学设计提供一些建设性的建议，例如对传播和教学的系统方法进行解构，形成一个后现代主义教学设计的方案。在这一设计方案中，通过对设计、最佳途径、技术等现代性观点的解构，从后现代主义角度提出了对教学设计的建议。

（1）从后现代主义角度出发，"条条道路通罗马"，要达到某一目标，可以有许多不同的途径。因此对于每一个教学设计问题，都应该试图寻求多种可能性。

（2）后现代主义以建构的模型看待信息的传播，因此，对于教学设计来说，必须充分认识到预期学习者的背景、兴趣、需要和理解，尽可能地满足不同的学习需要。

（3）后现代主义推崇对技术效果进行多方面审视，通过教育鉴赏和教育批判，从多方面吸取经验和教训。

（4）媒体是信息的载体。在选择媒体的时候，要考虑到所有媒体都是隐喻性的，并不总是能确切地表示所要传达的意思。

（5）对完美、绝对等现代性观点进行解构，认识到绝对一致的理解是不可能得到的。

（6）对技术进行解构，考察技术是否解决了问题，是否产生了新的问题。

（7）作计划时不仅要考虑技术问题，还要考虑需要，要认识到设计所要解决的是真实世界的问题。

（8）从建构的角度看待教学信息的传输，在教学信息的设计中，要充分考虑学习者的作用。

（9）从俯仰多元的角度看待信息，寻找自己的信息和他人信息之间的矛盾。

建构主义运动正逐渐地改变着我们看待教学设计的方式，即使如此，后现代主义对于教育技术的批评，还是会让多数人觉得太过激进。但是如果对后现代主义观点进行充分考虑的研究，可以从中获得一些值得注意的思想，这些思想作为"其他的声音"，无疑对教学设计领域的实践是非常有益的。

第二篇　媒体篇

第一章　现代教学媒体

学习目标

1. 了解媒体、教学媒体的含义。
2. 了解教学媒体的主要特性及几种常见的分类方法。
3. 掌握教学媒体编制、选择及利用的原则。
4. 了解视听媒体、交互媒体的基本知识及其教学应用。
5. 掌握简单的多媒体素材采集和编辑技术。
6. 掌握教育技术资源的获取及其应用技巧。

第一节　教学媒体概述

一、教学媒体的含义

1. 媒体

媒体一词来源于拉丁语"Medium"，音译为媒介，意为两者之间。它是指信息在传递过程中，从信息源到受信者之间承载并传递信息的载体或工具，也可以指实现信息从信息源传递到受信者的一切技术手段。媒体有两层含义：一是承载信息的载体；二是指存储信息和传递信息的实体。

媒体是指载有信息的物体。按《辞海》的注释：媒体是"使双方发生关系的人或事物"。那么，没有承载信息的物体，例如，没有内容的白纸、空白磁带、胶片等不能介绍或引导双方发生关系，因此都不能说是媒体，而只能说是书写、印刷或录制的材料。白纸印上新闻成为报纸、磁带录上音乐信息符号成为音乐带，这时，承载了信息的纸张、磁带才能称之为媒体。

习惯上把媒体分为硬件和软件两大类：硬件是指储存、传递信息的机器和设备，如照相机、幻灯机、投影仪、录音机、录像机、电视机和计算机等；软件是指能储存与传递信息的纸、胶片、磁带和光盘等。硬件与软件是不可分的统一体，只有配套使用，才能发挥储存与传递信息的作用。

2．教学媒体

当某一媒体被用于传递教学信息时，就称该媒体为教学媒体。在教学系统中，包含教师、学生、教学内容（即教学信息）和教学媒体等四要素。所以，教学活动可以看作是一个教学信息传递、反馈和控制的过程。它是教师（教学信息的传播者）、学生（教学信息的接受者）、教学媒体（教学信息的载体）三者相互作用的结果。教学媒体在教学中的应用情况已成为影响教学效果的一个重要因素。

从本质上看，教学活动过程是一种获取、加工、处理和利用信息的过程。因此，作为储存与传递事物信息的任何媒体都能作为教学媒体，但事实上，绝大多数新开发出来的媒体首先都不是用在教学上，而是在军事、通信、娱乐、工业等部门使用相当长一段时间之后，才逐步被引进教学领域。那么，教学媒体有哪些特殊的组成要素呢？概括来说，一般的媒体发展成为教学媒体应具备两个基本要素：

（1）媒体用于存储与传递以教学为目的的信息时，才可称为教学媒体；

（2）媒体用于教与学活动的过程时，才能发展为教学媒体。

任何媒体都能用来存储与传递教学信息，如电影、电视以及计算机等媒体，但它们诞生的初期，并没有在教学活动中派上用场，只是一般的传播媒体。只有在它们经过改进，符合教学要求，用于教学活动时，才成为真正的教学媒体。

一般的媒体要成为教学媒体，往往要解决两个关键问题。一是硬件的改造，使它能满足教学活动要求，方便教师与学生使用；同时，要使硬件的价格降下来，能为缺乏经费的教育部门所采用。二是软件的编制，使该媒体所存储与传递的信息是教学信息，并且编制的原则与方法要符合教学活动的要求。

二、教学媒体的分类

教学媒体发展至今，种类很多。为了便于使用和研究，可以将它们进行分类。目前对教学媒体的分类方法有很多，下面介绍几种常用的分类方法。

1．按媒体发展先后分类

按教学媒体的发展先后，通常把过去传统教学中常用的媒体称为传统教学媒体，而将20世纪以来利用科技成果发展起来的电子传播媒体称为现代教学媒体。

（1）传统教学媒体。传统教学媒体通常指教学中常用的教科书、黑板、粉笔、挂图、标本、模型、实验演示装置等教学媒体。扩大一点范围，教师本人，包括教师的语言、表情、手势、体态、板书、板画等也是传统教学中常用的教学媒体。再扩大一点范围，传统教学中的校园环境、实验室、实验与实践基地，也可包括在传统教学媒体范畴。

（2）现代教学媒体。现代教学媒体在我国也称为电化教育媒体，主要包括：幻灯、投影、广播、录音、电影、电视、录像、电子计算机等教学媒体。还包括它们组合的教学媒体系统，如：多媒体综合实验室、计算机网络教室、视听阅览室、微格教学训练系统、闭路电视系统、校园计算机网络系统等。

2．按媒体作用的感官和信息的流向分类

按这种分类法，可将媒体分为视觉媒体、听觉媒体、视听媒体、交互媒体四类。

（1）视觉媒体：指发出的信息主要作用于人的视觉器官的媒体。如教科书、黑板、挂图、标本、幻灯、投影等。

（2）听觉媒体：指发出的信息主要作用于人的听觉器官的媒体。如广播、录音等。

（3）视听媒体：指发出的信息主要作用于人的视觉器官和听觉器官的媒体。如电影、电视、视盘等。

（4）交互多媒体：指使用多种感官且具有人机交互作用的媒体。如多媒体计算机、教学模拟机、双向有线电视系统等。

3. 按媒体的物理性质分类

根据现代教学媒体的物理性质可将媒体分为四大类。

（1）光学投影教学媒体：包括幻灯机和幻灯片、投影仪和投影片、电影机和电影片等。这类媒体主要通过光学投影，把小的透明或不透明的图片、标本、实物投影到银幕上，呈现所需的教学信息，包括静止图像和活动图像。

（2）电声教学媒体：包括电唱机、扩音机、收音机、语言实验室以及唱片、录音带等。它将教学信息以声音形式存储和播放。

（3）电视教学媒体：主要有电视机、录放像机、影碟机、录像带、视盘、学校闭路电视系统和微格教学训练系统等。它的主要特点是存储与传递活动的音像信息。

（4）计算机教学媒体：包括计算机、计算机网络教室、计算机校园网以及计算机辅助教学软件等。它能在各种教学活动中实现文字、图表、图像、音视频等教学信息的传递、存储与加工处理，并能与学习者进行交互，从而开展有效的教学活动。

三、教学媒体的特性

英国学者贝茨认为各种教学媒体既有共性，也有各自的特性。他指出：每种媒体都有其独特的内在规律，任何媒体都有各自的优势和劣势；不存在适用于任何教学目标的效果最佳的超级媒体。要在教学中应用好媒体，就必须首先了解和掌握各种媒体的基本特性。

我国教育技术专家归纳出电教媒体的一系列特性，有助于我们理解媒体的教学作用。

1. 呈现力

呈现力表明媒体呈现事物信息的能力。我们知道，信息是事物运动状态与规律的表征。信息不是事物本身而是事物的表征，它是用不同的符号去表征或描述的，从而决定了媒体有不同的呈现能力，呈现力由以下诸要素决定。

（1）空间特性：指事物的形状、大小、距离、方位等。

（2）时间特性：每样事物出现的先后顺序、持续时间、出现频率、节奏快慢等。

（3）运动特性：指事物的运动形式、空间位移、形状变换等。

（4）颜色特性：指事物的颜色与色调属性。

（5）声音特性：指事物的声音与音效属性。

各类媒体呈现事物的空间、时间、运动、颜色、声音等特性的能力是不同的，也表明了各类媒体表征事物运动状态与规律的能力是不同的。

电影与电视能够以活动的、彩色的图像和同步的声音去呈现事物的运动状态与规律，它能全面呈现事物的空间、时间、运动、颜色与声音特性。因此，具有极强的信息呈现力。但由于它瞬间即逝，不利于学生细心观察与思考。

幻灯、投影类媒体，在呈现事物空间与颜色特性方面有较强的能力，而且能放映出更大和清晰的彩色图像。但在时间、运动性方面就不如电影与电视。然而正因为它是静止的图像，因此能够让学生详细地分析和观察事物的细微部分。

广播与录音是借助语言、音乐，与事物实际音响来呈现事物运动状态与规律的，它具有声音与时间特性。对用语言描述的空间与颜色特性，则是不具体的、抽象的。

2. 重现力

媒体的另一重要特性是对信息的重现能力。实时的广播与电视瞬间即逝，难以重现；录音、录像与电影媒体能将信息记录存储，反复重放；幻灯、投影也能按教学需要反复重放；计算机课件存储的信息则能按学习者的需求重现。

3. 传播力

任何媒体都具有扩散的传播性，以各种符号形态把信息传递给受信者（信宿），只是不同媒体在传播的范围上各有差异。广播与电视能将信息传送到十分广阔的范围；计算机网络系统和有线电视播放系统，也能把信息传至所有终端；至于幻灯、投影、电影、录音、录像等只能在有限的教室与教学场所进行传递。

4. 可控性

可控性是指使用者操纵控制媒体的难易程度。幻灯、投影、录音、计算机都比较容易操纵，并适于个别化学习。电影放映则必须接受专门训练才能操作使用。至于无线电和电视广播，只能按电台和电视台播出的时间去收听、收视，使用者难以控制。

5. 参与性

参与性是指利用媒体开展教学活动时，学习者参与活动的机会。它可分为行为参与和感情参与。

交互式计算机媒体，使学习者能根据本人的需要去控制学习的内容，是一种行为与感情上参与程度高的媒体。

电影、电视、广播具有较强的表现力与感染力，容易引起学生情感上的反应，从而激发学生感情上的参与。

小组放映投影片时，师生能以面对面的方式呈现材料和进行学习、讨论，使学生在行为上积极参与。

学生独立选择各类教学媒体进行自学时，是行为参与程度较高的一种学习活动。

由以上可见，各类媒体具有不同的教学特性。因此，在教学活动中应根据教学内容、教学对象选择合适的媒体，只有充分发挥媒体的长处，才能取得良好的教学效果。

四、教学媒体在促进教育变革和发展中的作用

从传播学的角度来看，教学是向学生传递各种知识和能力的过程，它是一个有目的、有组织的传播活动，在传播过程中，教学媒体是一个重要因素，传播是通过媒体进行的。因此，媒体作为人体的延伸，将对教育产生多方面的重大影响。

1. 影响教师的作用

在语言媒体和文字媒体阶段，教师是教学信息的主要来源。教师是极少数拥有"知识"的人，在教学过程中具有绝对的权威，对学生的教育全面负责。印刷媒体出现后，书本和教师一样是教学信息的主要来源，学生不仅能向教师学，也可以向书本学。电子媒体阶段的到来，众多现代教学媒体的诞生为学习者提供了丰富的学习资源和众多的信息渠道，教师不必面对学生进行灌输教学，而是组织与指导学生利用多种媒体资源进行有效的学习，或者编制高质量的课件和网上课程去教更大规模的学生。

2．影响教学内容

媒体的发展也影响了教学内容的变化。文字媒体出现，书写成为重要的教学内容；教科书的出现，大大扩充与规范了教学内容。同样，现代教学媒体的出现与应用会在更大范围影响课程的开设与教学内容的更新。例如，当前我国中小学开设了信息技术课程，在高等院校也增设了不少课程与专业，扩充、更新了课程的教学内容。

3．影响教学方法

一定的教学媒体决定一定的教学方法。在语言媒体阶段，教学媒体是语言、实物和人体器官，那么教学方法就只能通过口耳相传、示范、模仿和联系。随着多种现代教学媒体进入课堂，计算机网络进入校园，能采用的教学方法越来越多，多种媒体既能辅助以教师为中心的课堂教学，也能为学生自学、小组协作学习、网上远程学习等方法的发展提供物质条件。下面提出常用的几种利用教学媒体教与学的策略。

（1）辅助以教师为中心的课堂教学。当前我国学校教育，大多数仍保留着以教师为中心的课堂教学方式，要彻底改变这种教学方式，还需相当长一段时间。但多种教学媒体进入课堂，利用多媒体优化组合、配合教师的讲授，可以创建一种新型的教学模式，将对解决教学重点、难点，提高教学质量，缩短教学时间，提高教学效率，起重大作用。

（2）创建以学生为中心的课堂学习模式。多种媒体进入课堂，有利于将课堂教学转化为以学生为中心的学习模式。例如，利用多种媒体设置一定的教学情境，采用发现和探究式的学习方法，在教师指导下，学生通过媒体进行学习，不断发现问题、解决问题，直至达到掌握教学目标要求的知识与能力。

（3）个别化学习。随着电化教育媒体的发展，特别是交互式计算机课件的开发与利用，为学生个别化自学提供了有利条件。在个别化教学中，学生能自主地选择适合的媒体，媒体也能根据学生的知识水平和兴趣提供合适的内容，供学生进行有效的自学。个别化学习的方式随着教学媒体的发展而迅速发展起来。

（4）协作学习。随着多媒体计算机技术的发展，尤其是网络的开发与利用，为学习者的协作学习创造了有利的环境与条件。通过计算机与网络，不同地点的学习者可以同时或非同时地协作交流，为个人或小组取得最大化的学习成果提供保障与支持。当前已有实时同地、实时异地、同地异时等多种计算机支持的协作学习类型。

（5）利用媒体进行学生技能的训练与实践教学。一些媒体特别适合学生技能的训练与实践，例如，在语言实验室中，可以利用录音带训练学生的口语听、说能力；在微格教学*实践中，可以利用播录像媒体训练师范生的教学技能。`

（6）选用媒体实施远程教学。利用无线电与电视广播、计算机网络可以将教学信息传递很广、很远的范围。这些媒体为实施远程教学提供了有利条件，近年远程教学正在蓬勃发展。

多种多样媒体的开发与利用，正在引起教育的重大变革。我们应该积极开展媒体教学试验，掌握媒体的特性与教学规律，创建多种有效的教学模式，促进教育改革与发展。

---

* 微格教学：是训练师范生和在职教师掌握教学技能的一种系统的模拟培训班。主要是把整体的教学现象分解成一个个小的部分或多种教学技能部分逐个训练，并通过视听设备将实践过程记录下来，进行反馈评价，提高教学水平。

五、教学媒体编制的基本原则

教学媒体开发应包括硬件的建设与软件的编制，关键是软件的编制。在编制教学媒体软件时，应遵循以下几项基本原则。

1. 教育性

编制的教学媒体软件，对于向学生传播某门学科的基础知识，发展学生的能力，培养学生的思想品德，促进学生的全面发展，应能起到良好的作用。

要实现上述要求必须注意：①要有明确的目标；②要根据教学大纲，围绕重点、难点进行；③适合学生的接受水平。

2. 科学性

编制的教学媒体要具有高度的科学性，能正确反映科学基础知识和现代科学技术发展水平。

要实现上述要求必须注意：①要以马克思主义为指导思想，坚持正确的思想政治方向；②选用的材料、例证和逻辑推理，都必须是科学的、符合客观实际的，经得起考验的；③各种实际操作必须准确、规范；④所表现的图像、声音、色彩，都要符合科学的要求。

3. 技术性

编制的教学媒体，要图像清晰、声音清楚、色彩逼真、声画同步，要保证良好的技术质量。

要实现上述要求必须注意：①制作教学媒体使用的设备，要具有良好的状态；②制作人员要熟练掌握有关技术，如摄像人员要对用光、取景、景别的转换，镜头的组合，用得恰到好处。

4. 艺术性

编制的教学媒体，要有丰富的表现力和感染力，能激发学生的情感，引起学生的学习动机，提高学生的学习兴趣和审美能力。

要实现上述要求必须注意：①教学媒体的内容要反映大自然和社会生活中的真、善、美的事物；②画面构图要清晰匀称，变换连贯、流畅、合理；③在光线与色彩上，要明暗适度，调配恰当，使观者感到舒适；④在音乐与语言上要避免噪音，音乐要和景物与动作相配合，语言要抑扬有致，使听者愉快，从而收到较好的教育效果。

5. 经济性

编制教学媒体要考虑经济效益，以最小代价得到最大收获。即力争用最少的人力、材料、经费和时间，制成大量优秀的教学媒体。

要实现上述要求必须注意：①编制教学媒体，要有周密的计划，要合理地调配人力、使用材料、核算经费、安排时间；②编制教学媒体，要以是否符合教学要求，能否取得所追求的教学效果为前提。

六、教学媒体利用的基本原则

1. 发展性原则

这一原则就是要求选用教学媒体时应考虑它在多大程度上能发挥教育作用，促进学生各方面的发展。因此，应遵循教学目的的要求，从学生身心发展需要的角度出发，科学地选用教学媒体。

2. 综合性原则

这一原则要求在选用教学媒体时，要避免单一，应综合、多样、互相补充使用。教学的追求是多方面的，所有的媒体也都有其长处和短处，综合使用多种教育媒体就可以取长补短，充分发挥教学媒体的整体功能，尽量满足教学的多种需要，避免不良后果。

3. 经济性原则

这一原则的要求是选用教学媒体时应考虑教学媒体的投资效益，尽量降低成本，少花钱、多办事，应选用能达到所期望的教学目标最便宜的媒体。

4. 教学最优化原则

可以说这是选用教学媒体的根本原则和根本要求。它是指把选用教学媒体的过程放在整体的教学设计中，充分考虑教学的各种因素，协调教学媒体与教学其他方面的关系，使教学媒体的功能服从整体教学设计，以取得最佳教学效果。

七、教育媒体的选择依据

为达到预期的教学目标，需要在丰富多彩、功能各异的教学媒体中进行选择。虽然至今还没有一个简单明了的公式或表格能用来将任何特定媒体和某一具体课程目标相配合，但有些经验是可以借鉴的。

1. 依据学习者的特征

学习者的特征主要是指学生的年龄、兴趣、动机、认知风格和认知技能等。不同年龄段学生的兴趣爱好和学习动机不完全一样，认知技能也不相同。比如，小学生的认知特点是以直观形象思维为主，对学习内容主要采用机械记忆方式，注意力不容易持久集中，这个阶段可以较多地使用幻灯、电影和录像，这些媒体表达信息的特点是内容生动形象，符合小学生的认知特点。

2. 依据教学任务

依据教学任务主要是指选择教学媒体时要考虑教学目标、教学内容的性质以及采用的教学方法等。

为达到不同的教学目标，常常需要使用不同的媒体去传递教学信息。以外语教学为例，知道各种语法规则和能就某个题材进行会话是两种不同的教学目标。前者可以通过教师讲解，辅以板书或投影材料，并结合各种语法练习进行学习，而后者往往采用角色扮演并辅以幻灯或录像资料，使学生在情景交融的沟通条件下，掌握正确的言语技能。

不同学科的教学内容性质不同，对教学媒体会提出不同的要求。如在语文课的散文教学中，可以借助录像等视听媒体向学习者提供一定的情境，使学习者有身临其境的感受，以加深他们对课文的理解和体会。又如数学的运算则可以通过教师的严密推导来进行教学。而化学的物质结构可以借助于模型来加以理解。

应该注意的是，在讨论教学媒体选择时，切不可将其与所使用的教学方法相割裂。尽管同一种媒体承载相同的信息，但是由于使用媒体的方法不同，得到的效果也会大相径庭。

3. 依据客观条件

客观条件主要涉及媒体的易获性、适用性等。教学中能否选用某种媒体，还要看当时当地的具体条件，其中包括资源状况、经济能力、师生技能、使用环境、管理水平等因素。

除了以上三点外，选择学习媒体时，还要考虑媒体自身的特点，如信息的表现形式，媒体的交互可控性等。

第二节　视听媒体

视听媒体是指通过光电转换，记录、存储、再现活动视频和音频的媒体。在教学中，最早应用的视听觉媒体是电影，现在应用比较广泛的视听觉媒体是电视，电视媒体主要包括电视机、摄录编系统、激光视盘机等。

一、电影

在视听教育范畴中，电影是最早出现的视听媒体。随着科学技术的发展，视听媒体也不断推陈出新，但电影仍然在教学中发挥着一定的作用。电影在认识和鉴别有关活动变化的教学内容模仿、运动技能方面，具有特殊的效果，被认为是形成和传播概念及转变态度和感情最好的一种媒体。

1．电影的优点

（1）电影将图像和声音结合在一起，同时作用于视听两种感觉器官，可以更有效地学习。

（2）采用特殊的视觉效果，克服学习中的局限性，帮助学生提高记忆率。

（3）电影富有感染力，在表达情感的材料中更能增加对学生的感染，在转变态度方面是相当有效的。

（4）电影能够提供不易重演的事件，如历史事件、人类登月、自然灾害等。

（5）电影能够帮助人们观察到微观世界和宏观世界中的事物和现象，如太空星球运行，微生物的繁殖等。

（6）电影能够实现空间的控制，使人们坐在教室里就能看到异国风光。

（7）时间压缩和时间扩展技术，使人们能看到改变了的事物运动过程。如加快蝶蛹变为蝴蝶的过程，延缓壁虎捕食小虫的动作。

（8）动画的制作可以使静止的画面活动起来，电影停格则能将运动的物体"凝固"下来，便于观察。

（9）各种规格和型号的电影放映机，能使观众人数不受限制。

2．电影的局限性

（1）影片制作费用高，技术复杂，要求有高水平的摄制人员。

（2）影片制作周期长，拍摄中无法知道影片的质量和效果。

（3）电影机噪音较大，操作方法也较复杂。

（4）放映电影要求室内遮光严密，否则图像会模糊不清。

（5）影片对存放环境的温度和湿度要求高。

电影被认为在认知、情感和动作技能三个目标领域的教学中都能发挥积极的作用。在认知领域，电影常被用来显示事实、证明过程、说明概念；在文学、艺术的教学方面，电影能起到激起学习动机、产生学习兴趣、影响学习态度的作用；在动作技能目标方面，影片常用来反复观看体育、舞蹈等典型动作，进行分析、讨论和研讨。

二、电视

电视是现代科学技术发展的巨大成果，作为一种大众传播媒介已成为人们生活中不可缺少的部分。今天，卫星电视大大提高了电视传播的功能，改善了传播信息的质量。电视教学在扩大教育规模、提高教学质量方面，具有不容置疑的优势。

1. 电视传播系统

电视传播系统通常可以分为视频音频单向传输，视频单向/音频双向传输，视频音频双向传输三种，另外图文电视数据广播系统的应用也日渐受到重视。

（1）视频音频单向传输的电视传播系统：该系统中教学信息由教师单向传递给学生，师生之间无法当场进行交流。视频音频单向传输的电视传播系统有五种不同形式的传播系统：电视开路传播系统、卫星电视系统、微波传递系统、有线电视系统（早期称作天线电视系统，也称为电缆电视系统）和闭路电视系统。

（2）视频单向/音频双向传输的电视传播系统：这种系统中视频信号还是单向的，音频信号可以是双向的，学习者可以借助电话等设备直接和教师进行双向交流。

（3）视频音频双向传输的电视传播系统：这种系统中视频、音频信息都可以双向传递。这种双向传递系统通过卫星可以把教师的图像和声音信号传递给学生，学生作出反应，系统能及时地将反应的图像和声音信号传递给教师，学生就可以和教师进行双向交流。双方都是利用图像机、传声器、监视器和扬声器来完成的。

（4）图文电视数据广播系统：图文电视数据广播是我国广泛使用的一种数据广播方式，它无需占用额外的频道资源，无需复杂的设备配置就可以以附加的形式传递大量信息，费用低、使用方便。目前已被广泛用于教育领域。

2. 电视的特点

电视媒体表现手法丰富多彩，不受时空限制，是目前社会和学校教育、教学中运用最为广泛的媒体。电视作为一种教学媒体，具有如下特点。

（1）声画结合呈现知识：电视媒体是通过色彩鲜艳的图像画面与优美动听的音乐、音响效果和语言叙述同时展现视听信息的。图像画面擅长形象直观，语言解说擅长抽象概括，音乐、音响擅长渲染情景。声画结合呈现知识，使教学内容得以充分准确地表达。视觉和听觉刺激同时作用于两种感官，能提高学习的效率，并能有效地影响学生的学习态度和情感变化。

（2）画面以活动图像为主：电视媒体可以通过活动图像表现动态。电视画面形象、逼真、生动、富有感染力，是实际情形的动态复现，擅长表现事物现象的运动过程，表现其产生、变化和发展的规律。活动图像还能有效地呈现技能动作。

电视又是一种时序性强的媒体，其内容按照已编排好的顺序和节奏出现，其表现方式有瞬时即逝的特点。

（3）特技手法多种多样：运用各种电视摄像与电子特技手法，可以使画面产生特殊效果，可以扩展和压缩时空，按教学的需要组织画面内容。例如，用显微镜摄影手段可以将微小的肉眼看不到的现象、过程放大并清晰呈现，化小为大；而用普通摄影镜头则可将宏观事物缩小呈现在电视屏幕上，化大为小。电视媒体可以将变化极快和极慢的现象过程用合适的速度表现，化快为慢，化慢为快。运用动画技术可以表现看不见的无形事物或幻想的夸张事物，化虚为实、化实为虚。运用画面景别的变化，镜头的运动和组接技巧，可以表现事物现象的空间和时间变化，更好地引导观察。

（4）能记录、贮存音像信息：电视媒体能将发生的事物如实地拍摄记录在磁带上，作为音像资料保存。通过录像设备，可以随时随地复现历史。录像设备操作简便，功能齐全，易于控制，课堂教学使用方便。

（5）具有速报性、广泛性：电视媒体可以通过有线和无线广播的形式，将音像信息即时传递到千家万户。利用卫星电视广播，可以把某地发生的事件即时向全球转播。广播电视是信息传输最快、覆盖面最广的媒体之一，有利于扩大教育规模。

3．电视的局限性

（1）电视信息是单向传播的。学生不能及时提出问题，教师不能及时了解学生的学习情况，缺少反馈信息。

（2）学习者不能主动地参与教学活动，学习比较消极被动。

（3）电视以固定的速度播放，所有的学生都接受相同的信息，难以满足不同学生的不同需要。

（4）设备出现故障时，信息传播将受影响，甚至中断。

（5）设备价格较为昂贵。

三、其他视听媒体简介

1．录像机

盒式磁带录像机，简称录像机，它是把景物的图像信号和声音同时记录在磁带上，又能从磁带上把景物的信号重放出来的装置。

录像机种类繁多，形式多样，规格也不统一。按用途分有广播用、教育用和家庭用三种；以磁带宽度分有 1/2 英寸（1 英寸 = 2.54 厘米）、3/4 英寸、1 英寸、2 英寸等；按记录方式可分为模拟和数字式录像机等。教育中广泛使用 3/4 英寸 U 型（U-matic）的盒式录像机、VHS 型 1/2 英寸录像机及 β-max 型 1/2 英寸录像机。20 世纪 80 年代研制成摄录一体化小型摄录机，磁带宽度只有 1/4 英寸。目前一体化小型数码摄录机在家庭、学校中的使用越来越多。U 型系列、β 型系列、VHS 型系列的共同优点是实现了彩色化、小型化、盒式化。

录像机通常具有下列功能：录像、放像、正反向快速寻像、暂停静像、定时录像等。一些专业用录像机或新型家用录像机除具有上述功能外，还具有多速重放、录像节目搜寻、走带速度选择、电子编辑、多制式放像、"卡拉 OK"伴唱等功能。

2．摄像机

摄像机是一种能将景物的图像光信号变成电信号，通过录像和电视接收装置实现图像信号的记录和重放的电子设备。自从 1931 年第一支摄像管问世以来，摄像机的技术和应用发展迅速。在今天，随着摄像机设备的日益自动化、小型化和摄录一体化，其应用已不仅仅局限于电视台制作广播电视节目，而是被广泛地应用在学校、厂矿、企事业单位，甚至进入千家万户，成为宣传、科研的得力工具。

电视摄像机的核心部分是摄像管（或 CCD）。在摄像管的靶面上涂有光敏物质，光照在靶面上产生电信号，用电子扫描拾取，然后把图像或景物的光信号转变为电信号。因此，在管子（或 CCD）前面需要装置一个像照相机那样的镜头，使图像或景物在靶面上成像，引起光电效应。

电视摄像机的种类繁多，大概可以分为以下几类。

（1）摄像管式摄像机：有四管、三管、二管和单管四类。

（2）固体摄像机：有 CCD 和 CID 两种类型。

（3）按信号记录方式来分：有模拟机和数字机。

（4）摄录一体机。

目前在学校、厂矿、企事业单位以及家庭中应用最广的是以固体器件为光电转换器件的彩色摄录一体机。

3．激光视盘机

激光视盘系统是由荷兰菲利普公司在 20 世纪 70 年代初开发出来的一种新型视听设备，它是仿效电唱片的形式，把图像和伴音信号记录在圆盘上。记录时，电视信号被送到激光调制器调制成激光束，通过光学系统聚焦到一张镀有一层极薄金属材料的圆盘上，通过激光束的热效应在薄膜上蚀坑或形成气泡，从而将信息记录下来成为模版，然后再压模成视盘。再现时，则是利用激光器发出的极细的激光束射到盘上，提取电视信号，用视盘放像机重放，即可在标准的监视器上看到电视图像。激光视盘机又称激光影碟机，是继录像机之后又一广受消费者好评的新型电器产品。目前，常见的影碟机有 LD、VCD、SVCD、CVD 及 DVD 等。

激光视盘机与录像机同属于视听设备，但由于图像信号、伴音信号记录拾取方式不同，激光视盘系统与录像系统相比，有许多独特的优点。

（1）图像和伴音质量高。一般 VHS 型录像机的水平清晰度为 200 线左右，3/4 录像机为 250 线左右，而激光视盘系统水平清晰度可达 435 线，超过广播级录像机的水平。激光视盘系统的录音频响达 20Hz～20kHz，动态范围宽达 108dB，音质十分优美，其音质与高保真录像机相当。

（2）信号记录密度高。激光视盘的信息记录尺寸极小，一张 30cm 直径的光盘两面最多可存 108000 幅静止图像或两个小时的活动图像；而一盒录制了两小时活动图像的 VHS 型录像带需 150 米左右。

（3）高速检索方便。在激光视盘上录有帧号、章节号和时间码等地址码，可以在 1～2 秒钟内随意检索任何一幅图像。可进行快速、慢速、正向、逆向播放，还可以使图像静止或逐帧播放，尤其适合教学使用。

（4）使用寿命长。激光视盘是用激光反射拾取信号的，是非接触方式，没有机械磨损，能长期保持良好的图像质量。激光视盘外表有一层保护膜，信号记录层在内部，对激光视盘不需要特别的维护，甚至比普通的密纹音频唱片的维护要求还低。

近年来，影碟机不仅走进了千家万户，而且在教育领域也得到了广泛应用，特别是 VCD 机，因其碟片与计算机中的 CD-ROM 兼容，几乎成了各电教室的必配设备。

四、视听媒体的教学功能

1．远程系统性教学

利用卫星宽带多媒体输入平台进行远程教学，将精心编制好的电视教材通过电视传播到千家万户，呈现给学习者。

2．辅助性教学

利用视听媒体配合教师讲授课堂教学的一种常见模式，大多是采用解析型或资料型的录像带或 VCD、DVD，由教师先讲后放，或先放后讲，或边讲边放，适时地发挥电视动态呈现，易于控制的优势，以弥补传统课堂上教师无法讲清楚的现象，取得最优化的教学效果。

3．示范性教学

示范性教学是指在教师指导下，利用示范型或表演型电视教材对学生实践技能进行培训的一种教学模式。

4．微格教学

微格教学是一种利用电视技术手段来培训教师实践能力的教学方法。通常是让参加培训的学生分成若干小组，在教师的指导下，每个小组的学生轮流扮演教师和学生来进行模拟教学，并当场将实况录下来。然后在教师引导、组织下，小组成员一起反复观看录制的视听材料，同时进行讨论和评议。最后由指导教师进行总结。这样能够使学生的教学技能、技巧有所提高，从而也提高了学生的整体素质。

5．个别化学习

学生可以根据自己的学习需要，到图书馆、资料室查阅图像资料，并自行放映学习。这种学习模式十分方便灵活，能充分发挥学生学习的主动性和潜力，有利于因材施教。

第三节　交互媒体

所谓交互媒体（Interactive Media）是指媒体系统具备类似于机体的行为特征，能够独自与用户发生互动并相互影响。

对于教学媒体来说，交互性的教育意义在于学生的参与性、主动性学习。用传播学的观点，交互性媒体使得在传播者与受信者之间构建起一个双向的通道，使学习者处在一个积极的学习状态中。教学上常用的交互媒体主要有：多媒体计算机、教学模拟机、双向有线电视系统等。

交互媒体特别适合因材施教的个别化教学。学习者可利用交互媒体按需要、按自己的水平，不受任何时间、地点的限制进行自我学习。这样的交互环境有利于调动学习者的主动性与积极性，使其处于学习的积极状态中。另外，交互媒体还把教师从简单的重复劳动中解放出来，以便有更多的精力与时间从事教学设计。

一、多媒体计算机系统

具有多媒体功能的计算机称为多媒体计算机，其中最基本、最广泛的是多媒体个人计算机（multimedia personal computer，MPC），具备多媒体功能的计算机应用系统是多媒体计算机系统。

1．MPC 的特点

MPC 的最大特点是改善了人机接口界面，拓宽了计算机的应用领域。20 世纪 90 年代初期，中央处理器 CPU 的型号为 386/16MHz 以上的 PC 配以 CD-ROM 及多媒体升级套件就能组成 MPC，既能播放电影，又能听音乐。今天生产的计算机几乎都具备多媒体功能。现在的MPC 与 PC 相比有如下特点。

（1）CD-ROM 驱动器：多媒体计算机的标准配置之一。

（2）声音卡：包括音频信号获取、压缩/解压缩、MIDI 合成等。

（3）视频卡：包括视频信号获取、压缩/解压缩等。

（4）高性能 CPU：通常要求 CPU 的运行速度较高。

（5）较大的内存：由于增加了音频和视频媒体，在开发应用软件和播放节目时通常要求较大的内存。

（6）较大的硬盘：为存储图像数据，需配置较大容量的硬盘。

（7）高性能显示部件：包括显示卡、显示内存和显示器，由于要求快速显示 24 位真彩色和分辨率较大的图像，因此需要高性能显示部件，至少需要 PCI 显示卡、1MB 显示内存、0.28mm SVGA 彩显。

（8）高速总线：为了同时传送视频和音频信号，除了使用高效压缩技术外，还必须使用高速总线，例如 PCI、SCSI、USB 等。

（9）系统软件和工具：多媒体计算机实时处理音频和视频信号，这要求系统软件具有处理多任务的能力；同时，系统软件还需包括多媒体软件执行环境和编程工具等。

（10）创作软件和工具：用于各种媒体的开发和创作，例如，音频获取编辑与创作，视频获取编辑与创作，制作二维或三维动画。

（11）编辑软件工具：其作用是将文本、图形、音频、图像和视频等多种媒体综合在一起，并赋予交互能力。

（12）多媒体应用软件：指按用户要求开发的应用软件。

（13）多媒体节目：这是多媒体计算机赖以生存的物质基础，没有丰富的多媒体节目，多媒体市场不会得到迅速发展。

（14）多媒体与网络：使用 MPC 作为网络的终端，在网上获取或发布信息。由于使用多媒体，使网上信息变得丰富多彩，但由此也对网络提出了更高的带宽要求，并且需安装相关的软件。

2．多媒体计算机系统的组成

多媒体计算机系统是把视频、音频等媒体与计算机系统融合起来，并由计算机系统对各种媒体进行数字化处理的一个复杂的硬件、软件有机结合的综合系统。多媒体计算机系统的基本组成如图 2－1－1 所示。

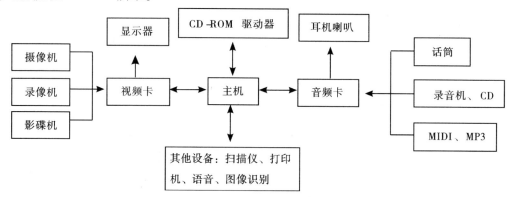

图 2－1－1　多媒体计算机系统的组成

（1）计算机平台。计算机平台是基本主机系统，包括 CPU、内存、总线、显示系统、磁盘驱动系统、用户输入与输出系统等。由于多媒体涉及的数据量非常大，而多媒体信息表现的生动性和实时性又要求计算机能迅速甚至实时地处理这些庞大的多媒体数据，所以，对计算机平台的要求很高，包括要求高档次的 CPU、足够的内存、快速的大容量存储设备、显示性能好而快的显示设备等。

（2）媒体接口卡。多媒体接口卡根据多媒体计算机系统获取、编辑视频或音频的需要插接在计算机上，以解决各种媒体数据的输入与输出问题。多媒体接口卡是多媒体计算机系统制作和播放多媒体应用程序工作环境必不可少的硬件设施。常见的接口卡有视频捕捉卡、视频压缩卡、视频播放卡、VGA/TV转换卡、声音卡、光盘接口卡等。

（3）CD-ROM驱动器。CD-ROM驱动器是大容量的数据存储设备CD、VCD、DVD的播放器，是最基本的多媒体设备。近年来，CD-ROM驱动器发展非常迅速，主要表现在其数据传输速度的成倍提高，占用CPU空间的大幅度减少，数据存储格式的不断革新等方面。早期的CD-ROM的速率是150kb/s，即1倍速（1X）光盘；随后第二代光盘CD-ROM2X的速率为300kb/s，2000年已有CD-ROM48X面世。现在有CD-ROM52X，目前DVD-ROM有4倍速、8倍速、16倍速。

（4）多媒体外部设备。多媒体外部设备种类繁多，按功能可分为以下几类。

1）视频、音频输入设备：摄像机、录像机、影碟机、数字照相机、扫描仪、话筒、录音机、CD唱机、MIDI、MP3设备等。

2）视频、音频输出设备：显示器、电视机、多媒体投影仪、音响、扬声器、立体声耳机等。

3）人机交互设备：键盘、鼠标、触摸屏、打印机、光笔、数据手套等。

4）存储设备：硬盘、光盘等。

（5）多媒体系统软件与应用软件。多媒体系统软件是多媒体系统运行的环境基础，它具有综合使用各种媒体，灵活调动多媒体数据的传输和处理功能。多媒体计算机系统的主要系统软件有：多媒体驱动软件；驱动器接口程序；多媒体操作系统；媒体素材制作软件与多媒体库函数；多媒体制作工具与开发环境等。

多媒体应用软件是在多媒体创作平台上设计开发的面向应用领域的各种软件程序，如多媒体教学软件、培训软件、电子百科全书、电子词典等。随着现代科技的发展，多媒体计算机产品的性能不断提高，MPC的速度越来越快，性能越来越好。

二、计算机的教育应用

计算机辅助教学技术是一种新的教育技术，它被认为是人类教育史上继文字出现、学校创立、活字印刷之后的第四次革命。它代表着一种新的教学思想与教学方式，反映了一所学校教学手段现代化的程度。计算机技术在教育领域的应用内容十分广泛，可以从多个角度对它的应用方式进行分类。

从计算机应用的功能上来看，计算机在教育领域中的应用方式包括以下两个方面。

（1）计算机辅助教学（Computer Assisted Instruction，简称CAI）。CAI指利用计算机帮助或代替教师执行部分教学任务，传递教育信息，向学生传授知识和训练技能，直接为学生服务。

（2）计算机管理教学（Computer Managed Instruction，简称CMI）。目前人们对CMI的理解有两种：从狭义上看，认为CMI是利用计算机指导整个教学过程的教学管理系统，它的功能包括管理教学计划和教学资源、帮助教师构造测验和评分等；从广义上看，认为是计算机在学校管理中的各项应用，如学校的教学管理、学校行政管理、学校其他资源管理等。

从计算机应用的对象来看，计算机在教育中的应用又可以分为三个方面（3L）。

（1）学习计算机（Learn about computer），即把计算机作为学习对象，其内容包括计算机的基础知识、基本技能及其对社会的影响等三部分。

（2）用计算机学习（Learn with computer），即学生可以把计算机作为学习工具，主要包括用计算机来完成信息的获取、保存、处理和交流等任务。

（3）从计算机学习（Learn from computer），即教师把计算机作为一种辅助的教学工具来辅助教学、辅助测试、管理教学与辅助备课等。

计算机辅助教育（Computer Based Education，简称 CBE）是计算机技术在教育领域中应用的统称，它涉及教学、科研和管理等教育领域的各个方面。随着现代信息技术的发展，计算机在教育领域的应用引起了人们的充分重视并取得巨大的进展，它在国际信息处理协会（IFIP）20 世纪 80 年代中期对 53 项计算机应用课题发展前途的评选中名列第 6 位。

目前，计算机辅助教育的内容和深度还在不断发展。随着以计算机、网络技术为代表的现代信息技术的发展，以及信息技术在教育领域中应用的不断深入，现在人们对计算机辅助教育和教育信息化、信息技术的教育应用、教育信息技术等术语，在许多场合的使用中往往不作严格区分。

三、计算机网络概述

1. 计算机网络的概念

计算机网络就是利用通信设备和线路将分布在地理位置不同的、功能独立的多个计算机系统连接起来，以功能完善的网络软件（网络通信协议及网络操作系统等）实现网络中资源共享和信息传递的系统。

简单地说，计算机网络是一个互联的、独立自主的计算机集合体。它是电子技术、通信技术和计算机技术发展与结合的产物。最简单的网络可以小到两台计算机互联，而大的网络则可以将全球范围的计算机互联。在网络中，每台计算机都是平等、独立的，它们之间没有明显的主次关系。

2. 计算机网络的组成

计算机网络由网络硬件和网络软件组成，其物理结构如图 2-1-2 所示：

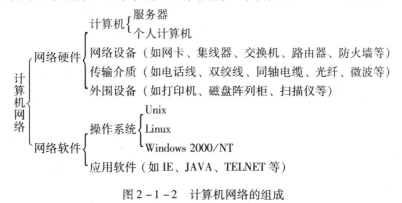

图 2-1-2　计算机网络的组成

3. 网络协议

在过去的二十多年的时间里，网络技术不断发展，从最初的 X.25、帧中继、以太网、FDDI，再到流行的 ATM、快速以太网，不同的技术提供了多样化的网络选择。为了能够在众多不同类型的局域网和广域网之间实现网络的互操作性，保证数据的正常传递，需要遵循统一的网络协议。

网络协议就是为了使网络中的不同设备能进行数据通信而预先制订的一整套双方相互了解和共同遵守的格式和约定。在 Internet 中所采用的网络协议不仅具有低层次的协议规范，如 TCP 和 IP 协议等，而且还对电子邮件、模拟终端和文件传输这样的高层次应用制订了相应的规范。

TCP/IP 协议集是 Internet 上完整、系统的协议标准。它采用四层协议方式，分别是网内层、网际层、传输层、应用层，即数据需经过四层通信协议软件的处理才能在物理网络中传输。

TCP/IP 是一种灵活的网络体系结构，其主要特点有：开放的协议标准；独立于特定的计算机硬件；网络地址统一分配；网络中的节点都有唯一的地址；高层协议的标准化等。

4．计算机网络的功能

（1）数据交换。计算机网络中的计算机之间或计算机与终端之间，可以快速可靠地相互传递数据、程序或文件。例如：电子数据交换（EDI）可以实现部门之间订单、发票、单据等文件的交换；文件传输服务（FTP）可以实现文件的实时传递，为用户复制或查找文件提供了有力的工具。

（2）资源共享。充分利用计算机网络中提供的资源（包括硬件、软件和数据）是计算机网络组网的目标之一。例如：进行运算的巨型机、海量存储器以及十分昂贵的外部设备和大型数据库、大型软件等，为网络上的用户所共享。

（3）电子邮件。计算机网络可为网上不同用户提供信函方式通信。电子邮件（E-mail）可以使相隔万里的异地用户快速准确地相互通信。

5．计算机网络的分类

计算机网络的类型繁多，性能各异。根据不同的分类原则，计算机网络可分成不同的网络类型。例如，按照信息交换方式可分为电路交换网、分组交换网和综合交换网；按拓扑结构可分为星形网、树形网、环形网和总线形网等；按传输带宽可分为窄带网和宽带网；按地理分布范围可分为局域网、城域网和广域网。

（1）局域网 LAN（Local Area Network）。局域网是指连接近距离的计算机组成的网，连接范围一般在几米到几千米之间。例如，一间办公室或实验室内的网，同一建筑物内、建筑群内或校园内的网络。局域网可通过路由器与广域网或城域网相连接实现信息的远程访问和通信。

（2）城域网（Metropolitan Area Network）。城域网扩大了局域网的范围，连接范围一般在十几千米到几百千米。例如，连接一个地区、一个城市或一个行业系统的网络。

（3）广域网 WAN（Wide Area Network）。广域网又称远程网，是指连接远距离的计算机组成的网，连接范围可达几千千米乃至上万千米，横跨各大洲。因特网（Internet）就是一个典型的广域网。

四、E-learning 的模式与方法

E-learning 实际上是把学习带给人们，而不再是把人们带到学习场所。通过将音频、视频、动画、文本以及交互式材料综合起来，帮助每一位学生以最适于自己的速度学习，是一种效率更高的教学技术。E-learning，就是在线学习或网络化学习，即在教育领域建立互联网平台，学生通过 PC 机上网，通过网络进行学习的一种全新的学习方式。在网络学习环境中，

汇集了大量数据、档案资料、程序、教学软件、兴趣讨论组、新闻组等学习资源，形成了一个高度综合集成的资源库。这些学习资源对所有人都是开放的，一方面，这些资源可以为成千上万的学习者同时使用，没有任何限制；另一方面，所有成员都可以发表自己的看法，将自己的资源加入网络资源库中，供大家共享。E-learning 提供了快速的学习模式，降低了学习成本，提高了学习的广泛性，也更加清晰地表现了参与者学习过程的计量方式。

E-learning 具有以下特点。

（1）Internet 已经在概念上为任何机构、任何人、任何时间、任何地点提供了实现学习培训目标的方案。

（2）通过消除空间障碍切实降低费用。通过技术实现的学习方案，可以大大扩充受众的数量，也能够消除或减少培训教师或咨询教师的费用。

（3）及时获取最新的信息。基于网络集中方式的课程能够让教师随时更新内容，而且更新后所有的学生都能够立即访问。

（4）通过个性化的学习达到更高的保持力。E-learning 为学习风格的个性化提供了更大的空间，实际上电子学习提供了跟踪学习者能力水平的机制。

（5）提高了学习者之间的协作和交互能力。基于在线方式的学习能够让学生更加深入地进行讨论和介入，E-learning 能够利用教学和通讯技术实现多种互动和协作。

E-learning 的教学模式一般分为：研究型学习模式、案例研习模式、发现学习模式、资源型学习模式、协作型学习模式及虚拟教学模式。

五、教学模拟机与教学游戏机

1. 教学模拟机

模拟（Simulation）也称为仿真，就是用计算机来模仿真实的自然现象或社会现象。模拟是对真实的抽象、简化和复现。将模拟用于教学是近十多年发展起来并越来越受到人们重视的方法。模拟在教学中的应用十分广泛，从自然科学、管理科学到工程技术的许多学科教学中都可以采用。

教学模拟是复现真实的教学环境。通常构建一个模拟的真实环境，由诸多因素组合而成。教学模拟机实际上是一套教学训练装置，它能在一定逼真程度上复现真实世界的特征和各种变化的因素。它特别适合在无"已有知识经验"状况下的学习以及高成本的学习。

教学模拟机不但能提供复现的真实环境，而且还能将此环境复现出各种变化的因素和条件，所以它应有一套复现真实的显示系统和一套控制系统，而且包括真实环境的音响系统，由这些组合成感人的逼真的视听境界。

模拟在教学中的应用可以分为以下几个方面。

（1）实验模拟。在自然科学课程的教学中，计算机模拟课件可用来构造模拟的实验环境，以便代替、补充或加强传统的实验手段。

（2）管理模拟。计算机模拟在管理领域的应用非常有助于学生在管理决策方面的能力和素质的培养。

（3）训练模拟。由计算机控制的模拟训练器能够产生逼真的训练、操作环境，可以在节约很多训练时间和经费的前提下达到同样的训练目的，因此已在许多专门技能的训练中得到应用。

在教学过程中采用计算机模拟手段，其优点主要表现在：①高效、安全；②低成本；

③形象逼真、容易引起学生的兴趣。

2. 教学游戏机

教学游戏（Instructional Game），就是计算机以游戏的形式呈现教学内容，产生一种带有竞争性的潜在的学习环境，从而激发学生积极参与，起到"寓教于乐"的作用。

与一般的电子游戏类似，教学游戏通常都有一套明确的规则，具有竞争性，最后一定有赢家和输家。多数教学游戏是为了锻炼学生的决策能力而设计的。

教学游戏机实际上也是一种教学模拟，不仅具有教学模拟的全部环境，而且还具有较强的趣味性，并能集中学生的注意力，寓教于乐，特别有利于克服需重复性的练习才能掌握技能给学习者带来的疲劳和枯燥。

第四节   多媒体素材的采集和编辑

一、多媒体素材

多媒体素材是指多媒体课件中所用到的各种听觉、视觉材料。一般根据素材在磁盘上存放的文件格式不同，可将素材分为文本（Text）、声音（Sound）、图像（Image）、动画（Movie）、视频（Video）等类型。

多媒体教学软件的素材准备包括两方面的工作，一是素材的收集；二是素材的制作加工。由于计算机不能直接识别照片、录音带、录像带中的信息，为了将它们当中所包含的信息转换为计算机能够识别的课件素材，就需要专门做一些工作。通常将从现有的各种资料中提取信息、转换、加工为多媒体编辑工具可以引用的素材的过程,称为多媒体素材的"采集"与"编辑"。

1. 文本素材

文本类素材是以字符为媒介存储种类的教学资料。文本类素材逻辑表现能力强，制作方便，是多媒体教学软件用来向学习者传递信息的最重要形式。常用文本素材的文件格式有doc、txt、wps、wri、rtf 等。

2. 声音素材

在多媒体课件中，语言解说和背景音乐是课件的重要组成部分。按照声音的内容不同，可以将多媒体课件中的声音划分为解说、效果声与音乐声等类型。声音素材的常用文件类型包括：WAV、MIDI 和 MP3 等格式的音频文件。

3. 图像（图形）素材

图形/图像类素材是以图形、图像为媒介存储种类的教学资料。图像素材一般还有缩略图与实景图、黑白图与彩色图之分。图像素材的表现能力在形象性和结构性上具有明显的优势。通常将图像分为位图和矢量图两大类。常用的位图文件的格式有 BMP、JPEG、GIF、TIF 等；常用的矢量图文件的格式有 PNG、EPS、WMF、CDR 等。

4. 动画素材

动画是由一系列的图像画面组成的队列，画面中的内容通常是逐渐演变的，因此当动画播放时给人的感觉是画面中的对象在变化和运动。动画能把复杂的教学内容、科学原理、抽象概念，用高度集中、简化、夸张、喻人等手法加以形象化，帮助学生理解事物的本质现象。常用的动画类素材的格式有 SWF、GIF、MMM、FLC 等。

5. 视频素材

视频素材也称影像素材,它是指在多媒体课件中所播放的一种既有活动画面又有声音的文件。一般说来,视频画面的质量比动画要差一些,因此它不可能完全取代动画素材。视频类素材通过对各种现实场景的描绘,提供真实、亲切的经验,突破时空限制、实现形象类比的效果。不过这类素材所占存储空间较大,传输速度较慢、不易编辑,常用的视频文件格式有 MOV、MPG、AVI、RM、DAT 等。

二、多媒体素材的采集

文本是制作多媒体课件的基本元素,在制作过程中通常用文本编辑软件(如 Wps、Word 等)输入文本,或者用扫描仪进行扫描。多数情况下是在多媒体制作软件中直接输入。下面着重谈一谈其他几类多媒体素材的采集。

1. 音频素材的获取

获取音频素材的方法和途径很多,一般情况下可以从以下几个途径获取。

(1)从网上下载音频素材。第一种情况:如果知道声音文件名称,可以利用专业的搜索引擎直接查找。例如使用百度搜索引擎(www.baidu.com)进行搜索。

第二种情况:如果不知道声音文件的名称,可以搜索相关网站进行查找。例如使用 google 搜索引擎(www.google.com),输入关键字后进行查找。

(2)抓取 CD、VCD 里的音频。在 CD、VCD 节目中有大量的优秀音频素材可以引用到教学课件中来,应用一些工具软件可以将这些素材截取下来。下面以常用的豪杰超级解霸为例作一介绍。

1)抓取 CD 唱片里面的音频有两种途径。第一种途径是使用软件中的实用工具来截取。安装豪杰超级解霸工具软件后,点击 Windows 开始菜单—程序—超级解霸—实用工具集—MP3 数字 CD 抓轨,启动界面进行转换。第二种途径是用音频解霸直接进行录制:点击 Windows 开始菜单—程序—超级解霸—超级音频解霸,启动音频解霸界面进行录制,如图 2-1-3 所示。

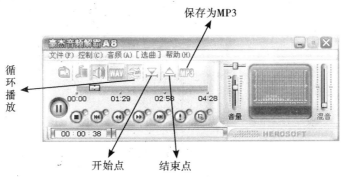

图 2-1-3 豪杰音频解霸音频录制面板

2)抓取视频文件中的音频。如果需要一段朗读录音,而目前只有某个视频文件中包含这段录音,这时也可以把这个视频文件中的音频抓取下来,具体操作步骤如下。

第一,打开豪杰超级解霸,选择文件菜单—播放单个文件,打开指定的视频文件(注意:这时看不到图像,只能听到声音)。

第二,选择循环,选取—设置开始点和结束点—点击压缩录音进行保存。

另外，豪杰超级音频解霸也可以抓取 VCD 影碟中的音频，点击"文件"菜单选择"VCD 的影碟伴音"，具体方法同上。

（3）声音的录制。制作多媒体课件的过程中，可以通过麦克风录制声音文件、截取正在运行的程序中的声音等方法来录制声音，并保存为 WAV 格式文件。

1）用麦克风录制声音文件的步骤如下。

第一，准备：首先将麦克风插入声卡的麦克风（MIC）插口，双击 Windows 任务栏右边的小喇叭图标，弹出音量控制对话窗口，如图 2-1-4 所示。单击"选项/属性"命令，在弹出的窗口中，选择"录音"选项，单击"确定"按钮，如图 2-1-5 所示。

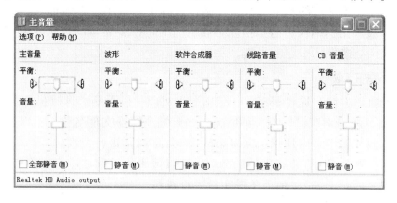

图 2-1-4　声音属性面板

图 2-1-5　设置录音属性

第二，录音：单击任务栏上的"开始—程序—附件—娱乐—录音机"，打开 Windows 环境下的录音机程序。单击录音机程序上的"录音"按钮，此时即可通过麦克风进行录音。完毕后，单击"停止"按钮即可结束录音，如图 2-1-6 所示。最后，单击图中"文件"菜单中的"保存"命令保存录制好的声音文件。

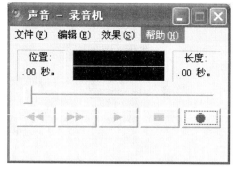

图 2-1-6　录音窗口

2）截取正在运行的程序中的声音。① 做好录音前的准备工作，并打开录音机程序，其方法如前所述。② 打开所要运行的程序（如课件、游戏软件等），并找到想要录制的内容。③ 单击录音机上的"录音按钮"，录音开始，完毕后，单击"停止录音"，此时录音结束。④ 保存声音文件，方法同上。

2. 数字图形图像素材的获取

在课件制作过程中，可以自己绘制图像，也可以利用屏幕捕捉软件、扫描仪、数码相机等工具来获取所需的图像素材。

（1）利用专业搜索引擎从网上下载图片。例如通过 www. google. com 搜索引擎。

（2）截取电脑屏幕。在 Windows 中，系统提供了两个用来抓取屏幕的快捷键："Print Screen"和"Alt"＋"Print Screen"。"Print Screen"用来抓取整个屏幕，在任何时候只要一按这个键，Windows 就会把当前的屏幕复制到剪贴板中。"Alt"＋"Print Screen"用来抓取当前窗口中的内容。

如果我们想保存复制到剪贴板中的图像，可以打开一个图形处理软件，然后用"编辑"菜单下的"粘贴"命令把剪贴板中的图像粘贴下来，然后把它保存成图像文件就可以了。

（3）在数字视频上截取。如果想把影片中的一个画面作为图片引用到课件中来，则需要在数字视频文件上进行单帧画面截取。例如利用豪杰超级解霸软件截取电影中一张图片，具体操作步骤如下。

第一，打开豪杰超级解霸，播放影片。当播放到指定位置时，点击停止。然后点击如图 2－1－7 所示的按钮。

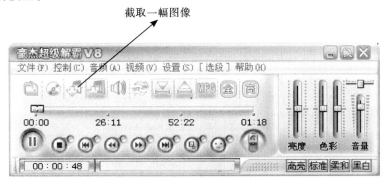

图 2－1－7　截取一幅图像

第二，在弹出的对话框中输入图片要保存的名称，然后保存。

（4）通过扫描仪获取图像。要从书本、杂志、图片等非数码资源中获取图像，扫描仪是一类最常用的工具。扫描仪的工作原理和复印机相似，用一列光传感器电子化地捕捉图像，整个过程由软件进行管理，将扫描出来的图像经过转换后保存到硬盘上。扫描图像的步骤是：预扫描——→设定扫描区域——→扫描——→保存图像。

3. 数字视频动画素材的获取

（1）利用视频采集卡。多媒体计算机的视频采集（捕捉）系统由计算机、视频采集卡，以及外部视频设备如录像机、摄像机等组成，如图 2－1－8 所示。视频采集卡的作用是将录像带、光盘等视频源上的模拟视频信息转换成数字视频信息。在视频采集卡中，模数转换器负责把从视频源传来的模拟视频流转换成数字视频流，音频捕捉线路所捕捉的数字音频信息可以和数字视频信息结合在一起，通过硬件压缩芯片执行某种压缩算法，输出的便是经过压缩的视频数据文件。有的视频采集卡不带硬件压缩芯片，需要通过压缩软件对视频数据进行压缩。一般说来，视频采集卡提供了连续采集、单帧采集和视频图像的数字化播放等功能。

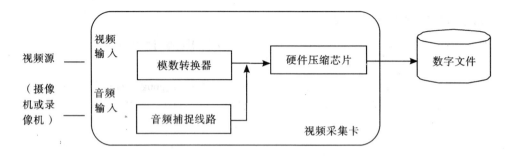

图 2 - 1 - 8　多媒体计算机的视频采集系统

（2）截取 VCD 上的一段视频。利用豪杰超级解霸软件，可以截取 VCD 上的一段视频，操作步骤如下。

第一，打开豪杰超级解霸，播放 VCD 影碟，选择循环播放，如图 2 - 1 - 9 所示。

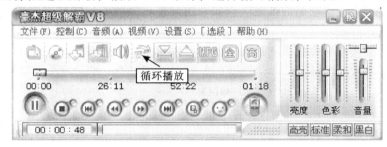

图 2 - 1 - 9　选择录取区域

第二，设置起始点和结束点，如图 2 - 1 - 10 所示。

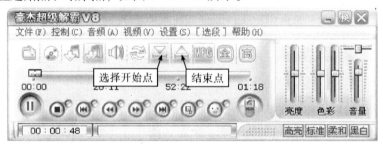

图 2 - 1 - 10　设置起始点

第三，单击 MPG 按钮，预设将选择的区域保存为 MPG 文件，如图 2 - 1 - 11 所示

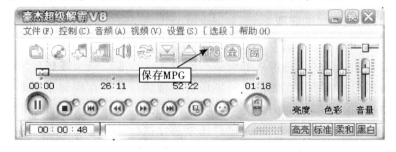

图 2 - 1 - 11　录取为 MPG 文件

第四，选择保存路径，进行保存。

三、多媒体素材的编辑

1. 声音文件的简单编辑

声音是多媒体课件一项很重要的指标，课件制作者应该掌握一些简单的基本声音编辑功能，如声音的剪切、降低音量、给解说增加背景音乐等，Windows 系统中录音机程序就能实现这些基本功能。

（1）删除声音文件的部分内容。移动滑动钮到要删除的位置。单击"编辑"菜单，选择"删除当前位置之前的内容"或"删除当前位置之后的内容"选项。

（2）更改声音的音量。单击"效果"菜单，选择"提高音量"或"降低音量"选项。

（3）给解说加背景音乐。

1）用 Windows 里面的录音机打开背景音乐的文件。

2）移动滑动钮到要混入另一个解说声音文件的位置，单击"编辑"菜单选择"与文件混合"命令，选定解说声音文件，单击"打开"按钮，保存文件。

（4）多个声音文件合并成一个声音文件。打开声音文件 A，将滑块移动到要插入到下一个声音文件 B 的位置上，然后单击"编辑"菜单选择"插入文件"，在弹出的对话框中，选定声音文件 B，单击"保存"按钮，完成保存文件。

（5）给声音文件添加回音效果。单击"效果"菜单选择"添加回音"选项。

（6）更改放音速度。单击"效果"菜单中的"加速"或"减速"选项。

（7）减少 WAV 文件的存储量。WAV 文件与 MIDI 或 MP3 等格式的声音文件相比较，所占的空间要大得多。"录音机"这个程序可以在基本上不影响声音质量的前提下，将 WAV 存储容量大大缩小。

1）首先用"录音机"打开一个 WAV 文件。

2）然后选择"文件/另存为"。

3）在弹出对话框下方，选择"更改"按钮。

4）在弹出声音选定对话框中，在"属性"列表框中根据前面讲到影响声音质量的要素，选择适当的选项，通常可以 PCM8000 Hz、8 位、单声道。

事实上，用来进行声音素材处理的软件很多，例如 Ulead Audio Editor、Cool Edit Pro、Sound Forge 等，这些软件的编辑、合成及效果等功能远比 Windows 的录音机程序要强大，它们所生成的声音文件格式也较多。如果需要时，还可以通过专用软件对声音文件的不同格式进行相互转换。

2. 图像的编辑

通过前面所讲的方法获取数字化图像以后，通常还需要对图像进行编辑或加工。图像编辑工具十分丰富，从 Windows 自带的"画笔"软件到功能十分强大的 Photoshop 软件都可选用。选用它们能完成基本的绘制图像功能，并具有对从外部文件输入的图像数据进行编辑修改的能力。

Adobe 公司开发的 Photoshop 集位图和矢量图绘画、图像编辑、网页图像设计、网页动画制作、网页制作等多种功能于一体，是多媒体课件制作中不可缺少的图像素材编辑软件。Photoshop 的主要功能可分为图像编辑、图像合成、校色调色及特效制作等。

图像编辑是图像处理的基础，可以对图像做各种变换，如放大、缩小、旋转、倾斜、镜像、透视等，也可进行复制、去除斑点、修补、修饰图像的残损等处理。

图像合成则是将几幅图像通过图层操作、工具应用形成完整的、意义明确的图像。Photoshop 提供的绘图工具让图像可以很好地融合起来，使图像合成得天衣无缝。

校色调色是 Photoshop 中深具威力的功能之一，选用它可以方便快捷地对图像的颜色进行明暗、色彩的调整和校正，也可以切换颜色以满足图像在不同多媒体作品中的应用。

特效制作在 Photoshop 中主要由滤镜、通道及工具综合应用完成，包括图像的特效创意和特效字的制作，如油画、浮雕、石膏画、素描等常用的传统美术技巧都可通过 Photoshop 特效完成。

Photoshop 经过多次升级后编辑能力进一步完善，可操作性大大提高。例如，在 Photoshop 的工具箱中，修复笔刷（Healing Brush Tool）能让操作者毫不费力地除去照片上的灰尘、划痕、污点及皱痕。当从图内或从其他图片区域复制时，它能自动保留原图阴影、亮度、纹理等属性。

对图像的选择、粘贴、调整等工作是 Photoshop 的基本操作，但必须通过不断的学习、实践才能熟练运用。并且层、滤镜、蒙版、通道等运用起来比较灵活，没有什么固定的套路，需要充分调动自己的想象力和创造力，以制作出绚丽多彩的作品。

3. 动画素材的编辑

专业的多媒体课件中离不开大量动画的支持。中小学课本中有很多内容适合用动画表现，例如化学里面原子和分子的运动、实验的模拟；物理中的热学、电学、力学分析；数学里面的立体几何等很多内容都适合做成动画。

（1）二维动画。目前能制作二维动画的软件不少，最流行的是 Flash，它是一种优秀的交互动画制作工具，因为采用流媒体技术，其作品占用的磁盘空间很小，因此在 Internet 上非常流行，以下是 Flash 的主要特点。

第一，支持动画、声音以及交互功能，具有强大的多媒体编辑能力，并可直接生成主页代码。

第二，Flash 通过使用矢量图形和流式播放技术克服了目前网络传输速度慢的缺点。

第三，基于矢量图形的 Flash 动画尺寸可以随意调整缩放，并且文件很小，非常适合在网络上使用。

第四，流式技术允许用户在动画文件全部下载完之前播放已下载的部分。

第五，Flash 提供透明技术和物体变形技术使创建复杂的动画更加容易，为 Web 动画设计者的丰富想象提供了实现手段。

由于 Flash 是一个非常好的动画制作软件，其具有强大的交互功能，目前很多人使用它来制作多媒体课件，它非常适合做以单节课为主要内容的课件，文件很小，适于网上传输，方便资源共享。

（2）三维动画。制作三维动画是一个涉及范围很广的技术，除基本技能外，还需要更多的想象力和创造力。创作专业级的三维动画作品至少要经过三个步骤：造型、动画和绘图。

造型就是利用三维软件在电脑上创造三维形体。一般来说，先要绘出基本的几何形体，再将它们变成需要的形状，然后通过不同的方法将它们组合在一起，从而建立复杂的形体。另一种常用的造型技术是先创造出二维轮廓，再将其拓展到三维空间。还有一种技术叫做放样技术，就是先创造出一系列二维轮廓，用来定义形体的骨架，再将几何表面附于其上，从而创造出立体图形。通常造型具有一定难度，工作量大，但是可以在市场或因特网上找到包罗万象的三维造型库，从自然界的小动物到宇宙飞船应有尽有，直接调用不仅可以提高工作效率，也可以为经验不足的新手提供方便。

动画就是使各种造型动起来，电脑有非常强的运算能力，制作人员所要做的是定义关键帧，中间帧交给计算机去完成，可做出与现实世界非常一致的动画。如好莱坞大片，很多镜头是用电脑合成的，但观众却无法分辨，不像传统的动画片，由于是手工绘制，帧与帧之间没有过渡，我们看到的是画面不断跳跃的卡通片。

绘图包括贴图和光线控制。当完成这一切要给动画上色、打光时，需要高性能的电脑，动画一秒钟大约为 30 帧，合成一帧（就是一个画面）可能用几秒，也可能要几十分钟，性能不佳的电脑将无法工作。

Autodesk 公司推出的 3D Studio MAX 是在 Windows 环境下运行的、功能强大的三维动画制作软件，被广泛运用于三维动画设计、影视广告设计、室内外装饰设计等领域。用功能强大的 3DMAX 进行三维创作，最大的局限是制作者本身的能力，当然，要熟练使用它也要花费很多精力。

4．视频信息的编辑

为了对数字化视频信息进行编辑加工，可以采用专门的视频编辑软件。例如，Adobe 公司的 Premiere 软件、Ulead 公司的 Video Studio 软件。

Premiere 是一个基于非线性编辑的视音频编辑软件，被广泛应用于电视编辑、广告制作、电影剪辑等领域，是 PC 机平台上应用最为广泛的视频编辑软件。非线性编辑系统实现了将传统的电视节目后期制作系统中的切换机、录像机、录音机、编辑机、调音台、字幕机、图形创作系统等设备集于一台计算机内，用计算机来处理、编辑图像和声音等，再将编辑好的视音频素材输出成各种格式的文件或通过录像机录制在磁带上。

（1）素材的采集和导入。通过"File/Capture"命令，借助编辑平台的视音频捕捉卡，可以采集来自各种介质上的视音频素材；或者通过"File/Import"命令，直接导入计算机硬盘中各种形式的视音频素材，包括 AVI、MOV 格式的视频文件，WAV、MP3 格式的音频数据文件，动画 FLC 格式文件，PTL 格式字幕文件，BMP、JPG、PCX、TIF 格式的图像文件等。所有采集和导入的素材都将出现在 Project 窗口中。

（2）素材的加载。时间线窗口有多个轨道放置视频和音频素材，是用于把素材汇编成影视作品的。用鼠标选取工程项目库中的相应素材，然后拖到时间线的相应视音频轨上，即实现了素材的加载。

（3）素材的剪辑。利用时间线窗口中的剪辑工具，根据分镜头稿本，剪除掉不需要的视音频素材，并进行整理，使素材很好地组接在一起。

（4）特技的叠加。在 Premiere 中，所有过渡特技都在 Transitions 面板中进行，过渡特技的创建方法就是从 Transitions 面板中将所需特技拖拉到时间线上的过渡特技轨上（在 Video A 和 Video B 之间，使 A 轨和 B 轨中的视频很好地组接在一起）。同样，所有视频特技的创建都在 Video 面板中进行，创建视频特技的方法就是从 Video 面板中将所需特技拖拉到时间线上的相应素材上。Premiere 6.0 增加了编辑关键帧的功能，使用户可以轻易地在轨道中添加、移动、删除和编辑关键帧，关键帧的加入使 Premiere 对于控制高级的二维动画游刃有余。

（5）字幕的制作。通过"File/Title"命令，可以制作标题字幕、新闻、唱词、片头字幕、片尾字幕等，生成 PTL 字幕文件，同时会出现在工程项目库中，然后将字幕文件拖到时间线上，叠加到相应的视频上，需要特技时可叠加合适的特技。

（6）作品的预览。通过"Timeline/Preview"命令，或者直接按 Enter 键，Premiere 会显示建立预览对话框，并给出节目的总长度以及生成预览文件所需的时间。生成预览文件之后，将会在监视窗口中显示预览，按 Enter 键反复预览并进行修改，直到符合要求。

（7）作品的输出。当在时间线窗口中完成了素材的剪辑，并对预览结果感到满意后，便可以输出可单独播放的影视文件。通过"File/Export Timeline"命令，Premiere 可以输出很多类型的文件，包括 Video for Windows 格式的 AVI 文件、Quick Time for Windows 格式的 MOV 文件，也可以是位图序列、动画文件 FLC、Real video 格式的 RM 文件等，还可以通过录像机录制在磁带上，使其作品可以在各种平台以及网络中很好地传播。

第五节   现代教育技术资源的获取与利用

一、网络资源的检索

1．因特网信息检索的基本步骤

全球现已有 30 亿个网页和 2000 万个网址，要想在这样一个信息海洋中发现并查找出有利用价值的信息，对信息社会的每一个公民来说都不是一件易事，具备在以 WWW 服务为主流的电子信息环境下完成准确、有效的信息检索的能力是信息素养的重要组成部分。

在 Internet 上检索信息需要遵循一定的步骤，才可以事半功倍。其基本步骤是：①明确信息需求；②选择适当的网络检索工具；③使用相应的检索方式；④浏览、筛选、下载检索结果。

根据用户对 URL 的掌握情况，可以调整以上步骤。对于已知信息所在的 URL 时，用户只需执行步骤①和④；对于不知道信息所在的 URL 时，用户需要执行所有步骤。一般来讲，后一种情况出现的比较普遍。信息检索的步骤如图 2 - 1 - 12 所示：

URL：统一资源定位器，是英文 Universal Resource Location 的缩写。它的作用是标示 Internet 上的资源，使用户在 Internet 中漫游而不至于迷失方向，所以 URL 是唯一的，没有两个网址有同样的 URL，因此有人也把它当作网址。URL 描述了浏览器检索资源所使用的通信协议、资源所在的计算机主机名，以及资源的路径和文件名。例如：http：//www. nwnu. edu. cn/yhniu/jianjun. htm，其中 http：//www 表示访问 WWW 资源；nwnu. edu. cn 表示提供 WWW 资源的主机名；yhniu/jianjun. htm 表示 WWW 资源在主机中的位置。

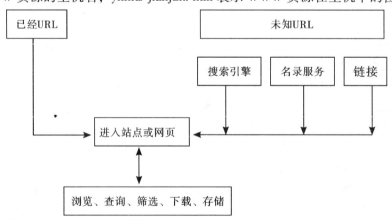

图 2 - 1 - 12   Internet 信息检索基本步骤

2．国内常用中文搜索引擎

（1）中文搜索引擎指南：http：//www. sowang. com

（2）百度：http：//www. baidu. com

（3）天网：http：//e. pku. edu. cn

（4）北极星：http：//www. beijixing. com. cn

（5）3721：htttp：//www. 3721. com. cn

（6）搜狐：http：//www. sohu. com

（7）网易：http：//www. 163. com

（8）新浪：http：//www. sina. com. cn

（9）搜酷：http：//www. sooku. com

（10）搜索客：http：//www. cseek. com

（11）TOM 搜索：http：//search. tom. com

（12）协通：http：//www. net2asp. com. cn

（13）21CN：htttp：//www. 21cn. com

（14）广州视窗：http：//www. gznet. com

3．因特网信息检索技巧

尽管拥有很多的网络信息检索工具，但在信息海洋——Internet 中想快速、准确、全面、完整地找到相应的信息仍然不是一件容易的事情。从表面看来似乎任何人都可以进行检索并得到一些检索结果，但很多人会对检索结果感到失望，甚至觉得与自己最初的期望相差甚远，正如奈斯比特所说："我们淹没在数据资料的海洋中，却又在忍受着知识的饥渴"。因此，注重学习和积累一些网络信息检索技巧，有助于减少信息检索过程中的挫折和增加获取有用信息的可能性。可以说，具备良好的信息检索能力将会是信息社会对每个公民提出的基本要求之一。下面介绍一些信息检索技巧供大家参考。

（1）明确信息需求，确定检索主题。信息需求就是我们想从 Internet 中获取什么样的信息，信息需求是进行网络检索的直接动因。明确了信息需求，也就确定了检索主题，这样可以减少信息检索中的盲目性，提高检索结果的命中率。对教师而言，信息需求多半来源于信息化教学设计。

（2）选择检索工具。网络检索工具数量众多、各有特色，选择合适则事半功倍。因此，需要检索者熟悉各类网络检索工具的特点、功能。

不同的搜索引擎在查询范围、检索功能及检索方法上各有差异，熟悉和掌握一些常用的搜索引擎的性能、特点和一般使用方法是必要的，大多数搜索引擎对自身的操作、检索规则都给予了说明。在使用前，花费一点时间查看往往会在检索中有意想不到的收获。搜索目录比较适合一般性的浏览查询或较为综合、准确的信息，检索者可按思维逻辑顺序，通过目录体系的逐步深入查找信息。搜索引擎比较适合查询具体、特定的信息。需要特别说明的是，没有任何一种搜索引擎能提供绝对完整、全面的检索，要想获得较全面的检索结果，需要考虑采用多个搜索引擎搜索同一个主题。

（3）构造恰当的检索式。最简单的检索式就是一个关键词，关键词就是反映检索主题并在检索结果中出现的字词。一个以上的关键词之间通过搜索引擎提供的检索规则连接起来就构成了检索式。构造恰当的检索式决定了检索的精度、准确性。检索式的构造是一个不断修正的过程，直至找到所需信息为止。一般来讲，可以采用以下方法。

1）尽量选择专用名词、专业术语，避免普通词、泛指概念，因为后者的检索结果非常巨大，对检索者来说意义不大。

2）给关键词加入限定词，对于某些关键词来说，搜索结果仍然非常之多，这时给它们加入限定词以进一步减少搜索结果。

3）运用检索规则构造检索式：大多数搜索引擎都提供使用规则说明，利用这些规则可以有效地提高检索精度。例如，几乎所有的搜索引擎均支持布尔运算：

逻辑与（and）要求将同时含有词 A 和词 B 的信息源查询出来；

逻辑或（or）要求将含有 A 或含有 B 或 A、B 都有的信息查询出来；

逻辑非（not）要求将含有 A 而不含有 B 的信息源查询出来。

4）重视每次查询结果的前几个条目：许多搜索引擎根据检索式的匹配情况对检索结果进行排序，最为匹配的结果出现在最前面，查看这几条就可以大概知道检索式的匹配程度。特别是对于关键字的选择还不甚明确的情况，这种方法很有效。

二、网络教育资源的利用

1．文本资源的利用

在 Internet 中，以各种文本格式储存的教育资源十分丰富。使用不同的搜索引擎，可以在海量的资源中找到所需的知识。根据不同的用途，可采用不同的浏览器进行浏览。最常见的是 Microsoft 公司的 Office 软件，在此不再赘述。以下介绍教育资源常用的两种文本格式浏览器。

（1）PDF 格式。PDF 格式是 Adobe 公司创造的文本格式。采用 Acrobat Reader 作为浏览器。

1）安装 Adobe Acrobat Reader。可在 http：//www. chinapdf. com/download. html 免费下载此软件。

2）打开 PDF 文档。在"打开"对话框中，选择文件名，然后单击"打开"。PDF 文档的扩展名通常是 . pdf，或者双击文件的图标打开。文档打开后可以放大浏览，或使用书签或缩略图浏览。

3）保存 PDF 文档。网上的 PDF 文件一般可以另存到本地。

4）打印 PDF 文档。

目前，网上有些资源是以 PDF 文件格式出现，使用 Acrobat Reader 作为浏览器的插件，可以很方便地浏览网上的 PDF 文件，或者是内嵌了 PDF 文件的 HTML 网页。在 IE、NetScape 等支持插件的浏览器中都可以利用 Acrobat Reader 来浏览 PDF 文件，使用上与浏览 HTML 网页相似，只是在界面中增加了一排 Acrobat Reader 中特有的工具栏。如果不能浏览，请打开 Acrobat Reader 程序，选择"文件/首选项/一般"，在弹出的设置窗口中确保不要选择"网络浏览器集成"项即可。

5）浏览 PDF 的方式。

● 目录书签。选择"窗口"菜单中"显示/隐藏导览窗格"或点击水平滚动条最右端按钮，可以使阅览窗口在"单纯页面"，"页面＋书签目录"和"页面＋书页图标"的显示方式间进行切换，在书签目录中还可以查找当前页面对应的书签路径。

● 全屏浏览。在"视图"菜单中选"全屏"或按"Ctrl＋L"键，可以进入全屏幕状态并按照设置的方式浏览文件；按"Esc"或"Ctrl＋L"键则恢复原来界面。

● 单页浏览。在页面窗口中，可选择"视图"菜单中的"单页"选项进行浏览。

● 调整文件页面的大小。Acrobat Reader 8.0 页面多级缩放功能使用户可以轻松选择合适的页面大小进行浏览。

6）复制 PDF 文件中的文本内容及图形。点击工具栏中"文本选择工具"按钮，鼠标变为"I"字形，选定当前页中欲复制的文本内容，选"复制"项，进行选定文本的复制操作。

（2）CAJ 格式。CAJ 全文浏览器是中国学术期刊网的专用全文格式阅读器，它支持中国学术期刊网的 CAJ、NH、KDH 和 PDF 格式文件。可以在线阅读中国期刊网的原文，也可以阅读下载到本地硬盘的中国学术期刊网全文。它的打印效果可以达到与原版显示效果一致的程度。CAJ 全文浏览器可支持 Windows 98/Me/NT/2000/XP（包括简、繁、英文版）操作系统。如果是首次使用中国期刊网的用户，首先请到 www.cnki.net 下载 CAJ 全文浏览器。

用户在期刊网检索到自己满意的文章之后，有两种方式可以阅读，一种是在线打开；另一种是将原文下载到本地硬盘后再阅读。在线阅读全文时也可以使用全文浏览器的保存功能将原文保存到本地硬盘。

用户如果要打印原文，只要安装了打印机，在以上两种方式下均可打印出与原版效果一致的原文。点击"文件"菜单上的打印或工具条上的打印图标即可。如果用户要引用或保存原文中的文字、公式、图表或图片，可以使用全文浏览器的文字或图片复制功能，将原文中的文字、公式、图表或图片等复制下来，粘贴到其他文字处理（如 Microsoft Word）或图片处理程序（如 Photoshop）中，进行编辑、处理、保存或引用。

对于不能复制的文字、公式、图表和图片，可以使用复制图像的功能，将要复制的内容存成图像。

2. 图形、图片资源的利用

如果能够方便快捷地浏览并编辑图片素材，可以方便用户浏览、查询、编辑。图片的格式很多，有 BMP、GIF、HPEG、PSD 等类型。现在简略介绍一下著名浏览图片软件 ACDSee 的特点。

ACDSee 能广泛应用于图片的获取、管理、浏览、优化。使用 ACDSee 的图片浏览器，可以从数码相机和扫描仪高效获取图片，并进行便捷的查找、组织和预览，兼容超过 50 种常用多媒体格式。作为一种优秀看图软件，它能快速、高质量显示图片，配以内置的音频播放器，就可以享用它播放出来的精彩幻灯片了。ACDSee 还能处理如 MPEG 之类常用的视频文件。此外 ACDSee 也是得心应手的图片编辑工具，轻松处理数码影像，拥有的功能如去除红眼、剪切图像、锐化、浮雕特效、曝光调整、旋转、镜像等，还能进行批量处理。本文只简要介绍 ACDSee 新版本的特殊功能。

（1）快速导入图片和视频。ACDSee 的三步式获取图像向导，让你快速从数码相机、扫描仪、光盘和其他装置导入图片；通过缩略图预览图片或者通过图片浏览器全屏观看图片，并对图片进行任意的缩放。

（2）修正和加强图像质量。使用一键式工具，如"曝光调节"等，来迅速修正图像；使用精度控制来调节图像的色彩、亮度、对比度，修正红眼；旋转、剪切、定义图像尺寸；为图像增加许多滤镜特效。

（3）共享照片、幻灯、网络相簿、CD/DVD 中的照片。将照片记录到 DVD 或者 CD 光盘上；可以制作幻灯片和屏幕保护程序；也可以在网站和 E-mail 上共享照片。

（4）为图像文件建立备份和存档。通过简单的向导，将各类图片、视频以及其他文件备份到 DVD 或者 CD 光盘上。

（5）其他强大的特性。具有批处理、数据库等功能以及各类特定功能插件（如 ACD RoboEnhancer，ACD FotoSlate 等）。

3. 音频资源的利用

音频的教育资源很多，一般说来，根据实际用途的不同、播放设备和存储介质的不同以及品质的需求不同，最终所需要的音频格式也往往不尽相同。在很多情况下，利用音频资源主要是需要对已有的声音进行必要的格式转换，以满足不同的需要。以下罗列几种音频格式的转换方法。

（1）AVI、MPG 文件中的声音提取。将 AVI 或 MPG 文件中的声音素材直接提取出来，然后以典型的音频格式（如 WAV 格式）存储，即可得到单一的声音文件。例如，选用一个功能较全面的声音采集及编辑软件 Audio Studio 达到此目的。

（2）WAV 格式与 MP3 格式的转换。MP3 格式可以说是目前最流行的音乐格式之一，而 WAV 是标准的波形文件格式，许多软件公司都开发了专业的应用软件来转换这两种格式。"豪杰超级音乐工作室"是一个集声音播放、录制及编辑于一体的工具软件包。其中专门提供了一个"音频格式转换器"的工具软件，是以"超级解霸"中的"MP3 格式转换器"为基础不断完善的，可以轻松地完成音频格式的互相转换。

（3）CD 与 WAV 格式的转换。将 CD 音轨直接转换成 WAV 波形文件是另一类经常采用的格式，形象的称为"抓音轨"。在"豪杰超级音乐工作室"软件中提供了"数字 CD 抓轨"工具，可以直接将 CD 盘上的曲目转录成 WAV 或 MP3 的音频格式文件，并按指定的路径进行存储。

关于豪杰软件的使用可访问豪杰主页：htttp：//www. herosoft. com。

4．常用的教育资源网站

Internet 中教育资源十分众多，在各个大学、教育研究部门、中小学和教育行政部门网站中提供了丰富的教育资源。比较常用的教育资源网站有以下几个。

（1）中国教育与科研计算机网（www. edu. cn）。中国绝大多数高等学校、中小学和教育行政部门都连在这个网上，有上千万个用户，此网有自己单独的国际出口，是中国最大的教育类网站。

（2）中国科学院网站（www. cas. ac. cn）。中国科学院网站是中国科学院的中心网站，科学院系统的所有院所以及各种科技情报都连在这个网上，通过网站提供的搜索引擎或各种链接，可以找到需要的教育资源。

（3）中国中小学教育教学网。中国中小学教育教学网（www. K12. com. cn，以下简称 K12 教育网）于 1998 年 11 月开始建设，1999 年 4 月 18 日正式运行，并于 1999 年 11 月开始独立运营，是专门面向中小学教育的大型教育网站。K12 教育网自开始运行以来，得到了广大中小学教师、学生和家长的密切关注和支持，目前已成为我国最大的基础教育网站之一。

"K12"中的"K"代表 Kindergarten（幼儿园），"12"代表从小学一年级到高中三年级的 12 年中小学教育，K12 是国际上对基础教育的统称。K12 教育网主要面向对象是中小学生、教师和家长，目前提供教育新闻、教师频道、学生频道、家长频道、教育教学资源交流平台、教育论坛和各学科的论坛、教师个人专辑、杂志网上空间、学校与教师免费主页空间、免费电子邮件等大量服务。

K12 教育网的目标是建设成为中国基础教育领域中最具影响的网上教育资源中心、教育信息中心、教育研究中心、学习交流中心、教育电子商务平台。

（4）其他有用的教育站点。

1）教育部考试中心 http：//www. neea. edu. cn

2）中国教育信息网 http：//www. chedu. net

第二章　常见教学媒体设备的使用

学习目标

1. 了解幻灯投影仪设备的基本原理与使用方法。
2. 了解多媒体教室的基本组成及原理。
3. 掌握多媒体教室的使用和维护。
4. 掌握语言实验室的构成及使用方法。
5. 了解语言实验室在教学中的作用。
6. 掌握多媒体网络教学系统的教学功能。
7. 掌握多媒体网络教室的使用方法。

第一节　幻灯投影仪设备

一、幻灯机

1. 幻灯机基本结构及工作原理

幻灯机的光学系统由光源、反光镜、聚光镜、放映镜头等组成（图2-2-1）。光源发出的光线经聚光镜会聚照亮幻灯片，再通过放映镜头在屏幕上形成放大的、倒立的图像。光源通常采用发光效率高、显色好、灯丝排列面积小的低压溴钨灯；反光镜的作用是将光源向后发射的光线反射回去照射幻灯片，以提高光源利用率；聚光镜由两片平凸透镜组成，用来会聚光源所产生的光，使其集中并均匀地照射幻灯片，提高成像的亮度；放映镜头由几片单透镜复合而成，使幻灯片画面在屏幕上成像，相当于透镜成像中的凸透镜。放映镜头能沿光轴方向前后移动来调节聚焦，使幻灯片成像准确清晰。

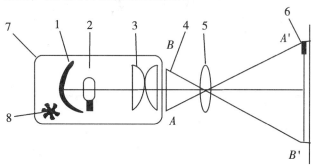

1 反光镜　　2 光源　　3 聚光镜　　4 幻灯片
5 放映镜头　6 影像　　7 灯箱　　8 风扇

图2-2-1　透射式幻灯机的基本结构

2. 幻灯机的操作使用

（1）在使用幻灯机前，要熟悉幻灯机的性能和特点，检查零部件是否齐全。

（2）将幻灯机安放在离银幕距离适当的地方，适合学生观看。

（3）接通电源时，要检查电风扇是否运转。若电风扇、灯泡由两个开关控制，则应先开电风扇开关，后开灯源开关；关机时操作顺序相反。

（4）装片要按教学需要的顺序将幻灯片插在片盒中，幻灯片应上下倒立、左右反放。然后将片盒上的齿条与幻灯机的转动机构的齿轮啮合，打开电源和灯源开关，即可进行放映。

（5）换片：幻灯机的型号、种类不同，换片的方式也不同。主要有手动、键控、遥控、讯控和自动换片等多种。

（6）调焦。

3. 教学银幕

（1）教学银幕的种类和特点。教学银幕有不同的种类和规格，要根据实际情况正确选用。①玻璃微珠幕：它用布作底基，比白布银幕的亮度高4倍左右，不能折叠，不能用硬物碰触银幕，不能用水擦洗，但可用皮老虎吹或鸡毛掸轻轻掸去上面的灰尘；②高级塑料透视幕：它用尼龙膜作底基，是高亮度银幕，使用时将银幕固定在木框上；③布基白塑幕：它用白布作底基，幕面洁白，光线反射均匀柔和，可折叠，脏了可用湿布擦洗；④白布幕：用白布制成，亮度不及以上银幕；⑤木板幕：用三胶板或五胶板制成。

（2）教学银幕的选择与安装。教学银幕可以挂在教室的正前方，也可挂在黑板的一侧，银幕的规格应根据教室的大小、学生的座位多少来决定。一般选银幕的宽度以教室纵深长度的1/8~1/6为佳。银幕悬挂的高度以银幕的底边与坐在前排座位上的学生头部平齐为准，银幕至前排学生座位的距离不小于银幕宽度的1.5倍为宜。为了使学生看到的图形不变形，用透射式幻灯机放映时，银幕上边需要向前倾斜，使之与光束垂直。

二、光学投影仪及投影屏幕

1. 基本结构及工作原理

光学投影仪又叫投影器，它的光学部分由反光镜、光源、新月镜、螺纹透镜、放映镜头、反射镜等部件组成（如图2-2-2，图2-2-3所示）。

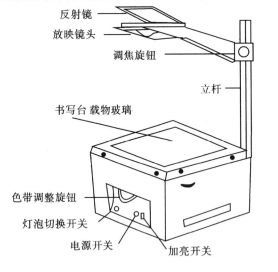

图2-2-2 投影仪的结构

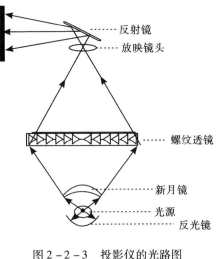

图2-2-3 投影仪的光路图

（1）光源。投影仪中光源的作用是提供足够的光强透射投影片，以使投影影像有足够的亮度，投影仪所用光源必须满足发光强、发光效率高、光色好、发光体小、温升低、有效寿命长等要求，多数投影仪中所用的光源为溴钨灯，也有部分投影仪采用镝灯作光源，溴钨灯有多种规格，投影仪中常用的是 24V/250W，30V/400W 和 36V/400W。镝灯的发光效率很高，但使用时要触发启动。

（2）反光镜、新月镜、螺纹透镜。反光镜是处于光源下面的球形凹面镜，由金属正面抛光或玻璃镀银而成，能将光源向下发射的光线向上反射加以利用。

新月镜在投影仪中起着提高光线的利用率、隔热和降低机身高度的多重作用，它是一块圆形凹凸透镜，在投影器中凹面向着光源，凸面朝向放映镜头。

螺纹透镜起相当于平凸透镜会聚光线的作用，结构上相当于将平凸透镜分割成若干个环带，再将有效折射面堆积而成，与起同样作用的平凸透镜相比，具有孔径大、厚度薄、透光性好等优点。投影器中的螺纹透镜一般由透明塑料制成。

放映镜头的作用是放大成像，绝大多数投影器放映镜头的焦距在 300mm 左右，极少数投影器的放映镜头为变焦镜头。

（3）反射镜。反射镜的作用是改变投影光路，使放映镜头向上方所成的像，反射到侧面的银幕上。反射镜是在玻璃的表面镀高反射膜而成，反射率特别高，但反光膜容易损坏，使用时务必小心。

2．光学投影仪的使用

（1）课前准备。课前准备主要包括挂银幕、架机、调像等操作。

投影仪教学通常采用大反射角的涂塑银幕，大小一般是银幕长度不小于教室长度的 1/6。在投影教学中也可用白纸、白布、白板甚至于白墙替代银幕。

挂银幕要确定好银幕的位置、朝向及高低。一般要求银幕挂在教室前方光线相对投影器投射于银幕上的光斑大小，通过改变投影仪与银幕的距离进行调整，距离近投映光斑小，距离远投映光斑大。对于放映镜头为变焦镜头的投影器，通过变焦也可改变投射光斑的大小。

按下溴钨灯作光源的投影器上的"加亮开关"（极少数投影仪上有亮度调节旋钮或亮度分档开关），可使投影仪投射于银幕光斑的亮度得到增强。

调整投影仪上的色带（色调、色边）调整旋钮，可使反光镜、光源和新月镜作为一个整体上下移动，从而消除投射于银幕光斑四周的色边。

在投影仪上放一投影片，上下调节调焦旋钮聚焦，直至银幕上呈现的投影片影像清晰为止。

完成了以上工作，课前准备即告完成。

（2）课堂使用。①投影片置于投影仪上要正，尽可能地将投影片上要让学生观看的部分处于投影光斑中部，以求高清晰展示；②处于投影仪上的投影片要平，以保证整个投影片上的内容清楚投映；③尽可能用教鞭指点，避免将手影投到银幕上；④应边投映边讲授，当幕面亮度不足时，对用溴钨灯作光源的投影仪可打开加亮开关；⑤荧幕要放在较暗、人流相对较少的地方，面朝教室中央，拉伸后银幕下缘距地面 1.4m 左右，银幕应前倾。

（3）架投影仪。在教室中架投影仪，主要确定好方位、远近、高低。投影仪应处于银幕左右向中心的垂线上，远近以保证投影光斑充满银幕为度，架设高度在保证操作方便的前提下适当高些。

（4）开机调整影像。投影仪开机之前，务必首先摘下放映镜头下方的镜头盖，并将反射镜掀起。

采用溴钨灯作光源的投影仪，开机与开灯合用同一开关，开机后机内冷却风扇立即工作，灯同时亮起。采用镝灯作光源的投影仪，开机后必须再按触发键3~5秒（此时应听到触发启动声）后开灯，且触发之初镝灯只发出微弱的光，待约一分钟后才正常发光。

投影仪属光学仪器，应确保光学部分洁净，不用时需合上反射镜，盖上镜头盖并罩上塑料罩，严禁手触摸反射镜的反射面，若光学部件有灰尘，只能用吹气球、镜头刷吹、刷，不可用普通纸、布等物擦拭。

3. 光学投影仪的使用注意事项

投影仪工作时机内温度很高，一定要保证工作时通风散热良好，不得有物体遮挡通风孔，机内冷却风扇坏了，必须待其修复后投影仪才能使用，否则会酿成不必要的损失。

投影仪的光轴发生偏移了，投影教学就无法取得好的效果，一定要保证投影仪的光学部件处于同一光轴。判别投影仪光轴是否正的办法是：开启投影器后，如光斑汇于放映镜头中部，且光斑对称，说明光轴正。

溴钨灯作光源的投影仪中有备用灯泡，当一只灯泡坏了，扳动灯泡切换开关，就可启动备用灯泡工作，切换时务必要切换到位。

4. 投影仪的正确操作方法

①打开反射镜；②接通电源开关；③在垂直和水平方向调节反射镜的角度，使光线全部投射到银幕上；④放上投影片，旋转调焦旋钮来升降放映镜头，使图像清晰，如不清晰，即可调整旁边的扳手将灯丝位置调整至反光镜的中心；⑤使用完毕，关闭灯源，让风扇继续工作，待机箱冷却后，再拔下电源插头。

三、视频展示台

视频展示台（Visual Presenter）是国内、外通行的一个正式名称，在中国市场，有时也被叫做实物展示台、实物演示仪、实物投影机、实物投影仪等。从功能上可以给视频展示台下这样一个定义：视频展示台是通过 CCD 摄像机以光电转换技术为基础，将实物、文稿、图片、过程等信息转换为图像信号输出在投影机、监视器等显示设备上展示出来的一种演示设备。

1. 视频展台的组成

从外观上看，一台视频展示台基本的构成包括摄像头和演示平台两部分。摄像头通过臂杆与演示平台连接，但是为了更好地实现演示平台的应用还需要一些拓展设备，共同构成一台完整和完善的产品。如控制面板（遥控器）、辅助照明（上部和底部）、视音频输入/输出、计算机接口等。

2. 视频展台的分类

根据输出信号划分，视频展示台通常分为模拟展示台和数字展示台两种。模拟展示台视频输出信号有复合视频、S-VIDEO 两种，一般清晰度在 400~470 水平电视线，隔行扫描方式。数字展示台视频输出信号除了复合视频，S-VIDEO 外，最主要的是具备 VGA 输出接口。VGA 接口是计算机主机传送给显示器图像的一种标准 RGB 分量视频接口，并且是逐行扫描方式，图像分辨率较高。

从结构上可以分为单灯照明视频展台、双侧灯式视频展台、底板分离式视频展台、便携式视频展台等。单灯照明视频展台是常见的一种照明方式，单灯照明不存在双灯照明的光干涉现象，光线均匀，便于给被演示物体最佳的演示，不同展台单灯的位置不同，但不影响效果；双侧灯式视频展台是最为常见的照明方式，设计良好的双侧灯可以灵活转动，覆盖展台上的全部位置，并实现对微小物体的充分照明；便携式视频展台设计紧凑，体积小巧，携带方便，适合移动商务演示。

3. 视频展台与设备的连接

视频展台一般与多媒体投影机、大屏幕背投电视、普通电视机、液晶监视器、录像机、VCD、DVD 机、话筒等输出、输入设备配套使用。计算机通过视频捕捉卡连接展台，通过相关程序软件，可将视频展台输出的视频信号输入计算机进行各种处理。视频展台已经具备支持与计算机连接使用，如果有客户要求这个功能的话，可以定制。视频展台上的小液晶监视器让用户便于检查被投物图像，在展示过程中不用另外准备监视器，也不用看着屏幕放置被投物。视频展台的画面定格也叫帧存储功能，是指视频展台使用过程中，移去被投物，画面仍可保持而不消失，使展示内容从一个画面到另一个画面平滑过渡。有的展台有存储功能是指展台设备中内置存储器，一般可存储 20 幅以内的图片（一般为 JEPG 格式）。

4. 视频展示台的使用

视频展示台在教学中应用方式主要有：用于实物的展示、演示实验等；用于书写和展示印刷资料和图片；展示各种透明胶片（正、负片均可），如幻灯片、投影片等。展示实物和图片时，需要打开摄像头两侧光源；展示胶片时，则关闭摄像头两侧光源，打开实物载板下面的光源；如果是负片的话，可通过调控系统直接反转成正片后送到其他输出设备（实物展示台具备调整图片颜色的补色功能）。由于有高精度的自动对焦系统和电动变焦功能，使用时可以利用摄像头的变焦功能将被投影物体的全貌和细部表现得清楚逼真。其操作方法同摄像机类似，线路连接方法同录像机、放像机一致。

第二节　多媒体教室

一、多媒体综合教室的种类

多媒体综合电教室，是指将多种媒体汇集在一个教室内，以利于开展教与学的活动。多种媒体应包括传统媒体：黑板（白板）、书本、挂图、模型、标本等，还包括各种电教媒体：幻灯、投影、扩音、录音、电视、录像、计算机等媒体。根据多媒体综合教室的功能可分为两大类型，即以教师为中心的和以学生为中心的多媒体综合电教室。

1. 以教师为中心的多媒体综合电教室

该类型教室的特点是：多种媒体主要是供教师使用，媒体起辅助教师教学的作用；其次，多种媒体集中于讲台或讲台附近的立柜上，以方便教师操作与控制。我国各级学校目前建设的多媒体综合电教室，大多数属于这一类型。这种类型教室根据媒体数量多少与质量高低、教育功能差异，又可分为以下几个档次。

（1）简易型。它是在普通教室中装配如下常用的电教媒体：幻灯机、投影仪、录音机、扩音机、电视机、放像机和电子计算机等。这些电教媒体可在讲台附近单独放置或组合在讲台内，利于教师操作与控制。简易型综合电教室基本能满足开展多媒体组合教学的要求。由于采用普通电视机，计算机输出的信号需经转换才能在电视屏幕上呈现，因此，影响图像清晰度。另外普通电视机屏幕小，尽管用 29 英寸或 34 英寸，对于计算机整屏显示的文字与图像，在教学上也难满足要求，因此，往往要采用 48 英寸至 61 英寸的背投式电视。

（2）标准型。标准型多媒体综合电教室克服了简易型的缺陷，因为它增加或改用了一批较高档次的设备与技术。它的主要设备由图像与声音两个系统构成。图像系统由信号源（包括多媒体计算机、录像、影碟、实物视频展示的输出）、视频切换器和多媒体投影机构成，多媒体投影机能够直接显示多媒体计算机输入的数字信号，其他视频信号源的视频信号可以通过视频切换器转换后，由投影机显示放大出高清晰度的图像。声音系统是将所有音频信号通过调音台再输入到一个共用的功率放大器，输出保真度高的声音。其主要设备有以下几种。

1）多媒体投影机。投影机按其连接设备的性能不同可分为：视频投影机，只能接录像机、影碟机、摄像机等视频信号；多媒体投影机，可连接视频和计算机等信号。综合电教室采用多媒体投影机，能直接输入计算机和视频展示台信号，获得清晰的画面。另外，它通过投影能获得大尺寸的画面（80英寸至200英寸），能满足50~200人的教室与讲学厅开展教学活动。

2）视频实物展示台。通过摄像机摄取放置于台面上物件的图像信号，送至投影机呈现图像。放置的物体可以是实物、标本，也可以是照片、书本，甚至是演示实验。由于台面有透明灯照射，还可投影幻灯片和透明投影片的图像，在某种程度上，它还有代替幻灯机与光学投影仪的功能。可连接的设备有：多媒体投影机、TV显示器、PC、视频/音频输入等。

3）集成控制系统。为了方便对综合电教室内多种媒体和设施（如银幕、灯光、窗帘等）的操作与控制，通常利用集成控制系统（中央控制系统），将多媒体教室的各种媒体进行集成控制。并把操作与控制的功能键集中放置于讲台的一块控制面板上，方便教师使用。

常用的集成控制系统有以下几种控制方式：①按键开关式：它用线路连接各种电教设备的控制信号，用手动按键开关操作。特点是简单、可靠、价格低等；②软件控制式：通过安装控制软件，由鼠标进行操作控制；③电脑触摸屏式：它是通过电脑触摸屏去控制电脑主控机的输出，从而实现对各种设备与设施的操作与控制，这一方式的技术先进，使用方便，但价格较高。

（3）多功能型。它在标准型基础上增加了以下设备。

1）摄录像装置。在教室装配有2~3台摄像机，用于摄录师生的教学活动过程。摄像信号传送到中心控制室供记录贮存，或同时传到其他教学场所供观摩或扩大教学规模。

2）学习信息反馈分析装置。该装置能令全班同学在座位旁的按键上对老师提出的问题作选择性的回答。它通过计算机收集与分析学生的学习信息，使教师能及时全面了解学生的情况，更有针对性地进行教学活动。

（4）学科专业型。该类型是在简易或标准型配置的基础上，增加一些某种学科教学特殊需要的设备，如生物课教学需用的彩色显微摄像装置等，这样就成为某一学科专用的多媒体综合电教室。

2. 以学生为中心的多媒体综合电教室

该类教室的特点是：多种媒体主要是供学生使用，媒体成为学生学习的主要工具，教师在教学活动中起指导作用；多种媒体被安排在教室四周的不同区域以方便学生使用。这种类型教室的多种媒体布置，大致可分为下列几个区域。

（1）学生学习活动区：它被安排在教室中央，桌椅摆设要便于个别学习也应便于小组讨论学习。

（2）文字印刷资料区：它摆设学科教学需用的教科书、教学参考资料、图片、挂图等。

（3）模型、标本区：有各类标本和模型等。

（4）现代教育技术媒体区：有幻灯、投影媒体；录音、录像媒体；可联网的多媒体计算机1至4台。

（5）学生作业展示区：学生作业可写于黑（白）板上，或用纸书写后，张贴在板报栏上。

（6）教师指导学习区：备有黑板（白板）和各种呈现教学信息的媒体与工具，便于教师作指导性的讲授；另外在教室一角设有教师专用的办公桌和相应的教学资料，便于教师准备教学和接受学生咨询问题，指导学生学习活动的正常进行。

二、多媒体综合电教室的教学运用

1．多媒体综合电教室的教学功能

以教师为中心多媒体电教室的教学功能如下。

（1）便于教师利用多种媒体辅助教学活动。

（2）能利用多种媒体组合，优化教学过程，突破教学重点、难点，提高教学质量与效率。

（3）多功能型多媒体综合电教室便于观摩示范教学，还能扩大教学规模。

（4）能用于开展新型教学模式的教学试验与研究，还能用于学术报告活动等。

以学生为中心多媒体电教室的教学功能如下。

（1）为学生营造一个优良的自主学习环境，为学生进行个别化学习和小组学习提供多种媒体的良好学习条件。

（2）便于开展学生个别化自主学习的教学试验与研究。

（3）有利于学生参与和学习积极性主动性的发挥。

2．多媒体综合电教室的教学运用

采用多媒体综合电教室，可以根据教学的学科特点和教学需要，灵活采用以下一些教学模式。

（1）课堂演播教学模式。

（2）个别化教学模式。

（3）探究式教学模式。

（4）协作化教学模式。

（5）基于 Internet 远程教学模式。

多媒体综合电教室是电化教育深入发展的产物，也是今后的发展方向，它的建设为创建新型教学模式，促进教育改革和教育现代化起积极作用。

第三节　语言实验室

语言实验室是由多种现代教育技术媒体装备起来的，主要用于语言教学的现代教育技术应用系统。

一、语言实验室的种类

根据媒体设置与教学功能的不同，语言实验室可以分成四种类型。

1．听音（AP）型语言实验室

听音型语言实验室（Audio Passive language laboratory）是最简单的一种语言实验室，主要用于语言听力训练，通常有两种组成方式。

（1）有线听音式。由教师控制台和学生座位两部分组成，教师控制台上有传声器、扩音机和音源设备（一至多台录音机、激光唱机等），声音信号经过扩音机放大后，传送给各学生座位。学生座位上备有耳机插孔，供学生接插耳机用。

（2）无线听音式。利用无线电发射与接收系统代替教师控制台与学生座位之间的连线，由教师控制部分、环形天线和学生接收部分组成。

教师控制部分由传声器、收录机、发射主机构成。传声器用来播送教师的讲课内容；收录机可播放录音，也可以播放接收电台的广播内容或无线传声器的讲课内容；经过发射主机处理后的信号，通过环形天线发射出去，环形天线接于它的外接扬声器插孔上。

环形天线固定在听音教室的天花板上或墙壁上。在环形天线围绕的区域内，都可接收到信号。学生接收部分可以是一副无线接收耳机，也可以是调频收音机或收录机。最近上市的调频、音频两用接收机，价格和一副无线接收耳机相当，可以适应不同的无线听音环境，很适合学生使用。

听音型语言实验室只能播放教师事先准备好的教材，师生之间、学生之间都不能对话，学生也无法检验自己的发音是否正确，仅适用于听力和听写训练。但是其设备简单，使用方便，学生使用耳机听音注意力集中、干扰小，学习效果比较好。

2. 听说（AA）型语言实验室

听说型语言实验室（Audio Active language laboratory）在听音型基础上，增加了学生传声器、放大器、呼叫装置和相应的控制电路，从而组成了双向对讲系统。在听说型语言实验室中，学生除了可以收听教师的讲解和播放的录音教材外，在需要时可以呼叫教师，和教师对话，进行个别辅导；教师也可以监听学生的发音，及时给予反馈，或选录学生的练习；学生之间也可以进行对话。适用于听音、听写，进行语音、语调、句型、会话、口头翻译等多种能力的训练。但由于学生座位没有录音机，学生不能进行自录操作。

3. 听说对比（AAC）型语言实验室

听说对比型语言实验室（Audio Active Comparative language laboratory）在学生座位上增设了具有跟读功能的录音机，以及相应的放大电路，为学生提供听音、对讲训练和录音对比功能。学生录音机有两个声道：声道1用于记录由控制台传送来的教师讲授或录音教材的声音信号；声道2用于记录学生自己跟读的声音。重放时，学生可以将自己的发音与标准音进行比较，进行自我校正。教师可根据教学需要，有目的地组织学生进行分组训练。

有的控制台具有学习效果分析功能，可及时对课堂教学进行分析与评价。

4. 视听对比（AVC）型语言实验室

视听对比型语言实验室（Audio Visual Comparative language laboratory）在听说对比型的基础上增加了视频功能，做到视听同步教学，提高学习效果。早期的视听对比型语言实验室中设置了幻灯机、投影仪等，把静止的或活动的图像投射到银幕上。比较先进的视听型语言实验室除了教师控制台实现了计算机控制以外，还增设了录像机、激光视盘播放机（VCD或DVD机）及视频展示台等。学生可以通过多媒体投影机或大屏幕电视机看到影视节目。

近几年来，多媒体计算机和网络已引入语言实验室，构成了学习实验室（learning laboratory），可用于各个学科的教学。

二、语言实验室在教学中的作用

目前语言实验室在教学中主要用于语言教学，特别是外语教学。它已被认为是外语教学必不可少的手段，在促进外语教学、提高教学质量和效率方面，显示出明显的优势。

1. 语言实验室教学与传统教学方式的区别

由于语言实验室是一种功能较多的现代教学媒体，与传统的教学方式相比，存在一些区别。因而要达到理想的教学效果，无论对教师还是学生都有一些新的要求。

（1）对教师素质的要求高。语言实验室为教学提供了较多的现代教学媒体。但是，利用语言实验室教学要想获得好的教学效果，首先要求教师必须熟悉语言实验室的设备，掌握正确的操作技术，只有这样才能充分发挥语言实验室的教学功能，达到预期的教学目标；其次教师必须首先教会学生正确使用隔音座位上的语言学习机，并且在上课时，能熟练控制学生的自由活动，以免干扰教学。因此，语言实验室教学要求教师有较强的组织能力和课堂控制能力。

（2）师生之间视觉联系少。语言实验室由于使用隔音座位，师生之间的视觉联系受到妨碍。因此在教学中，教师应重视目光、表情和动作等在信息传输中的作用，尤其是在与学生对话时，教师应注意学生的表情和情绪，及时解决教学中出现的问题。

（3）师生感情交流少。在语言实验室进行教学，师生间的语言联系必须通过机器，师生似有隔墙之感，有的学生甚至会有被遗忘的感觉。教师在教学中应注意巡视，充分利用语言实验室的功能，大面积地组织学生活动，调动学生学习的积极性和主动性。

2. 语言实验室在教学中的作用

（1）创造良好的语言环境。语言环境对于语言学习十分重要，学外语尤其如此。世界各国的社会制度、生活方式、风俗习惯、文化水平等互不相同，因而有些语言现象就不容易讲清，不容易掌握。如果到实际的语言环境中去学习，显然能使学生身临其境，但大多数情况下这是难以实现的。

语言实验室可以利用各种视听设备，为学生创造出一种近似所学语种的国家的语言环境，通过视、听媒介获得图文并茂、声色俱全、形象逼真、情景生动的真实信息，使学习者有如亲耳听到外国人地地道道的语言，亲眼看到他们的实际活动，从而更好地模仿、练习外国人的语音、语调、动作甚至表情，学到地地道道的外语。这种身临其境的感觉，还利于学生听觉能力的培养提高和语言技巧的形成，使学生的学习自主化。

（2）增加学生实践机会，提高课堂教学效率。学习外语的目的在于运用，用学到的外语知识来表达自己的思想，开展文化学术交流。对学习外语过程中的每个单词、每个句型、每种语法，都要通过大量的练习和实践，才能熟练掌握和灵活运用。

语言实验室教学中，全班学生都可以各自集中精力，同时进行语言学习而不至于互相干扰，可以在同一时间内同时对不同问题做出反应，而且可以互不干扰地分成若干小组同时进行不同内容的教学活动。在教师对学生进行个别辅导时，其他同学不会处于消极被动的旁听状态。这种能使学生互不干扰而集中精力的积极状态，可以大大提高学习效率，增强学习效果。所以语言实验室既可以增加学生的实践机会，又可以提高课堂教学的效率。

（3）便于实施因材施教，进行个别教学。语言实验室教学可以同时播放几套水平和进度各不相同的教材，这就为在同一班级内不同水平的学生提供了程度不同的教学内容，改变了全班同学学习统一内容和同一进度的单一现象。教师通过平时的了解和课堂上的监听，掌握每个学生的学习情况，向学生提供个别指导或符合其水平的教学内容。学生也可以根据自己的需要去选择相应水平的教学内容，自定学习进度。并且可以通过呼叫和教师取得联系，请求教师的个别解答或指导。

（4）提供有利的学习条件，便于学生自学。在语言实验室中学习，学生除接受老师的直接指导，听标准录音外，还可以根据自己的实际情况自定学习计划，选择适合自己水平和需要的内容，还能进行对比练习，对自己的练习做出客观的评判。这些有利的学习条件，使学生能够进行有效的自学。通过语言实验室，学生可以从录音教材或视听教材那里获得教师的直接或间接的指导，充分发挥自己的主观能动性，从而更好地加强了自学的效果。

（5）便于组织教学，促进教师改进教学方法。语言实验室的先进设备和灵活多样的功能，为教师组织活跃的课堂教学提供了有利的物质条件。同时，课堂教学形式的改变和学生自学能力的提高，也要求教师改进教学方法：①促进教师熟悉和掌握语言实验室的各种媒体的特性和功能，充分发挥媒体的作用；②促进教师准备深度不同、内容不同、难易不同的教材，促进教材建设；③促进教师更新教学思想，在教学中充分发挥学生的主体作用；④促进教师改进教学方法，组织形式多样的情景教学，创造适合语言学习的教学环境，提高语言教学的质量。

第四节　计算机网络教学系统

计算机网络教学系统是多媒体技术与网络技术应用于教学的产物。它的出现为建立新型的教育方式提供了契机，为教育功能的全方位扩展创造了条件。因学校的经济实力不同，计算机网络教学系统的建设规模也各不相同。规模小的可以仅是一个教室中的局域网络，规模大的可以建成开放的校园网络。如图2－2－4，是一个小型的开放式计算机网络教学系统。

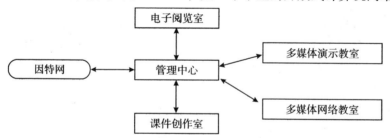

图2－2－4　计算机网络教学系统基本结构

它是通过管理中心，将服务器连入因特网，并和课件制作室、电子阅览室、多媒体演示教室、多媒体网络教室等共同构成的一个小型开放式局域网。

至今，许多已配置有计算机网络教学系统的学校，其校园网大多数采用Windows NT平台。在这样的网络系统环境中，采用服务器/学生机（Service/Client）方式的各工作站可以共享服务器的资源，并由服务器统一管理，工作站之间可以互相通讯。在网络教室中，学生机可以是无盘工作站，因此可以节省投资。同时，每个工作站可以共享安装在服务器上的各种软件，而且可以对服务器的硬盘空间进行规划，并限定学生的使用权限，进而防止初学者误删重要软件以及一些保密的重要信息。多媒体网络教室适应了多媒体时代教学的要求，它可以提供多种网络化的教学环境，帮助教师有效应用多媒体教材，进行多元化教学，以及多形式、方便快捷的教学活动。

一、系统环境及构成模式

教师工作站的配置应当是网络化的多媒体计算机，即必须配备有网卡、光驱、声卡、电影解压卡、视频捕捉卡等器件，以使教师工作站能运行多媒体教学软件、采集视音频信息以及对网络中的学生进行管理和调控等。对学生机没有特殊要求，只要配备有键盘、网卡、VGA 彩色显示器就可以了。

教室内部的所有学生机依托网络系统连接，通常采用 Windows 2000 平台；所有的学生机可以共享硬盘、打印机、扫描仪以及各种应用软件等。

增加一套专门设计的网络教学软件系统，或者硬件教学网络系统设备，共同组成多媒体网络教室。

二、系统的辅助设施及注意事项

多媒体网络教室的布局和辅助设备有一定的要求。一般计算机后面有很多连接线，连线要隐藏，使学生不易碰到这些连线，做到既美观又安全。多媒体网络教室的辅助设施还有桌椅、电源、UPS（不间断电源）、教科书、应用软件等。辅助硬件中需要特别注意的是电源，要保证动力电源的容量（一般每台微机的功率按 200～300W 计算），同时，还要注意整个教学网络系统的良好接地，以保证网络的正常运行，免除因接地不良或没有接地而导致器件损坏。

三、多媒体网络教学系统的教学功能

这里主要介绍附加的网络系统。这种用于构成多媒体网络教室的附加网络系统，就目前市场而言，有纯软件式的和纯硬件式的，也有软件和硬件结合方式的，但是从用户的角度来看，它们的功能至少都具有广播、监看、控制、分组四部分的功能。

（1）广播功能。可将教师工作站的画面同步传输到每个学生工作站的屏幕上，从而使每个学生可以同步看到教师的操作过程。此外，教师还可以将某个学生的屏幕画面转播给全体学生，用学生的操作作为示范讲解。

（2）监看功能。教师可以不离开自己的座位而从教师机上清楚地掌握系统运行状况，并及时显示实时工作状态，教师更可以实时监看任何座号学生的学习情况和对系统的操作情况，从而对教学过程进行有效的控制和调度。

（3）控制功能。控制功能使教师可以实现对学生机的控制，如锁定/解锁键盘、锁定/解锁鼠标、屏幕提示、开关计算机、全体黑屏、个别辅导等。控制功能通过技术手段有效地帮助教师实现了课堂管理。

（4）分组功能。教师在控制台上可以对学生进行编组，让各小组成员进行讨论与合作。

四、多媒体网络教室的主要运用

利用多媒体网络教学系统进行的教学应用主要体现在以下几个方面。

（1）实时的计算机教学。系统在进行计算机教学时极为方便，教师只要在讲台上启动教师机，利用系统的广播功能便可将正在操作的屏幕内容实时传送到全体学生机的屏幕上，实现真正的"所见即所得"。同时，它也可以用于多学科的教学活动，任何一门课程的 CAI 软件都可以在这样的系统上得到很好的播放和讲授，而不需要让每一个学生机都安装执行程序和应用软件。

（2）语言教学。多媒体网络教学系统不仅为语言教学提供优良的视听环境，提高视觉形象和听觉信息的比率，而且为即时有效地因人施教提供了可能。由于计算机技术的有效运用，语言实验室的大部分功能在多媒体教学系统中均被方便地实现。分组学习，接受学生单独请求，并对其进行单独辅导，而不影响其他学生的学习活动。这有利于个别化学习和集中教学相结合的教学方针，也适用于各式各类的复式教学活动。

（3）仿真模拟。此类教学系统在虚拟课堂、虚拟实验室、虚拟实习基地中的广泛应用为仿真技术的模拟提供了机会，许多单调的训练变得趣味盎然，学生在类似玩游戏的过程中可以获得大量的知识和掌握很多的技能，同时仿真模拟在具有危险、实际操作需要耗费大量材料、资源以及微观世界的教学活动或实验中具有更为突出的作用。

（4）教材及资料的编制。由于系统具有多种输入设备，这就可以为教材和资料的制作提供极为丰富的媒体素材，具有一定专业基础的教学人员可利用多媒体软件，将其通过剪切、拼接等工序编辑制作出丰富多彩、品质优良的教材和资料。

第五节   各种实验设备的使用

实验一   投影仪的使用

实验目的

（1）了解各种幻灯机、投影仪的结构和特点。

（2）熟练掌握幻灯机、投影仪的使用方法和一般维护。

实验器材

高亮度（镝灯）投影仪1台；卤钨灯投影仪1台；实物反射投影仪1台；直盒式自动幻灯机1台；圆盘式自动幻灯机（直盒式和圆盘式幻灯机均有手控盒、遥控、声控、讯控多种装置）1台；双声道录音机1台；投影片、幻灯片、资料图片若干；透明胶片2张；投影书写笔1支；镜头纸1本；银幕1幅（可用墙壁代替）。

实验原理

光源发出的光线与其下面反光镜反射回来的光线汇合在一起，经过聚光镜和螺纹透镜（即菲涅尔透镜）均匀地照射到投影片上，光线透过投影片后汇聚到放映镜头上，经过放映镜头的折射和反射镜的反射，成像在竖直的银幕上。

实验步骤

投影仪的使用、操作

（1）仔细阅读说明书，熟识投影仪的外部各装置、开关、旋钮的作用和操作方法，全面了解各操作部件的名称、作用。

（2）打开投影仪书写台盖，认真观察和了解机内反光镜、光源、新月镜、螺纹透镜及冷却风扇、变压器、触发器的相对位置及各个部件的作用。

（3）挂好银幕，放置好投影仪，打开反射平面镜；在投影仪的台面上放上投影片，边操作各部件边观察银幕上的影像，熟练掌握正确的使用方法。

（4）反复调节各个操作部件，总结出影像的大小、上下、左右、位置、正反、清晰度、亮度变化的调节规律。

（5）改变银幕上端向前倾斜的角度，观察在银幕上的成像情况。

（6）直接将资料照片插入实物反射投影仪的底板台面上，反复调节操作部件，观察成像情况，了解其特点。

（7）实验完毕，切断电源，盖好投影仪的反射镜，整理好仪器。

实验注意事项

（1）了解投影仪的结构及各个部件的作用。

（2）发现风扇不转、听到有异常的声音或闻到有烧焦的气味时，应立即关机，停止放映。

（3）要注意操作的规范性，不要用手触摸放映镜头。

（4）多动手练习规范操作，不要袖手旁观。

实验问题探讨

（1）用投影仪放映时，银幕上影像的大与小、虚与实，以及位置的上与下、左与右应分别如何调节？

（2）在教学过程中，要反复多次地使用投影仪，在暂时不使用时应该如何处理？

实验作业

交实验报告一份。

实验二　多媒体综合教室的使用

实验目的

（1）了解多媒体教室的基本组成、原理。

（2）了解多媒体教室的使用、维护。

实验仪器

多媒体综合教室。

实验步骤

（1）认真阅读多媒体教室集控系统说明书，弄清系统的开关、旋钮、按键、指示表的作用，接通电源进行操作。

（2）认真阅读相关设备使用说明书，掌握其操作方法。

（3）打开相关设备（计算机、功放、投影、展示仪等）电源开关，选取节目源，把选定节目源的内容播放出来。

（4）改变节目源，试试各种节目源如何播放。

（5）实验完毕，先关闭投影电源，然后关闭其他设备电源，收拾好工作台面，切断总电源。

实验注意事项

（1）实验前一定要认真听教师讲解各设备的使用要求，结合说明书搞清楚各个设备的使用方法。

（2）严格按照教师的安排操作使用，不得频繁开关机。

（3）关闭投影电源后一定要等其风扇自动停机后才能切断总电源，一般要两分钟。

（4）在实验过程中，一旦出现故障，应该马上关机，排除故障后才允许使用。

实验问题讨论

（1）投影仪使用后，为什么还要等两分钟才能切断总电源？

（2）当前屏幕上播放的是计算机的信号，如何才能转成展示仪的信号？

实验作业

交实验报告一份。

第三章　现代远程教育在中小学的应用

学习目标

1. 了解现代远程教育的概念及其发展。
2. 掌握现代远程教育的基本形式。
5. 了解现代远程教育的实施环境。
4. 掌握中小学校园网的构建原则。
5. 了解农村中小学远程教育的三种模式。

第一节　现代远程教育概述

一、远程教育的发展概述

近代外国远程教育是从英国开始的。1640 年英国开始进行资产阶级革命，人类社会进入近代资本主义社会。18 世纪 80 年代前后，英国开始了工业革命，使生产力水平得到大幅度提高，教育也得到发展。18 世纪末到 19 世纪初英国教育的"导生制"（也称"相互教学制"）的出现，极大地促进了初等教育的发展。（导生制：在一个大教室里，放一排排长桌，每排十多个学生，其中由学习较好的年长的学生做导生。老师先教导生，导生再把学到的知识教给其他学生，进行教学辅导）。19 世纪 20 年代英国开始了"新大学运动"，1840 年，英国人伊克·庇特曼把速记教程寄给学生，认为是英国函授教育的始祖。1849 年，伦敦大学首创校外学位制，公认为是英国近代学校远程教育的开始。

近代中国的远程教育，从历史上划分从 1840 年鸦片战争，经 1911 年辛亥革命到 1949 年中华人民共和国成立，可认为是中国近代社会时期。1902 年，蔡元培等革命人士在上海创立的一所教育机构——"中国教育学会"，编写教科文和仿通信教授法，进行带有函授性质的教育活动。1914 年，上海商务印书馆增设了函授学社，开创了中国近代远程教育。

19 世纪末 20 世纪初，随着电子信息技术的迅猛发展，播音教育、幻灯片教育进入教学领域。1920 年 2 月英国玛可尼公司下属的剑佛电台开始播音教学。美国是将广播电视等现代教学媒体用于高等教育最早的国家之一。随着资本主义工业化迅速发展，近代教育理论、教育家及其指导的学校教育制度、学校，随着工业社会的生产需要相继出现，并出现了"校外学校"、"函授学校"、"电影院校"、"空中学校"等远程教育模式。远程教育步入了一个有计划、有组织、有目的的学校教育的快速发展时期，远程教育的内涵和外延更为丰富、完善。主要的教学媒体有：印刷文字、幻灯、电唱、电话、播音、无声电影、有声电影、录音等。

二、现代远程教育及其发展

远程教育也称为远距离（distance learning）教育，是指师生凭借媒体所进行的非面对面的教育。随着信息时代的到来，人类知识更新的周期越来越短。如何使教学、培训能满足人们不同地点和不同学习时间的需要，传统的面对面教育方式在这方面已经力不从心。在这种情况下，现代远程教育应运而生，它的优点在于使学生在时间和空间不统一的情况下，能与教师进行交互并完成学习任务。计算机辅助教学（CAI）与 Internet 技术的有机结合，使基于网络的现代远程教育成为现代教育发展的新趋势。至今为止，远程教育经历了由 19 世纪中叶兴起的函授教育、20 世纪初兴起的广播电视教育和到 20 世纪末期出现的双向交互网络教育等三个发展阶段。上述发展过程如表 2 - 3 - 1 所示，需要指出的是，新的远程教育形态的出现并不意味着否定和抛弃原有的远程教育形态。

表 2 - 3 - 1   远程教育的发展过程

发展阶段	兴起时间	技术基础	教育形态
第一代	19 世纪中叶	适合自学的函授印刷材料	函授教育
第二代	20 世纪初期	广播、电视、录音、录像等视听手段	广播电视大学
第三代	20 世纪末期	信息技术，特别是 Internet 网络和多媒体技术	网上大学、虚拟大学

"现代远程教育"是一个发展的概念，通常指的是上述远程教育形态中的第三代。换言之，现代远程教育是计算机信息技术和 Internet 在远程教育领域的新兴应用。目前，世界各国都积极地研究、应用和发展它的技术，希望能够将它应用到各层次的学校教育、继续教育与职业培训中去。

现代远程教育将分布在不同地点的教师、学生和多媒体 CAI 课件连接在一起，学生可以个别学习，也可以在"虚拟教室"中进行讨论或与老师交流。它具有超空间性、交互性、共享性、时效性、独立性等优点。这使得它能在学校教学、职业培训和继续教育中发挥很大作用。传统的远程教育一般采取函授或电视授课等形式，在时效性、交互性等方面都远远不及现代远程教育。现代远程教育自身的特点决定了它会对教育领域起革命性的影响，有着远大的发展前途。

现代远程教育作为一种新兴的教育思想和教育技术，能提供公平、广泛和廉价的教育方式，使教育效率大大提高。学习者不再受到地理位置和上课时间等因素的制约。最有价值的教育资源和最优秀的网站可以被世界上任何地方的学习者在任何时间拥有。在职教师可以自由选择学习时间，克服了工作与学习之间的矛盾。

传统方式下的教育采用的是在教室里集中授课，这种整齐划一的呆板教育方式严重影响了学习者的个性特点，而在网络上进行的多媒体教育方式则可有效地克服该缺陷。一个高质量的 CAI 软件，能够在与学习者交互的过程中，根据学习者联机答题的正确与否，自动调节教学进度和难度以适应不同学习者的需求。伴随着教学内容而出现的声音、图形和影像，在增强教学效果的同时，又激发了学习者的兴趣，使学习过程始终充满活力，更加富有创造性。现代远程教育对于我们这样一个地域辽阔、人口众多、师资力量不足、教育发展水平不平衡的大国来，意义十分重大。

在陈丽编著的《远程教育学基础》一书中，论述了当前关于远程教育发展阶段的理论主要有两个流派，第一个流派的代表人物是尼珀、贝茨、丁兴富，主要观点是三代信息技术和三代远程教育；第二个流派的代表人物是泰勒，主要观点是五代信息技术和五代远程教育。这里主要简单介绍三代远程教育。

第一代远程教育：函授教育。函授教育以印刷材料为主要学习资源，通过邮政传递递交和批改学生的作业为主要通讯手段，再以一定的时间面授辅导为辅助教学手段。

第二代远程教育：多种媒体教学的远程教育。多种媒体主要包括印刷材料、广播电视媒体、录音材料、录像材料和计算机光盘等媒体。由于第一代和第二代的信息技术都是单向传播技术，因此这两代远程教育中，教师和学生、学生与学生之间的双向交流较欠缺。

第三代远程教育：开放灵活的远程学习。这是建立在应用双向交互电子信息技术基础上的新一代远程教育，主要是利用电子通讯技术、计算机技术、多媒体技术和网络技术有机结合，其主要特征具有双向交互性。

1998年7月，清华大学、浙江大学、湖南大学、北京邮电大学四所大学开始进行第三代远程教育试点，9月，中央电大直播课堂开播，揭开了中国电大系统第三代远程教育的序幕。从此，我国远程教育领域出现了单一模式（专门的远程教育大学实施远程教育）和双重模式（传统大学同时开展面授教育和远程教育）并存的局面。

三、现代远程教育的基本形式

从教学形式上看，现代远程教育大致可以分为三种常用的类型。

（1）实时群播教学系统。该类系统包括一间主播教室及一间或数间远端教室，教师在主播教室讲课，学生则在异地的远方教室中听课，教材的设计与呈现采用多媒体方式，师生之间可以进行实时的问答与交流。

（2）虚拟教室教学系统。该类系统利用计算机软件设计出一套教学管理系统，用计算机模拟上课的情景进行教学，包括老师讲课、布置作业、回答问题、学生学习课程内容、提出问题及参加考试等。老师及学生任何时候都可以在计算机前，通过通信网络与教学管理系统连接，进行学习或者向老师请教问题。

（3）课程随选教学系统。该类系统利用目前信息领域最热门的"交互式视频点播（Video-On-Demand，简称VOD）技术"，学生可以在计算机或是装有机顶盒（Set-Top-Box）的电视机上，将所要学习的教材通过网络取得，并依照个人学习速度控制播放过程来进行远距离学习。

从实现技术上看，目前的现代远程教学系统包括以下四种结构：①利用Internet的网络教学；②窄频带的视频会议系统（利用ISDN技术）；③宽频带的实时群播系统（利用ATM技术）；④交互式视频点播系统（利用VOD技术）。

这四种结构各有其优、缺点。例如，Internet网络和窄频带视频会议系统比较经济，但视频传输质量较差；宽频带实时群播系统可以让老师和学生实时地讨论问题，但成本较高；交互式视频点播系统不具备实时讨论的功能，但却可让学生在任何时间选择所想学习的课程。可以预计，上述四种结构的教学系统将在较长的一段时期同时存在，以满足远程教育的不同需求。

从信息传输的时效上看，现代远程教育可以分为以下两种方式。

（1）实时传输方式（synchronous delivery）。该类方式主要包括交互电视、远程会议、计算机会议、网上交谈等，其优势在于能够减少学生的学习困难、提高学习效率与学习积极性；

（2）异步传输方式（asynchronous delivery）。该类方式所采用的教学媒体主要包括音频媒体、视频媒体、数字媒体（以计算机为典型装置）以及印刷媒体等，其优势在于更具灵活性。

四、现代远程教育的实施环境

第三代远程教育实施方案有多种。清华大学的现代远程教育网络采用的是双向数字压缩卫星传输与计算机网络相结合的技术模式。他们的网络结构是由校内远程教育部及分布在全国各地的远程教育校外站组成。依托远程教育部的卫星地面站及卫星数字广播系统，租用亚洲Ⅱ号卫星 Ku 波段的转发器，通过数字压缩编码系统，将直播教室的教学活动实况向配备了卫星地面站的各校外站传输，并利用实时双向交互系统，以卫星数据通信方式与具备视频会议系统的校外站实时交流双向的信息。同时可以通过 CERNET 远程教育辅导网站，实现师生之间非实时的交互讨论、答疑、作业提交和批改等。

五、农村现代远程教育工程

农村中小学现代远程教育工程的实施是促进农村基础教育发展的重要举措，工程实施的一项主要任务是向农村中小学输送大量的优质教育资源，实现城乡教育资源共享。而远程教育资源发挥效用最重要的途径是将其应用于农村中小学教学，因此，远程教育资源的应用状况直接影响到工程实施的效果。为此，教育部办公厅 2005 年专门下发了《关于全面推动农村中小学现代远程教育三种模式应用的指导意见》。2005 年 7 月初，教育部还召开了农村中小学现代远程教育应用现场交流会，总结和交流农村中小学现代远程教育三种模式在教育教学中应用的经验，研究和部署搭建了硬件环境，以及如何充分利用现代远程教育的手段，提高农村中小学的教育质量，促进农村经济和社会的全面发展。这次会议极大地促进了远程教育在教育教学中的应用工作，各级教育行政部门高度重视，在农村学校广泛开展了"三种模式"应用推广工作，特别是教学光盘应用的推广和普及工作，应用水平不断提高。2006 年 5 月，教育部印发了《关于普及农村中小学现代远程教育工程教学光盘应用工作的通知》，并组织编写了《农村中小学现代远程教育工程教师应用指导手册》。各地也普遍建立了切实可行的规章制度，使得应用效益不断提高。

第二节　现代远程教育设施的基本模式

目前比较成熟的现代远程教育模式主要有以下五种。（杨改学，现代远程教育传播模式的选择与评价，电化教育研究，2004 年第 3 期）

1. 卫星电视远程教育模式

卫星电视远程教育平台的代表是中央广播电视大学的利用原有的卫星电视广播资源，采用 VBI 数据和 IP 课件形式传输教学资源，并利用"电大在线"平台实现与学生的交互。该模式的特点：覆盖面广，在开展远程教育方面有极大的应用空间；可利用卫星宽带广播功能，开展以图像和声音为主的单向教学活动，以一点对多点的传播形式；可以利用卫星电路实现数据的交互，通过卫星电路实现局域网上的互联。

2. 计算机网络远程教育模式

计算机网络主要是利用具有独立功能的计算机、终端及其他网络设备通过信道线路连接起来，按一定的方式进行通信并实现资源共享的系统。计算机网络按覆盖的范围可分为三种：广域网（WAN）、城域网（MAN）和局域网（LAN）。计算机网络远程教育模式在现代远程教育中可实现以下几种教学功能：①基于互联网的个别化学习；②基于互联网的实时交互；③基于互联网的非实时交互；④基于互联网的讲授教学。

3. 有线电视网络远程教育模式

有线电视网络远程教育模式综合运用了广播电视、通讯、计算机等技术，扩大了技术平台的服务功能。特点：很宽的宽带，可提供多种业务的频道资源；服务范围广，可传输高质量的电视节目，也可提供 VOD、高速互联网、远程教育和视频会议等。利用有线电视技术平台可开展单向广播讲授模式、单向数据广播模式、视频点播模式和个别化交互学习模式等模式的教育。

4. 天地网合一远程教育模式

天地网合一远程教育主要是指卫星电视网络与地面的计算机网络结合，这是目前很多国家在开展远程教育中采用的技术。

5. 点、点网络传播模式

这种模式是我国教育部结合中国国情和东西部差距而提出的一种建设模式。第一个"点"是建立卫星教学收视点，每个点装一套卫星接收系统、一台计算机及相应的外部设备以及电视机、DVD 机和比较完善的成套教学光盘。第二个"点"是建立教学光盘播放点。每个点配置一台电视、一台 DVD 机（或 VCD 机）和一套教学光盘。通过播放教学光盘把优秀教师的课堂教学浓缩后直接送到农村中小学和边远地区的中小学课堂。

第三节　中小学校园网的构建

中小学校园网的建设是一个投入大、周期长的工程，为保障校园网的建设达到预期效果，首先应遵循几个基本原则：①整体规划、分步实施；②注重应用系统建设；③先进性、扩展性和经济性相结合。

1. 科学规划校园网

校园网涉及网络设施、应用平台、信息资源、专业应用、人员素质等众多因素。因此，在总体上如何筹划、组织网络建设和开发应用，是校园网建设中最重要的问题，在建设之初就要充分细致地考虑到这一点。

校园网建设的最终目标应该实现学校管理的三大功能：办公自动化、计算机辅助教学、现代计算机校园文化。因此校园网建设首先应该建设硬件设备品牌规格高、技术先进、扩展性强、能覆盖全校主要楼宇的校园主干网络，将学校的各种 PC 机、工作站、终端设备和局域网连接起来，并与广域网相连，在网上宣传自己和获取网上的教育资源，形成结构合理、内外沟通的校园网络系统。在此基础上建立能满足教学、科研和管理工作需要的软件环境，开发各类信息库和应用系统，为学校师生提供充分的网络信息服务。目前中小学的校园网多是一些系统集成商基于先进的硬件设备提出的解决方案，是硬件设备的集成。至于基于网络的各种软件，如教育教学资源库、各种管理信息系统与办公系统却非常缺乏，导致校园网出现了"高速公路上没有车跑"的现象，花费几十万甚至上百万元资金建成的校园网仅仅起到了共享网络资源的作用。因此，在注重硬件建设的前提下，还要充分购买、开发一些真正能够应用于校园网的软件。只注重有形的网络建设而忽略了人们的观念、工作方式、学校的管理运作模式等是校园网效益不能充分发挥的主要原因。

2. 加强队伍建设

教师是学校开展现代教育技术实验的主力军。培养教师信息素养，建设一支高素质的教师队伍，是校园网建设的关键。人员培训应与网络的建设同步或超前进行，有了一大批掌握现代教育技术的人才，才能发挥出校园网的巨大潜能，使校园网的建设具有更深远的实际意义。在建设校园网的前期和过程中，学校应制订培训计划、培训课程、考核制度，对全校教师与学生信息员进行现代教育技术全员培训。计算机及网络的出现和普及将给 21 世纪的学校教育带来革命性的影响。作为教育工作者，要具有教育现代化的意识。为此，学校领导首先要更新教育观念，认真学习现代教育的理论，掌握现代教育教学管理的新方法，在管理、教学中充分运用信息技术，制订好教育信息化发展规划，带领广大教师一道进行现代教育技术的研究和实践，不断总结现代化教学的模式和经验，推动现代教育的发展。

3. 健全管理机构

中小学校园网一般都担负起学校办公自动化、计算机辅助教学、现代计算机校园文化三大功能，校园网的筹建、运行必须要有一个综合性的管理机构，并且要有明确的部门职责。不管是在校园网筹建时期还是在校园网维护时期都是如此。

4. 严格校园网管理

校园网必须强化管理，充分做到有法可依、违法必究，否则很容易导致校园网的硬件或软件损坏甚至整个校园网的瘫痪。校园网的管理应该包括计算机病毒的预防与处理、网络使用规范、上网规范、计算机操作管理制度、维修保养制度、BBS 论坛使用规则、软件培训推广应用制度、软件购买收集制作制度、光盘音像制品素材软件的使用保管制度、教师信息化工作的评估激励制度等

第四节　现代远程教育在中小学的应用

根据国务院批准的教育部、发展改革委员会、财政部全面实施农村中小学现代远程教育工程的总体方案，2003 年到 2007 年，我国将用 5 年左右的时间，为全国约 11 万个农村小学教学点配备教学光盘播放设备和成套教学光盘，向这些教学点的约 510 万名山村小学生提供优质的教育教学资源，解决师资和教学质量较低的问题；使全国 38.4 万所农村小学初步建成卫星教学收视点，基本满足农村 8142 万名小学生对优质教育教学资源的需求；使全国 3.75 万所农村初中基本具备计算机教室，让 3109 万名农村初中在校生能够逐步与 3495 万名城镇初中生一样，共享优质教育教学资源，接受信息技术教育，为推进全社会信息化奠定良好的基础。

2003 年至 2004 年，教育部、发改委、财政部共同实施了现代远程教育试点示范项目和农村中小学现代远程教育工程试点工作。现在全国各地已经创造出教学光盘播放点、卫星教学收视点、计算机网络教室三种模式。目前，这两个项目已在我国中西部农村地区配备了大约 7.8 万套远程教育教学光盘播放设备、5.4 万个卫星教学收视点、7500 多个计算机教室。实施农村中小学现代远程教育工程，是通过现代信息技术手段，将城市优质教育资源传播到农村学校，使农村孩子也享受到与城市孩子一样的优质教育，充分体现教育的公平与和谐发展。我国县镇以下农村中小学校（含农村小学教学点）有 53 万所，占中小学校总数的 88%，在校生 1.62 亿，占中小学生总数的 81%。全面推进教育信息化建设，用信息化带动农村教育快速发展，使农村学校师生共享优质教育资源，最终推动农村学校教育教学改革，提高农村中小学教育教学质量，缩小城乡教育差距，促进社会主义新农村建设，加快小康社会建设步伐。

农村中小学远程教育的三种模式如下。

模式一：配备电视机、DVD 播放机和成套教学光盘，通过播放教学光盘对学生授课和辅导。

模式二：农村中小学建设卫星教学收视点，配备卫星接收系统、计算机、电视机、DVD 播放机和教学光盘。中小学通过中国教育卫星宽带传输网，接受优质教育资源，并同时具有教学光盘播放点的功能。

模式三：农村中小学中除已建有计算机教室的学校外，基本上都配备卫星接收系统、计算机教室、多媒体教室、教学光盘播放设备，为学生提供网络条件下的学习环境。

教育部成立了基础教育资源中心，负责资源的整体规划、征集、整合、开发和发送，首批向社会公开征集的项目资源，播出容量累计达 1000GB。其中，人民教育出版社制作的配套教学光盘共 2000 多个学时，已经发至中西部 22 个省、自治区、直辖市的 1000 多个县，共计 1100 万片。中国教育电视台全天播出 11.5 小时的空中课堂电视节目和 IP 资源。

根据教育部的有关规定，教育部将为已建农村中小学卫星教学接收点的中小学免费提供卫星数字教育资源。

有项目的学校可从中央电化教育馆网站（http：//www.ncet.edu.cn）的"西部远程教育项目"栏目中的"相关下载"中下载"远教 IP 卫星数据接收软件"和"远教 IP 卫星数据广播接收软件使用说明"，根据使用说明在学校用于接收卫星数据资源的电脑上安装接收软件。软件安装完成后会自动生成一个 12 位系统编码，各项目学校只要将此编码和学校名称上报中央电化教育馆。中央电化教育馆资源中心将根据此代码对各项目学校进行授权，授权后即可免费接受卫星数字教育资源。由于此代码是随机生成且不可修改，项目学校可在用于接收卫星数据资源的电脑上安装此接收软件。

第三篇　设计与制作篇

第一章　信息化时代的教学设计与教学评价

学习目标

1. 能够说出教学系统的基本组成单元，解释教学设计的系统方法和说出教学设计的一般模式。
2. 能够说出教学设计的四个阶段，并说明每个阶段要做的基本考虑。
3. 能为指定的学习者和教学目标开发教学策略，包括教学前活动、内容呈现、学习者参与活动、评测方式和增强活动。
4. 能够说出信息化教学的特点，阐述信息化教学设计的基本原则和评价标准，列举信息化教学设计的教学模式。
5. 能够叙述教学评价的功能，说出教学评价的类型。
6. 能够比较信息化评价和传统评价，说出信息化评价的标准。

在实施课堂教学以前，教师为了达到一定的教学目标，都会自觉不自觉地依据一定的教育思想和自己对教育、教学过程的理解，以各种方式、方法对教与学的双边活动进行考虑和安排。但是，由于教学中涉及的因素是多方面的，而且是在不断变化的，所以，仅仅凭借经验和直觉等主观判断来制订教学计划，未必能很好地解决所有的教学问题。

现代社会是一个信息的社会，信息传播与技术的发展，使得教育信息激增，面对大量、不断发展变化的信息，面对知识增长的无限性和学生学习时间的有限性之间的矛盾，该如何判断、选择和处理这些教育、教学信息呢？信息社会中，知识更新的速度越来越快，以致学生在学校学到的知识，在其步入社会工作时，会显得陈旧和过时，那么，如何处理学校教育中学生的知识学习和能力培养二者的关系呢？信息社会是一个追求高效率、优化效果的社会，教育如何改变传统的培养模式、方法和程序，来提高培养人才的数量和质量呢？所有这些问题的解决，仅靠教师的知觉和经验是远远不够的。

教学设计正是为了适应现代社会对教育所提出的新的要求，以解决教学法问题为宗旨的一门新兴的教育科学。教学设计是从教学的科学规律出发，把对教学问题的确定、分析，对解决问题方案的设计、试行乃至评价和修改等一系列教学设计的内容和程序都建立在系统方法的科学基础上，从而使教学活动的设计摆脱了纯经验主义，纳入科学的轨道。教学工作的普遍科学化，可以大面积地提高教学效率和效果。可以说，学习和运用教学设计的原理是推动教学工作科学化的有效途径。

第一节　教学设计的基本原理

一、教学设计的基本概念

1. 教学系统

系统，是由若干组元构成的有机整体。作为一个系统，一是要有稳定的结构，这种结构刻画了系统组元之间的关联；二是要具有确定的功能，这种功能决定了系统的效用；三是要有一套系统规则——对内协调系统组元之间的行为，对外建立系统与它的使用环境（可能包括使用者）之间的协议。

作为一个教学系统，其基本组元是教育者、学习者、媒体和教学信息，图 3 - 1 - 1 已经给出其一般结构模式。从这个模式中，可以推导出许多代表不同教学系统的具体构型。

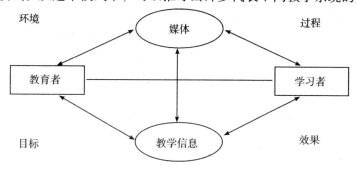

图 3 - 1 - 1　教学系统的构成

2. 教学设计的系统方法

（1）教学设计的系统观。人们可以从多个不同视角来讨论教学系统设计方法，教育技术专家从系统工程学那里借用了系统设计方法（或简称系统方法），并形成了一套关于教学系统设计的系统方法，通常简称教学设计的系统方法。系统方法把系统看作一个能够制造教学产品的"机器"，暂时可以不考虑它内部的结构，从宏观上这个机器被看成一个黑箱子。把教学条件作为输入，这些输入在内部通过适当的方法进行加工，然后提供教学结果作为其输出。（如图 3 - 1 - 2）

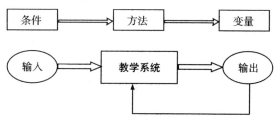

图 3 - 1 - 2　教学的系统观

（2）教学系统设计的变量。由上可见，条件、方法、结果是教学过程的主要变量，因此也成为教学系统设计的三大变量。根据雷杰卢斯（Reigeluth，1983）提出的教学系统设计框架（图 3 - 1 - 3）：条件变量包括内容特点、教学目标、学生特点、实际约束四个方面；方法变量包括组织策略、授递策略、管理策略三个方面；结果变量包括教学效率、教学效果、系统吸引力等。

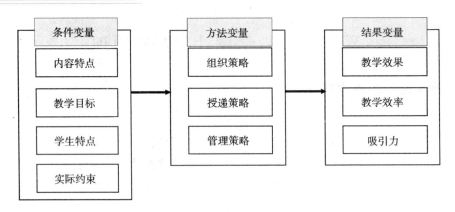

图 3 - 1 - 3   教学系统设计的变量

（3）教学系统设计的系统方法。所谓系统方法（systems approach），就是一种以训练有素的方式解决问题的整体方法。系统方法的特点是：① 输入、过程、输出彼此相关，即其中任一部分的变化都会影响其他部分；② 系统地考虑问题的各种可能解决方案并加以对比论证；③ 对每一决策都要根据预定的目标来判断；④ 利用系统模型来显示问题解决过程各阶段的前后关系与反馈修正路径；⑤ 充分考虑环境约束条件对系统行为的影响。

当要解决的问题被确定后，几乎所有的系统方法都包含分析、设计、实施以及评价四个基本步骤，用比拟的方法可以将这四个步骤排列成为一个"瀑布"模式（图 3 - 1 - 4）。目前大多数实用的教学系统开发模式都是从此一般模式中演变而来的。

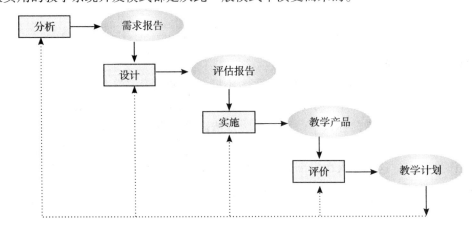

图 3 - 1 - 4   系统方法的瀑布模式

（4）教学系统设计的一般模式。用系统的观点分析教学过程，可以看出教学是由若干要素组成一个有机系统。这个系统中包括教学目标、学习者、教学内容、教学媒体、教学策略、教学评价等。在考察教学过程时，不能孤立地研究教学中的各要素，应该将各要素放到整个教学系统中去考察，来研究各要素之间的相互作用关系，从而调整系统功能达到最优。

怎样进行教学的系统设计，教学设计工作以教学系统要素为出发点的主要步骤是什么？这里有必要介绍教学设计过程的模式。教学设计过程的模式是以教学系统各要素以及各要素之间的关系为基础的，对教学设计的实践工作具有很好的指导作用。简而言之，进行教学设计时，应将教与学作为一个系统来看待，对教学工作进行系统化处理。

对于从事课堂教学的教师而言，一般应掌握如 3 - 1 - 5 所示的教学设计模式。掌握了这个模式，也就可以了解教学设计的全过程，能够整体把握教学设计的各项主要工作及相互之间的关系。

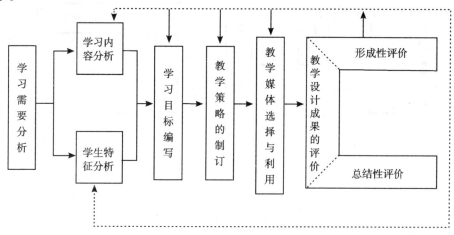

图 3 - 1 - 5　教学设计过程的一般模式

在教学设计过程的模式中，学习目标、学习内容、学生特征、教学策略和教学评价构成教学设计的五大基本要素。①从学习的需求分析开始，了解教学中存在的问题，学生的实际情况与期望水平之间的差距。这样以解决"为什么"、"学什么"和"教什么"的问题。②教师需要分析具体的教学内容和进行学生特征分析，考虑课程、单元及课时的教学内容的选择和安排，考查学生在进行学习之前，关于学习内容具有什么知识和技能，即对学生初始能力的评定，了解学生的一般特征和对所学内容的兴趣和态度。③明确具体的学习目标，即学生通过学习应该掌握什么知识和技能。④确定教学策略，考虑如何实现学习目标或教学目标的途径，解决"怎么学"和"怎么教"的问题，其中应考虑教学媒体的选择和应用，根据不同的情况选择不同的教学媒体或教学资源。⑤对学和教的行为做出评价，在行为评价时，一方面要以目标为标准进行评价，另一方面评价提供了关于教学效果的反馈信息，从而对模式中所有步骤作重新审查，特别应检验目标和策略方面的决定。

对于教学设计过程模式的理解，应该注意两个问题：一是将整体性的教学设计过程分解为诸多要素，主要是为了便于深入了解和分析并掌握和发展整个教学设计过程的技术。因此在实际设计工作中，要从教学系统和整体功能出发，保证"目标、学生、策略、评价"四要素的一致性，使各要素相辅相成，产生整体效应。二是应该认识到所设计的教学系统是开放的，教学过程是动态过程，涉及的如环境、学生、老师、信息、媒体等各个因素也都处于变化之中，因此教学设计工作具有灵活性的特点。在利用模式设计教学时，应根据不同情况的要求，针对不同的实际问题，决定设计步骤，确定从何入手，重点解决哪些环节的问题，创造性地进行教学设计工作。

二、教学系统设计的一般过程

教学系统设计过程的一般模式描述了教学系统设计的基本过程。这个过程可以分为四个阶段，即前端分析阶段、学习目标的阐明阶段、教学策略的制定阶段、教学评价与修改方案阶段（图 3 - 1 - 6）。

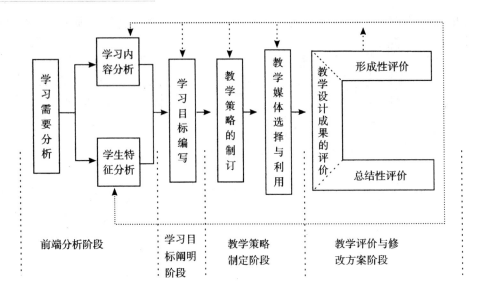

图 3-1-6　教学系统设计的一般步骤

1．教学设计的前期分析

前端分析是美国学者哈利斯（J. Harless）在 1968 年提出的一个概念，指的是在教学设计过程开始的时候，先分析若干直接影响教学设计但又不属于具体设计事项的问题，主要指学习需要分析、教学内容分析和学习者特征分析。现在前端分析已成为教学设计的一个重要组成部分。

（1）学习需要分析。学习需要是指学生目前的学习状况与期望他们达到的学习状况之间的差距。"期望达到的学习状况"是指学生应当具备什么样的能力素质，包括社会、学校和家庭对学生以及学生自己的期望；"目前的学习状况"是指学生已经具备的能力素质；"学习需要"正是这二者之差。一般来说，分析学习需要的目的就是要找出这个差距，要消除这个差距就需要进一步学习，这就是说有了学习需要。

分析学习需要的主要目的是：①发现教学中存在的问题；②分析产生问题的主要原因，确定教学设计是否是解决问题的主要途径；③分析现有资源及约束条件，以论证解决该问题的合适途径；④分析问题的重要性，以决定优先解决的教学设计问题。

学习需要分析是一项比较复杂的任务，涉及许多方面，有对学生认知、技能、态度方面的内部学习需求，也有社会对教育提出的外部需求。通常的做法是采取调查表方式（表 3-1-1）。

表 3-1-1　学习需要调查表

分析项目 调查维度	现状	目标	差距	原因分析

（2）学习内容分析。学习内容分析就是对教学目标规定的期望水平以及如何将学习者的实际水平转化为这一期望水平所需要的各项知识内容的详细剖析的过程。

学习者应该学习哪些知识、技能及态度等，才能达到教学目标？教学系统方法要求根据实际学习需要选择教学内容，为达到教学最优化而保证内容效度。

学习内容分析就是对学生从初始能力（教学之前具有的相关知识与技能）转化成教学目标所规定的能力需要学习的所有从属知识、技能和态度及其上下左右关系进行详细剖析的过程。

学习内容分析的目的是：①确定学习内容的范围与深度，这与"教什么"有关；②揭示学习内容中各项知识与技能的相互关系，为教学顺序的安排奠定基础，这与"如何教"有关。

美国当代著名教育心理学和教学设计专家加涅把学习结果分为言语信息、智力技能、认知策略、动作技能、态度五大类。

言语信息：指学生通过学习以后能记忆一些具体的事实，并且能够在需要时将这些事实陈述出来。例如事物的名称、符号、地点、时间、定义、对事物的描述等。

智力技能：指学生通过学习获得的对外界环境作出反应、并与他人进行交流的能力。言语信息与知道"什么"有关，而智力技能与知道"怎样"有关。智力技能可以分为辨别、概念、规则、解决问题四类，这四类依次形成递进的层级关系。

认知策略：指学生内部组织起来，以调节他们自己的注意、学习、记忆和思维等内部过程的技能，是处理内部世界的能力。

动作技能：指一种习得能力，表现在身体运动的迅速、精确、力量或连贯等方面，如乐器演奏、绘图、实验操作、打球、唱歌等。

态度：指习得的、影响个人对特定对象做出的有选择的内部准备状态。特定对象包括事物、人和活动。

1）学习内容分析方法的选择：首先按照加涅的教学结果分类法，将目标归属到相应的学习领域中。一旦教学目标已经在学习领域中分类，接下来就开始教学分析，决定应用哪一种分析程序。选择分析程序是教学目标功能之一，见表3-1-2。

表3-1-2　与教学目标相对应的分析程序

目标归属的领域	应用以下指示的分析程序
言语信息	细化分析
智力技能	层次分析
动作技能	过程分析
态度	列表分析
认知策略	专家分析

2）学习内容分析实例：在学校教育范围内，大多数教学都有确定的教材。教学内容有一定的结构体系，如一本教科书的内容，通常可划分为章、节、目、点的不同层次。为便于讨论，按习惯将教学内容划分为课程、单元和知识点的层次。一门课程由若干单元构成，一个单元又由若干知识点组成。在这种情况下，可按知识点进行目标归类，然后选择适当的分析方法。以下是几类与学习内容相对应的分析方法实例。

言语信息类：细化分析。细化分析就是把总体分为部分，细化分析的结果可用树型图表示法，描述成为一个多层结构的图表（图3-1-7）。

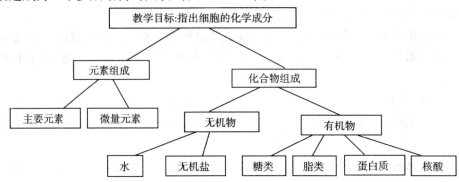

图3-1-7 信息细化分析实验

智力技能类：层次分析。智力技能类知识通常呈问题求解形式，分析的结果可用层次图来表示（如图3-1-8）。图的顶层为原问题，下面是解决此问题所需的技能，越往下变得越具体。

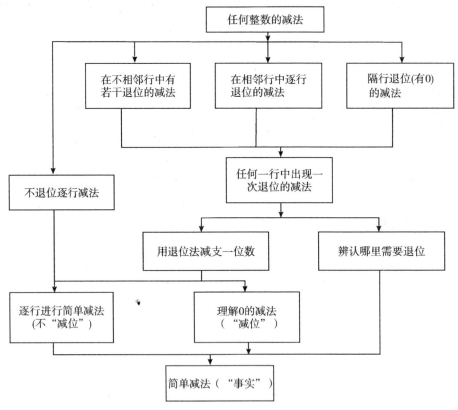

图3-1-8 层次分析实例

态度类：目标分析。态度分析的工作是把一个比较笼统的目标进行分解，变成多个具体的目标。分析的结果可用列表来表示（表3-1-3）。

表3－1－3　态度分析实例

模糊目标	可能的行为指标
热爱集体	• 积极参加集体组织的各项活动 • 主动参加教室的卫生工作 • 准时参加有关会议 • 积极承担班委会布置的任务 • 支持有利于集体利益的建议 • 帮助学习有困难的同学

动作技能类：过程分析。动作技能分析的结果是一系列具体操作，编成一个线性操作程序（图3－1－9）。

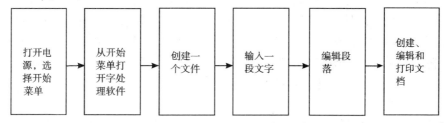

图3－1－9　动作技能分析实例

（3）学习者特征分析。我们已经为学生制订了总的教学目标，并确定了学习内容，但是学习只有通过学生自己的努力才能完成，一切教学活动都离不开学生。我们要做的事情是认真分析学生的特征，然后为他们创造一个适合其内部学习条件的外部环境，使有效学习发生在每个学生的身上。

分析学习者特征的目的是为了使教学系统能够提供适当的内容和运用适当的教学策略。这样，对教育者来说，可以做到因材施教；对学生来说，成为一个有准备的学习者。学习准备性是教育心理学的一个重要原则。

学习者特征分析主要包括三方面的内容：初始能力分析、一般特点分析和学习风格分析。

1）初始能力分析：初始能力是指学生在学习某一特定的课程内容时，已经具备的有关知识与技能的基础，以及他们对这些学习内容的认识和态度。学生的初始能力与特定的学科内容有关，离开了具体的学习内容就谈不上初始能力。确定初始能力的意义在于它可以帮助我们确定教学起点。当教学起点高于学生的初始能力时，学生就难以把原有的知识、技能与新的知识、技能联系起来，也就很难开始新的学习；而当教学起点低于学生的初始能力时，学习内容就重复了，这样既浪费了时间与精力，又容易引起学生的厌烦情绪，使学习效率降低。可见以学生的初始能力作为从事新的教学活动的起点，是符合教育规律的。确定学生的初始能力还有助于正确地选择教学方法和教学媒体。初始能力和教学起点的确定主要是通过一般性了解和预测等方法。

2）学生的一般特征分析：学生的一般特征指的是在学习过程中影响学生的心理、生理和社会的特点包括年龄、性别、年级、智力才能、学习动机、个人对学习的期望、生活经验、文化、社会、经济等背景因素。获得学生一般特征的方法有访谈、观察、问卷调查、查阅文献。

学生的一般特征体现在很多方面，它们虽然与具体的学科内容之间没有直接联系，却有可能促进或妨碍学生学习新的知识，这就要看教师所安排的学习内容、选择的教学策略是否能够适应学生的一般特征了。

3）学习风格分析：学生的学习风格与学习活动有着密切关系。在学习的时候，每个学生都必须由自己来感知外界的刺激，然后再对所接受的信息进行处理、储存或提取，才能完成学习任务。因为学生之间存在生理和心理上的个别差异，所以这个过程也是因人而异的，因而形成了不同的学习风格。学习风格不仅具有差异性而且具有稳定性，即每个学生的学习风格是基本稳定的。

学习风格是指对学生感知不同刺激，并对不同刺激做出反应这两个方面产生影响的所有心理特征。不同类型的学习风格适合不同性质的学习任务，因此，学生的学习风格会直接影响其学习效果。反过来，根据学生的学习风格安排学习内容、选择教学策略又可以进一步促进有效学习在学生身上发生。那么，怎样才能测定出学生的学习风格呢？一般有两种做法：第一种是按照学习风格的具体内容，设计一个学习风格调查量表，这样可以给平时还没有注意到自己学习风格的学生提供一些线索，使他们能够从中选择答案；第二种是设计一个征答表，让学生陈述意见，以表明自己的学习风格。通常是将两种方法结合起来使用，即前半部分是调查量表，启发学生选择适合自己的答案，后半部分则采用征答表的形式，让学生适当补充调查表中没有提及的问题。

学习风格的研究结果可以用来为教学设计提供指导和依据。下面从信息加工方式、学习的条件、认知风格、个性意识倾向因素、生理因素等方面介绍学习风格及其对教学设计的影响。

信息加工方式：在实际的教学中，经常能够发现有的学生喜欢通过实际操作来学习；有的学生喜欢通过大量做练习题，去深刻领会定理或公式的含义；有的学生喜欢自己安排学习进度；有的学生记忆学习内容时，如果能读出声音或写在纸上，记忆的速度会大大提高等。这些都属于学生的信息加工方式。教师可以根据学生的信息加工方式编制学习或训练的材料，选择教学方法和策略。

学习的条件：学习的条件是影响学生注意力以及接收、记忆信息能力的一组内外因素，包括感知或接受外界刺激时所用的感官。例如，喜欢通过看电影或录像来获取知识，因为这样可同时利用耳和眼来接受信息；听课的学习效果比自学好，因为有的学生对听到的信息比看到的理解得更深刻，而且记得更清楚；喜欢在多媒体条件下学习，如利用多媒体计算机，这样就可以同时利用多种感官参与学习活动。在学习的条件方面，比较典型地表现为感情的需求、社会性需求、环境和情绪的需求。有的学生在学习中经常期望受到鼓励或安慰，有的学生能自觉激发学习动机，有的学生能够坚持不懈地学习，有的学生表现出了很强的责任心等，这都属于感情的需求。又比如有的学生喜欢与比自己年龄大的学生一起学习，有的学生在做练习或复习时喜欢与同学一起讨论，这些就是学生学习的社会性需求。还有，有的学生喜欢在非常安静的环境中学习，有的学生喜欢一边听音乐一边看书，有的学生在某一个特定的时间段内学习效率最高等，这些就是环境和情绪方面的需求。了解学生对学习条件的需求，对于选择教学媒体、教学活动和教学组织形式等都有一定的参考价值，尤其在设计个别化教学的学习材料和学习系统时，就显得更加重要了。

认知风格：认知风格指的是学生在感知、记忆和思维的过程中所偏爱的态度和风格。它有两个特点：第一，它的种类很多，每个学生都同时具有多种不同的认知风格，并且以组合的形式加以运用；第二，每一种认知风格都带有两极性，比如场独立性和场依存性就是一种认知风格的两极。每个学生在各种认知风格中都具有自己的倾向性，这种倾向性并没有好坏之分，而是各有所长。

有些学生在知觉的时候，较多地受到他们所看到的环境信息的影响，这样的学生具有场依存性；另一些学生则基本不受或很少受到环境因素的影响，他们具有场独立性。

具有场依存性的学生喜欢在有人际交流的集体环境中学习，他们需要教师给予明确的指导或讲授，喜欢结构严密的教学，希望学习材料是经过预先组织的。这种学生容易接受别人的暗示，学习的努力程度受外来因素影响很大。在学习过程中，及时的表扬会激发他们的学习动机，不断的反馈和强化则可以帮助他们提高学习效率，而批评会使他们的学习成绩明显下降。他们对社会学科内容的学习有较好的效果。

具有场独立性的学生在学习过程中，知觉比较稳定，不容易随背景的变化而发生改变依靠内在动机进行学习，所以时常会产生很好的学习效果；愿意独立学习和思考，并能明确提出自己的目标，能很好地分析问题。对教师提供的学习材料他们能够进行重新组织，比较适应结构松散的教学方法。他们的自主性较强，不太看重反馈的作用，可以自己进行强化，他们比较善于学习数学及自然科学。

沉思型和冲动型。沉思型的学生在回答问题时，总是谨慎、全面地检查各种假设，在确认没有问题的情况下才给出答案，所以错误较少，但回答的速度比较慢；冲动型的学生不习惯对解决问题的各种可能性进行全面考虑，有时甚至还没有搞清楚问题的具体要求，就开始回答问题了，所以他们用的时间虽然比较少，但出错率却很高。

研究表明，沉思型与冲动型的学生在学习上存在差异。沉思型的学生善于完成需要对细节进行分析的学习任务，他们在完成阅读、推理测验和创造设计时成绩较好，但反应偏慢。相比之下，冲动型的学生在完成需要作整体性解释的学习任务时，成绩要好一些。他们的学习能力较差，阅读时往往感到有困难。他们的学习成绩经常不太理想，这一方面与他们自己有关，另一方面也与学校有关，因为目前学校里的测验往往注重对细节进行分析，而他们却擅长从整体上分析问题。因此，从解决问题的能力上看，冲动型的学生并不一定比沉思型的学生差。

个性意识倾向性因素：个性意识倾向性因素对于学生的学习成绩有直接影响，这一点已引起教育心理学家的普遍重视。下面将介绍其中的两种因素：控制点与焦虑水平。

控制点。指人们对影响自己生活与命运的那些力量的看法。一般分为内部控制与外部控制两种。具有内部控制特征的人相信，自己所从事的活动及其结果是由自身具有的内部因素决定的，自己的能力和所作的努力能够控制事态的发展。一般说来，内部控制者具有较高的成就动机，常把自己学习的成败归因于自身内部的原因，如能力的高低和努力的程度。因此，学习成功会给他们带来更多的鼓励，可以进一步提高他们的自信心；失败则意味着需要付出更大的努力。他们能积极对待比较困难的学习任务，常常选择适合自己能力的、适度的学习任务。相反，具有外部控制特征的人则认为，自己受命运、运气、机遇或他人的控制，是这些复杂的难以预料的力量主宰着自己，所以成就动机较低。他们常把学习成败的原因归结于外界因素，缺乏自信，在学习中常表现出无能为力的态度。学习上的成功或用鼓励及其他强化方式都不容易促使他们进一步努力，他们不能适时改变自己的行为以选择合适的学习任务。对于这样的学生，当他们在学习中受到挫折而自暴自弃的时候，教师应该给他们布置一些能够胜任的学习任务。一旦他们完成了任务，就应及时给予鼓励，并适当加大任务的难度，如果他们又完成了任务，教师就应该及时引导他们建立正确的归因。

　　焦虑水平。指个体对某种预期会对他的自尊心构成潜在威胁的情境所产生的担忧反应或反应倾向。新近的研究结果表明，焦虑水平与教学也有关系，对不同焦虑水平的学生宜采用不同压力水平的教学和测验。对于焦虑水平低的学生，适宜采用压力较大的教学和测验，以促使他们提高动机水平，由低趋向中等，这样的学习效果比较好。而对于焦虑水平高的学生，则应采用压力较低的教学和测验，以降低他们的动机唤醒水平，使之从高趋向中等。此外，心理学研究还发现，当学习任务只需要机械记忆就能完成时，焦虑水平越高，学习效果越好；而当学习任务需要经过难度较大的思维过程才能完成时，焦虑水平越高，反倒会对解决问题有明显的抑制作用。

　　生理类型：人的生理类型存在着差异，表现在许多方面。脑科学研究结果表明，虽然大脑左右半球在结构上几乎完全相同，但是在功能上却有所不同，主要表现为：左半球是处理言语、进行抽象逻辑思维、集中思维、分析思维的中枢，它主管人的说话、阅读、书写、计算、分类、言语回忆和时间感觉，具有连续性、有序性、分析性等机能；右半球是处理表象，进行具体形象思维、发散思维、直觉思维的中枢，它主管人的视觉、形象记忆、认识空间关系、识别几何图形、想象、模仿、态度、情感等，具有不连续性、弥漫性、整体性等机能。由于生理类型的差异，有的人在心理能力上表现为左脑半球优势，有的是右脑半球优势，有的则是两个半球的脑功能和谐发展。但对于每一个大脑功能健全的人来说，在完成任何一个认知任务的时候都是两个半球同时参与工作，只是由于任务的要求和被加工信息的特点不同，左半球或右半球所起的作用大小不完全相同。因此，在教学设计过程中，一方面要注意适合学生的特征，另一方面也应注意对学生处于弱势的半脑进行训练，以促进学生全面发展。分析学生左右脑功能优势，对进行教学内容、方法、媒体、评价等方面的设计，具有明显的意义。

2. 学习目标的阐明

　　通过前端分析确定了总的教学目标，确定了教学的起点，并确定了教学内容的广度和深度以及内容间的内在联系，这就基本确定了教与学的内容的框架。在此基础上需要明确学习者在学习过程中应达到的学习结果或标准，这就需要阐明具体的学习目标，并编制相应的测试题。学习目标的阐明就是要以总的教学目标为指导，以学习者的具体情况和教学内容的体系结构为基础，按一定的目标编写原则，如加涅、布卢姆等的分类学，把对学习者的要求转化为一系列的学习目标，并使这些目标形成相应的目标体系，为教学策略的制定和教学评价的开展提供依据。同时要编写相应的测试题以便将来对学习者的学习情况进行评价。

　　（1）学习目标的分类。布卢姆等人把教学目标分为认知、动作技能和情感三个领域，然后再把每个领域按照从低级到高级的顺序分成不同的层次，从而形成了一个完整的目标分类体系。

　　1）认知学习领域目标分类：认知学习领域包括有关信息、知识的回忆和再认以及智力技能和认知策略的形成。按智力特性的复杂程度可以将学习目标分为六个等级。①知道是回忆学过的知识材料的能力。这些知识包括具体事实、方法、过程、形式、结构、背景、基本概念、原则和理论等；②领会是把握知识材料所包含的意义，并将它们内在化和系统化的能力。可以通过三种形式看出学生是否已经领会了知识材料的意义：一是转换，即学生能够用自己的语言或其他方式来表达所学的内容，比如复述课文；二是解释，即对一项学习内容加以说明或概述，如说明化学元素周期表中各项内容的含义；三是推断，即预测事物的发展趋势，如在实验过程中推想可能出现的结果。"领会"已经超越了单纯的记忆，所以比"知道"的目标级别高，它代表了最低水平的理解；③运用是把抽象的概念、原理、方法和理论应用于新的特定情境的能力。如能够运用热胀冷缩的原理解释铁轨之间为什么要留有缝隙的现象。"知道"和"领会"构成了"运用"的基础，"运用"是一种较高水平的理解；④分析是把复杂的知识分解成几个独立的部分，并使各部分的相互关系更为明确，各相关层次更为清楚的一种能力。例如，能将课文分段并归纳出段落大意。"分析"要求既理解知识材料的内容，又理解它们的结构，所以它代表了比"运用"更高一级的智力水平；⑤综合是将所学的各部分知识重新组合，并形成一个新的知识整体的能力。例如学生能写出一份结构完整的论文纲要，提出一项实验计划或总结出某篇文章的中心思想。它强调的是创造能力和形成新的知识结构的能力；⑥评价它是根据已有的知识或已经给定的标准进行判断和鉴赏的能力。例如判断一篇文章的逻辑是否合理，论据是否充分。因为评价要求超越原有的学习水平，在形成一个明确标准的前提下进行价值判断，所以是最高水平的认知学习目标。

在这种分类系统中，位于第一个层次的"知道"属于最低级的目标，它只需要对知识进行简单的记忆。所以在阐明认知学习领域的目标时，决不能仅仅停留在这个最起码的目标上，一定要注意反映其中的各种能力水平，全面培养学生的智力技能。

2）动作技能学习领域目标分类：动作技能涉及骨骼和肌肉的使用、协调与发展。动作技能学习领域的目标被分成七个等级：①知觉是指运用感官去获得与动作技能有关的知识、性质和作用等信息，以便指导动作；②准备是从心理、生理和情绪等方面对特定的动作做好准备；③有指导的反应是学习复杂动作技能的早期阶段，这一阶段主要是进行模仿；④机械动作是学生的反应已经变成了习惯，达到自动化水平了，能熟练、自信地完成动作；⑤复杂的外显反应是包含复杂动作模式的熟练动作操作。学生不仅能够按照动作要领准确地作好基本动作，而且能把各种基本动作连贯起来，娴熟地完成整套动作；⑥适应是指学生能修正自己的动作模式以适应特殊的装置或满足具体情境的需要。学生在熟练地完成动作的同时，能够审视和调整自己的动作；⑦创新指创造新的动作模式以适合具体情境。强调以高度发展的技能为基础的创造能力。学生能根据自身的条件创造出新的动作，以便最大限度地挖掘自身的潜力，创造出好成绩。

3）情感学习领域目标分类：情感学习与培养兴趣、形成或改变态度、提高鉴赏能力、更新价值观念、建立感情等有关，是教育的一个重要方面。情感学习领域的目标依照价值标准内化的程度可以分为五个等级：①接受（注意）是将注意力集中到某件事或某个活动中，并准备接受。不论是突然意识到某事物存在的简单注意，还是选择性注意，都属于接受，这是低级的价值内化水平；②反应是主动参与某种活动，并以某种方式积极作出响应，同时表现出较浓厚的兴趣。例如，积极完成老师布置的作业，就比安静地听老师讲课又进步了一些。反应包括默认、愿意反应或表示出满意。这类目标与兴趣类似，都强调对特定活动的选择及从中获得满足；③价值判断是用一定的价值标准对特定现象、行为或事物进行判断，自发地表现出某种兴趣和关注。例如，欣赏文学作品，在讨论问题中提出自己的观点，学习某学科非常刻苦用功等。学生这一阶段的行为中，表现出一致性和稳定性，与平时所说的"态度"和"欣赏"类似；④组织是当多种价值观念并存，愿意把它们组织成体系，然后进行比较，以便确定它们的相互关系，并按照重要性排序，从中接受自己认为重要的价值观，进而形成个人的价值观体系。例如，学生形成了一种与自身能力、兴趣、信仰相协调的生活方式。值得重视的是，学生已经建立起来的价值观体系，往往会因为新观念的介入而发生改变；⑤价值与价值体系的性格化是通过对价值观体系的组织，逐步形成个人的品性。在这个等级中各种价值的层级关系已经确定，它们处于一种内在的和谐状态。个人言行完全受本人所确定的价值观体系支配，观念、信仰和态度已融为一体，最终表现在个人的世界观已经形成。这一阶段的行为具有普遍性、一致性和可预测性。例如，保持良好的饮食习惯；在团体中，能表现合作精神等。

综观三个领域的分类方法，我们所看到的目标都是从简单到复杂逐级递增的，每个目标都建立在已经达到的前一个目标的基础之上。大多数的学习都是同时包含了三个领域的目标成分，只不过具体到某一门课程或某一节课，其中某一个领域的目标成分略多一些罢了。

（2）学习目标的编写方法。这是一种新的描述学习目标的方法，它的特点在于用明确、具体、规范的语言来说明学生经过学习以后，行为或能力将发生哪些改变，使得学生的学习结果能够测量出来，学习目标是否实现也变得一目了然。

下面将具体介绍两种学习目标的编写方法：ABCD 法和内外结合的表述方法；前一种方法非常适合于编写动作技能领域的学习目标，除此之外也比较适合于认知学习领域的目标，而情感学习领域的目标因为其学习结果主要是学生内在的心理变化，这是很难测量的，所以可以采用后一种方法来编写。

1）ABCD 法：ABCD 编写方法基本上反映了行为主义的观点，强调用行为术语来描述学习目标。下面是依据 ABCD 法编写的实例，并用符号标明了它的构成要素。

<u>初中二年级学生</u>，在观察各种云的图片时，<u>应能将卷云、层云和雨云分别标记出来</u>，
　　　　A　　　　　　　　　　C　　　　　　　　　　B

<u>准确率达 90%</u>。
　　　D

对象 A（Audience）。即指需要完成行为的学生、学习者或教学对象。如上例中的"初中二年级学生"。

行为 B（Behavior）。在教学目标的构成要素中，实际的行为及其结果是一个最基本的要素。它说明了学生通过学习所能够完成的特定并可观察的行为及其内容。描述行为及其结果的基本方法是使用一个动宾结构的短语，其中表述行为的动词说明学习的类型，宾语则用来说明学生的行为结果或学生所做的事情。上面例子中"将卷云、层云和雨云分别标记出来"中的"标记"就是动宾结构短语中的行为动词，而"卷云、层云和雨云"则是动宾结构短语中的宾语。

条件 C（Conditon）。学生在证实其相应的行为及其结果时，总是在一定的情境条件下进行的，也就是说在学生证实其终点行为时，我们常提出相应的限制条件。例如"可以借助字典"、"通过小组讨论"等都包含有相关条件。行为的条件一般包括以下因素：环境因素（气温、光线、地点、噪音等）；人的因素（在教师的指导下进行、小组合作进行、学生独自完成等）；设备因素（设备、工具、图纸、计算器、说明书等）；信息因素（教科书、笔记、资料、图表、词典等）；问题明确性的因素（为证实学生的行为表现，提供什么刺激条件以及刺激的数量如何等）。

编写良好的教学目标应尽可能地包含实际的有关条件，以使学生能在适当的环境中证实其行为结果。

行为的标准 D（Degree）。行为的标准是指行为完成质量的可接受的最低衡量依据。为了使教学目标具有可测量性，应该对学生行为的标准进行具体的描述。学生行为表现的熟练程

度一般而言是有差异的，而且幅度可能很大。在教学目标编写时采用什么程度的标准要依据教学内容的实际要求，应当以大多数学生在经过必要的努力之后都能做到的事情作为行为的标准。行为的标准一般从行为的速度和准确性等方面进行描述。例如"在 5 分钟以内"、"误差在 1mm 以内"、"准确率达 90%"都包含了教学目标中的有关标准。

在一个学习目标中，行为的表述是基本部分不能省略。相对而言，条件和标准是两个可选的部分，目标编写中，如不提标准，一般即认为要求学生达到 100% 的正确率。

2）内部过程和外显行为相结合的编写方法。行为主义观点编写教学目标的方法虽然能明确具体地描述教学目标，克服了传统方法的含糊性和笼统性，但它也存在一些缺点，比如只注重学生外在行为的变化而忽略其内在能力和情感的变化。由于学生因学习而产生的比较持久的变化除包括行为的变化以外，还包括认识、能力和心理倾向方面的变化，并且认识、能力和心理倾向的变化又很难行为化，因此为了全面准确编写教学目标，描述学生内部心理操作的术语就不可完全避免，于是，采用内部过程和外显行为相结合编写教学目标的方法便应运而生。

教育心理学家格朗伦（N. E. Gronlund）1978 年就指出，在编写教学目标时应首先明确陈述如理解、记忆、欣赏、掌握等内在的心理变化，然后再列举反映这些内部变化的行为表现样例。

例如：理解杠杆的原理：①能举出三种生活中采用杠杆原理的实例；②能用自己的语言说明杠杆的平衡条件；③能写出杠杆实例中的力臂和力矩的关系式。

这里"理解杠杆的原理"是教学目标的一般陈述，旨在理解。而理解是一个内部的心理过程，不能直接测量和观察。例中为了使"理解"能够得到测量和观察，利用了三个能证明学生是否具备"理解"能力的行为实例进行描述。值得注意的是，这里利用内部过程和外显行为相结合描述的教学目标强调的"理解"，而不是表明"理解"的具体行为样例。格朗伦的方法强调列举能力的例证，既避免了用内部心理过程表述目标的抽象性，也避免了行为目标的局限性。

（3）目标测试题目的编制。学习目标编写完成以后，就应该编制测试题目了。这样做的目的是保证测试题目与目标相匹配。具体来说，目标中的条件和标准在每一测试题目中都要加以考虑。另外，编写目标之后立即编写测试题目比较容易。这是因为编写目标的意图在头脑中还比较清晰；另外，如果对某个目标很难编写测试题目，表明应该对这个目标作某些修改才能使学生的行为得到评定。可见，编制测试题目的良好时机就在教学目标阐明之后。当然，成功地开发出好的测试题目主要取决于教学目标阐明的质量，如果目标没有确实地反映出教学的意图，那么以目标为基础的评定也一定不适当。二者互相依存。

3. 教学策略的开发

前面所学的教学设计的步骤都是关于教什么的，在这些确定了之后，现在要考虑如何教的问题。所谓教学策略就是在不同的教学条件下，为达到不同的教学结果所采用的不同的方式、方法、媒体的总和。包括教学内容块的顺序安排、对教学中要包含的学习成分的描述、教学时学习者如何分组的说明以及为传递教学而做出媒体的选择。

（1）教学内容的顺序安排。教学顺序指教学内容的各组成部分的排列次序，它决定"先教什么，后教什么""先学什么，后学什么"，即各条具体教学目标的次序安排。这里，重点介绍智力技能方面的教学顺序。

关于智力技能的教学顺序设计，主要有三种基本的教学理论作指导。一种是加涅的从简单到复杂技能的教学顺序安排。加涅把智力技能按从简单到复杂的顺序分成辨别、概念、规则和高级规则。按照他的理论考虑教学顺序，应从最简单的技能开始，以此为基础，学习更为复杂的技能。如在学习"三角形的三个内角之和等于 180 度"这条规则时，学生应先会辨别相关的特征，然后学习"三角形"、"角"、"180 度"等的概念，在此基础上学习这条规则。第二种是布鲁纳的发现法。按照布鲁纳发现学习的策略，教师不把教学内容直接告诉学生，而是向他们提供问题情境，引导学生对问题进行探究，并由学生自己收集证据，让学生从中有所发现。第三种是奥斯贝尔的"先行组织者"理论。奥斯贝尔按照他关于"先行组织者"的思想，认为教学顺序的起点应确定在学习层级的较高点，即先呈现一般的、有较大包容性的、较抽象的概念和原理，然后再学习一些具体的学习内容。

（2）教学策略中的学习要素。开发教学策略目的在于策划怎样通过心理学家已经证明可以促进学习的心理活动和状态来引导学习者的思维过程。教学策略最初来源于加涅《学习的条件》中的 9 个教学事件（所谓教学事件就是支持内部学习过程的外部教学活动），经过组织和归纳形成 5 个主要的学习要素：教学前活动、内容呈现、学生参与、评价方式、后继活动。

1）教学前活动。激励学习者。对教学最典型的批评是说教学缺乏趣味，不吸引学习者。一位教学设计师采用系统化的方法解决了这个问题，他就是约翰·科勒（John Keller，1987年）。科勒基于对动机方面的心理学文献的综述，提出了 ARCS 模型。这个模型有四个成分：注意力（Attention）、关联性（Relevance）、自信心（Confidence）和满意度（Satisfaction）。为了能产生激励学习者的教学，在设计教学策略的过程中要自始至终地考虑教学的这四个属性。

ARCS 模型的第一个主要成分是要获得学习者的注意力，并在教学过程中一直维持注意力；第二个主要成分是关联性。尽管可能获得学习者一时的注意力，但是很难维持，特别是当他们不能意识到相继的教学与他们有什么关联时。如果认识不到教学的相关性，学习者就会问："我们为什么要学这个？"无疑教学者就会失去他们。换句话说，教学必须要与学习者生活中的重要目标建立关系；第三个主要成分是自信心。具备较高动机的学习者，也一定自信他们能够掌握教学中的目标。缺乏自信，也就缺乏动机；第四个主要成分是满意度，高动机依赖于学习者是否能够从学习经历中得到满足，也有人将其视为强化。有时候这种满意度的维持是通过对成功行为的奖励来达到的，如自由支配时间、高分数、提职或其他形式的认同。同样重要的，甚至更为重要的是学习者可以从掌握新技能并成功运用中获得内在的满足感。

科勒模型的这四个成分单独使用并不足以维持学习者在学习环境中对某个任务的注意力。如果将所有这四个成分——注意力、关联性、自信心和满意度——一起结合到教学策略中，维持学习者兴趣的可能性将大大增加。

告知学习者学习目标。教学前活动的第二个成分是告诉学习者教学的目标。你有没有学过一篇文章，却不知道你要学的关键概念是什么？如果你事先被告知教学目标，那么你就能知道要记忆什么，要解决什么或要解释什么。

通过向学习者提供教学目标，帮助他们集中于学习这些结果。这个信息不仅能帮助学习者更有效地运用学习策略，而且还能帮助他们判断教学与他们的相关性。

告知学习者所要掌握的预备技能。教学前活动的第三个成分是告诉学习者开始你的教学所需要的预备技能。这个成分的第一个目的是"现实性审查"，以确定学习者初步了解新学内容和他们已知知识之间的关系；第二个也是最重要的目的是促使学习者主动回忆相关的思维过程，将新内容集成起来。

事实上，所有这三个教学前活动放在一起，可以视为激活思维过程重要的第一步，使学习者能够将所学与已知联系在一起。这种新与旧的结合会使学习的开始变得更容易，也使最终的回忆更成功。

2）内容呈现。下一步是要准确判断需要向学习者呈现哪些信息、概念、规则和原理。这是关于本单元要讲什么的基本解释，不仅要定义新概念，也要解释它们与其他概念之间的关系，还要决定为每个概念所提供的例子的类型和数量。有诸多研究项目在研究人们是如何学习概念的，人们如何使用正例和反例来完成任务。反例是教师精心准备的用来指出为什么这样是错误的例子。人们知道学习会受益于正例和反例的应用，所以，一般来说，都应该包含在教学策略中，这些例子的形式可以是图解、流图、演示、模型、行为规范等。

3）学生参与。学习过程中最强大的成分之一是带答案的练习。通过向学习者提供与教学目标直接相关的活动，可以极大地扩展学习过程。学习者不仅要有机会来练习，还要能够得到有关他们表现的反馈信息，即学习者要被告知他们的回答是否正确，或者被提供一个正确答案，或者给一个例子，学习者从中可以推断出他们的答案是否正确。反馈也可以以强化的形式出现。对于成人学习者，知道怎样正确地完成一个任务经常就是最好的强化，还可以伴随肯定的语句，如"很好，你做对了"，但是年幼的学习者经常更喜欢强化类型的反馈，如在教室教学时老师肯定的表情、在多媒体教学中跳出来的动画或激动的音乐、同伴的认同、特别权利，或者能做某个其他活动的机会。

4）评价方式。除了使用正式考试之外，教师可能还要考虑嵌入的态度问题。这些问题显示出学习者在接触到教学时对教学的看法。有时候教师会在教学的某个部分采用特殊的过程或方法——可能是对内容，也可能是对教学法。在这些地方，可以插入一些很具体的问题以了解学习者对完成工作的反映。在教学单元结束时的问题可以帮助教师获得对教学的全面回应，但是这种潜入的态度问题可以获得更为精确、更有目标性的信息。

5）后继活动。教学策略的最后一个学习成分是增强活动，回顾整个教学策略，以决定学习者记忆和迁移方面的需求是否已经被满足。

学习的保持（记忆技能）：考虑学习者在完成教学目的的时候要做什么，他们需要从记忆中回忆什么。有没有什么是必须要从记忆中检索出来的？是不是要求快速检索还不能看提示或参考资料？对于"学习者需要记忆什么"这个问题的回答经常是：记忆并不重要，只要学习者能够成功完成技能即可。如果教学目的就是这种情况，那么可能要考虑使用工作辅助。工作辅助就是实施者在完成任务时为减少记忆的依赖所使用的设施。如学习者是否能够按照核查表执行任务？如果可以，就不需要大量的信息了，还可以缩短教学的长度。

学习的迁移：关于教学目的的第二个要问的问题是"要发生的学习迁移是怎样的？"研究表明，通常学习者只会将所学到的一部分技能迁移到新环境。学习倾向于发生在特定的环境，因此教师必须要知道学习有不迁移的倾向，并使用各种手段尽可能地促进其迁移。

下面按照时间顺序总结了一个完整的教学策略应具有的学习成分。

A．教学前活动

　1．描述教学目标

　2．激励学生

　3．描述预备技能

　　B. 内容呈现

　　　　1. 教学顺序

　　　　2. 内容

　　　　3. 举例

　　C. 学生参与

　　　　1. 练习

　　　　2. 反馈

　　D. 评价方式

　　　　1. 前测

　　　　2. 后测

　　E. 后继活动

　　　　1. 保持

　　　　2. 迁移

　　注意：成分 B2、B3、C1 和 C2 在每个教学目标或教学目标块中都要重复，成分 B 和 C 也会以总结的形式重复出现在学期目标中。

　　（3）学生分组。在计划教学策略的学习成分时，也要同时设计学习者分组。学习者分组的类型（个别化、成对、小组、大组）取决于特定的社会交互需求，并且经常混合存在于一堂课或一个教学单元的学习成分之中。

　　（4）教学媒体的选择。一旦决定了内容的顺序，计划好了学习成分，就可以为教学媒体的选择作出适当的决定了。这些选择是怎样做出来的呢？一般来说，对教学媒体的选择要考虑各种教学媒体的功能特性和教学的实际需要，将两个方面结合起来加以分析，决定取舍。具体来说，要注意以下几点。

　　1）依据教学任务。在教学中，不同的任务要求教师采用不同的媒体和方法去完成。如小学识字教学可以用幻灯机、投影仪等媒体；朗读课文的教学则要用录音机；若是为写作文需要设置一定的情景就许使用影视媒体。有的教学任务只需一种媒体，而有的任务则需要多种媒体才能完成。

　　2）依据教学内容。各门课程内容性质是不同的，甚至在一门课程中也有内容性质不同的章、节。如有的内容为抽象的结论及概念间的相互关系，则可用投影仪去表现；有的内容为形象、结构，这便于投影、幻灯发挥作用；有的内容需要反映事物或现象的运动、发展状况，那么电影、电视就是适宜的媒体。总之要依据教学内容的性质去选择媒体。

　　3）依据学习者的需要和水平。学习者有发展阶段的特征，他们在不同的发展阶段有不同的认识能力和思维特点。如小学生的认识特点就是具体的直观思维，注意力不易持久集中，针对他们的认知特点，采用的媒体要生动形象、色彩鲜艳，如用简化了的动画或木偶角色要比真实角色更能吸引学生。随着年龄的增长，学习经验的增加，学生的抽象思维能力逐渐发展，学习中的自我控制能力也在增强，根据这些特征就可以选择适合用来分析、综合、抽象、比较、概括等思维活动的媒体，其选择范围可以广泛一些。

　　4）依据给定的教学条件。对媒体的选择还要考虑技术问题，即使用各种媒体是否方便，教师自己能否操作、控制；经费问题，即硬件和软件的购置费、制作费，学校现有的条件能否提供必要的设备和软件等；教学环境问题，即教学的地点和空间，教室内的条件是否有利于使用媒体等。

4．教学设计成果的形成性评价

经过前面一系列教学设计工作以后，就得到了教学设计的成果，但这并不意味着教学设计工作可以到此结束了，作为一个完整的教学设计过程，还应该包括对教学设计的成果进行评价和修改。因为只有经过科学的评价，才能发现问题，进而对教学设计的成果进行修改，使之趋向完善。所以说，评价是修改的基础，它是一个非常重要的调控环节。

对教学设计的成果进行评价，属于教学评价的范畴，所以现代教学评价的理论和技术对它都具有直接的指导作用。它既有一般教学评价的共性，又有其本身的特点。对教学设计成果进行评价的方法有两种：形成性评价和总结性评价，一般以前者为主。

所谓形成性评价，就是在教学活动的过程中，为使活动效果更好而不断进行的一种评价。它侧重于检查前一阶段的工作是否达到了规定的标准，与教学活动的关系是一种伴随的关系。通过进行这样的评价，能够及时了解某一阶段教学的结果和学生学习的进展情况、存在的问题等，以便及时反馈，及时调整和改进教学工作。在学校的教学活动中，阶段性测验就是一种形成性评价。

总结性评价又称事后评价，一般是在教学活动结束时，为了对教学活动的成果做出全面鉴定而进行的一种评价。总结性评价注重的是教与学的结果，并以此来判断整个教学方案的有效性。各门学科的期末考试或学年考试都属于总结性评价。

所谓教学设计成果，可以是一种新的教学方案，也可以是一套新的教学材料，如教科书、教学录像、计算机课件等，这些设计成果在推广使用之前，最好先在小范围内试用，测定它的可行性、适用性和有效性，以及其他情况。教学设计成果的形成性评价通常包括制订计划、选择评价方法、试用设计成果和收集资料、归纳和分析资料、报告结果等几项工作。

（1）制订评价计划。制订设计成果的评价计划是项重要的基础工作，它将对以下四项工作作出详细说明，即在教学活动的每个环节中应收集何种资料才能确定成果的哪些地方是成功的、有效的，哪些地方是失败的、有待改进的；应建立怎样的标准来解释收集的资料；应选择什么人来做成果的试用者；评价需要什么条件。

1）确定收集资料的类型。形成性评价所需要的资料主要是两类：学生的学习成绩和教学过程情况。学习成绩反映的是设计成果的使用给学生带来的行为变化和达到教学目标的程度。这类资料通常用数据表示。数据来源可以是学生对一系列测试项目的反应。教学过程反映的是设计成果在特定情境中的运行和作用情况，这类资料通常用陈述表示，陈述对象可以是影响学习成绩的各种相关因素的状况分析。为了保证足够的信息量和资料的可靠性，一般应有两种以上的评价工具来收集上述每类资料。

2）确定评价标准。确定了收集资料的类型后，还需要进一步确定衡量这些资料的标准。在确定评价标准的时候，应尽可能采用定性与定量相结合的方法。另外要注意，这里所确定的任何标准都是尝试性的、凭经验暂定的，需要在实施中酌情修改。例如，可以用定性的方法为教学过程资料制定下述的评价标准：如果插播的录像教材引起了学生的极大兴趣，并程度不同地增进了他们对教学内容的理解，就说明所设计的录像教材具有期望的教学效果。又如，可以用定量的方法为学习成绩资料制定下述的评价标准：如果加播这段录像教材后，学生对教学单元后的练习题的正确回答率达到95%，或比原来提高10%，就说明所设计的录像教材具有推广使用的价值。

3）选择被试人员。教学设计成果的形成性评价不可能也不应该拿许多学生和教师来做试验，只需挑选极少一部分学生和个别教师作为被试样本，这就要求这个样本具有代表性。

以学生为例，被试者取样的基本要求是这些学生的认识水平和能力应属常态分布，即同年级学生中各种水平和能力的人都应挑选。一般可用随机抽样的方法挑选被试人员，然后略作调整，以保证这些样本学生都能配合测试并善于表达。样本学生人数要适当，太多会耗费过多的精力和时间，太少又不能说明问题。由于以样本代表全体，误差总是难免的，因此，对于那些比较重要的教学设计项目，在条件许可的情况下应该扩大样本人数。

4）阐明试用成果的背景条件。最后，设计者应说明教学设计成果的试用在什么背景下进行，其过程如何展开，其间应具备或提供什么条件，并将受到什么限制。成果试用应尽量在没有外部干扰的自然状况下进行，若需使用录音、录像器材来帮助收集资料，应避免影响教学环境的气氛。

（2）选择评价方法。不论收集哪种类型的资料都要借助某些方法，在教学设计成果的形成性评价中，主要使用测验、调查和观察三种评价方法。这三种方法在收集资料方面各有特长，如测验适宜于收集认知目标的学习成绩资料；调查适宜于收集情感目标的学习成绩资料；观察适宜于收集动作技能目标的学习成绩资料。此外，调查和观察还经常被用来收集教学过程的各种资料：前者适宜于收集学生、教师和管理人员对教学的反应资料；后者适宜于收集设计成果的使用是否按预先计划进行的资料。

（3）试用设计成果和收集资料。这是两项不同性质的工作，但几乎是同时进行的。其基本步骤如下。

1）向被试者说明须知。在开始教学前，应让被试师生知道试用设计成果的有关情况，如：试用目的是了解成果的质量而非被试者的能力，不必焦虑和紧张；试用活动的程序和试用所需的时间；被试者将参与的活动类型及其注意事项；将收集哪些资料以供分析用；应该以什么态度和方式作出反应等。

2）试行教学。这种试验性质的教学应具有可复制性的特点，即用相同的方式对其他同年级学生再进行教学，如果他们的水平也属常态分布，可望获得大致接近的教学效果。由于这种教学具有典型性，通过评价就可获得推广价值。要保证教学过程能重复展开，必须确保这一过程是有一定的方案可遵循的，同时不让教师为难，仍保持一贯教态。教学活动的背景也应尽量避免过分的人为设置，避免造成为试用而试用的气氛。

3）观察教学。在试行教学的同时，需组织部分评价人员在适当的地方观察教学过程，并围绕类似以下的情况做好记录：各项教学活动所花去的时间；每个知识点是如何加以指导的，尤其注意教学有没有背离设计规定的内容；由学生提出的所有问题，以及这些问题的性质和问题间的相关性；教师如何处理学生所提出的问题；学生在课内完成的练习、作业，在教学各阶段中学生的注意力、情绪反应、主动参与性、思维活跃程度等。观察教学的工作也可以借助录像媒体事后进行。

4）后置测验和问卷调查。教学设计成果试用后一般应及时进行某种形式的测验和问卷调查。前者主要收集学生的学习成绩资料；后者主要收集有关人员对教学过程的意见。测验题和问卷表可分开印发，对学生也可以印于一卷，此项活动通常是紧接着教学试行后着手，但如果为了了解该设计成果对知识的保持是否有意义，收集成绩资料的测验应适当推延一段时间进行。

（4）归纳和分析资料。通过上述的观察、测验和问卷，评价者获得了一系列所需的资料，为了便于分析，可以将这些资料归纳成图表。

制成图表后，评价者应对资料作一次初步分析。拿各类数据与评价标准作比较，考察各种现象的相互关系。经过分析，可能会发现一些重要问题，随即应对它们加以解释，并通过恰当的途径证实自己的解释。例如，当几种评价工具提供的数据对设计成果的某些方面显示出共同的趋势，而这种趋势与预期的教学目标相悖时，将予以特别关注。设计者可就这些问题咨询、访问教育学家、心理学家、学科专家和有经验的教师，或与被试师生进行个别面谈或集体座谈。这些访谈的目的是让各方人士对初步分析结果和改进意见加以证实。为此，设计者应持有虚心、诚恳、坦率和求实的态度，而当该成果遭到激烈批评时，还应保持冷静，以使所有被访者都能毫无保留地谈出意见。

最后可将访谈结果与初步分析结果综合起来，对评价资料作进一步的深入分析，并在此基础上酝酿修改设计成果的方案。

（5）报告评价结果。由于修改设计成果的工作不一定马上就进行，也不一定由原设计者来做，因此需要把试用和评价的有关情况和结论形成书面报告。评价报告的内容包括：设计成果的名称和宗旨、使用的范围和对象、试用的要求和过程、评价的项目和结果、修改的建议和措施、参评者的名单和职务，以及评价的时间等。评价报告以简明扼要为宜，具体资料如各种数据、访谈记录、分析说明等可以作为附件。

总之，虽然针对教学设计成果的形成性评价至今研究得还不多，但毋庸置疑，把设计成果在教学的师生代表身上先行试用，再根据搜集到的资料进行修改，这一教学设计环节已被认可和采纳。当然，就该设计环节本身而言，并没有什么所谓的最佳方法，实际操作能因成果的类型、目标的层次、内容的特点、推广的范围、预算的多少、条件的好坏等而富有灵活性，不必拘泥于前面所述的格式。

第二节　信息化时代的教学设计

一、信息化教学的特点

所谓信息化教学，是与传统教学相对而言的现代教学的一种表现形态，它以信息技术的支持为显著特征，因而，习惯于将之称为信息化教学。当然，以信息技术为支持还只是信息化教学的一个表面特征，在更深层面上，它还涉及现代教学理念的指导和现代教学方法的应用。

1993 年美国教育部组织了十多位资深专家（B. Means 等）产生了一份题为"用教育技术支持教育改革"的报告，为如何运用现代化教育技术进行基础教育改革提供了指导性框架。报告提出了革新教学（信息化教学）的若干特征，从表 3 - 1 - 4 中可以看出革新教学（信息化教学）与传统教学之间的明显差别。

表 3 - 1 - 4　传统教学与信息化教学之特征对照表

关键要素	传统教学	信息化教学
教学策略	教师导向	学生探索
讲授方式	说教性的讲授	交互性指导
学习内容	单学科的独立模块	带逼真任务的多学科延伸模块
作业方式	个体作业	协同作业

续表

关键要素	传统教学	信息化教学
教师角色	教师作为知识施予者	教师作为帮促者
分组方式	同质分组（按能力）	异质分组
评估方式	针对事实性知识和离散技能的评估	基于绩效的评估

由上表中不难看出，在传统教学中，教师是主要的教学资源，控制着学生对信息的访问。而在信息化教学中，教师不再（事实上也是不可能的）维持自己作为"专家"的角色，而是通过帮助学生获得、解释、组织和转换大量的信息来促进学习以解决实际生活中的问题（跨学科的真实任务）。在这种模式中，学生承担着自我学习的责任，通过异质协同作业、自主探索的方式进行主动的知识建构。

二、信息化教学设计的特点

信息化教学设计是在综合把握现代教育教学的基础上，充分利用现代信息技术和信息资源，科学安排教学过程的各个环节和要素，为学习者提供良好的信息化学习条件，实现教学过程全优化的系统方法。其目的在于培养学生的信息素养、创新精神和综合能力，从而增强学生的学习能力，提高他们的学业成就。

信息化教学设计主要是以建构主义理论为指导，而传统的教学设计则主要是以行为主义理论为基础（有的吸收了认知主义理论的成分）。为了便于理解信息化教学设计的基本原则，先将这两种理论指导的教学设计特点做一下比较（见表3-1-5）。

表3-1-5   行为主义教学设计与建构主义教学设计之特点比较

行为主义	建构主义
设计过程是顺序的、客观的和线性的	设计过程是递归的、非线性的，有时甚至是混沌的
制订计划是自顶向下的和有规则的，包括一个带行为目标的严格行动计划，并且按计划有组织地顺序展开设计过程	制订计划开始时概念还不清晰，随着开发工作进展而渐趋详细。开发工作应该是合作性的，设计小组人员一起工作，产生一个共同的意愿
教学设计专家对设计工作至关重要	教学设计专家不存在。懂得教学内容与情境的开发者是必需的，但不是一般的教学设计专家
复杂任务被分解为子技能并被顺序地教授	教学重点是在意义丰富的情境中发展理解。
教学重心在于传递由专家选定的事实与强化技能	所用教学手段是为了提出问题，并为学生提供获取解决这些问题所需知识的条件。
计算机被用来扮演传统教师的角色：信息发送者、评价者、学习记录者	
总结性评价至关重要，因为它检验学习材料是否行之有效。	形成性评价比终结性评价重要，因为它能够提供有助于改进教学的反馈信息。
客观性数据是教学过程各部分的要素，从确定起点行为到事后测试。	主观性数据可能最有价值，因为许多重要目标无法仅用客观性数据来评估。许多时候，其他类型的评估方法（诸如电子作品、面谈、观察、重点小组、口头征询）会比定量数据更宝贵。

三、信息化教学设计的基本原则

虽然从广义上讲，个别授导类等内容特定的学习模式也属于信息化教学模式，但在信息化教学设计中，更趋向于将这类教学模式作为辅助手段，而是充分利用信息技术手段进行基于资源、基于合作、基于研究、基于问题等方面的学习，使学习者在意义丰富的情境中主动建构知识。为此，可以将信息化教学设计的基本原则归纳为以下几点。

（1）以学为中心，注重学习者学习能力的培养。教师是作为学习的促进者，引导、监控和评价学生的学习进程。

（2）充分利用各种信息资源来支持学习。

（3）以"任务驱动"和"问题解决"作为学习和研究活动的主线，在相关的有具体意义的情境中确定和教授学习策略与技能。

（4）强调"协作学习"。这种协作学习不仅指学生之间、师生之间的协作，也包括教师之间的协作，如实施跨年级和跨学科的基于资源的学习等。

（5）强调针对学习过程和学习资源的评价。

四、信息化教学设计的评价标准

一个信息化教学设计是否成功，主要或者至少应从以下几个方面进行评价。

1. 是否有利于提高学生的学习效果

（1）学习目标是否明确，表述是否清楚。

（2）是否所有的学习目标都符合相关的教学大纲要求。

（3）教学设计中是否考虑到学生的个体差异，并明确说明如何调整成效标准以适合不同的学习者。

（4）教学设计是否能激发学生的兴趣，符合学生的年龄特征，并有利于学生的学习以及高级思维能力的培养，是否有利于学生在信息处理能力方面的培养。

2. 技术与教学的整合是否合理

（1）技术的应用和学生的学习之间是否有明显的关联。

（2）技术是否是使教学计划成功的必不可少的一部分。

（3）把计算机作为研究、发布和交流的工具是否有助于教学计划的实施。

3. 教学计划的实施是否简单易行

（1）教学计划是否可以根据具体教学情况的差异很容易地进行修改，以便应用到不同的班级。

（2）教师是否可以比较轻松地应用教学计划中所涉及的技术，并获得相应的软硬件支持。

4. 是否能够有效评价学生的学习

（1）教学计划中是否包括一些评价工具，用于务实的评价和评估。

（2）学生的学习目标和学习成果评估标准之间是否有明确的关系。

五、信息化教学设计的典型模式

随着教育信息化的不断发展，出现了大量的信息化教学模式，目前常见的有 Intel 未来教育模式，Webquest 模式，研究性学习模式，Miniquest 模式，基于探究的学习模式，基于问题的学习，基于项目的学习，个性化学习等。这些模式虽然侧重点不同，但是都具有这样的共性：学生带着任务进行探索学习的教学模式。下面介绍两个比较常用的模式。

1. Web Quest

Web Quest 是信息化教学设计的一种典型模式。它是一种面向探究的活动，活动中学生们所用到的所有或大部分信息都来自网络。这种活动有以下主要特点：①有一个明确的主题或问题（可派生出多个具体问题）；②这类问题可通过寻求信息而得到解答；③问题的解答没有唯一性。

一个标准的 Web Quest 教学设计包括介绍、任务、资源、过程描述、学习建议、评价和总结七个部分，各部分的设计要点如下。

（1）介绍——简要描述所要"探究"的问题。

（2）任务——描述学习者要做的事情。教师要清晰地描述学习者行为的最终结果是什么。在 Web Quest 中涉及的"任务"可以是：一系列必须解答或解决的问题；对所创建的事务进行总结；阐明并为自己的立场辩护；具有创意的工作；任何需要学习者对自己所收集的信息进行加工和转化的事情等。

（3）资源——提供网上相关站点的链接。教师提供一些有益于学习者完成任务的网址，并且在每一个链接中嵌入对此资源的描述，以便学习者准确地点击所需要的网站。

（4）过程描述——说明要做些什么才能完成指定的任务。学习者将遵循哪些步骤才能完成任务？这一部分是探究学习的关键所在。

（5）学习建议——指导学习者如何组织信息。教师要为学生提供一些建议，以帮助他们组织所收集到的信息。"建议"可以包括使用流程图、概念地图或其他组织结构，也可以采用有复选框组成的问卷形式，其中的问题旨在分析信息或提请对要考虑的事物的注意。如果将"学习建议"部分嵌入"过程描述"部分中，可能效果会更好。

（6）评价——创建量规来展示如何评价最终的成果。另外，教师还可以创建一个自我评价表，这样学生可以用于对自己学习的评价和反思。

（7）总结——简要总结将要完成的学习任务或学习的失误。通过简短的一两句话，概述学生通过本次 Web Quest 将获得什么。

2. 英特尔未来教育（Intel Teach to the Future）

英特尔未来教育是信息化教学设计成功的典范。其主要特点是采用问题设计的办法来完成教学，通过将计算机、网络等现代技术融入教学来加强学生的学习。其设计要点如下。

（1）策划单元计划，设计课程框架问题。教师在讲课前，根据单元教学目标，围绕着一个基本问题设计出若干相关的单元问题。

基本问题具有这样的特点：①指向学科的核心；②在某一领域的发展历史和人们学习过程中自然重演；③孕育了其他重要问题。

单元问题是学科特定和主题特定的，因此更适合于框定具体知识和特定研究，并可能导致更为微妙的基本问题，其特点有：①为基本问题提供了学科特定及主题特定通道；②没有明显的"正确"答案，单元问题是开放性的，这意味着它们有多种研究和讨论的路线；③是为了激发和维持学生的兴趣而精心构造的。

（2）给学生布置明确而具体的任务。通过"介绍我的单元"演示文稿，向学生阐明该单元的学习内容，学习目标，课程标准等。

（3）创建单元支持材料。单元支持材料即学生或教师在教学活动中需要用到的 Word 文档或模板（如调查问卷、读书报告、观察报告、实验报告、教学进度等）。教师还要向学生提供一份《学生学习支持材料》，作为学生学习的支架。例如：一些文字资料，图片素材，网上资源的站点链接等。

（4）用 PowerPoint 创建学生多媒体演示文稿范例。在这里，教师要以学生的身份创建学生多媒体演示文稿来报告对课程的基本问题和单元问题的研究过程与结果。学生多媒体演示文稿范例和学生网站范例的创建实际上是为了向学生展示研究性学习活动的过程和方法，同时也为学生创建多媒体演示文稿和网站提供样板。

（5）创建学生多媒体演示文稿评价工具。该评价工具用来评价教学实施中学生创建的多媒体演示文稿。创建时要注意评价工具的可操作性。评价工具要从教学目标出发，它的设计非常重要，既是对学生学习的评价，也是对学生学习的引导和支持。

（6）评价单元计划。教师应用"Intel 未来教育"提供的单元计划项目评价量规对自己的单元计划项目进行评价，若有问题，应进行必要的修正。

（7）修改单元计划。在创建每一项作品（学生多媒体演示文稿范例、学生多媒体评价工具、单元支持材料、学生网站范例、学生网站评价工具、教师支持材料）后，教师都要修改单元计划（包括学习目标、课程标准、教学过程等）。单元计划是在教学设计过程中逐步修改不断完善的。

此模式重在落实学生的主体地位和教师的主导作用。因为学生是问题的发现人，学生是疑问的解决人，学生是演示的操作人，学生是作品的创作人，学生是作品的剖析人，最终成为学习的主人。教师精心的教学设计和协作学习过程中画龙点睛的指导，充分体现出教师主导、学生主体的有机结合，教师在教学过程中是真正的组织者、指导者、帮助者、促进者。

总之，信息化教育要起到发展学生高级思维能力、培养学生创新精神的目的，就必须做好信息化教学设计。信息化教学设计需要广大教育者在实践的过程中不断积累经验，不断反思，不断创新。只有做好信息化教学设计才能推动教育信息化的发展，才能使教育获得真正的革命。

第三节　信息化时代的教学评价

教学评价是对教学效果进行的价值判断，它直接作用于教学活动的各个方面，是教学工作的一个重要组成部分，也是教育技术学研究的一个重要领域。教学评价的理论与方法对提高教学质量，促进教学改革起着日益显著的作用。

教育质量的提高首先取决于教学质量的提高，要提高教学质量就必须对教学提出一定的质量要求，而对教学是否达到了一定质量要求的判断就是教学评价。换言之，教学评价就是根据教学目的，运用一切可行的评价技术手段对教学活动的过程及其结果进行测定、衡量，并予以价值判断的过程。教学评价的实质是从结果和影响两个方面对教学活动给予价值上的确认，并引导教学活动朝预定的目标发展。

一、教学评价的功能

教育心理学和教学论的研究指出教学评价对提高教学效果具有明显的促进作用，可以概括为以下五个方面。

1. 反馈调节功能

通过教学评价可以提供有关教学活动的反馈信息，以便于师生调节教和学的活动，使教学能够始终有效地进行。这种信息反馈包括两类：一是以指导教学为目的的对教师教学工作的评价，通过这种评价可以调节教师的教学工作，也间接提高了学生的学习效果；二是以自我调控为目的的自我评价，即学生通过自我评价加深对自我的了解，以便调整学习策略，改进学习方法，增强学习的自觉性。

2. 诊断指导功能

评价是对教学效果及其成因的分析过程，借此可以了解教学各个方面的情况，以此判断它的成效和缺陷、矛盾和问题。全面的评价工作，不仅可以估计学生的成绩和成就在多大程度上实现了教学目标，而且可以解释为什么成绩不理想。是由于教学方法不合适、教师无能，还是由于学生的精神、动机不适当或他们的学习准备不充分和能力不够。教学评价如同体格检查，是对教学现状进行一次严格的科学诊断，以便为教学的决策或改进指明方向。

3. 强化激励功能

科学的、合理的教学评价可以调动教师教学工作的积极性，激起学生进行学习的内部动机，使教师和学生都把注意力集中在教学任务的某些重要部分。对于教师来说，适时的客观的教学评价，可以使教师明确教学工作中需要努力的方向；对于学生来说，教师的表扬和奖励、学习成绩测验等，可以提高学习的积极性和学习效果。

4. 教学提高功能

评价本身也是一种教学活动。在这种活动中，学生的知识、技能将获得长进，甚至飞跃。考试本身就是一种重要的学习经验，它要求学生在测验前对教学内容进行复习、巩固和综合；在测验过程中对材料进行比较和分析；而通过考试的反馈，可以确证、澄清和校正一些观念，并清楚地认识到要进一步思考和研究的领域。另外，教师可以在估计学生水平的前提下，将有关学习内容用测试题的形式呈现，使题目包含某些有意义的启示，让学生自己探索、领悟，获得新的学习经验或达到更高的学习目标。

5. 目标导向功能

如果在进行教学评价之前，将评价的依据或条目公布给被评价人（教师或学生），将对被评价人下一步的教学或学习目标起导向作用。在教育信息化的进程中，评价的这项功能将越来越为人们所重视。原因在于，在信息化的教学设计中强调以学为中心，学生将被赋予较高的主动性和独立性，这样一来，教师将更为关注学生是否能够在学习过程中按照既定的教学目标努力。为此，事先将评价的标准交给学生，使他们知道教师或其他学生将如何评价他们完成的学习任务，将有助于学生自己调节努力方向，从而达到教师预想的教学目标。

二、教学评价的类型

依据不同的分类标准，教学评价可作不同的划分。譬如，按评价基准的不同，教学评价可分为相对评价和绝对评价；按评价功能的不同，教学评价可分为诊断性评价、形成性评价和总结性评价；按评价表达的不同，教学评价又可分为定性评价和定量评价等。在这里对这三种教学评价的类型作简单介绍。

1. 按评价基准分

按评价基准分，教学评价可分为相对评价、绝对评价。

（1）相对评价。相对评价是在被评价对象的集合中选取一个或若干个个体为基准，然后把各个评价对象与基准进行比较，确定每个评价对象在集合中所处的相对位置。

为相对评价而进行的测验一般称为常模参照测验。它的试题取样范围广泛，测验成绩表明了学生学习的相对等级。由于所谓的常模实际上近似学生群体的平均水平，所以这种测验的成绩分布符合正态分布规律。

利用相对评价来了解学生的总体表现和学生之间的差异或比较不同群体间学习成绩的优劣是相当不错的。它的缺点是基准会随着群体的不同而发生变化，因而易使评价标准偏离教学目标，不能充分反映教学上的优缺点，为改进教学提供依据。

（2）绝对评价。绝对评价是在被评价对象的集合之外确定一个标准，这个标准被称为客观标准。评价时把评价对象与客观标准进行比较，从而判断其优劣。评价标准一般是教学大纲以及由此确定的评判细则。

为绝对评价而进行的测验一般称为标准参照测验。它的试题取样就是预先规定的教学目标，测验成绩主要表明教学目标的达到程度，所以这种测验的成绩分布通常是偏态的。低分多高分少，为正偏态；低分少高分多，为负偏态。

绝对评价的标准比较客观。如果评价是准确的，那么评价之后每个被评价者都可以明确自己与客观标准的差距，从而可以激励被评价者积极上进。但是绝对评价也有缺点，最主要的缺点是客观标准很难做到客观，容易受评价者的原有经验和主观意愿的影响。

2. 按评价功能分

按评价功能分，教学评价可分为诊断性评价、形成性评价和总结性评价。

（1）诊断性评价。这种评价也称教学前评价或前置评价。一般是在某项活动开始之前，为使计划更有效地实施而进行的评价。通过诊断性评价，可以了解学习的准备情况，也可以了解学生学习困难的原因，由此决定对学生的适当对待。

（2）形成性评价。形成性评价是在教学进行过程中，为引导教学前进或使教学更为完善而进行的对学生学习结果的确定。它能及时了解阶段教学的结果和学生学习的进展情况、存在问题等，以便及时反馈、及时调整和改进教学工作。形成性评价进行的较频繁，如一个单元活动结束时的评估，一个章节后的小测验等。形成性评价一般又是绝对评价，即它着重于判断前期工作达到目标的情况。对于提高教学质量来说，重视形成性评价比重视总结性评价更有实际意义。

（3）总结性评价。这种评价又称事后评价，一般是在教学活动告一段落时为把握最终的活动成果而进行的评价。例如学期末或学年末各门学科的考核、考试，目的是验明学生的学习是否达到了各科教学目标的要求。总结性评价注重的是教与学的结果，借此对被评价者所取得的成绩做出全面鉴定，区分等级，对整个教学方案的有效性做出评定。

上述三种类型的评价有着各自的特点，对比情况见表3-1-6。

表3-1-6 诊断性评价、形成性评价和总结性评价的对比

类型要点	诊断性评价	形成性评价	总结性评价
实施时间	教学之前	教学过程中	教学之后
评价目的	摸清学生底细以便安排学习	了解学习过程，调整教学方案	检验学习结果，评定学习成绩
评价方法	观察、调查、作业分析、测验	经常性测验、作业分析、日常观察	考试或考查
作用	查明学习准备情况和不利因素	确定学习效果	评定学业成绩

3. 按评价表达分

按评价表达分，教学评价可分为定性评价和定量评价。

（1）定性评价。定性评价是对评价资料作"质"的分析，是运用分析和综合、比较与分类、归纳和演绎等逻辑分析的方法，对评价所获得的数据、资料进行思维加工。分析的结果有两种：一是描述性材料，数量化水平较低甚至毫无数量概念；另一种是与定量分析相结合而产生的，既包含数量化但以描述性为主的材料。一般情况下定性评价不仅用于对成果或产品的检验分析，更重视对过程和要素相互关系的动态分析。

（2）定量评价。定量评价则是从"量"的角度，运用统计分析、多元分析等数学方法，在复杂纷乱的评价数据中总结出规律性的结论。由于教学涉及人的因素，各种变量及其相互作用关系是比较复杂的，因此为了提示数据的特征和规律性，定量评价的方向、范围必须由定性评价来规定。

可以说，定性评价和定量评价是密不可分的，两者互为补充，相得益彰，不可片面强调一方面而忽视了另一方面。

三、信息化教学评价

1. 信息化教学评价与传统教学评价之比较

为了达到信息化教育的培养目标，即培养具有处理信息能力的、独立的终身学习者，其教学评价必须要与各种相关的教学要素相适应，从而也必然与传统的教学评价迥然不同，其区别可以概括为以下五点。

（1）评价目的不同。传统的教学评价侧重于评价学习结果，以便给学生定级或分类。评价通常包含根据外部标准对某种努力的价值、重要性、优点的判断，并依据这种标准对学生所学到的与没有学到的进行判断。为了评价学习结果，传统的评价往往是正规的、判断性的。而在信息化教学中，评价是基于学生表现和过程的，用于评价学生应用知识的能力。关注的重点不再是学到了什么知识，而是在学习过程中获得了什么技能。这时的评价通常是不正规的、建议性的。

（2）评价标准的制定者不同。传统评价的标准是根据教学大纲或教师、课程编制者等的意图制定的，因而对团体学生的评价标准是相对固定且统一的；而信息化教学强调学生的个别化学习，学生在如何学、学什么等方面有一定的控制权，教师则起到督促和引导的作用。Csete 和 Gentry（1995）甚至建议使用名词"学生控制的教学"（learner controlled instruction）来代替这种以学为中心的教学，学生所"控制"的要素中也包括对"评价"的控制。为此，在信息化教学中，评价的标准往往是由教师和学生根据实际问题和学生先前的知识、兴趣和经验共同制定的。

（3）对学习资源的关注不同。在传统教学中，学习资源往往是相对固定的教材和辅导材料，因而对于学习资源的评价相对忽视，往往只是在教材和辅导材料等成为产品前，才有由特定学生与教师所实施的检验或实验性质的评价出现。而在信息化教学中，学习资源的来源十分广泛，特别是互联网在学习中的介入，更使学习资源呈现了取之不竭之势。如何选择适合学习目标的资源不仅是教师的重要任务，也是学生所要获得的必备能力之一。因而，在信息化教学评价中，对学习资源的评价受到更广泛的重视。

（4）学生所获得的能力不同。在传统的教学评价中，学生的角色是被动的。他们通过教师的评价被定级或分类，并从评价的反馈中认识自己的学习是否达到预期。然而，在信息化社会中，面对不断更新的知识，指望像传统教学中的教师一样适时地对学生的学习提供评价是不可能的。因而，作为一个合格的终身学习者，自我评价将是必备的技能，培养学生的这种技能本身就是信息化教学的目标之一，也是评价工作的任务之一。

（5）评价与教学过程的整合性不同。在传统教学中，评价往往是在教学之后进行的一种孤立的、终结性的活动，目的在于对学习结果进行判断（见图3－1－10）。而在信息化教学中，培养自我评价的能力和技术本身就是教学的目标之一，评价具有指导学习方向、在教学过程中给予激励的作用，正是由于有了评价的参与，学生才有可能达到预期的学习结果。因此，评价是镶嵌在真实任务之中的，评价的出现是自然而然的，是一个进行之中的、嵌入的过程，是整个学习不可分的一部分（见图3－1－11）。

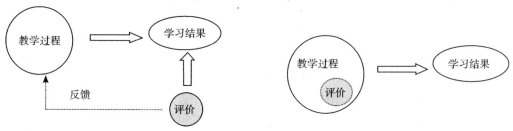

图3－1－10　评价在传统教学中的位置　　　　图3－1－11　评价在信息化教学中的位置

2. 信息化教学评价的原则

在信息化教学中，以下一些评价原则将有助于达到评价目的，进而实现整个教学的目标。

（1）在教学进行前提出预期。在信息化教学中，学习的任务往往是真实的，而学生又具有较大的自主权和控制权。为避免学生在学习过程中迷途，在教学进行前，预先通过提供范例、制定量规、签订契约等方式使学生对自己要达到的结果有一个明确的认识将是非常有效的。这样一来，学生就会主动地使自己的工作与任务的预期要求看齐。

（2）评价要基于学生在实际任务中的表现。在信息化教学中，教学的组织者要尽可能地从"真实的世界"中选择挑战和问题，并在评价时关注学生在实际任务中所表现出来的提问的能力、寻求答案的能力、理解的能力、合作的能力、创新的能力、交流的能力和评价的能力。评价的重点要放在如何使学生的这些能力得到发展和提高上，而不仅仅是判断学生的能力如何上。

（3）评价是随时并频繁进行的。既然信息化教学中的评价是一个进行中的、嵌入的过程，那么它也应该是随时并频繁进行的，目的是衡量学生的表现与教学目标之间的差距，进而及时改变教学策略，或者要求学生改变他们的学习方法及努力方向。事实上，评价是促进整个学习发展的主要工具。

（4）学生对评价进程和质量承担责任。要发展自我评价能力，学生需要有机会制订和使用评价的标准，使他们在思考和反思中发展自身的技能。学生应该知道如何回答和解决诸如"需要解决的问题是什么？"、"我们怎样才能知道自己已经取得了进步？"、"我们如何才能得到提高？"、"我们怎样才能达到优秀？"之类的问题。因此，只要有可能，就要尽量鼓励学生进行自评或互评，并使他们对评价的进程和质量承担责任。

第二章　多媒体课件设计

学习目标

1. 叙述多媒体课件的基本教学过程及其特点。
2. 陈述课件设计与制作思路。
3. 列举课件设计与制作所需的软件，并应用相关软件制作简单课件。

随着计算机技术的迅速发展和应用领域的不断扩大，操作计算机已逐渐成为信息社会中人们工作、学习和生活中的一个重要部分。使用计算机的人员已从最初的专业技术人员扩大到各行各业的非专业人士；随着图形用户界面 Windows 操作系统的出现，一改在此之前计算机只能以呆板的字符形式与人类交流的局面，使得操作计算机不再让用户感到困难，让计算机与人类进行符合人类习惯的自然交流，极大地提高计算机的应用效果，使计算机更好地为人类服务。多媒体计算机技术的出现，正是人们向这一方向努力的结果。

多媒体技术的含义和范围极其广泛，并且会由于技术的发展而更加丰富。一般认为多媒体计算技术就是用计算机交互地综合处理文本、图形、图像、动画、音频及视频影像等多种信息，并使这些信息建立逻辑连接，它的英文原语是 Multimedia。多媒体技术使计算机能以人类习惯方式与人类交换信息，它将赋予计算机新的含义。用户可以通过键盘、鼠标、操纵杆或触摸屏甚至语音与计算机通信，同时计算机还可以对各种形式的多媒体信息进行输入或输出的处理。Internet 的发展使人们能很方便地进入一个取之不尽的信息世界。目前，具有多媒体技术的计算机已经开始步入千家万户。

课件（也称教学软件），是计算机辅助教学系统中重要的应用软件，它包含教与学过程中的各种信息，具有明确的教学目标、相应的教学方法及对教学过程控制的策略。同时广泛采用了动画、影像、音响等多媒体形式，使用方便、效果好。

多媒体课件就是利用多媒体计算机和相应的教学、学习软件，帮助教师或学习者执行教学、学习功能的活动，以达到声、形并茂，提高学习者的学习兴趣和学习效果。计算机在这种教学形式中，主要是被用来呈现教学目标、教学内容、记录学生的学习情况和控制学习进程等。就整个教、学过程来看，多媒体课件只是在某些教、学环节上程度不同地发挥作用，并不能完全取代教师在教学过程中的重要作用，因而只是一种辅助系统。

下面给出制作多媒体课件应配备计算机的基本配置情况，如表 3 - 2 - 1 中所示，应该特别指出的是由于计算机技术的高速发展，每 18 个月就会更新一代，太新的东西往往代价太高；我们应本着实用、够用的原则，根据学校的实际情况进行选择。因此实际配备计算机时，应考查一下当时的计算机市场情况。

表3－2－1　多媒体课件制作计算机硬件组成建议表（2000年5月）

多媒体计算机硬件配置	主机		CPU	赛扬433以上
			内存	大于64M
			显卡	显存应大于8M
			机箱、电源	立式或卧式、电源功率大于230W
	外部设备	基本外部设备	显示器	15″或17″
			硬盘驱动器	15GB以上
			CD－ROM	32倍速以上
			键盘	107键以上
			鼠标器	建议用罗技鼠标
			声卡	32位、带3D硬波表
			软盘驱动器	1.44M
			音箱	木质有源
		常用设备	打印机	A4幅面以上激光或彩色喷墨
			优质话筒	推荐用电容式
			Modem	56K V.90（可选）
			网卡	10M/100M PCI网卡（可选）
		软件开发设备	图像扫描仪	平台式36位分辨率300×600以上（可选）
			光盘刻录机	4倍写、4倍擦、20倍速读以上（可选）
			TV卡	可选
			视频压缩卡	可选
			摄、录像机	可选
			数码相机	可选

一、多媒体课件的基本教学过程与特点

1．多媒体课件的基本教学过程

多媒体课件是以计算机作为教学媒体，配上相应的教学课件，可以完成教学过程中对教学信息的处理和传递。由于计算机在程序的控制下可以通过输出设备向人们呈现各种信息，通过输入设备接受使用者输入的各种信息，并能对其进行判断处理。因此把具有教学功能的软件配置到计算机上之后，计算机就能像教师那样，与学生构成人——机教学系统。该人机系统应能像传统的教师——学生系统一样，具有灵活的组织形式，根据目前的计算机技术及应用水平，对于个别辅导式教学课件，普遍认为是如图3－2－1所示的一种典型模式。学生坐在终端前与计算机"会话"，计算机通过监示器屏幕来呈现信息（文字、图形和动画等），有时辅之以声音输出。学生通过键盘、鼠标或手触式屏幕，输入回答。

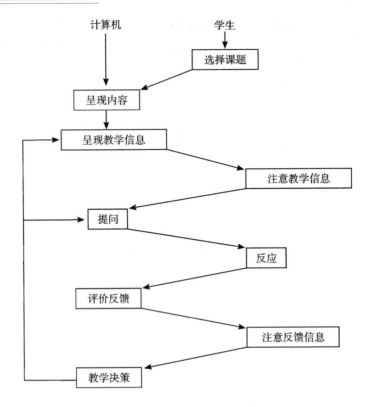

图 3 - 2 - 1 人机教学系统

（1）选择课题。学生根据自己的兴趣或教师的安排，从计算机中的课件中选定一个课题，计算机立即将该课的程序调入内存运行，并在显示器屏幕上显示课题内容。

（2）呈现信息。计算机呈现一小段教学信息，可以用文字、图形及声音等形式表现。

（3）注意教学信息。学生集中注意力，理解和记住显示器呈现出的教学信息。

（4）提问。计算机向学生提一些与刚才呈现的教学信息有关的问题，要求学生立即回答。在课件中提问是十分重要的，它是为了测试学生对刚才所呈现内容的理解程度，对计算机随后的教学决策有重要的影响，问题的形式是多种多样的。

（5）反应。学生通过思考和判断，对计算机的提问作出反应，通常在键盘上或用鼠标器输入他们的回答。

（6）评价与反馈。计算机接受学生的反应，判定其正确程度，并提供适当的反馈信息。该信息通常包括关于问题结果的知识，对学生的表扬和勉励、对错误原因的分析以及对进一步学习的建议等。

（7）注意反馈信息。学生对自己刚才反应的结果十分关心，计算机提供的结果知识帮助他确认结果，明白为什么正确、为什么错误以及出错原因等。此时，学生要根据计算机的提示信息进入下一步学习。

（8）作教学决策。计算机根据对学生反应的判断和某种教学策略，来决定下一步的教学行为，一般有下列选择：

1）继续：呈现新的教学信息。

2）复习：呈现同样或类似的教学信息。

3）补习：提供与刚才内容有关的更详细的说明材料信息。

4）提示：提供启发信息，然后呈现刚才呈现的或类似的问题，让学生反应。

5）测验：提供一个小测验，检查是否达到目标，通常在一课结束后进行。

有些情况下，也允许学生参与教学决策，学生有选择上述选项的主动权。

2. 多媒体课件的主要特点

（1）多媒体课件的优越性。

1）可存储丰富的教学信息，而且能快速地进行处理、检索和提取，大大扩充和方便教师与学生对学习资源的利用。

2）多媒体课件具有交互性，可以有效激发学生的学习动机，保持学习的积极性。

3）与教师的课堂教学模式相比，计算机可针对不同程度的学生提供具有按学生特点进行因材施教的个别化学习方式。例如学生可以控制学习速度，选择适合自己难度的学习内容，对于思考问题的时间也允许不受限制。

4）与教师相比，计算机是一个客观的没有感情的教师，因而对待学生可以不厌其烦，使学生减小学习压力，增加学习动力。

5）与所有教学媒体包括最优秀的教师比，多媒体教学系统的即时反馈具有绝对的优势。

（2）多媒体课件的不足。

1）比其他的教学媒体成本高。

2）由于课件是事先编好的固定程序不可能具备像教师那样的灵活性，因而限制了学生的意外学习，对培养创造性不利，对编程时事先未预料的问题，不能准确处理。

因此在选择使用课件时，务必要根据具体的教学目标和教学内容发挥多媒体教学系统在教学上的长处，避免不恰当地应用多媒体课件。对于课件系统的设计开发者，则要根据教学规律在课件设计中克服课件的不足之处。

二、多媒体教学的基本模式

正如教师与学生构成的教学系统可采用不同的教学模式一样，多媒体教学系统也可根据具体的教学目标和教学内容，采用各种教学模式。

1. 讲解演示

讲解演示模式模仿了教师课堂讲授与演示的教学方法。利用多媒体计算机所具备的图像、动画、语言和音乐的功能，发挥计算机所特有的交互性，将教材内容呈现给学生。特别是一些用语言难以清楚表述的、变化过程复杂的或者肉眼直接观察不到的教学内容。如物理学中的分子运动、电磁场、波的传播、相对论等概念，都可以通过计算机显示动态图形，改变参数观察相应的变化，非常有助于理解研究对象内在的运动规律。

该方式可以集中优秀教师的教学经验，以多媒体的表现形式，有选择地控制思考和理解的时间，能够直接在教学上课时使用。既减轻了教师擦写黑板的劳累，又可节省出时间用于教授新内容，大大提高了教学效率及质量。该模式也可供学生作为个别教学的形式利用，通过选择学习时间的长短起到一定的因材施教的作用。

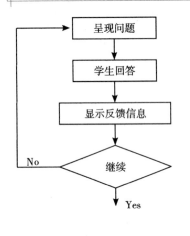

图 3-2-2 操作与练习结构

2. 操作与练习

操作练习也是许多教师经常采用的一种教学方法，它是通过反复地练习使学生巩固和熟练某些知识和技能。在课件中充分发挥了计算机自动执行程序的功能，节省了教师的工作量和时间，对于提高学生完成学习任务的速度和准确性非常有利。该模式的特色是计算机的即时反馈功能得到了恰当的应用。

这种教学模式的结构如图 3-2-2 所示。首先由计算机呈现问题，学生输入回答信息后，计算机判断回答得是否正确。如正确，则予以肯定和赞美，使学生获得正向激励，然后进入下一问题。如不正确，则给予提示帮助，并给予再一次的回答机会，或直接显示正确答案；如果学生不会，可以请求系统呈现帮助的信息，或者是呈现讲解过程。按这样的方法，通过让学生回答一组难度渐增的问题，达到学习目的。这种模式涉及题目的编排，学生回答信息的输入，判断回答以及反馈信息的组织，记录学生成绩等。比较完善的系统应有题库，能按学生情况组卷，能根据学生回答错误的情况提示可能的出错原因，并呈现有针对性的提示帮助。为了掌握学习的进程及效果，还应能记录统计分析学生的回答问题情况。

通常这种模式的课件在设计时都与教材配套，主要的操作练习内容包括以下几方面：对学生巩固所学知识和掌握技能是极为重要的，但教师在课堂上又没有足够时间以回答的作业形式帮助学生复习；与教材的内容相匹配的练习形式。例如，数学中的习题对掌握基本知识和解题技巧是极为重要的，因此教师总是布置大量的习题给学生，但随之而来的是出题和评判作业的沉重负担，对于及时地反馈学生作业中的对错信息较难做到；另外像物理学中的应用问题，当某些参数改变时，结果也会随之改变，它们之间的关系对学生认识相关的物理现象或规律是非常重要的，仅靠教师自身难于动态分析这些问题。上述内容的问题均适于用操作与练习的课件模式解决。

3. 个别辅导

这种模式是让计算机充当教师，使学生通过计算机学习新的知识技能，个别辅导模式适合学生自学。

在个别辅导模式课件的程序中，其工作流程一般是将教学内容分解成许多小块的教学单元，将知识分解成许多相关的知识片，每次呈现只是一个概念或知识点，然后通过提问检查学生的掌握情况，每隔几小块教学单元或者在结束时，系统就针对所有学过的内容来提问，相当于平时的单元复习或总复习检查。在学习过程中，系统将时刻监控学习的进程，并根据学习者的反应，决定让学习者是进入新内容学习还是退回学习旧内容。在任何一个环节，如果学习者不能达到系统所规定的成绩标准，就得退回重新矫正，直到达到标准后，才进入下一主题。例如科利华公司的"CSC 电脑家庭教师"就是一个覆盖了小学、初中及高中各学科的以个别辅导为主的教学软件。

计算机本身的许多系统软件和应用软件，如 Windows 或 Word 等，都备有在线的个别辅导（热键帮助），一旦激活帮助功能，就可以根据提示信息方便地学习软件使用方法，对于初学软件使用者来说，比阅读印刷形式的使用手册还要方便。将 F1 键定义为进入帮助系统的热键，几乎是所有软件的缺省规定。

4. 模拟

模拟亦称仿真，是指用计算机模仿真实现象或实现理论上的"理想模型"，该理想模型是突出了所研究问题的基本要素并将与问题无关的因素简化了的模型。它一般被设计成由使用者控制事件中的某些过程，从而发展到不同的事件结果，这种模式非常有利于培养学生解决问题的能力，并且克服了许多真实试验的困难，在许多场合下具有不可替代的作用。以下稍作深入的讨论。

（1）适于模拟的内容。

1）用真实实验无法实现或表现不清楚的内容。如物理学中的原子裂变、太阳系中行星的运动等，再有像历史事件的描述等。

2）真实实验所需的设备、材料太昂贵，即使采取计算机媒体之外的其他手段，也难以在教学中实现的实验。

3）包含有危险因素的内容。化学中有不少实验具有很大的危险性，如可能产生爆炸，或带有巨毒、污染等。

4）实验的周期太长。在生物学中，遗传实验是比较重要的内容，但可能需要的时间很长，例如几年，因此教学上难以实现。

（2）模拟的基本类型。

1）模拟实验。用计算机来构造（模拟）实验的环境以加强和代替传统实验手段，用计算机显示器屏幕演示实验，并给予学生操作手段和使用方法的提示，容易引起学生的兴趣，并达到加深理解的效果。从电子仪器到物理实验都适合这种模拟。如电学测量中的信号发生器、示波器等许多仪器，都可用计算机集于一身，根据不同需要通过程序控制使得计算机显示器出现不同的仪器面板，使用者利用计算机键盘或鼠标来操纵显示器上面板中的按钮，控制"仪器"进行各种操作。

2）模拟经历和遭遇。有人也称此类型为情景模拟。根据"发现学习"的原则，让学生在所呈现的情节中扮演一个角色，让学习者在情景中试探各种反应，可以帮助学生取得未经历过的经验。例如模拟医疗经验对医疗效果十分有效。

3）模拟训练。这种类型的模拟可以帮助学生熟练操作技巧。例如模拟飞机、汽车及轮船的驾驶、武器的操纵或者其他一些大型复杂系统的控制训练。

4）过程模拟。过程模拟中学习者并不扮演某一角色，只是一个外部实验者。学习者先决定好每一轮或每一次试验的参数，此后无需学习者干预，系统就会自动给出一个相应的结论。人们最感兴趣的是模拟过程的结果。其中可改变的参数包括有某一过程发生的速度，经济问题预测或者遗传实验中的时间等。为清楚观察某一现象，也可控制延长时间。

5）系统模拟。系统模拟可以帮助学生获得大量信息，达到对整个系统的深入理解。例如模拟经济学、社会现象、世界人口发展动态、太阳系以及传播系统等。

5. 教学游戏

教学游戏常常被用来产生一种较强烈的竞争性的学习环境，而其内容和环境都与教学目的相联系。例如猜字游戏、算术竞赛、知识竞赛，适合于提高少年儿童的学习兴趣。一些竞争很强的教学游戏能强烈激发使用者的兴趣，没有疲劳感。教学游戏在设计上，要注意把科学性、趣味性和教学性融为一体。

6. 计算机辅助测验

计算机辅助测验（Computer Assisted Testing）也称 CAT，是课件的重要组成部分。

在题库、组卷系统和学生成绩分析系统的配合下，可以实现单元测试、阶段考试以至于国家考试。由使用者指定范围、难度等指标，系统自动组卷，并可人工编辑修改。

学生答卷则可根据情况打印出试卷后笔答，再将回答情况录入计算机处理，或是直接在计算机上回答问题。最近也有采用异地通过网络上的终端考试或是将答题存储于软磁盘上邮寄的方式。

7. 问题解答

问题解答试图给学生呈现一个或几个问题情景，让学生加以解决。该情景常以其神秘性、迷惑性给学生以挑战，从而引发学生的学习动机。问题解答一般不教新概念，但是通过解答问题，能应用、检验和熟练已经学习了的知识。问题解答能给学生提供创造性解决问题的机会、鼓励学生发展高水平的思维技能和解决问题的策略。

8. 发现式学习

发现式学习是属于认知建构主义理论中的一种学习方法。在课件系统中通过计算机，使学生置于构造好的环境中，并提供给使用者进行探索、分析、推导、计算等工具，使学生在探索过程中发现并掌握新概念和原理。

发现式学习应富有趣味性，并具有很强的逻辑性，以便学习者分析和推理，通过学习者的努力最终获取新知识。这种模式的用途，不仅仅让学生发现规律，而且让学生学到科学探索的方法。

在发现式教学过程中，老师给学生的引导起着非常关键的作用。因为学生的"发现"是在教师的指导下完成的，这就要求教师对教学进行精心的设计，使得能引导学生进行积极的思维，并及时地给予解决问题的思路，对不同的学生，根据情况给予合适的帮助信息。可提供丰富的材料库，学习者通过对库中的各种资料的检索进行学习，从而达到教学目标的要求。

在软件中，模拟、问题解答软件都可用作发现式学习。此外，计算机一些应用软件也可以作为发现学习的工具。例如学生可以利用数据库软件统计实验中的数据，从而推导出某一规律。目前，国外还出现了一些计算机控制的实验用的工具软件。例如在这样的教学软件中，不仅有单摆的过程模拟，还有收集和统计数据的工具和许多制图工具。学生利用它们分析实验数据和制作各种统计图，从中讨论各种变量之间的关系，发现规律。

9. 虚拟现实

虚拟现实（Virtual Reality，简称 VR）是一种由数据产生的情境，在这个情景里用户能直接操纵其属性、物体及其关系，而感觉不到计算机界面。如果不考虑"计算机界面"的因素，则与"模拟"有类似之处。虚拟现实具有多媒体的许多特点，例如集成了多种媒体，信息表征具有多样性、灵活性，要求学习者的积极参与。虚拟现实技术的出现是多媒体技术发展的结果，其在教学上的应用尚处在探索阶段。

虚拟现实能创造出良好的学习环境，学生能够以自然的方式，如抓、指、拉等动作，和对象发生作用，甚至会感觉到与实物一样的重量及碰撞效果，通过活动和探索虚拟世界学到知识。虚拟现实对界面的隐匿性促进了操纵，使得学生在完成任务时更容易，不会受到计算机界面的干扰，从而把更多的精力放在学习内容上。虚拟现实也有助于激发积极的情绪和动机。在虚拟环境下，学生更容易摆脱枯燥的课本说教和计算机屏幕冷冰冰的界面，活生生地处在一个可由自己控制的环境里。在学习活动中，学生得到的反馈更多的是来自于对知识和技能的掌握，是对内部需要和动机的满足。

10. 远程辅导与在线讨论

远程辅导与在线讨论的模式主要是指处于异地的学习者及教师，利用 Internet 网络通信技术所进行的一种学习方式。《未来之路》的作者比尔·盖茨在书中为人们描述了一幅极其动人的未来教育情景。信息高速公路将使教学活动发展成为全球性、全方位的信息提供/查询活动，就某个具体的问题，只要感兴趣，不同地点的任何人都可以参与。通过网络，可以共同上课，共同讨论问题的远程教学和在线讨论方式，可以做一些以往任何手段都难以完成的事情。

以上我们粗略地将课件中经常使用的模式总结出 10 个类型。还有一些其他的模式，由于应用不多我们没有提及，随着科学技术的进步和教育改革发展的需要，也可能会出现更多的课件模式，原有的一些模式如果与教育的发展不适应，也可能被教育工作者所遗弃。其实无论哪一种模式，都很少作为一个独立的课件存在。在一个多媒体教学系统中为了加强效果可能运用了几种模式，只不过是以某一种模式为主。例如在广泛采用的模拟型课件中，采用虚拟现实 VR 技术已成了研究热点，再例如为了引入趣味性，教学游戏的模式几乎用于各种模式的课件中。

上述的分类方法实际上也是多角度的。例如讲解演示、操作练习等是从教学方法上进行的分类。发现式学习、在线式讨论（合作学习法）是从认知建构主义的理论角度提出的方法。而虚拟现实 VR、远程教学及在线讨论等又是从技术上考虑。可以预计，采用先进的多媒体和通信技术集多种模式为一体的课件，将是今后的发展方向。

三、学习理论在课件中的体现

1. 教学与学习内在过程一致

教学过程要与学生内在学习过程相一致，以促进学生的学习。程序教学法是与操作性条件反射过程相一致的；指导教学是与信息加工过程相一致的；而发现法学习、生成学习等则是与主动建构知识过程相一致的。

2. 个别化

个别化也是上述学习理论中共同的要求。行为主义强调教学要从学习者的起点行为开始，学习步调的大小和学习的速度要根据学习者的能力来决定。认知理论的信息加工论则强调学习包含新信息与先前经验的相互作用。建构主义更是强调学习者的个人经验在建构中的作用。课件必须适应个别学习者,要尽量顾及到学习者的特征,如兴趣、阅读、速度、先前经验和知识以及学习方式等。课件中根据学习者的特征可进行调节的方面,有课的内容、进度、作强化用的音乐的有无、练习的量、反馈的量和性质、一定时间内在帧面上呈现信息的量以及教学中相关例子的选择等。个别化可以在几个方面有助于学生的学习:增加兴趣;激活有关先前的经验,从而在概念上为新信息提供支点;把规则与一套有意义的、整合了的观念联系在一起。

3. 交互性

交互性是课件的显著特征。一个课件中的教学与学生个人无关,是难以想象的。教学决不能将学生的支持、合作和热情排除在外。与个人无关的课,犹如生产流水线,是不能有效地让学习者参与学习的。交互性能在以下几方面促进学习。

(1) 确保信息的接受,确保课的关键受到注意。

(2) 鼓励反应,以加强认知联系和对反应的回忆。

(3) 允许对不正确反应进行矫正,有助于学习成功。

(4) 增加学生学习时间。

许多课件只提供了表面的交互作用,如简单地自定步调,或者由于课件设计简单,只能维持低水平的交互,其结果,学生至多是一个旁观者,而不是一个参与者,因此应注意改进。

4. 有效地使用反馈

课件能提供即时反馈,这是其他媒体手段做不到的。教学软件要根据学习者的特征和学习任务的特点给以不同的反馈。年幼的学习者喜欢并需要积极的反馈来指示口答的正确。成年学习者一般喜欢彻底消除正面的反馈,以便提高学习效率。软件应当变化正面反馈的形式,要根据学习任务的类型和难度给予不同的反馈。

5. 保证成功

成功能鼓励继续学习。正确的反应能增强所想要的反应模式。软件要能使用计算机的监视操作的能力,来为每一学习者提供适当教学内容。根据学习者和学习内容的特征,使教学步子的大小适当。由简单到复杂地学习,能确保学生在进入新的课题之前,已经掌握了必备的知识技能。

6. 确保目标、教学和评定的一致性

在课件中,教学目标、教学内容和评定内容要保持一致。常有这样一种现象,学生学完了教学内容,当进入目标情境时,却表现不出所要求的行为来。

课件中的问题尽量使用一致的题型,以免学生将时间浪费到琢磨各种题型的反应操作方法上。提问题时不能给过多的提示,以免学生不动脑筋。题目要从题库随机选出,促使学生根据所学知识作出反应,否则,如果按一定顺序反复出题,学生就有可能回忆已有的答案顺序来进行反应,而不动脑筋。

7. 允许学习者控制

学习者对课进行控制反映出了计算机交互性的一个特色，但学习者控制要适当，尤其是个别辅导类课件。例如，有关教学完整性的因素、重要的序列内容、必备的知识技能等，最好由软件程序控制，以免学习者由于不当的控制而导致教学目的不能达到。对有关教学便利性和个人偏好性的因素，如复查、关掉音乐，在某些模块中做测验、响应正确的正向激励的重复等，则可留给学习者来控制。

可以从以下方面考虑进行学习控制。

（1）使学习者很容易看到模块的结构，以及课题之间的排列结构。'

（2）为了方便复习，允许学习者灵活选择进出各个教学片段。

（3）监视进展，重新开始时，能在学习者上次结束之处继续学习，或者能在任何地方进行重复学习。

（4）提供对完成每一模块（片段）计时的控制，对评估学习情况能提供参考。

8. 关于感情因素

学生一般对课件抱有积极的态度，因为：①学生能自定学习步调；②发生错误后较少有压力和窘迫；③可以提供即时反馈；④能及时获得正强化（激励）；⑤客观，根据学生的成绩，而不是根据学生的个人特征作出反应。

但是，教学软件仍然要关心学生的态度，经常收集学生在态度方面的反应与评论，并对重要的反应与评论及时反馈。这可以利用计算机的存储能力实现。这样做有两个目的：①为软件的设计提供有价值的信息，以便进一步对课件进行修改，提高教学效果。②可能有助于发泄学生学习过程中的挫折和焦虑的情绪。

9. 合理的画面设计

软件画面的设计既要符合教学要求，又要符合学习者知觉和注意的特点。例如，要尽量限制屏幕上呈现的文本的量，融入图形，利用声音、动画等，使用激发学生动机的技术。以下给出课件呈现信息的一些做法供参考。

（1）一次只呈现一个观点，然后就清屏。一个观点一般只有一两个句子长。

（2）学生加工信息需要时间，因此能由学生控制进度。

（3）不用屏幕卷动的技术，而是像翻书一样整屏换页。

（4）利用超文本技术，以便对观点进行深入交流。

（5）使用具体而不是抽象的语言。

（6）使用边框、颜色、光柱、闪烁、动画以及声音等强调重要信息。

10. 提供帮助信息

为了能使学生方便地操作课件，要注意设计完善的帮助系统，保证课件有一个清楚、确切、一步一步的操作提示。学生在课中一旦不清楚如何继续做时，软件应当能够提供联机帮助，且帮助信息应能够向前或向后索引相关的信息，进入帮助系统的一系列操作应符合一般商业软件的操作习惯，例如，用 F1 键进入帮助系统等规定。熟悉联机帮助的操作，对学生学习使用课件的能力培养是有益的。

11. 管理教学功能

一个完整的教学软件，还要能够记录学生的学习成绩和过程，并能在需要时给出统计分析结果，这样既有利于激发学习热情，又有利于教学监控和管理。

第二节　多媒体课件的设计与开发

多媒体课件是基于学习理论和教学理论，是对课件的教学内容、教学过程进行设计是课件设计的核心，这样说实质是强调课件的教学特点。同时多媒体课件也同属于教学软件，因此在课件的设计和开发中，涉及到多种学科的知识和各方面的专业人员，一个课件一般需经过以下几个阶段。可以将整个过程大体上分成需求分析、系统设计、脚本设计、课件开发和评价、修改等几个阶段，如图3-2-3。

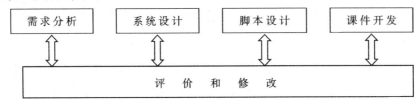

图3-2-3　课件设计流程图

课件设计从需求分析开始，当需求分析完成后，要进行评估，认可后，方能进入设计阶段，否则要修改需求分析，直至评价合格。设计根据内容的不同一般分为系统设计和脚本设计两个过程。设计完成后，也必须进行评估，对不合要求的设计进行修改，评估通过后，方能进入课件的开发阶段。在开发结束后，也要对课件进行测试、评估，只有满足预定的目标方能交付使用，否则必须返回到设计阶段或者是开发阶段进行修改。即使交付使用之后，也要听取用户意见，进一步改进。在开发阶段，一定要多花一些时间，在设计、开发、测试和修改之间反复循环。

一、需求分析

需求分析是课件设计的第一阶段。要搞清课件要达到的目标，并且明确给出达到目标的评估目标。要确定课件的使用对象，了解他们有什么特点和所具备的知识基础和技能。还要明确课件运行的环境以及开发所需的时间、人力和经费。

1. 课件目标的确定

首先要明确的就是课件的目标。为了明确这一目标，可以这样提出问题：

（1）在知识与技能方面的训练如何实现？

（2）教学内容的重点难点是什么？

（3）传统的教学方法为什么不能解决？

（4）利用计算机辅助教学如何解决传统教学不能解决的问题？

软件设计人员必须充分了解教师利用计算机辅助教学软件要达到什么目的，解决教学中的什么问题。

应采用什么样的模式？是将课件作为教师上课的讲解工具（讲解演示型），还是作为学生自学的工具（操作与练习型）？

2. 教学内容的选择

教学内容应当由从事教学实践的教师根据教学需要来决定，还要考虑到怎样充分发挥计算机的优点，克服传统教学手段的不足。对于模拟来说，确实可以避免购置一些贵重的仪器设备和一些有危险的实验项目。并且由于简化为在计算机中操作，无论是在缩短实验时间，还是突出实验目的等方面，课件确实有独到之处。但对于所有实验如果全由计算机代替，对于培养学生的动手能力、掌握基本的实验技能和提高实验素质等方面均有不利的一面。对于有些不易用语言和文字说清楚的、比较抽象的可通过计算机中的图像、动画（模拟）表现出来。

3. 使用课件的对象

明确使用课件的对象也是需求分析阶段的一项任务。包括课件使用者的资历、原有的认知结构和基本能力如何、使用者的特点是什么。

不同年龄阶段的学生的认知结构有很大的差别，教学媒体的设计必须与教学对象的年龄特征相适应。对小学生（6～12岁）其认知结构属"直觉思维图式"；因此课件设计应考虑如何实施形象化教学，以适应学生的直觉思维图式，课件中多采用图形、动画和音乐等。而初中生（12～15岁）其认知结构属"运算思维图式"。处于这一阶段的学生，思维的能力有了较大发展，但对初中生来说，这种抽象思维仍属经验型，还需要感性经验的直接支持。因此，课件要帮助学生由直觉思维向抽象思维过渡，引导学生学习抽象概念，学会运用语言符号去揭示事物的内在规律，逐步发展学生的逻辑思维能力。但是对初中生而言，形象化教学不可缺少，可用它帮助理解抽象概念。如果还像小学生那样仅考虑形象化问题，从形式上看虽然很生动、美观，而内容却无助于学生认知能力的发展。

4. 课件的运行环境

课件的运行环境一般指硬件环境与软件环境两方面。既要考虑到课件的开发环境，以便于课件的开发能顺利完成，又要考虑到教学系统中（如大、中、小学校）的教学用机型以及教学环境。一般应包括：

（1）CPU 的型号；

（2）显示器及显示适配器的指标；

（3）内存储器的容量；

（4）硬盘的容量；

（5）需要声卡、音箱、CD - ROM 以及视频卡等多媒体外设的情况；

（6）是否要求远程入网的硬件接口；

（7）课件运行的支持系统（DOS 还是 Windows）；

（8）开发所用的工具软件；

（9）提供给用户的一些附加工具软件等。

5. 可行性分析

要考虑开发课件的条件，除了具备一定的多媒体计算机开发技术基础，还需要考虑是否对课件适用学校的教学过程有一定的了解，是否有必要请有经验的教师参加，能否拿出好的脚本，开发难度如何，参与开发的人员情况、水平如何，课件的开发进程能否满足要求，现有的条件和购置的设备及软件如何，开发的课件是供专人使用还是要推向市场，最后对课件总的研制费用应有一个明确的估计。

二、系统设计

1. 确定分解教学目标

根据需求分析的结果，要进一步制定具体的教学目标，也就是目标的细化工作。一般可由有经验的教师依据教材内容，分析其知识结构，勾画出知识结构之间的逻辑关系。图 3 - 2 - 4 是课件系统设计和主要过程。

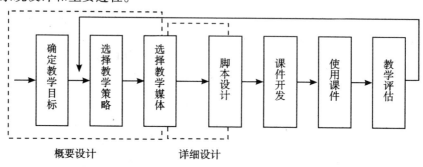

图 3 - 2 - 4 课年系统设计的主要过程

2. 选择教学策略

根据课程的教学目标以及相应的教学内容选择一种合适的教学模式。

如果是助教型课件，可以采用讲解演示的模式。课件应能根据教师的需要展示教内容。例如形象生动地演示运动过程、模拟运动规律（如物理定律、公式）。教师可以随时修改参数，马上看到相应的模拟结果。能够清楚地显示概念的陈述（字型要大，配有读音），应该能够代替黑板加粉笔。代替幻灯机、投影仪甚至录像等，成为教师得力的工具。这种类型软件应该有较大的灵活性。因为教学计划会变，学生的各种反应也不尽相同因此应能给教师很大的自由度，能按教师要求组织课堂教学。这种软件能起到帮助讲解的助手作用，可以节省教师的备课时间，提高教学效率。

如果根据教学目标及学生的特点选择了个别辅导型课件，那么该课件要成为一名替身的教师，也就是要充分总结专业教师的教学经验，有效地组织教学内容，达到个别教学的目的。要注意对不同的学习对象（幼儿、小学生、中学生、大学生）采用不同的方法。例如是为幼儿设计的课件，则应以趣味性较强的游戏形式出现，寓教于乐。

3. 选择教学媒体

对于各个知识点，利用多媒体计算机进行辅助教学。表 3 - 2 - 2 是传统教学媒体与多媒体课件中信息形式对应关系。

表3－2－2　传统数学媒体与多媒体课件中信息形式对应关系

原来使用的媒体	多媒体课件中的信息
文字投影片	文字
彩色幻灯片	彩色图像
一般投影片	图形
活动投影片	动画
录像片	活动影像
录音带	音频（WAV、MIDI）
立体模型	三维动画

三、脚本设计

系统设计到课件开发的中间环节是脚本设计。脚本设计是将课件的教学内容、教学策略进一步细化，具体到课件的每一屏的呈现信息、画面设计、交互方式以及学习过程的控制。它是教学目标的实现手段和方法，是在教学内容、教学策略、教学模式、媒体选择决定的基础上进行的。课件的开发直接依据是脚本设计，如同电视片的制作一样不能直接依据剧本，而是按分镜头脚本进行拍摄一样，课件脚本的编写将直接影响到课件的制作。

1. 脚本与脚本系统

（1）脚本的作用。脚本在课件开发中的作用和意义可以从以下几个方面来理解。

1）脚本将课件的系统设计、开发、使用紧密结合在一起。脚本是基于课件的系统设计结果编写的。脚本不仅要反映系统设计的各项要求和课件开发中的各种指示，还应给出显示的各种内容及其位置的排列、基于学习者学习情况的评价、显示的特点（颜色、动画、声像同步）和方法、编程的指示和技巧等。总之，脚本的设计必须根据系统设计，全面考虑课件的开发和使用情况进行。

2）脚本是课件开发的直接依据。课件设计主要是各种信息的设计，它包括教学信息、学习流程控制信息等。课件开发所考虑的又不仅仅是这些信息，它还应考虑各种信息的排列、显示和控制，考虑信息处理中的各种编程方法和技巧。如果在课件开发前不预先作出统一的计划和设计，而是在开发过程中边考虑边开发，一则使这些考虑不可能有统一的规划，难以形成一个完整的有效系统，另外也将大大影响课件的开发效率和开发质量。

当然，在一些十分简单的教学软件研制中，可以省略脚本设计而直接进行课件开发但通常情况下，特别是大型课件的研制，脚本设计都是必须重视的环节。

3）利用脚本可以更有效更方便地进行画面设计。画面设计是对课件中每一帧框面的信息排列位置和显示特点的设计。设计中需注意的是要考虑整个课件，即应基于整个课件的设计思想、设计要求，基于课件制作的特点编程方法和编程技术。画面设计必须具有统一性、连续性和系统性，因此画面设计应在脚本设计中完成。

4）脚本设计是一项创造性的劳动。脚本设计不是系统设计结果的翻版，不是简单地决定各种信息的排列位置和显示方法。脚本设计是一种创造性的劳动，有效的脚本设计既能充分地体现课件系统设计的思想和要求，又能对课件开发给予有力的支持。脚本设计是保证课件质量、提高开发效率的重要手段。

（2）脚本设计遵循的原则。

1）吸引学生的注意力，激发学生的兴趣。应采用美观、生动的屏幕，吸引学生的注意力，激发学生的学习兴趣。但是，决不能为了美观而减弱和分散学生的注意力，对于与教学目标、教学内容无关的动画和影像坚决删除。画面应有利于启发学生思考，有利于集中注意力。

2）直接阐明教学目标。要使学生明确教学目标，使学生有目的地学习。对于抽象概念，要设法通过图形、动画形象地表达出来，使学生容易理解。

要突出重点、难点。对于重点和难点，要采用一些强调手段来加深印象，以强化学生记忆。如用特殊字体、闪烁、加下划线、美术字；或是超文本技术；或是用形象的动画描述，甚至可以进行模拟试验或用探试法了解它的内在规律。

3）使用方便。课件应当使用方便。使用者不必看说明书学习操作方法，一看屏幕的提示，就应该知道如何操作。应能提供联机帮助，在学习过程中，屏幕始终有提示如何操作的信息。

4）增强学习的主动性。课件的控制权应掌握在使用者手中，能够有选择地进行操作。使教师根据教学需要选择使用。如模拟某一物理实验，应能支持整个实验的进行，包括仪器设备组装、操作步骤、实验数据的采集和数据分析等。让学生感到像在实验室一样，是自己动手做实验。

5）生动地演示讲解，让学习者容易理解。呈现概念时，要按步骤深入、仔细地讲解，图文并茂。学生可以控制进度，使之能明白理解之后再往下继续学习，留有足够的思考时间，做到兼顾不同程度的学生需要。

6）适时地组织提问、反馈和激励。在演示讲解过程中，为了吸引学生的注意力，要针对学生的情况，适时地进行提问。根据学生的回答，进行深入的讲解（反馈），阐明分析对与错的原因，尽可能不要简单地说"对"或者"错"，更不要有"太笨"之类的反馈。可以提示"想一想，再回答"，或是顺着学生思路进行，直到发生矛盾，再分析为什么。要注意强化的使用，适当地给予激励，必要时配以动画等形式，使课件成为循循善诱的教师。

7）有效地利用屏幕。与有经验的教师合理地组织黑板上板面结构一样，课件也应注意屏幕在何处呈现问题，何处呈现讲解、动画，何处与学生交互，何处显示反馈信息和提示信息，何处设置单选项（或按钮）等问题，合理布局。一般应注意问题尽可能保留在屏幕上，直到对问题的回答、反馈及分析全部结束；显示反馈信息时，不要清除学生的回答信息；屏幕信息不要太多，以至于整个屏幕均是文字。

（3）脚本系统的主要内容。脚本系统是一种用于描述脚本的方法和体系。可以有多种不同的方式建立脚本系统，但不管是怎样的方式，都应达到有效地描述课件设计的要求，要能有效地对课件制作者、使用者进行支援。

课件的教学序列是以帧的画面形式呈现的，每一帧画面如何设计、制作是课件开发的关键。课件的最终表现形式也是反映在屏上的一帧帧画面，就像一张张卡片一样。因此，脚本系统中也应设置一种脚本卡片与屏幕画面——对应。脚本设计、编写的基本内容是一张张脚本卡片的设计和编写。在一定程度上，可以认为脚本是脚本卡片的集合。脚本系统应规定脚本卡片的基本格式和编写方法。

脚本卡片的排序由学习流程所决定，脚本卡片也是学习流程的具体体现。脚本系统中应包含学习流程的说明，并在学习流程中标明各处理阶段和各功能所对应的脚本卡片的序号或序号范围。

课件的开发目的、课件中教学内容的结构形式和控制策略、画面设计的原则和方法等在课件设计、开发、使用以及维护中非常重要，它不仅决定了课件中教学序列的呈现、结构形式的选定和学习流程控制，还为每一帧画面的设计、制作提供了原则和方法。同时，也为课件的使用、维护和二次开发创造了条件，提供了依据。脚本系统中，对这些内容的描述是以脚本说明的形式给出的。

综上所述，脚本系统应包括以下主要内容：①脚本说明；②课件的学习流程；③脚本卡片及其序列。

在有些情况下，课件的学习流程也可一并放入脚本说明中。

2. 脚本说明

脚本说明一般应在脚本卡片编号前完成，并在整个脚本设计编写中不断修正和完善。

脚本说明主要用于对课件设计、开发和使用中的策略、事项进行说明，为课件开发使用提供指导性的原则和方法，其主要内容如下：

（1）课件设计登记卡。课件设计登记卡给出了课件设计的概貌。卡中的内容包括：课件名称、使用对象、学习形态（主要的教学模式）、学习参考时数、作者姓名及专业、通信地址及电话。编写脚本前应先通过登记卡对所开发的课件进行了解。

（2）开发的目的。课件的开发的目的主要从研究和教育方面予以表述。研究的目的可以从课件的开发方法、学习指导方法、概念形成、学习者特性等多方面描述。在给定研究目的时，还应给出如何根据学习记录及其结果分析对研究目的进行说明。教育目的则表示课件对学习者的学习具有怎样的意义。

（3）目标及其分析。课件的教学目标表示课件学习完毕后，期待学习者应达到的学习结果。脚本说明应列出目标和目标分析的结果。目标分析的结果可以用目标分析的知识结构图表示，也可以用二维层次表表示。

（4）课件的结构及其控制。课件的结构及其控制主要是指课件的层次结构及其控制流程，常以图表或流程图表示。

（5）基本策略。基本策略包括两方面内容：一种是教学内容及其安排的策略，另一种是教学流程及控制的策略。基本策略是用于指导课件设计、脚本设计的原则和思想。基本策略的说明对于理解设计的结果，对于理解课件中教学内容及其流程的设计，以及对于脚本的编写都是十分重要的。

（6）画面设计。脚本说明中应给出画面设计策略。它包括画面排列的基本模式、提示方法、颜色使用方法等。

（7）课件在教学中的地位和作用。很多情况下，课件学习仅完成课程教学中某一部分、某一单元或某一章、节的教学。脚本说明中应给出课件在课程教学中的地位和作用，并进行适当的说明。由于课件是作为课程教学的一部分进行安排的，因此存在着如何与前后学习内容进行连接的问题，对此应在脚本说明中予以适当的描述。

（8）使用本课件需作哪些准备。为了有效地使用课件，应按教师、学生分别列出学习前的准备事项。例如，对教师，要说明是否需要准备一定的实验器材，是否要求与其他媒体结合使用；对学生，是否需要携带指定的学习资料、参考书或文具、纸张，在专业知识方面应作哪些准备。

（9）用于课件开发的参考资料。以上列出的是一些基本事项。根据学习内容、使用要求和课件开发的需要，还可列入其他的若干事项。

3. 脚本卡片

决定脚本卡片的格式是建立脚本系统的前提。有效的卡片格式有利于课件开发，同时也有利于脚本卡片的制作。

对于脚本卡片的基本要求是：①反映课件设计的结果；②实现画面设计；③支援课件开发；④表示课件运行的概况。如图 3 - 2 - 5 所示。

脚本卡片

课件名称：＿＿＿＿＿＿＿＿＿＿＿

框面序号：＿＿＿＿＿＿＿＿　　　　　设计者：＿＿＿＿＿＿＿＿＿＿＿＿＿＿＿＿＿

[方括号里的内容照样显示 　　　　　] 「方角号表示相邻各帧的不同部分」 括号外的内容不予显示 左侧用于表示呈现的内容和格式	如：本行显示完毕后停一秒再显示下面内容，同时进行讲解 右侧用于表示呈现的特点、要求和制作的指示、方法

图 3 - 2 - 5　脚本卡片的基本格式

卡片的片头应表明课件名、框面序号和设计者。框面序号表示了该卡片与对应的框面在课件学习流程中的位置。其编号前面最好有一定的含义（如：背景 2，可表示为：BJ2；前面两位用拼音缩写表示，便于记忆，又可减少输入中文的麻烦）；框面序号的集合给出了课件的学习流程（教学序列）。课件中，若连续几帧画面上除少数内容外大部分内容是相同的，为了提高脚本设计效率，可用方角号表示相邻各帧的不同部分。

四、课件开发

课件的开发质量直接关系到课件的效果。该过程是将前面各个环节的工作在计算机上实现的过程。除了要求开发人员对多媒体计算机技术有较高的水平外，还应对教学有一定了解。应由美工人员参与画面创意，试运行后还必须征求课件使用者（教师或学生）评价反馈，并将其及时地在课件开发中体现出来，要反复修改开发过程中的各环节，最终成为用户满意的成型课件。图3-2-6中虚线框部分示意了课件的开发流程。

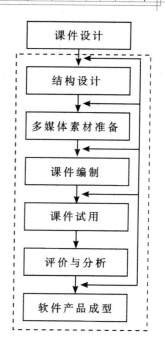

图3-2-6 课件开发流程图

1. 教学软件的结构设计

有了脚本系统的编制基础，对教学软件的结构设计也就有了依据，此时，考虑的重点应该是技术上实现需注意的细节。其内容包括，为了实现已定的教学流程和教学模式，如何体现课件的风格、版面设计以及多媒体的运用等。如影像的内容、动画的形式，用什么格式的音乐，音响、语音效果等，对于图像、图表用多高的分辨率和颜色数，用何种形式的人机交互。在此基础上编写系统分镜头（借用影视创作中的术语）脚本。

在充分考虑了实现上述技术细节后，对前面脚本设计的不合适之处，还要与脚本设计人员协商修改，以便能使课件的开发既符合原脚本要求又保证技术上的实现。

多媒体分镜头脚本包括：

（1）对屏幕进行编号（也可用名称）。

（2）每一屏幕上各种对象的布局。

（3）屏幕上图形（图像）的说明：画面尺寸，分辨率，色彩数，亮度，在屏幕上的出场方式。

（4）屏幕上活动影像的说明：影像尺寸，场景，情节，人物和对话等和影视脚本一样的要求。

（5）选用的音响类型：音乐——可用 . MIDI；语音——可用 . WAV。

（6）人机交互方式：用下拉式菜单、弹出式菜单，还是用按钮。

2. 多媒体素材准备

正如建筑工程的施工一样，有了工程图纸，确立了建筑结构，还必须要准备建筑材料和施工的工具，才能开始施工。多媒体素材的准备相当于建筑"材料"，而选用的程序设计语言或写作软件则相当于施工的"工具"。以下讨论多媒体素材的准备及写作工具的选择。

在课件设计中，要收集、采编和制作课件所需的多媒体素材，可做以下考虑。如果已有多媒体素材的数据库、如光盘存储的原始资料库，或自己过去收集、制作的资料，那么尽可能从中寻找，取出所需的素材。如果是只有部分满足需求，可借助一些工具，进行裁剪、编辑进行修改，满足应用的要求。这样会加快课件开发的速度，降低开发费用。

如果找不到，但有像片、画册或附于图书中的图形等，可以借助图像扫描仪录入。如果同时有几种形式的原图，应该选用质量最好的。一般说来，底片比照片好，照片比画册好，画册比一般教科书的附图好。除了画面质量外，教学要求可能为了突出某一关键部位，所以也可能为此而宁可选用轮廓图形，而不用图像质量虽好，但关键部分不突出的照片。经扫描仪采集的图像，一般会有干扰信号，不清晰、有色彩失真且包括不需要的图像边界，因此必须利用图像编辑软件（如 Photoshop，CorelDraw）进行编辑加工。

如果需要制作图形、图像动画，那么就得请美工技术人员进行设计、运用计算机工具软件进行制作。一般情况下，可选用如下工具：

1）图像制作：选用 Paintbrush、Adobe Photoshop、CorelDraw 等。

2）图像抓取：Capture、HySnap 等。

3）图标制作：Imagedit、IconEdit 等。

4）光标制作：ImagEdit 等。

5）平面动画：选用 Animator Pro、Flash 等。

6）三维动画：选用 3DS MAX、MAYA、Director 等。

3. 课件的编制

选择什么样的软件开发课件，首先取决于软件的功能、效率以及使用难易等因素。

通常的方法有三种。第一是选择一些多媒体开发工具，由于避免了程序编制，开发的效率较高。第二是借助一些开发多媒体课件的专用语言及开发环境，对所开发的课件针对性强，是一种既考虑到开发效率，又能满足各种需要，灵活性较强的一种方法。第三就是直接使用通用的计算机语言，如 Visual Basic、Visual C + 等，用此方法开发成本低，但是编程量大。

实际上目前课件的开发方法都是根据课件的类型，将以上各方法综合采用。这就是以多媒体开发工具、写作工具的使用为主，利用这些工具的方便高效特性，适当地采用面向对象、事件驱动或者是结构化，自顶向下的程序设计方法编写程序，也就是发挥编程对各种课件都具备的通用性。正如我们可以乘飞机、火车等工具提高旅行速度，但是到家门口还得要走路一样。因此手工编程往往难以避免。当然随着计算机软件技术的发展，传统的手工编程工作量会越来越小。

对有些专业性较强的课件开发，如高等数学和理论物理课件中需要的符号运算、特殊的函数图形，往往在一些通用的写作工具环境下无法实现，而又不希望直接动手编程。因此许多高校的课件研制人员也在开发可生成某个专业领域需要的课件生成系统。

如果选择多媒体软件开发工具，较通用的有：Authorware、Multimedia Builder、方正奥思、深蓝易思多媒体开发工具、苦丁香多媒体开发工具等。简单的可用 Office 系列中的 PowerPoint 等。

4. 教学软件的试用

在基本完成教学软件开发之后，交专业教师在教学中试用。如果是讲解演示型课件，那么课件设计的教师首先自己试用，通过教学实践，检验是否适用，将不适用之处记下，以便修改时参考；如果是操作练习型或个别教学型课件，组织学生试用，收集学生对使用的意见，对课件进行改进。上述过程一般要反复几次，才能最后使课件成型。课件成型之后仍然面临着一个评价与分析的过程，因此整个课件直到生命周期结束（停止使用），才会停止其维护改进的工作。

5. 评价与分析

教学评价是教与学过程中的重要环节，不仅要评价学生的学习成绩，素质的提高，而且要评价教学本身的有效性，同时还要评价课件的效果，这对提高课件的应用水平有很大的促进作用。从总体上看，一般都是从教学内容、教学质量及软件技术三方面作为评审标准。其主要要求如下。

（1）教学内容。内容是否精确，是否有教学价值，是否符合教学规律和因材施教的原则，模拟是否逼真。

（2）教学质量。教学目标制定是否合适，使用该软件能否达到教学目标。对学生而言，难度应该得当，能有效地激发学生的学习兴趣和主动性、积极性，并有利于培养学生的能力。对学生的回答反馈明确有效，学生能控制呈现的速度与顺序。内容呈现清晰、图像、彩色、声音运用适当。课件的适用性广、实用性强、教学模式运用得当等等。

（3）软件技术。首先看软件使用的方便性：输入简单、屏幕提示明了、控制灵活，软件安装和启动方便、具有联机帮助。其次看软件质量：图形、图像、文字、动画、影像的质量如何，屏幕色彩是否得当，屏幕布局是否合理，响应速度如何，内容是否可扩展，软件技术的应用水平，程序设计技巧以及文档资料是否完备等。第三看软件可靠性：能否处理操作错误和回答错误，容错能力如何。最后看软件环境要求：对软硬件环境要求是否宽松，兼容性如何，软件商品化程度等。

对于软件的评估，首先确定评估标准，绘制评估表格，量化评估指标，请授课教师（包括辅导教师）、使用课件的学生以及同行专家一起参与评估，并填写评估表格给出综合评语。

6. 教育软件的评审标准

（1）功能性。

1）教育目标适当，达到预定教育目标的程度。

2）符合科学性要求。

3）符合教学规律和因材施教的原则。

4）体现计算机特点，能取得其他教学方法（手段）所无法取得的效果。

5）有利于激发学生的学习兴趣和主动性、积极性，并有利于培养学生的能力。

（2）可靠性。运行环境要求低，运行稳定可靠，具有容错能力。

（3）使用方便性。

1）用户输入简单。

2）教师调整灵活。

3）学生控制灵活。

4）屏幕提示简单明了。

（4）程序技巧难度。

（5）软件商品化程度。教学软件产品成型，总是要在试用之后，并经一定范围的评估，做一定的改进，进行商品化包装，印制说明和操作手册，报经管理部门进行软件登记，才能成为正式商品。

7. 课件制作时应注意的事项及关键

制作一个多媒体软件，常常由多个成员共同开发完成，因此开发时，不但要对设计中的细节予以注意，而且还要注意总体设计上的统一性。综合起来，应注意以下几点：

（1）总体设计应有专人完成。确定了开发模型以后，应该将其设计成一个统一的模块，每个参于开发的人员都必须基于这一个模块完成课程、主题和步骤的设计，而不能使用自己的模块，以免给调试及维护带来不必要的困难。

（2）每个多媒体交互教程都由课程、主题和步骤所组成，因此，开发时应要求所有开发人员都要使用这种结构去完成各自的任务。为了调试及维护的方便，在给课程、主题和步骤对应的响应类型赋予标题名称时，整个软件应使用统一的标题形式。如用 Lesson 表示课程，用 Topic 表示主题以及用 Step 表示步骤。

（3）为提高开发效率，可以分别将课程、主题和步骤所对应的逻辑结构设计图以模块的形式保存。这样，在开发另一个同类问题时，只需在细节上加以修改。

（4）设计的每一步骤应该只包含一个操作，尽量不使用两个或两个以上的操作，以免给跟踪程序的流向带来困难。

（5）设计的步与步之间应该没有太长的时间延迟，以便最终用户在使用时看清屏幕的提示。在开发过程中，要兼顾到多种计算机的情况，将时间延迟值设置为一个合适的值。一旦测试出某个时间延迟值比较合适，可以用统一的一个自定义变量将其保存，这样，开发人员在设置等待时间时，只需填入该变量即可。

（6）对操作过程中的每一个操作步骤，都应该给最终用户指出正确的操作位置，标记的方法要统一。

（7）考虑到不同最终用户对象的需要，每一操作步骤都应有配音和文字提示说明。控制配音要有停止，当最终用户进入下一步时，应立即关闭配音。

（8）由于一个多媒体软件的开发是由多人合作完成的，因此在开放前对放置图片的图标标题要用易于管理的名称命名，图片的保存也要用易于管理的名称，对文件的保存亦如此。这样做的目的都是为了便于在调用时易于发现和改正错误。

（9）一旦确定了进行步间控制的操作控制面板，那么，从头至尾都不能更改以保证一致性。

（10）在设计步骤的过程中，除了要标记出操作的正确位置外，还要加入功能性提示。功能性提示加在未介绍的选项处，目的是让最终用户全面了解软件的功能。

（11）在设置鼠标指针的移动速度时，应使移动速度稍慢，以便让最终用户看清。以上几点是创作多媒体软件中应注意的，供读者参考。

五、多媒体程序设计注意事项

多媒体程序设计是一项较复杂的工作，涉及方方面面的问题，仅仅会用一二个开发工具是不够的，还要求设计者从最终用户的角度考虑媒体的表现形式和交互方式，从工程角度考虑如何设计高质量的程序。

早期的软件，信息表现形式较为单调。更多的信息载体是文字；图像则很粗糙：由于没有声卡，只能借助 PC 喇叭发出简单的声音；用户只是在键盘上进行操作。随着计算机业的迅猛发展，程序设计者有了更广阔的天地，广大的软件用户也不再满足单调的表现形式。此时，程序设计者就面临着如何选择不同的媒体表现形式问题以及交互方式，是选择文字、图形、声音还是动画？是选择鼠标操作还是键盘操作？

这些表现形式和交互方式各有其优点和缺陷，如果不能合理地选择表现形式及交互方式，反而会产生某些副作用。

1. 信息媒体选择恰当

文字往往用来介绍概念和给出每一操作步骤的说明或提示。多媒体学习教程不宜有大段的文字出现（当然多媒体文学读物除外），如果用过多的文字去讲解，而不让用户进行操作，效果是不甚理想的。当然，文字也是必不可少的，特别是操作步骤和提示性的文字一定要简单明了，而且不能产生歧义。

在多媒体程序中图形是大量采用的信息媒体，它能够加强视觉效果，吸引注意力。如果整个屏幕都是文字，让人看着就索然无趣，加上一些图形就生动多了。对于图形很重要的一点就是要选择好合适的色彩。鲜艳、醒目的颜色运用于按钮或小图标是合适的，它们可以起到提示的作用；如果作为文字的底色就不合适了，它使用户很难将注意力集中到文字本身。

另外，不同年龄阶层的人对色彩的喜好程度是不一样的，此时就需要根据多媒体程序的应用范围来选择合适的颜色。下面给出一份参考表格，如表 3-2-3 所示，它表明了不同年龄阶段的人对颜色的喜爱顺序。

表 3-2-3　不同年龄阶段的人对颜色的喜爱顺序

年龄层	喜爱顺序
成人	蓝、红、绿、白、粉、紫、橘、黄
儿童	黄、白、粉、红、橘、蓝、绿、紫

动画或视频剪辑是多媒体程序中很有效的表达方式，给人以强烈的动感。许多用语言难以说清楚的过程用动画或视频剪辑则能表达清楚，比如一个学习驾驶飞机的多媒体程序，如果用语言或静止的画面来讲解，将收效甚微，而一个视频剪辑则有效得多。

声卡的出现赋予了计算机丰富的音响效果，很难想象一个多媒体程序不会发出任何声音，这会使它的演示效果大打折扣。恰到好处的音效，比如：对用户错误操作的警告、答对某道题后一句表扬的话、限制时间操作的闹钟嘀哒等等，都将增强程序的感染力。

上面简单分析了一下多媒体程序中信息媒体的特点。一般情况下，用户的注意力比较容易被鲜艳的色彩、美丽的按钮或小图片、生动的视频剪辑以及有趣和古怪的音效所吸引，这样不同媒体表达信息的方式和表现力的强弱是不同的。

在具体设计时，应当采用表现力最强的媒体来表达当前要说明的主题，否则将是媒体自身的表现而不是主体信息的表达，这样就分散了用户的注意力，就本末倒置了。

2. 界面布局合理

一般情况下，用户通过眼睛获得的信息是最大的。为了突出重点，为了使用户的视觉获得美感，就要注意界面的布局是否合理。

设计界面时，在突出主题的前提下，应符合平衡原则。所谓平衡就是指画面上各种对象（文字、图片、按钮等）的布局轻重、大小合适，不应使人产生某些地方特别空或特别拥挤的感觉。但要说明一点，平衡决不意味着对称，事实上，在多媒体应用系统中，对称的布局往往是缺乏创意和视觉乐趣的，而且用户也会感觉太严肃、呆板，不够活泼。例如某个多媒体演示程序中一个介绍音乐的画面，它将一把小提琴斜放在画面的右边，看起来似乎要倒向左边，但在画面的左边，设计者则精心地安排了一些标题和文字，恰好起到了支撑作用，使人感觉十分平稳。这种设计比画面上左右对称地放置两把小提琴更有创意，更有视觉乐趣。

3. 鼠标、键盘结合使用

在 windows 环境下 Ctrl + C 和 Ctrl + V 分别代表复制与粘贴操作的快捷键，相信许多用户都觉得按快捷键比用鼠标在菜单里找复制和粘贴命令要方便得多。因此，在设计程序时要充分发挥键盘和鼠标的优势，而不要仅使用一种工具与计算机进行通信。

4. 多媒体程序设计方法

多媒体程序设计方法，其中会涉及到软件工程的概念。借鉴软件工程中的一些观念、方法，对于一般程序设计者也有很大的帮助，并可以为今后的进一步学习打下坚实的基础。

首先纠正一些用户的错误观念：开发软件就是写程序。这一观念源于早期软件开发的个体性特点。因而软件的开发是一种组织良好、管理严格、各类人员协同配合、共同完成的工程项目。一般程序设计者设计多媒体程序时，也应当采取正确的设计步骤。急于求成，仓促上阵，对程序功能没有正确认识就匆忙着手编写程序，这就如同不打好地基就盖高楼一样，最终必然垮台。

现实生活中不同的人有不同的写作风格。有的人在写文章时先进行构思，确定文章分几部分，每一部分又分成几段，每一段包含什么内容。另外一些人则不拟提纲，提笔就写，想到哪就写到哪。显然，第一种方法考虑周密、结构清晰，是多媒体程序设计应借鉴的方法，即在具体设计时应采取自顶向下、逐步细化的方法。

这种设计方法是将实际问题由抽象逐步具体化的过程，逐步分层，依次细化。如此设计，便于实现，便于调试。在多媒体程序设计中，处于同一层次的功能模块往往具有相同的结构。一旦设计出一个"样板"模块，该层次的设计就可以比较轻松完成。

5. 设计优化原则

在计算机业流传着这样一句格言："先使它能工作，然后再使它快起来。"一个优秀的多媒体程序不应仅仅能正常运行，还应该具有优良的设计风格和优化的设计结构。显而易见，对应相同的功能可以设计出不同的程序结构。尽管对于最终用户来说，程序就是一个"黑箱"，他不关心功能是如何实现的，他的兴趣在于程序具有什么功能。但对于一名优秀的程序员来说，应当选择最佳的设计方案。结构简单往往意味着设计结构优雅，同时表明效率高。

设计高品质的软件一直是软件开发人员所追求的目标，其关键还在于以下几点。

（1）制作画面要优美。

（2）配音效果要完美。制作多媒体交互式软件时，欢迎画面出现、步骤解说及结束教程均要配音。欢迎画面出现及结束教程时应配有音乐，音乐要轻松，旋律要优美，使最终用户在轻松愉快中使用软件。每一步骤都要有配音，配音应有专人完成，使整个软件的前后配音连贯一致。步骤解说要精练有效，达到切中要害的目的。

（3）交互性要强。对于多媒体交互式软件的开发，一定要确保有极强的交互性，以适应不同用户的需要。对每一操作步骤，既可以让最终用户自行按提示和解说进行操作，也能够在最终用户不能正确操作时给出自动演示过程，这样的软件才是最终用户所欢迎的。

（4）衔接性要好。在开发多媒体软件时，衔接性的好坏往往会直接关系到该软件的成功与否。例如，在开发多媒体交互教程时，课程、主题及步骤间的层次关系一定要清楚，最终用户在使用时既可以随意学习自己感兴趣的内容，也可以重返以前的内容，因此在任何一个步骤中都要设计一种控制，让最终用户可随时重返主题选择画面。多媒体交互式软件要用到大量的图片，事实上，整个程序就是通过控制这些图片显示的先后顺序来提供可视化操作信息的。前后相邻的两幅图片显示时存在一个时间延迟，时间延迟太长，可能使后一幅图片未显示前的屏幕是空白，而时间延迟人短，又可能会造成图片叠加。因此，设计时，必须要控制好这个时间延迟量，使演示过程的屏幕闪烁降到最低限度，以提供较好的衔接性。

（5）制作过程要细致。开发一个多媒体软件是一个细致的制作过程，要确保每一步骤都与介绍某一课程的实际操作一样，"以假乱真"的水平越高，说明这个多媒体软件开发越成功，这才是高品质的多媒体软件。

以上对开发高品质的多媒体软件应该考虑到的问题给予了介绍，供读者在实际开发过程中作为参考。事实上，设计高品质多媒体软件的关键是以最形象、最直接和最准确的方式介绍某一过程。

第三章　多媒体课件制作

学习目标：能运用 Authorware 制作课件。

第一节　Authorware 的使用与创作

Authorware 是美国 Macromedia 公司推出的一个优秀多媒体开发工具，自问世之初就受到了人们的极大关注。该软件采用的面向对象的设计思想，不但大大提高了多媒体系统的开发质量与速度，并且使非专业程序人员进行多媒体系统开发成为可能。它允许使用图片、动画、声音和视频等信息来创作一个交互式应用程序。

现今流行的多媒体创作软件有 Authorware、Director、Multimedia Builder 和方正奥思等，其中 Authorware 以强大的功能和简洁方便的编辑方式大受欢迎、用 Authorware 开发的多媒体应用程序已广泛应用于自学、教学、商业演示等领域。

我们介绍的 Authorware 和其他多媒体制作软件一样，Authorware 的运行同样需要 Windows 95 以上版本操作系统的支持。

Authorware 融合了多种多媒体开发工具的优点，是一种使用方便、功能强大的多媒体开发制作软件。它以图标为编写构件，以流程线为结构设计方式，大大提高了多媒体软件制作的可视化程度和趣味性，即使读者对复杂的计算机编程技术不很熟悉，也可以比较轻松地利用 Authorware 创作出高水平的多媒体教学软件。本书能帮助读者尽快地掌握 Authorware，对 Authorware 有个初步了解；作为入门教材，不可能面面俱到地讲解 Authorware 丰富强大的功能，读者要想进一步熟练掌握 Authorware，还得参考相关的工具书，并进行更多上机实践总结。

一、Authorware 的安装与工作环境

1. Authorware 的安装

要安装 Authorware，首先将含有 Authorware 的光盘放入光驱内，双击【我的电脑】，再双击【CD – ROM】图标。进入 Authorware 目录下，找到 Setup. exe 文件后双击，出现安装向导界面，根据提示进行选择，直到安装完成。首次运行一般会要求进行注册或根据使用说明进行设置。

2. Authorware 的启动

通常启动 Authorware 方法如下：单击【开始】按钮，执行【程序】下的 Macromedia /Authorware 命令，如图 3 – 3 – 1 所示。

图 3 - 3 - 1　进入 Authorware

开始时出现版本、注册等信息，如图 3 - 3 - 2 所示。等 Authorware 启动完成后，按 Cancel 或 None 取消知识对象对话框，出现工作环境画面，如图 3 - 3 - 3 所示。

图 3 - 3 - 2　欢迎界面

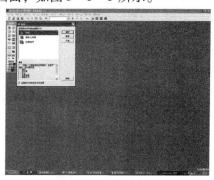

图 3 - 3 - 3　知识对象对话框

3. 屏幕组成

下面介绍 Authorware 的工作环境，以及基本操作，使读者对 Authorware 有个初步的了解。在正式学习 Authorware 之前，需要熟悉一下工作环境，大体了解界面上各部分的功能。

进入 Authorware 后，首先看到的是一个典型的 Windows 应用程序窗口。该窗口由六部分组成，如图 3 - 3 - 4 所示。

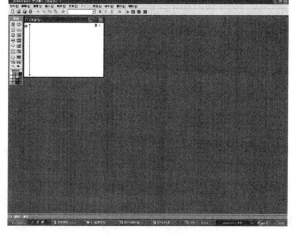

图 3 - 3 - 4　Authorware 的工作窗口

（1）标题栏。用于显示 Authorware 应用程序的名称和图标。标题栏最左边是最小化、最大化、关闭按钮。

1）最左边的圆形图形为 Authorware 的标志，单击该标志，弹出下拉菜单来控制 Authorware 软件窗口，如图 3－3－5 所示。该软件窗口同一般的 Windows 窗口有相同的特性。

下拉菜单各选项含义：

【恢复】：恢复 Authorware 默认窗口大小。

【移动】：选择该命令，使用鼠标可以移动该窗口的位置，也可以用鼠标拖动标题栏来移动该窗口。

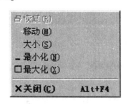

图 3－3－5 控制 Authorware 软件窗口

【大小】：调整程序窗口的大小。

【最大化】：将程序窗口变成最大。

【最小化】：将程序窗口最小化，放置到 Windows 95 或 98 的任务栏中。需要时，单击该窗口则 Authorware 会恢复原始窗口的大小。

【关闭】：选择该选项，退出 Authorware，关闭该应用程序（快捷键为 Alt + F4）。

2）Authorware 标识后紧跟的是软件的名称 Authorware。

3）标题栏最右边的是一般 Windows 95 或 98 窗口所具有的窗口控制按钮。读者可以使用这三个按钮来控制窗口的大小和是否关闭该应用程序窗口。

（2）菜单栏。由不同的菜单组成，如图 3－3－6 所示。单击菜单栏上各菜单可显示各菜单下的命令列表，需要进行某种操作时，用户只需选择相应的命令即可。

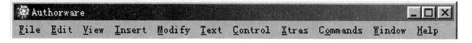

图 3－3－6 Authorware 菜单栏

经常使用其他编程软件的读者知道，高效地使用一个软件的最好的方式是使用软件的快捷键。在 Authorware 的使用中，我们同样可以使用快捷键来提高我们工作的效率。在下面的内容中，我们简单介绍 Authorware 各菜单选项的用途和快捷键。

注意：在使用 Authorware 菜单时，有一些标识特殊含义的标记符希望读者注意。

1）命令名被置灰色：表示该命令不可用，命令名被设置为灰色的原因非常多。

例如：如果我们没有在设计窗口中选择要编辑的对象，则 Autorware【Edit】菜单中的复制、剪贴等命令选项被设置为灰色。

又如：如果我们编辑的应用程序没有使用库，则在 Authorware 菜单中一个显示库窗口的命令选项都被置为灰色。

2）省略号（…）：菜单命令选项后的省略号表示 Authorware 执行该命令选项后，程序会弹出一个对话框，要求用户在对话框中输入必要的信息或设置具体选项。注意灰色的菜单命令表示暂时失效。

3）复选标记，即命令选项前加上一个对号：该标记表示该命令按钮是一个开关式的切换命令。每次选取该命令选项，它就在关闭和打开之间交替切换。【View】菜单中的【Tool-bar】命令选项就是该情况，现在处于选中状态，当再次选择它，命令名前的对号会消失，表示处于关闭状态。

4）实心三角形：菜单名后的三角形表示该命令选项还有一个级联的菜单选项列表，级联式菜单命令选项列表中命令的选择方式同普通菜单一样，如图3-3-7所示。

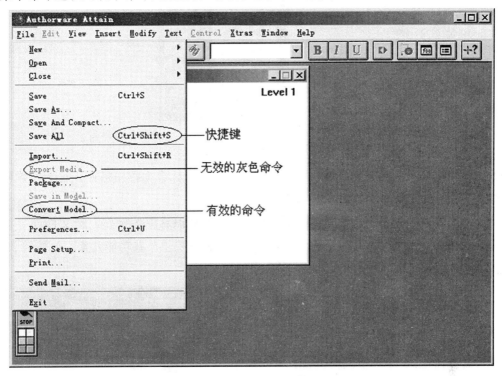

图3-3-7　下拉菜单

（3）工具栏。为提高工作效率，Authorware 将使用频率最高的17个命令按钮和1个【正文样式】列表框单独列出，便于编辑流程线和图标内容设置，如图3-3-8所示。

图3-3-8　工具栏

（4）设计图标栏。Authorware 提供了13个设计图标、一对标志旗和一个设计图标调色板，如图3-3-9所示。每个设计图标都有特定的功能，可以说整个多媒体程序基本上就是围绕这个设计图标工具栏进行的，是 Authorware 的核心部分。一旦掌握了所有的设计图标，用户可以轻松地设计出各类多媒体程序。

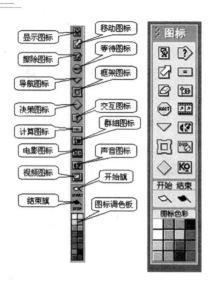

图 3 - 3 - 9 设计图标栏

（5）设计窗口。左侧的竖直线为程序主流程线，手型标志为程序指针，它的位置随用户拖放图标的位置改变而改变，如图 3 - 3 - 10 所示。

（6）新文件向导窗口。由于 Authorware5.0 引入了知识对象的操作，新文件向导询问是否加入知识对象，这里的知识对象是指框架知识对象，它提供某些功能元素，如按钮、滑块、消息框、对话框等模块，如图 3 - 3 - 11 所示。

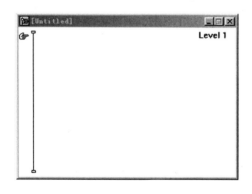

图 3 - 3 - 10 设计窗口

图 3 - 3 - 11 新文件向导窗口

4. Authorware 的关闭

要关闭 Authorware 可采取以下三种方法。

（1）用鼠标指针指向菜单栏，单击 File/Exit 命令。

（2）单击 Authorware 窗口右上角的【关闭☒】按钮。

（3）按 Alt + F4 快捷键退出。

前面我们对 Authorware 的窗口有了初步了解，下面我们将对 Authorware 窗口中的具体内容进行进一步的讲解。

二、菜单栏

菜单实际上就是以分组列表的形式将各类操作命令组织起来，需要进行某种操作时，用户只需选择相应的命令即可。一般来说，在 Authorware 中开发多媒体程序，菜单命令的使用频率没有工具栏中的工具使用频率高。

三、工具栏

图 3 – 3 – 12 所示是 Authorware 的工具栏。

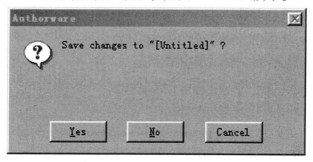

图 3 – 3 – 12　Authorware 的工具栏

实际上，工具栏上的每个按钮都与菜单中的某条命令相对应。之所以提供这种重复设置的功能，完全是为了操作方便。在设计多媒体程序时，使用工具栏提供的操作往往更便捷。下面介绍每个按钮的功能。

New（新建）：使用该按钮可以创建一个新的文件。单击该命令按钮，Authorware 会弹出一个名为"Untitled"的设计按钮，该按钮等价于菜单中的 File > New > File 命令项。若当前文件没有保存，Authorware 会给出如下提示，如图 3 – 3 – 13 所示。

图 3 – 3 – 13　Authorware 保存文件提示对话框

Open（打开）：用于打开一个已存在的文件。单击该命令按钮，弹出一个【Select a file】对话框，使用该对话框，读者可以选择已经存在的要打开的文件。打开一个已有的文件时，同样若当前文件没有保存，会给出提示。如图 3 – 3 – 13 所示。

Save All（全部保存）：保存所有的文件（包括库文件），单击后弹出 Save File As 对话框。如图 3 – 3 – 14 所示。

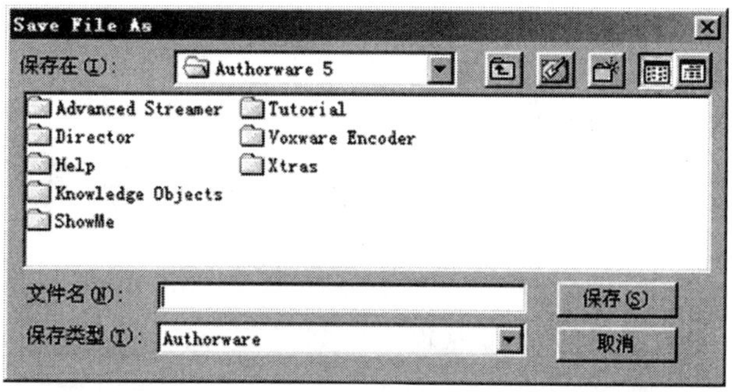

图 3 – 3 – 14　保存所有文件对话框

Import（导入）：使用该命令按钮，可以在文件中引入外部的图像、文字、声音、动画或者 OLE 对象，单击后弹出 Import which file? 对话框。

Undo（撤消）：该命令按钮用来撤销用户上一次的操作。

Cut（剪切）：该命令按钮的作用是将选定的对象剪切到剪贴板中，既可以是设计图标，也可以是文字、图形对象等。

Copy（复制）：将所选对象复制到剪切板上，包括设计图标、文字、图形对象等。

Paste（粘贴）：从剪贴板上粘贴对象。

Find（查找）：用来查找文本对象，单击后弹出 Find 对话框，如图 3 – 3 – 15 所示。

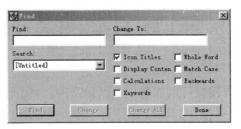

图 3 – 3 – 15　查找文本文件对话框

Bold（粗体）：对所选文本施加粗体款式。

Italic（斜体）：对所选文本施加斜体款式。

Underline（下划线）：在所选文本上加下划线。

Restart（运行）：从开始处运行程序。

图 3 – 3 – 16　控制面板

Control Panel：打开/隐藏控制面板，进行程序调试，如图 3 – 3 – 16 所示。

Functions windows：打开/关闭函数窗口，如图 3 – 3 – 17 所示。

图 3 – 3 – 17　打开/关闭函数窗口

Variables Windows：打开/关闭变量窗口，如图 3 – 3 – 18 所示。

图 3 – 3 – 18 打开/关闭变量窗口

 Help Pointer：将光变帮助指针，单击某对象可获得相关信息。

四、设计图标工具箱

Authorware 的设计图标工具箱提供 13 个设计图标、一对标志旗和一个设计图标调色板，每一个设计图标都具有特定的功能，可以说整个多媒体程序的设计基本上就是围绕这个设计图标工具进行的。一旦掌握了所有的设计图标，用户可以轻松设计出各类多媒体程序。本小节将对各种设计图标作一简单介绍，使用户对它们有一个基本认识，从而为以后的深入学习打下基础。

显示图标：这是最常用的设计图标之一，用来显示文本、图形和外部图像。

移动图标：该图标控制对象的移动，它提供了 5 种移动方式；可以制作出简单的动画。

擦除图标：擦除演示窗口中的文本、图形、按钮等内容，并能够实现各种擦除效果。

等待图标：完成程序中的等待功能，可使程序暂停，直到指定的条件满足。

导航定向图标：用于设置与任何一个附属于【框架】设计按钮的设计按钮间的一个定向链接。附属于【框架】设计按钮的设计按钮为一页。当程序运行到【导航】设计按钮时，Authorware 会自动定位到定向链接指向的页。

框架图标：这是 Authorware 自动给出的一套包含导航、交互等目标的程序模块，用来创建"页"结构，也可以对其进行编辑、修改。

判断图标：设定分支、循环结构，并能决定如何执行分支，如顺序、随机等。

交互图标：提供了 11 种交互方式，用于制作复杂的交互结构，充分体现了 Authorware 的强大功能。

计算图标：利用此目标执行函数和表达式的操作。

群组图标：群组图标能够将一组图标进行的用于结构化设计，使得流程清晰简明。

数字电影图标：用于播放由其他文件制作的数字电影和动画文件，如 FLC、FLI、CEL、QuickTime、Director movies、MPEG 等格式的文件。

声音图标：用于播放声音文件，如 WAV、PCM 等格式的声音文件。

视频图标：在应用文件中播放模拟视频片段，并利用计算机控制激光视盘机的播放。

标志旗：用于调试程序，可设定程序只运行其中的一小段，白色旗代表运行起始位置，黑色旗代表运行结束位置。

图标调色板：给设计图标着色。

设计窗口：设计窗口用来进行程序设计，搭建程序框架，在设计窗口中有一根两头空心小方块的竖直线，称为主流程线，两头空心小方块分别为文件起始、结束标记。在设计窗口的右上角有 Level 1 的字样，表明程序结构的层次，如图 3 - 3 - 19 所示。

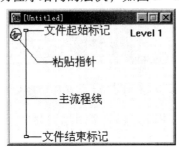

图 3 - 3 - 19 设计窗口

五、基本操作

由于 Authorware 特殊的编程方式，使得它的基本操作也颇具特色，完全不同于用传统的高级语言编程。用传统的高级语言编程时，经常要输入大量的程序代码，这种情况在 Authorware 中很少见，主要操作就是：拖放、打开窗口或对话框、进行一些属性的设置等等。

1. 拖放设计图标和标志旗

为了在设计窗口中进行程序设计，你应将所需要的设计图标，从设计图标栏中拖放（选中并按住左键不放）到设计窗口中，它在主流程线上的位置以释放时图标所处的水平位置为准。如图 3 - 3 - 20 所示。

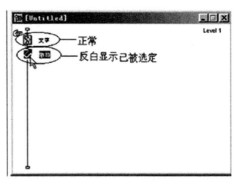

图 3 - 3 - 20 拖放设计图标   图 3 - 3 - 21 删除设计图标

如果要删除某个设计图标，先用鼠标单击该图标，该图标将反显（白色变黑色、黑色变白色）如图 3 - 3 - 21 所示，以示选中。可单击工具栏的 、或按键盘上的 Delete 键、或菜单栏上 Edit/Cut 命令，或 Edit/Clear 命令，还可按快捷键 Ctrl + X，均可删除选中的图标。

技巧：要删除多个设计图标，可先按住 Shift，再分别单击要删除的图标；若是的连续的图标，还可按住鼠标左键移动，用虚框框住图标，最后按删除。

要将标志旗放在流程线上，只需拖动标志旗到流程线上适当位置并释放即可，如果要将标志旗从流程线上移走，只需将标志旗拖出设计窗口，再释放。如图 3 – 3 – 22 所示。

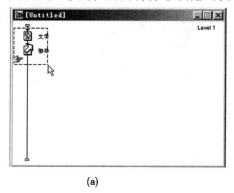
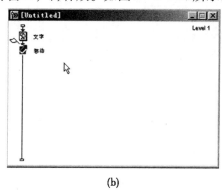

(a)　　　　　　　　　　　　　　　(b)

图 3 – 3 – 22　放置标志图标

2. 给设计图标命名标题

当设计图标从设计图标栏中拖放到主流程线上时，图标标题默认为（Untitled），此时可从键盘直接输入标题名，以便于区别相同的设计图标；以后也可单击或双击标题，对标题进行重新命名或更名，如图 3 – 3 – 23 所示。

图 3 – 3 – 23　给设计图标命令

技巧：在给设计图标取标题名时，尽量使用有具体含义的单词或中文名，这样不用打开设计图标，就可知道它的大致内容；有些设计图标可通过按鼠标右键观看到内容。

3. 设计图标着色

利用图标调色板可对设计图标着色，主要是为了方便浏览、查询相关的设计图标；先选中设计图标，再单击调色板中的某个色块。

4. 设计图标的基本特点

每一种设计图标都有一个属性对话框与这相对应，当然它们是不一样的。但每种设计图标的属性对话框也有共同点，大致可以分为三部分：标题框、图标信息、设置项。双击该设计图标可打开其属性对话框，这时我们就可对其中一些项根据需要进行设置。下面给出"移动"、"擦除"两图标的属性对话框，如图 3 – 3 – 24、图 3 – 3 – 25 所示。

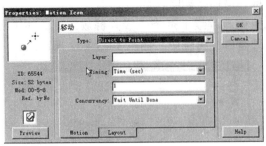

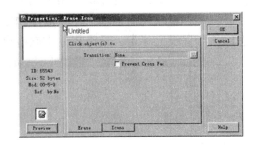

图 3 - 3 - 24 "移动"属性对话框   图 3 - 3 - 25   "擦除"属性对话框

5. 演示窗口

单击菜单栏上 Window/Presentation 命令，会打开以下窗口，英文名称是 Presentation Window，我们可叫它为演示窗口，如图 3 - 3 - 26（a）所示。使用 Authorware 开发的多媒体程序，图像、文字在演示窗口中显示，而且用户的操作也主要有演示窗口中进行，双击显示、移动、擦除、交互等图标，也能打开演示窗口，并显示一定的内容，双击显示图标，在打开演示窗口的同时会出现绘图工具箱。右边是双击"移动"图标打开的演示窗口，如图 3 - 3 - 26（b）所示。

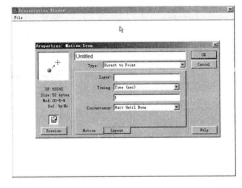

（a）   （b）

图 3 - 3 - 26   演示窗口

6. 绘图工具箱

在 Authorware 中绘图工具箱非常有用，利用它我们能够在 Presentation Window 中创建各种正文或对象，另外还可以对已存在的对象进行编辑。

绘图工具箱左边是图标显示框；右边有上下两排共有 8 个工具图标，双击它们会出现一些其他功能；上边是标题栏，右上角是关闭按钮。

图标显示框：图标显示框用来指明当前打开的是那一个图标，标题里的标题则与打开的设计图标的标题是一致的。双击 可以选取当前框中的所有对象。

8 个工具的使用特点介绍如下，至于它们的具体使用方法，我们将在后面陆续介绍。

箭头选取工具：箭头选取工具用于选择、移动、缩放对象。对线型对象的选取，选取时一定要使鼠标箭头指到线上，再按左键才能选取，选取后，对象周围会出现 8 个白色方块控制句柄、直线只有 2 个。这时可用鼠标移到白色方块控制句柄上，按住左键，拖动鼠标可对选择的对象进行缩放。

文本工具：文本工具用来创建、编辑文本对象。

十字工具：十字工具可以绘制水平、垂直及与水平方向成45°角的斜线。

直线工具：用它来绘制任意两点间的直线。当然也可以绘制水平、垂直及与水平方向成45°角的斜线，而且很方便，只需按住 Shift 键再拖动鼠标到适当位置为止，就可以绘制出所需的直线。

椭圆工具：利用该工具来绘制椭圆或圆，一般情况下绘制的是椭圆，按住 Shift 键再拖动鼠标就可以绘制圆。

矩形工具：用该工具来绘制矩形，如果用户按住 Shift 键再拖动鼠标就可以绘制正方形。

圆角矩形工具：它的功能类似矩形工具，只是它绘制的是四个角是圆角的矩形，同样如果用户按住 Shift 键再拖动鼠标就可以绘制圆角正方形。该工具的使用很灵活的，圆角的弧度可以任意调整。

多边形工具：该工具用来绘制多边形，而且多边形既可以是闭合的也可以是开放的。

用鼠标双击图 3 - 3 - 27 所示的各部分，可打开其对应的其他各项功能：

绘图模式：用于改变显示的各种效果有不透明、遮隐、透明、反显、擦除、Alpha 通道。

调色板工具箱：可改变选定项文字、线条、前景、背景的颜色。

线型工具箱：可改变线条的宽度和箭头的方向。

底纹图案选择工具箱：可改变图案底纹的样式。

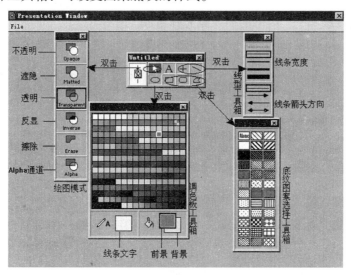

图 3 - 3 - 27　绘图工具

六、"显示"设计按钮

通过这一节的学习，我们知道一个交互式应用程序的逻辑结构是由流程线和设计按钮组成的，而这些丰富多彩的信息需要输入到不同的设计按钮中，才能变成 Authorware 程序中的一员。

我们以"显示"、"声音"、"数字化影像"以及"视频"设计按钮为介绍出发点。主要介绍以下内容：

（1）利用"显示"设计按钮创建文字素材；

（2）通过"声音"、"数字化影像"和"视频"设计按钮引入多媒体素材；

（3）利用导入命令"外请"其他工具软件制作好的素村。

在交互式应用程序中使用频率最高的是"显示"设计按钮，利用"显示"设计按钮可完成对主要素材正文和图片对象的创建、编辑和定位以及特殊显示效果的设定。

当我们创建文字或图片时，首先得从设计按钮工具箱中选取"显示"按钮，并一直按住鼠标左键将其拖至流程线上的某一个位置，释放鼠标即可在当前位置添加一个"显示"图标，双击该按钮图标，打开对应的演示窗口，这是我们设计每一个文字（图片）素材的具体工作平台。至于如何"装扮"文字（图片）的具体方法则由下面的内容来完成。

1. 文字的创建

从设计按钮工具箱中选择"显示"设计按钮，将其拖放至设计窗口中的流程线上，双击该按钮图标打开演示窗口，利用作图工具箱上的"文本"工具按钮完成正文内容的输入，如图 3 - 3 - 28 所示。具体步骤如下：

（1）单击作图工具箱中的"文本"工具按钮 A 。在，此时，若鼠标移出工具箱，其形状变成"I"型。

（2）在要输入文字内容的起始位置处单击鼠标，画面上便会出现一条文本编辑区域，该区域由一条文本宽度线和一个闪烁的插入点光标组成。

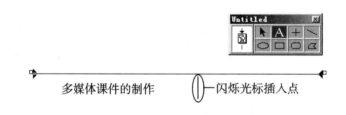

图 3 - 3 - 28   文本输入

（3）通过键盘即可输入正文内容，Authorware 会根据文本宽度线上的右边界位置自动实现文字的换行，即将光标插入点转入下一行。若按下 Enter 键，便可从新的一个段落开始输入。

（4）输入完毕，单击作图工具箱右上角" ✕ "按钮，关闭演示窗口，返回设计窗口。

2. 编辑和修饰文字

文字内容的修饰，可以通过改变字体类型、字体样式、字体大小等方法实现。整个编辑和修饰过程均由 Text 菜单下的各项完成。具体实现操作如下：

（1）双击承载文字的"显示"按钮，进入演示窗口，此时，文字内容四周被 6 个小方框所围，表示文字对象已被选中，如图 3 - 3 - 29 所示。

多媒体课件的制作

图 3-3-29 文本选中

（2）打开 Text 菜单，其中列出有关文字编辑和修饰的命令选项。

Font 菜单命令用于改变当前选中的正文对象的字体。

Size 菜单命令用于改变字体大小，如果要使用一种不在 Size 子菜单中列出的字体大小时，可选择其中的 Other 命令，打开 Font Size 对话框，如图 3-3-30 所示，然后在 Font Size 正文框中直接输入一个尺寸值，单击 OK 按钮即可。若字体出现了锯齿可选择另一种字体。

(a)

(b)

图 3-3-30 文字编辑选项

Style 菜单命令用于改变当前选中的正文对象的字体风格：粗体、斜体、下划线等。

Alignment 菜单命令用于设置当前选中的正文对象的对齐方式：左、中、右等。

Scrolling Text 菜单命令用于将当前选中的正文对象设置为滚动显示方式，即有垂直滚动显示条，如图 3-3-31 所示。

图 3-3-31 滚动显示方式

Number Format 命令用于设置正文对象中的数字显示格式。

利用以上菜单命令，我们可以很方便地对选中的正文对象进行编辑修饰。但如果整个交互式应用程序中的正文对象都要统一成某种样式，上述方法就会显得繁琐。最好的解决方法便是利用 Define Styles 命令和 Apply Styles 命令来提高文字编辑修饰效率。

样式（Style）是指一组字符修饰信息的总称。这些修饰信息包含了字体、字体风格与大小。颜色以及对齐方式等。Authorware 允许利用 Define Styles 命令创建样式，然后将这个样式通过 Apply Styles 命令运用到当前选中的正文对象中。下面，我们来介绍定义一种样式的基本步骤：

1）选择 Text 菜单中的 Define Styles 命令，打开 Define Styles 对话框，如图 3 – 3 – 32 所示。

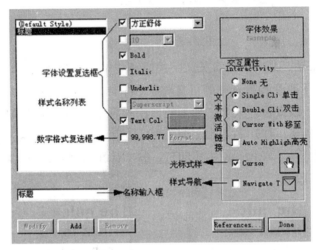

图 3 – 3 – 32　Define styles 对话框

2）单击 Add 按钮，然后在其上方的名称输入框中输入一个样式名称（比如：标题）；默认名为（New Styles）。

对话框中间的一列复选框分别用于设置字体、字体风格、大小、颜色、对齐方式以及数字格式等修饰信息。如果要选择某种字体，只需用鼠标单击字体前面的复选框（让其中标记上选中符号"√"即可），然后单击其右侧的下拉三角形按钮，打开字体选项列表，从中选取具体字体格式，如图 3 – 3 – 33（a）所示。

如果要设置字体的颜色，可先选中 Text Color 复选框，再单击其右侧的黑色方块，打开一个 Color 对话框，从中选取具体颜色即可。如图 3 – 3 – 33（b）所示。

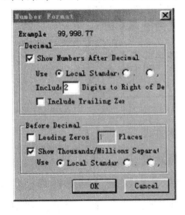

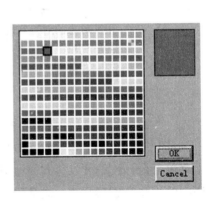

（a）　　　　　　　　　　　　　　（b）

图 3 – 3 – 33　复选框

整个修饰过程，我们都可以通过对话框右上角的 Sample 区域中观察到设置效果，一旦样式设置完毕，单击 Done 按钮，关闭对话框。

在对话框右端的 Interactivity 交互属性选项组中可以实现文本激活链接方式的选择，还可选择光标的式样等。

对定义的式样还可按 Modify 进行修改或按 Remove 进行删除。

3）利用 Apply Style 命令可将事先定义好的样式所选文字进行设置，提高编辑效率。首先选取要格式化的正文对象，然后再选择 Text 菜单中的 Apple Style 命令，在随后出现的对话框中选取要使用的样式名即可。

提示：Authorware 中的字体大小单位为磅值量。要将当前选中的文字的尺寸大小提高一个磅值，可直接按下 Ctrl + ↑ 快捷键；要减少一个磅值，可直接按下 Ctrl + ↓ 快捷键。

通过前面的操作，我们知道文字对象的位置即为其创建时的初始位置。如果要改变其摆放位置，可在选中它的前提下，将鼠标指向文字对象上（不要放在周围 8 个小方块上的任何一个上），按住鼠标左键，将文字对象拖至指定位置处释放鼠标，

3. 设置文字缩进

文字缩进指的是文字与文本宽度线左右边距间的距离。Authorware 的缩进调整符为文本宽度线两端的黑色三角形。左端有两个黑色三角形，上面的三角形控制整个文字段落左边的缩进量，称段落左缩进标记，下面的三角形控制段落起始行左边的缩进量，称首行左缩进标记；右端有一个黑色三角形，该三角形控制整个文字段落右边的缩进量，称段落右缩进标记。如图 3 - 3 - 34 所示。

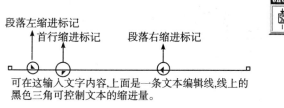

图 3 - 3 - 34　文字缩进标记

4. 设置制表位

Authorware 通过在文本宽度线上设置制表位，实现创建多栏效果的文字对象。Authorware 支持的制表位类型有两种：普通制表位和小数点制表位，如图 3 - 3 - 35 所示。

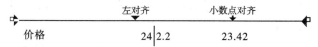

图 3 - 3 - 35　制表位类型

可以看出两种制表位的特点：普通制表位用于设置一个左对齐的栏目，小数点制表位用于设置一个按小数点对齐的栏目（适用于数值数据）。

要在文本线上设置一个普通制表位，只需用鼠标在要设置制表位的位置处单击一下即可；

若要设置一个小数点制表位，只需用鼠标在要设置制表位的位置处单击两次便可完成（注意该操作与双击动作的区别）。

如果在设有多个制表位的文本区域中输入文字内容，则在输入完一栏内容后，按下 Tab 键将插入光标移到下一栏起始位置，即可继续输入，依此类推完成多栏文字内容的输入。

5. 文字的导入

通过上述介绍，我们学会了如何利用 Authorware 的"显示"设计按钮以及相关工具从无到有创建文字素材。除此之外。我们还可以借助导入命令，直接使用其他应用程序已创建好的文字对象。能够被 Authorware 直接使用的文件类型有纯文本文件（.TXT）和带格式的文本（.RTF）文件。特别是带格式的文本文件，它给我们直接使用现成的资源提供便捷之道。

导入带格式的文本内容的具体实现操作：

（1）准备工作：从设计按钮工具箱中，选中"显示"设计按钮，将其拖至主流程线上；双击"显示"按钮，进入演示窗口。

（2）选择 File 菜单中的 Import 命令，屏幕上弹出"Import which file?"对话框，如图 3 - 3 - 36 所示。

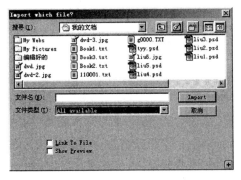

图 3 - 3 - 36   导入文件对话框

（3）对话框左侧的文件列表中仅列出 Authorware 一支持的文件清单。该对话框底部有两项复选框，其中的 Show Preview 选项用于图片素材导入时预览用，另一个选项 link To File 如果被选中（该复选框内相应出现选中标记"√"），则表明该文件以外部对象链接方式嵌入，一旦其内容被修改，修改后的最新内容将会及时反映在交互式程序中。

（4）选取所需文件，按下 Import 按钮，关闭"Import which file?"对话框，这时屏幕上出现了另一对话框 RTF Import，该对话框由两个选项设置组成：是否考虑文件中的分页符号（Hard Page Break），导入的文字对象是否配有滚动显示功能（Standard/Scrolling）。如果考虑了文件中的分页符号，导入的文字内容将以分页符号为界分别产生多个文字显示对象。如果选择了导入的文字对象配有滚动显示功能选项，导入后的文字对象均配有垂直滚动条，提供了一个滚动显示的环境。

（5）我们必须关注对话框右下角的"加号"按钮图标。单击该按钮，对话框右侧立即伸展出一块内容，如图 3 - 3 - 37 所示。

Authorware 提供一次导入多个文件的功能。在左侧文件列表中选取所需文件，单击 Add 按钮即可在对话框右侧创建一个导入文件清单。

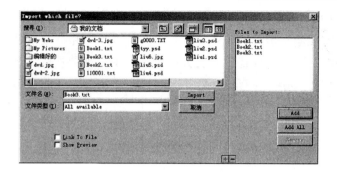

图 3 - 3 - 37　导入文件对话框

在建立导入文件清单后，按下 Import 按钮，即可在一个"显示"设计按钮中导入多个文字对象，一个文字对象对应一个文本文件。

（6）根据需要设置完选项后，按下 OK 按钮关闭 RTF Import 对话框。回到演示窗口中，导入的文字对象呈选中对象。你可按住文字对象周边的某一个选择小方块调整尺寸大小直至符合要求。

6. 图片的编辑

这一节内容的介绍，主要围绕作图工具箱中"直线"、"十字交叉线"、"椭圆"、"矩形"、"圆角矩形"和"多边形"绘图工具按钮进行。

（1）绘制直线的工具。在作图工具箱中有两个绘制直线的工具按钮："直线"和"十字交叉线"工具按钮。"直线"工具按钮 ▨ 可以沿任意方向绘制直线；"十字交叉线"工具按钮 ⊞ 只能用来绘制水平、垂直或 45°角方向的直线。

按以下步骤绘制一条直线：

1）双击打开要在其中绘制直线的"显示"图标。

2）单击作图工具箱中"直线"或"十字交叉线"工具按钮，将鼠标移到要绘制直线的起始位置处，此时鼠标指针形状变成"+"形，表明目前处于绘图状态。

3）单击鼠标左键（明确直线起始位置点），按住鼠标左键在屏幕拖出一条直线，当直线的外观符合设计需要时，释放鼠标，完成该直线的绘制。刚绘制完的这条直线两端各有一个白色选择小方块，表明该直线呈选中状态。

4）如要绘制另一条直线，可重复上述操作步骤。

当按住 Shift 键使用"直线"工具按钮绘制直线时，它的作用与"十字交叉线"工具按钮完全相同。

（2）绘制几何图形的工具。Authorware 除了能够绘制直线外，对常规的几何图案：椭圆、矩形和多边形等同样具备绘制能力。

1）绘制椭圆。利用作图工具箱中"椭圆"工具按钮 ⬭ 可以绘制一个椭圆或正圆图形。按以下步骤绘制一个椭圆：①双击打开要在其中绘制椭圆的"显示"图标。②选取作图工具箱中"椭圆"工具按钮，将鼠标移到要绘制椭圆的起始位置处，此时鼠标指针形状变成"+"形。③将鼠标放置在要绘制的椭圆的左上角的位置，按住鼠标左键往右下角方向拖动。当屏幕上显示的椭圆的形状大小符合需要时，释放鼠标。刚绘制出的椭圆四周被 8 个小方块所围，呈选中状态。④如要绘制另一个椭圆，可重复上述操作步骤。

如果在绘制过程中按住 Shift 键，则可以绘制一个正圆。

2）绘制矩形。实现绘制矩形的工具按钮为"直角矩形"和"圆角矩形"工具按钮。"直角矩形"工具按钮 ▭ 。可以绘制直角的长方形和正方形。如果按住 Shift 键进行绘制，则可得到正方形图形。同理，利用"圆角矩形"工具按钮 ▢ 并按住 Shift 键可绘制圆角的正方形。绘制矩形的操作步骤与椭圆的绘制很相似，区别仅在绘制工具上。练习时可参考绘制椭圆的操作步骤。

3）绘制多边形。利用"多边形"工具按钮题绘制多边形。它的使用方法有别于前几种绘图工具。

规则图形的绘制方法均为：选中相应的工具，将鼠标指针移到要绘制的图形的左上角，按住鼠标向右下方拖动（如果绘制的是正圆、直角或圆角正方形，则在此拖动过程中要按住 Shift 键）。

多边形的绘制方法为：选中"多边形"工具按钮，将鼠标指针移到要绘制多边形的一个顶点位置处，单击鼠标，然后将鼠标移到下一个顶点位置，再单击鼠标，此时便完成了多边形的一条边的绘制。重复以上操作直到绘制到最后一个顶点时，将鼠标指针移到起始点位置，双击鼠标完成整个封闭图形的绘制。

提示：多边形图案被选中时，其各个角上各有一个小方块，这与规则图形被选中时，四周的小方块个数定不同，多边形的选择句柄个数取决于其外观形状。拖动其中某一个小方块可以改变多边形的形状，而当拖动规则图形四周的小方块时，其整个图形呈等比例变化。

（3）选取图形对象。每当你绘制出一个图形时，该图形呈选中状态，你可以直接对它进行其他编辑操作。同样，如果要对已有的图形进行编辑，首先必须选中该图形，这样才能明确接下来进行的编辑操作是作用在该图形上的。"选取"工具按钮 ▶ 便是完成选中某一图形对象的操作。单击"选取"工具按钮，鼠标形状呈箭头选取形状，将鼠标指针移至要选取的图形上，单击鼠标，该图形的四周即刻出现几个小方块，表明此图形已被选中。

提示：要解除对某一图形的选择，只需按下空格键（Space），或在该图形和小方块以外任何地方单击鼠标左键，即可取消该图形的选中状态。

（4）图形修饰工具。双击作图工具箱中绘图工具，即可开启另一层绘图功能：调色、填充底纹图案、线条样式和绘图模式的设置。这里，我们着重介绍文字、图形的色彩和绘图模式的设置。

双击"椭圆"工具按钮，打开文字、图片"颜色设置"对话框，如图 3-3-38（a）所示。对话框的上部分为调色板，底部分为两个区域：带有铅笔图标的区域为线条、文字颜色设置区；另一个区域为前景色和背景色的设置区。

要改变图形线条的颜色时，需要单击线条颜色设置区，然后从调色板中选取所需颜色。对于文字对象的颜色设置，也是利用这个区域完成的。

同理，选择前景色设置区，再从调色板中选取所需颜色，则可改变图形的填充色彩。那么背景色改变什么呢？如果你此时设置了背景颜色，效果并未立即反映出来，你得配合下面的操作，给图形填充某一图案后，背景色的作用才可以看出来。

当你双击"矩形"、"圆角矩形"或"多边形"工具按钮，都可以打开"设置填充底纹图案"对话框，如图 3-3-38（b）所示。

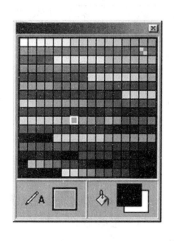
（a）

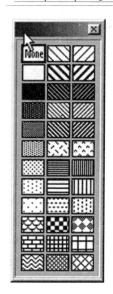
（b）

图 3 - 3 - 38 色彩和绘图模式设置

Authorware 的缺省设置为 None，即说明初次创建的图形都为"空心"图案。在前一个操作中，如果你对前景色和背景色做了设置，该对话框便会反映出被选中的图形的填色状态。

提示：如果对话框左上角黑色图案是选中状态，表明被选中的图形以前景色填充。如果对话框左上角白色图案里选中状态，则表明该图形以背景色填充。如果选择对话框中其他填充图案，Authorware 会将图案中的黑色部分用前景色代替，白色部分用背景色代替，选中图形便以前景色与背景色组成的该图案作为底纹填充。

Authorware 提供了五种绘图模式，为了更好更直观地理解这五种绘图模式的效果，每介绍一种绘图模式均配有相应的效果图。例中的演示窗口的背景色为灰色，显示对象的前景色为黑色，背景色为白色，矩形用浅色填充。当相应设置椭圆的绘图模式后，与矩形的重叠效果。

（1）绘制矩形。

1）单击作图工具箱中的"矩形"工具按钮。

2）将鼠标移到要绘制矩形的左上角位置处，然后按住鼠标左键往右下方拖动。

3）当屏幕上显示的矩形大小符合需要时释放鼠标。此时绘制出的矩形被 8 个小方块所包围，如图 3 - 3 - 39 所示。

（2）绘制椭圆。

1）单击作图工具箱中的"椭圆"工具按钮。

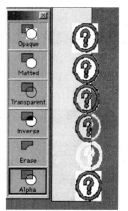

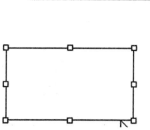

图 3 - 3 - 39 绘制矩形

2）将鼠标移到要绘制椭圆的左上角位置处，然后按住鼠标左键往右下方拖动。

3）在屏幕上拖出一个与矩形尺寸相近的区域后，释放鼠标。该椭圆目前处于选中状态，如图 3 - 3 - 40 所示。

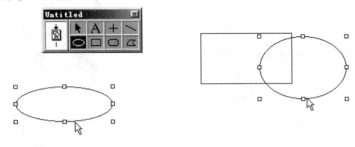

图 3 - 3 - 40   绘制椭圆

（3）移动和调整图形尺寸。

1）单击作图工具箱中的"选取"工具按钮。

2）将鼠标指针放置在椭圆边线上（除四周那 8 个小方块外），按住鼠标左键拖动椭圆至目的位置（矩形位置处），释放鼠标，其效果为椭圆与矩形叠放在一起。

提示：对于实心椭圆（即中心被某种底纹图案所填充）则只需将鼠标指针移到椭圆上（而不一定是椭圆边线上），便可方便地移动它（其他几何图案同理）。

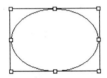

图 3 - 3 - 41   内嵌椭圆效果

3）为了使该椭圆成为矩形的内嵌椭圆效果，需根据具体情况调整椭圆周边的小方块位置，以达到调整椭圆本身的尺寸目的。如图 3 - 3 - 41 所示。

（4）编辑椭圆与矩形。一般情况下，Authorware 使用缺省的线条宽度来绘制几何图形的轮廓线，同时也不用任何底纹图案来填充它们，因此初次成型的图案都是空心图形，但 Authorware 提供了允许用户根据需要，采用不同粗细的线条来绘制它们，用不同的底纹图案来填充它们。

1）利用"选取"工具，选中将要编辑的对象椭圆（以内嵌椭圆为例）。

2）双击作图工具箱中"直线"或"十字交叉线"工具按钮，均可打开设置线条的对话框。

3）在线条宽度选择区中选择一种线条样式，则选中的椭圆的轮廓线便会作出反映，如图 3 - 3 - 42 所示。

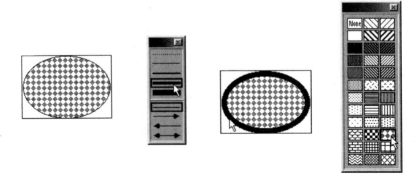

图 3 - 3 - 42   设置线条对话框

4）双击作图工具箱中"椭圆"、"矩形"、"圆角矩形"或"多边形"工具按钮中的任何一个，屏幕上都会弹出一个底纹图案选择对话框。

5）根据需要，单击其中一个底纹图案方块，实现填充操作。如果单击 None 方块，则表示该图形为"空心"，这是 Authorware 的缺省设置。

6）重复以上步骤，完成对矩形和另一个椭圆的编辑修饰工作。

（5）调整叠放图形的前后层次关系。当一个"显示"按钮图标中包含着两个以上的图形、文字对象时，难免会出现叠放在一起的情况。对于叠放在一起的多个对象，可以根据需要调整它们的叠放顺序。在这个例子中，我们要使绘制的矩形放置在最底一层，光盘机位于其他图形的最上面，另一个问号则处于矩形和光盘之间。Authorware 根据图形绘制的先后顺序自动将各图形放置层次顺序设为从后往前，即最近一次绘制的图形自动放置在其他对象的最上面，如图 3 - 3 - 43 所示。

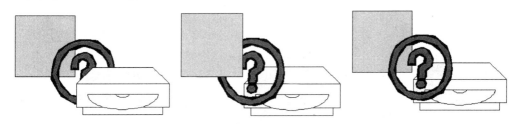

图 3 - 3 - 43 调整叠放图形的前后层次关系

利用 Modify 单中的 Bring to Front 命令可实现将选中的图形对象放置在最上面。若要将某一图形放置在最下面，可选择 Modify 菜单中的 Send to Back 命令完成。

提示：因为该效果实现的常规操作为菜单命令实现，建议使用快捷键 Ctrl + Shift + ↑ 实现将当前选中的对象放在其他对象的前面，使用 Ctrl + Shift + ↓ 快捷键完成将选中的对象放置到最后面的操作。

7. 图片素材的导入

Authorware 并不擅长于图形绘制，虽然作图工具箱中提供了简单的图形加工工具，允许用户直接在演示窗口中创建和编辑图形，但若是你需要色彩层次丰富的图片素材时，只要条件允许，大多数情况都"外请"这类素材。利用对象链接与嵌入技术，将其他应用程序所创建的图片插入到演示画面中。

"外请"的方式分直接式和间接式。能够被列入"外请"名单上的图形素材有：标准的 Windows 位图（.BMP）、Windows Metafile（.WMF）、面向对象的 Macintosh 彩色 PICT 图片、经过压缩处理的图片（.Gif、.JPEG）等等，不论你采用何种绘图工具软件创建图形，只要采用以上格式保存，均可在 Authorware 中使用。

（1）利用导入（Import）命令直接插入图片。具体实现操作如下：

1）打开需要在其中插入图片的设计按钮，进入演示窗口（只有双击"显示"、"交互作用"和"运动"设计按钮，才会出现演示窗口）。

2）选择 File 菜单中的 Import 命令，打开"Import which file?"对话框，如图 3 - 3 - 44 所示。

注意对话框底部的两项复选框，如果单击其中的 Show preview 选项，该复选框内相应出现选中标记 "V"，同时对话框的右侧开辟出一块预览区域，以供显示选中的图形文件的内容。另一个选项 Link To File，如果被选中，则表明该图形以外部对象链接方式嵌入，一旦该图形文件内容被修改，修改后的最新内容将会及时反映在交互式程序中。

3）在文件列表中单击所需图形文件名，单击 Import 按钮，"Import which file?" 对话框消失，被选中的图片就会被插入到演示画面上，同时该图片四周有 8 个小方块，呈选中状态，如图 3 – 3 – 45 所示。

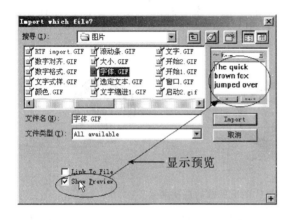

图 3 – 3 – 44　Import 对话框　　　　　　　图 3 – 3 – 45　演示画面

（2）利用剪贴板间接插入图片。利用剪贴板可以将其他应用程序窗口中的图片拷贝粘贴到演示画面中。对于引用不属于 Authorware 支持的图形格式的图片时，利用剪贴板这个中转站，将图片拷贝粘贴过来即可使用。

七、声音的加载

声音素材对整个交互式应用程序演示效果的增强，可谓功不可抹。当程序流程行进至"声音"设计按钮时，声音就会在相连的外设上响起。

不过 Authorware 对声音文件格式的挑选有一定的条件限制，直接支持以下 Wave、AIFF、SWA、VOX 或 PCM 格式保存的声音文件。通过 Insert 下 Media 中的 QuickTime3 可间接支持MID 文件格式。

声音素材的加载，须借助"声音"设计按钮 ▓ 完成，如图 3 – 3 – 46 所示。具体实现步骤如下：

（1）在需要播放声音的地方放置一个"声音"设计按钮。

（2）双击"声音"设计按钮，屏幕上弹出一个设置声音按钮属性的 Properties：Sound I-con 对话框。

（3）单击对话框左下角处的 Import 按钮，开启另一个"Import which file?"对话框，在文件列表中选取所需声音文件。

（4）单击 Import 按钮，关闭"Import which file?"对话框，此时声音按钮属性对话框的左上角出现一个声音图标，你就可以使用该图标下的播放按钮来试听加载声音的效果。同时对话框中部显示出该声音文件的有关信息：来源、频率、传输速率、字节数等。

（5）单击对话框中的 Timing 选项卡，即右设置该声音文件的播放效果。

（a）　　　　　　　　　　　　（b）

图 3 - 3 - 46　声音按钮属性框

Concurrency 选项为声音播放方式的控制，共有三种方式，如图 3 - 3 - 47 所示。

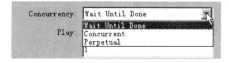

图 3 - 3 - 47　声音播放方式选项

Wait Until Done：Authorware 只有等到该声音播放完后才去执行流程线上下一个设计按钮中的内容。

Concurrent：表明 Authorware 在播放该声音的同时，可继续执行流程线上下一个设计按钮中的内容。正是由于 Authorware 具备了多个对象并行的功能，才使得顺序排列的设计按钮，居然也能让声音、影像以及显示对象同时"动"了起来。

Perpetual：该设置要与下一个选项 Play（Until True）配合起来使用。如果选择了该项设置，Authorware 将会始终监测 Play（Until True）正文输入框中输入的变量或表达式的值，当该值为"True"时 Authorware 就会跳转到这个"声音"按钮处，重新播放该声音。

Play 为播放次数的设置区域，共有两种方式。

Fixed Number of Times：选择此项，便可在其下的正文输入框中输入具体的次数。

Until True：该选项表明，当条件满足时 Authorware 才会播放该声音，条件表达式写在其下的正文输入框中。

Rate 为控制声音的播放速度（％ Normal），100％ 为正常速度，如果你需要放慢速度，可在其正文框中输入小于 100 的数值，反之，则输入大于 100 的数值。

Begin 为设置何时播放该声音的选项，在其正文框中可输入变量或条件表达式，当该正义框中的值为"True"时，Authorware 就会播放该声音。

若选择了 Wait for Previous Sound 复选框，则表明 Authorware 只有在前一个声音播放完后，才播放该声音。

根据需要设置好相关选项，单击 OK 按钮，关闭对话框。

八、数字化影像的播放

Authorware 不仅能请来声音素材，而且还能请动"动画"素材——集动画与声音为一体的数字化影像。

对于加盟演出的数字化影像来说，其加载途径分为直接和间接两类。如 PICS 和 FLC/FLI/CEI 等类型的数字化影像就可以直接输入到 Authorware 中，而像 Director、Video for Windows（AVI）、Quick Time For Windows 等这些类型的数字化影像则须作为外部链接的文件间接输入。

提示：对于直接输入的数字化影像播放时一般不会有什么问题，但对于外部链接的数字化影像的播放，不仅需要有一个合适的驱动器，而且还要考虑播放平台的问题。这些问题在文件发布和打包时必须要考虑到。

同其他一样，"数字化影像"设计按钮作为数字化影像的载体，在加载之前，须预备放置在流程线上的适当位置。然后打开该设计按钮，选择一个数字化影像文件，最后对该数字化影像的播放设置控制选项。具体实现如下：

（1）首先利用 File 菜单中的 New 子菜单下的 File 命令创建一个新文件，然后将"数字化影象"设计按钮 📷 放置在流程线上。

（2）双击"数字化影像"按钮，屏幕上弹出一个设置数字化影像按钮属性的 Properties：Movie Icon 对话框，如图 3 - 3 - 48 所示。

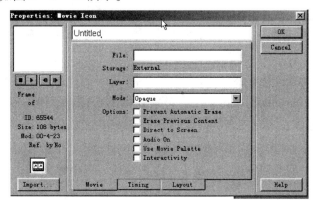

图 3 - 3 - 48　数学化影像按钮属性框

（3）单击对话框左下角处的 Import 按钮，开启另一个"Import which file?"对话框，在文件列表中选取所需数字化影像文件。

（4）单击 Import 按钮，关闭"Import which file?"对话框。此时数字化影像按钮属性对话框的左上角出现一个影像图标，你就可以使用该图标下的播放按钮来试播该影像。同时，对话框左侧显示出该影像文件的有关信息：帧数、字节数等。下面，你就可以利用对话框中的 Movie、Timing 和 Layout 选项卡进行影像播放效果的设置。

1）Movie 选项卡显示出该影像文件的有关信息：来源、频率、传输速率、字节数等相关选项的内容，如图 3 - 3 - 48 所示。

File 选项：给出影像文件名称及存放位置信息。

Storage 选项：表明该影像文件是由外部导入还是 Authorware 本身自带的。

Layout 选项：用于设置该影像文件播放区所处的层次信息。

Mode 选项：用于设置该影像文件播放区与其覆盖住的显示对象之间的重叠效果。

·Opaque 模式：播放区将全部覆盖住其下面的对象。

·Transparent 模式：将使影像画面中以透明颜色显示的像素点变得不可见，由此在这些像素点位置处被覆盖住的那些对象内容显现出来，从而产生一种透明的效果。

·Matted 模式：将使播放区下面的对象中不可见的像素点转换成以透明的颜色显示。

·Inverse 模式：将使影像画面中像素点颜色变成被覆盖住的那些对象内容的像素点的补色，从而产生一种反转显示效果。

Options 选项：

·Prevent Automatic Erase：该影像一直保留在演示窗口中，直到程序执行到一个专门用于擦除该影像的"擦除"图标为止。

·Erase Previous Content：播放该影像前，擦除演示窗口中已有的内容。

·Direct to Screen：该选项用于设置影像播放层次总是处于最顶层，类似于 Layer 选项设置，但后者更为灵活，既可设置顶层，又可放置在具体在某一层次上进行播放。

Audio On：选取该选项，则表明在播放影像的同时，播放其伴音，本练习请选取此项。

·Use Movie Palette：选用此项，表明使用影像调色板以减轻影像播放时的颜色失真度。该选项与你机器里配置的显示卡类型有关，若你配置的是 True Color 级以上的显示卡，已经能够准确呈现色彩时，此选项就不用设置。

·Interactivity：该选项主要是针对 Director 数字化影像。Authorware 在播放这种具有完善交互的影像时，如果要使用影像自带的交互，请选择该选项。

2）Timing 选项卡相关选项的内容如图 3-3-49 所示。

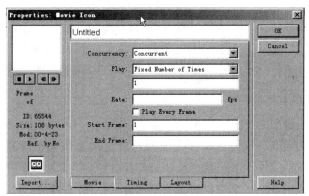

图 3-3-49　选项卡相关选项

Concurrency 选项：

·Wait Until Done：Authorware 只有等到该影像播放完后才去执行流程线上下一个设计按钮中的内容。

·Concurrent：在播放影像的同时，Authorware 仍可继续执行流程线上下一个设计按钮中的内容。

Perpetual：选择此选项时，Authorware 会自动监视 Play 设置中的 Until True 选项的变量或条件表达式的值，当该值为"真"时，Authorware 会跳转去播放该影像。

Play 选项：该选项的设置与声音播放设置类似，数字化影像的播放方式也可以重复播放，或按指定的条件进行播放。

·Repeatedly：不间断地播放，本练习请选取此项。

·Fixed Number of Times：按指定次数播放。

·Until True：直到指定条件为"真"时才播放。

·Only While in Motion：当数字化影像被"运动"设计按钮驱动时才播放。

Times/Cycle 选项：当数字化影像被"运动"设计按钮驱动时，指定每个影像重复时播放的次数。该选项既可以用一个数字来指定，也可以用一个变量或表达式来控制。

Rate（fps）选项：用于设置播放速度，即每秒钟播放的帧数。不做任何设置，表明 Authorware 播放该影像的速度取决于影像本身的播放速度。

Start Frame 和 End Frame 选项：影像内容可根据程序设计的需要播放其中的一部分。由 Start Frame 设置播放的起始帧号，End Frame 设置结束帧号。帧号的设置可由具体的数码来确定，也可由某个变量或表达式来指定。

3）Layout 选项卡中的选项主要用于设置影像在舞台上出现的位置以及用户是否能够移动该影像等，其具体选项的设置，将在作动画效果中做详细介绍。

（5）设置完毕，单击 OK 按钮，关闭 Properties：Movie Icon 对话框。试运行此程序以观效果。

九、视频信息的使用

数字化影像素材通过"数字化影像"设计按钮加盟到这个多媒体交互式程序团体中。除此之外，Authorware 还提供了"视频"设计按钮，接收那些存放在录像带里的视频信息。不过，对于视频信息的播放需要硬件备支持：一台与计算机相连的录像播放机和一台图像显示设备。图像显示设备可以是一个外部显示器，也可以是装有视频重叠卡的计算机。

由于其硬件配置较为昂贵，整个使用过程过于专业，超出了本书范围，在这里，我们就做一个简单的介绍，不再进一步展开。

十、"移动"设计按钮

前一节内容里，我们一直关注 Authorware 素材的组建，学习了如何借助"显示"设计按钮、"声音"和"数字化影像"设计按钮完成素材的制作和引入。在这一节内容里，我们的任务则是让素材动起来。

在 Authorware 的设计按钮工具箱中有一个。"移动"设计按钮，它可以让窗口里的素材动起来。利用"移动"设计按钮可以让一个显示对象（甚至是影像）沿着某条路径或按某种方式，以某种运动速度从舞台的一个地方移到另一个地方，从而产生动画效果。

在这里，我们需要知道的是："移动"设计按钮本身并不含有显示对象，它只是对包含于"显示"设计按钮中的图形素材或"数字化影像"设计按钮中的影像素材等进行驱动，使得这些素材们产生一种动画效果。

"移动"设计按钮只能对"显示"、"数字化影像"或"交互作用"设计按钮中的一个显示对象进行驱动。多个"移动"设计按钮也可以对同一个显示对象进行驱动，但不能同时驱动同一个对象。

如果要对某个设计按钮中的显示对象生成动画演示效果，必须为它专门配备一个"移动"设计按钮放在它的后面，如图 3 - 3 - 50 所示。而且同一个文件中不能有相同的"移动"设计按钮名。如果用"移动"设计按钮驱动一个单独的显示对象时，该对象必须单独放在一个设计按钮中。

移动图标的功能是将对象从某个位置移动到另一个位置。Authorware 提供了五种移动方式，其中三种直接将对象移动到新的位置，即将对象从当前位置沿着默认的直线路径移动；另外两种则使对象沿着某条特定路径移动，因此需要定义移动路径。在 Authorware 中被移动的对象可以是多种形式的，如用绘图工具箱绘制的图形、输入的文字。Authorware5.0 本身并不能制作出类似电视里播放的动画片，要实现那样的动画效果需借助专用的动画设计软件。尽管如此，灵活地利用移动图标仍然能够产生简单的动画效果，可以满足一般需要。如果确实

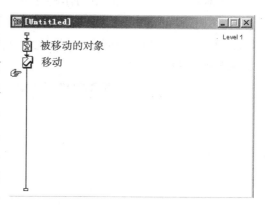

图 3 - 3 - 50　"移动"设计按钮的使用方法

需要复杂的动画，利用其他软件生成之后，再使用数字电影图标即可加入到 Authorware 中。

与显示图标不同的是，移动图标本身并不包含移动对象，而是在给定的时间内或以指定的速度，将显示图标或交互图标中的对象，从一个位置移到另一个位置。因此需要在移动图标前面设置显示或交互图标中的显示内容，作为移动对象。

当用移动图标对设计图标中的对象进行移动控制时，在流程线上必须将移动图标放在移动对象所在的设计图标后面，但不一定要紧挨着此图标。用户需要注意的是，一个移动图标只能对一个设计图标中的对象进行移动操作，如果要控制多个图标中的对象的移动，就必须设置多个移动图标。

如果某个设计图标中含有多个对象，而用户又将其中的一个对象设定为移动图标的对象，那么移动图标不仅仅移动该对象，设计图标中的其他对象也将同时被移动。因此，被移动的对象应当单独放置在一个设计图标中。

与显示图标类似，用鼠标右键单击移动图标可预览要移动的内容，如图 3 - 3 - 51 所示，再单击其他地方可使预览内容消失。移动图标也有自己的属性对话框，用来选择移动方式，并进行各项设置。

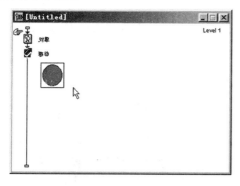

（a）

（b）

图 3 - 3 - 51　移动图标预览及属性对话框

当 Authorware 移动对象时，总要为对象设置一条运动轨迹，相应的需要为对象的运动设

置一种移动的方式，Type 框的作用就是用来设置移动方式的。单击 Type 框右边的下拉按钮，可以看到 Authorware 一共提供了五种移动方式，它们分别是：Direct to Point、Direct to Line、Direct to Grid、Path to End 和 Path to Point，用户可以根据不同的需要来选择适当的移动方式。如图 3 - 3 - 52 所示。

图 3 - 3 - 52 移动图标属性对话框

表 3 - 3 - 1 逐一介绍每一种移动方式，不同移动方式对应的属性对话框上的选项稍有不同。

表 3 - 3 - 1 动画设置相关说明

动画类型	动画示意图	动画说明
固定终点的动画		将一个显示对象从屏幕上的当前位置沿直线移到指定的终点位置
点到直线的动画		显示对象从屏幕上的当前起始位置，沿线路径移动到某个指定点位置处，由变量来设置目的位置用户需要事先设置好目的位置的有效范围
点到指定平面区域的动画		可以使一个显示对象在一个固定的平面区域中运动，运动的终点取决于用户所指定的两个坐标变量值
沿任意路径到终点的动画		用户自己先定义一条路径，当程序运行时，被运动设计按钮所驱动的对象就会从起始点沿指定的路径运动到终点，当显示对象运动到终点时，会停留在终点的位置上
沿任意路径到指定点的动画		所产生的动画效果是使显示对象沿用户指定的路径运动，这一点完全等同于沿任意路径到终点的动画效果。所不同的是，用户可以通过变量控制显示对象沿该路径移动到的目的位置，此目的位置可以是终点位

移动固定终点的动画的方法如下：

（1）拖一显示图标、移动图标到主流程线上，且显示图标处在移动图标前面，给它们加上标题。

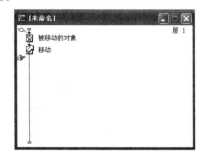

（a）

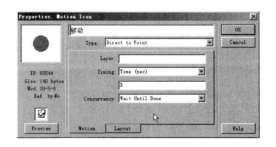

（b）

图 3 - 3 - 53 固定终点动画设置框

（2）在显示图标中绘一小球，作为被移动的对象。

（3）双击移动图标打开 Properties：Motion Icon 对话框。

（4）单击 Type 下拉按钮，从列表中选择 Direct to Point 移动方式。

（5）其他设置采用默认即可，单击 Layout 标签打开 Layout 选项卡，根据提示单击要移动的对象，再将演示窗口中的对象拖放到目标点，或在 Destination 的 X、Y 框中输入目标点的坐标，目标点将决定对象经移动后的最终位置，也可以用变量来定义目标点。

（6）单击 OK 按钮完成设置，再运行程序，观看效果。

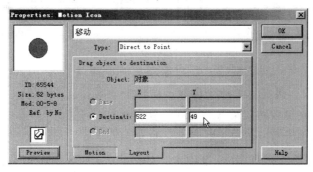

图 3-3-54 移动坐标参数设置

属性对话框中 Concurrency 项决定流程执行移动图标时，是否同时执行与之相邻的下一个设计图标。对于 Direct to Point 方式，有 Wait Unit Done（等待直到完成）和 Concurrent（同时）两个选择。若选择 Wait Until Done，则只有将整个移动过程完成后，才继续执行后面的流程；若选择 Concurrent，那么在移动对象的同时执行后续的流程。

至于 Time 项，则用来设定移动的 Rate（速率，1 英寸/秒）或 Time（时间，以秒为单位）。Rate 特点是"匀速运动"，不运动路线是长是短，每移动一英寸所花费的时间都是一样的。而 Time 的特点是"等时运动"，不论运动路线是长是短，整个移动过程所花费的时间都是一样的。用户可以单击对框左边的 Preview 按钮，来预览移动效果。而点到直线的动画、点到指定平面区域的动画、沿任意路径到终点的动画、沿任意路径到指定点的动画大家可以参照上面的类似步骤进行练习操作，发现它们的不同。

十一、擦除图标、等待图标、群组图标

1. 擦除图标

在 Authorware 中显示图标用来显示文本、图形，随之而来的问题是，对不需要的对象如何将其擦除。这就需要使用擦除图标，擦除图标是用来擦除文本和图形内容。擦除一个图标时，将擦除该图标中包含的所有对象。如果只想擦除一个特定的对象，可将该对象放在一个独立的图标中。另外像显示效果一样 Authorware 还提供许多生动的擦除效果。

设置擦除图标可采用两种方法，第一种方法如下：

（1）建立如图 3-3-55 流程，在两个显示图标中分别放置一个对象。

（2）单击运行图标运行程序，由于还未设置擦除图标，Authorware 自动打开擦除属性对话框，如图 3-3-56，并且两个显示图标中的内容出现有演示窗口。

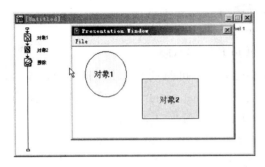

图 3 - 3 - 55　擦除图标　　　　　　　　　　　图 3 - 3 - 56　擦除图标对话框

（3）根据提示单击要擦除的对象，该对象即从演示窗口消失。Prevent Cross Fade 复选项的作用是，待擦除结束后再显示下一个设计，图标中的内容。

（4）Transition 用来设置擦除效果，单击右边的按钮，会打开 Erase Transition 窗口，如图 3 - 3 - 57 所示，它的使用与设置显示效果是一样的。

（5）单击 Icons 标签，打开 Icons 选项卡，如图 3 - 3 - 58 所示，它列出了所有要超出擦除的图标，用户可以单击某个图标，再单击 Remove 按钮将该图标从擦除列表中移走，这样图标中的内容就不会被擦除。

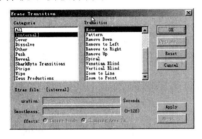

图 3 - 3 - 57　　　　　　　　　　　　　　　图 3 - 3 - 58

上述方法用于不清楚要擦除哪个对象或者要擦除的对象比较多的情况。

下面介绍第二种方法，它适用于已知擦除对象并且擦除较少。先用鼠标双击要擦除的图标打开演示窗口，再双击擦除图标，使属性对话框与被擦除对象同时显示，如图所示。其他步骤的操作与第一种方法是一样的。

2. 等待图标

等待图标的功能比较单一，没有太多的设置项，使用起来相对比较简单。

当流程进入等待图标时，程序将暂停执行，等待用户按一个键或单击鼠标，或等待指定的一段时间过后，再沿流程线继续运行。

下面介绍等待图标属性对话框上的设置项。双击等待图标打开 Properties：Wait Icon 对话框，如图 3 - 3 - 59（a）所示。

Events 中的复选框用来选择如何使程序继续运行：Mouse Click 指单击鼠标，Key Press 指按键盘上的任意键。

Time Limit 用来设置经过多长时间后，程序继续运行，它的单位是秒。

Options 中有两项复选项：Show Countdown 和 Show Button。

如果设置了等待时间，且选择了 Show Countdown 复选项，程序在等待过程中会显示一个计时钟，若选中了 Show Button 复选项，程序在等待过程中会显示一个 Continue 按钮，如图 3 – 3 – 59（b）所示。

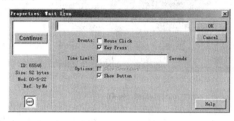

（a）　　　　　　　　　　　　（b）

图 3 – 3 – 59　等待图标属性对话框

3. 群组图标

群组图标用来将一组功能相关的设计图标组合成一个，从而使流程结构简洁、明了，这也是设计窗口没有流动条的原因。

要组合图标，先选中设计图标，再单击 Modify/Group 命令即可合成一个群组图标。

双击一个群组图标，可以打开下一级设计窗口，表明群组图标的内容，根据窗口右上角的 Level 即可了解层次。

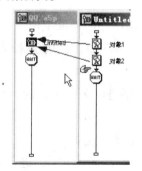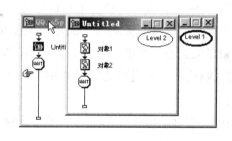

图 3 – 3 – 60　群组图标使用

十二、Authorware 中的交互响应

前面我们关注于编写制作多媒体程序的"展示"功能，用户并无参与的可能。在这一节，我们要着重解决程序与用户之间的交互。Authorware 支持 11 种交互作用响应：按钮响应、热区响应、热物体响应、目标区域响应、下拉式菜单响应、按键响应、正文输入响应、条件响应、事件响应、重试限制响应和时间限制响应。我们应掌握这几种常用交互响应的制作。

由图 3 – 3 – 61 中可以看到，每种响应都有一个相应的类型图标，以后就可以体会到，根据这些类型图标，从流程图上就可以方便地判断出各种响应。

◨ 按钮响应：软件设计者在画面的适当位置上创建一个按钮，当最终用户单击该按钮时，就可以获得相应的反馈信息；

热区响应：热区是演示窗口上的一个矩形区域，当单击、双击该区域或将光标移到该区域上时，可匹配这种响应，获得相应的反馈信息；

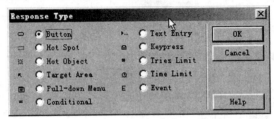

图 3 - 3 - 61 交互作用响应类型

热对象响应：这种响应与热区响应类似，只不过把矩形区域用一个具体的二维对象来代替，比如一个图标、一个动物的二维图片或正文对象等，当最终用户单击、双击热对象或将光标移到热对象上时，可以得到相应的反馈信息；

目标区响应：一个典型的目标区响应的例子是拼图的游戏。当用户把某个图片拖放到正确位置时，图片就停在该位置（此位置就称为目标区），如果用户放置图片的位置不对，该图片就会自动移回到原位；

下拉菜单响应：用户对这类响应恐怕是再熟悉不过了，当最终用户单击菜单栏里的某个菜单名为 File、Edit 等，就会打开一个下拉菜单，再从中选择某个选项命令，就可以进行一定的操作；

条件响应：顾名思义，当符合某种条件时，软件给出相应的反馈信息，但一般来说不通过用户的某个操作来直接匹配响应，而是根据变量、函数和表达式的值来设置条件，比如某个变量大于预定的数值，则匹配响应，否则不匹配；

文本输入响应：这种类型要求最终用户输入一个字符串来匹配响应，比如一个密码，某人的姓名等；

按键响应：按键响应往往用于一个多选择的交互分支，比如，进入一个多媒体教学软件的开始界面，当按下键盘上的 1 键时，进入第一章的学习，按 2 键时，进入第二章的学习，依次类推；

重试限制响应：重试限制响应是交互响应中很重要的一种响应类型。显然我们不希望在输入密码时，用户可以无限制地重试，直到找到密码为止。这种响应就是对最终用户重试的次数进行限制；

时间限制响应：与上一种响应类似，只是限制最终用户匹配某个响应的时间。比如在计算机上进行一次英语测验，当考试时间用完后，就不再允许用户继续答题了；

事件响应：事件响应是 Authorware 新增的一类响应。所谓事件正如它的名字一样：发生的某件事。

上面简单介绍了 Authorware 中各种交互响应的特点，大家对交互响应图标的应用有了一个大体了解。

由于 Authorware 的功能非常强大，它的详细用法希望广大读者参考其他书籍，还要加强上机练习。

第二节　介绍相关软件进行课件制作

几何画板是人民教育出版社和全国中小学教育研究中心于 1996 年联合从美国 Key Curric-ulum Press 公司引进的工具平台类优秀教学课件制作工具软件。利用几何画板能够动态地表现出对象的几何关系。所谓几何关系，就是各种几何对象——点、线、面之间的关系。无论是平面几何、立体几何，它们都遵循几千年前欧几里德的规定：只允许尺规作图。构成几何图形的基本元素是点、直线和圆。而其他图形诸如正方形、平行四边形等，都由这些基本元素构成，需要教师运用一些几何关系（平行、垂直、取线段的中点）和基本的交换作出。所以，在几何画板中就看不到一般的作图软件中常有的长方形、平行四边形等作图工具。几何构图中的另一重要方法是变换，即通过对几何对象的平移、缩放、旋转、反射，可得到各类更加复杂的图形。

在数学教学或物理教学中，无论是通过基本的几何关系还是几何变换作出的图形，它们在今后的动态变化中，都将保持这种关系。当改变图形的某一部分时，所有相关部分也随之改变，而用纸和笔，仅能反映一种几何关系，可是利用几何画板就可以观察到一系列相关的变化情况，这是几何画板的优点，也是几何画板初学者应特别注意的地方。

1. 几何画板的结构功能

几何画板特别适合于几何（平面几何、解析几何、射影几何等）及物理等学科的 CAI 课件，还可以制作外语及体育等学科的 CAI 课件。该软件功能强大，能方便地用动态方式表现对象之间的关系，教师利用该工具平台既可根据自己的教学需要编制与开发课件，又可便于学生进行主动探索。它以点、线、圆为基本元素，通过对这些基本元素的变换、构造、测算、计算、动画、跟踪轨迹等，构造出其他较为复杂的几何图形。其最大特点是"动态性"，即可以用鼠标拖动图形上的任一元素（点、线、圆），而事先给定的所有几何关系（即图形的基本性质）都保持不变。

该软件的操作非常简单，一切操作都只靠工具栏菜单实现，而无需编制任何程序。借助它制作课件时，一切都要借助于几何关系来表现，因此用它来设计软件最关键的是"把握几何关系"，这正是教师们所擅长的；但同时这也是它的局限性，因为它只适用于能够用几何模型来描述的内容，例如几何问题、部分物理、天文、外语及体育等学科问题等。实践表明，用该工具制作课件的速度非常快，一般来说，如果有设计思路的话，操作较为熟练的教师开发一个难度适中的课件只需 5~10 分钟，而且教师也可直接用该软件代替黑板在课堂中进行讲解。

2. 几何画板的课件特点

利用"几何画板制作的多媒体 CAI 课件，能够动态地表现出课程教学内容中的几何关系，给学习者以生动的启示，这对传统教学来说是一大突破，必将改变教学的思维方法、教学模式和内容。它能帮助学习者更好地把握学科的内在实质，培养他们的观察能力和问题解决能力。其课件特点概括起来体现在以下几个方面：

（1）培养学习者的散发思维和创造能力。由于"几何画板既能创设情境又能让学生主动参与，所以能有效地激发学生的学习兴趣，使抽象、枯燥的数学概念变得直观、形象，使学生从害怕、厌恶变成对数学喜爱和乐意学。俗话说："眼过千遍不如手做一遍"，利用"几何画板"制作的多媒体 CAI 课件，通过实践的方法让学生自己动手操作，进行一次数学实验操作，并通过在实验中的观察、认识、发现，探索培养学生的学习能力及创造精神。如操作活动为直角三角形全等这一抽象理论的具体化、形象化提供了事实，进而启发学生概括出直角三角形全等的判定公里。这样让学生通过做"教学实验"去主动发现、主动探索，不仅使学生的逻辑思维能力、空间想象能力和运算能力得到较好的训练，而且还有效地培养了发散思维和创造思维的能力。

（2）能生动地描述数学等学科中的复杂几何关系。数学、物理及天文学等学科中有许多内容用平面的黑板和静态的实物模型是很难描述清楚的，比如：各种平面几何图形、勾股定理的动态模型、立体透视图形、动态正癣波、数据图表、函数曲线。通过"几何画板"制作的多媒体 CAI 课件恰好能非常有效地进行描述。

（3）能深刻地揭示学科中的几何规律。几何就是在不断变化的几何图形中，研究不变的几何规律。比如：不能三角形的位置、大小、形状和方向等如何变化，三角形的 3 条中线都交于一点；不能四边形如何变化，四边形的四边中点顺序连接成的图形永远是平行四边形。常规的几何教学中，使用常规作图工具（如纸、笔、圆规和直尺）手工绘制的图形都是静态的，容易掩盖它极其重要的几何规律。通过"几何画板"的多媒体 CAI 课件教学可以有不同于其他绘图工具的突出特点，比如利用"几何画板"工具它能动态地保持几何关系。"几何画板"绘制的图形可以用鼠标选定目标拖动；可以定义动画和移动让图形动起来。而"几何画板"的精髓就在于"在运动中保持给定的几何关系"。中点就保持平行。有了这个前提，就可以运用"几何画板"在"变化的图形中，发现恒定不变的几何规律"。

（4）能培养学习者良好的学习方法和自学能力。在几何学科教学中，要想从复杂的图形中找出位置关系，对刚入几何门的学生来说不抬容易，于是需要学生能把复杂图形分解为简单图形，并能从中抓住问题的关键，对与所识别的图形无关的部分视而不见，在引导学生观察图形时，要有意识地把视而不见的地方进行隐藏，运用"几何画板"制作的多媒体 CAI 课件的隐帐教学功能，能把复杂的图形简单化，通过这样的训练培养学生形成自己分解基本图形的能力，为以后的几何学习奠定基础，能有效地培养好学习者良好的学习习惯和学习方法。

（5）能激发学习者学习几何知识的兴趣。利用"几何画板"制作的多媒体 CAI 课件教学，还可以把简单图形通过添加辅助线变为复杂图形，达到一图多用的效果，无论其中的线条如何变化，只要抓住最关键的问题，就不会影响图形的识别。这样可以帮助学生体会什么是主要矛盾，什么是次要矛盾。如"几何画板"的操作直接快速，不用编程序，界面操作所见即所得，还可即兴操作，能开拓学生思路，毫无保留地实现学生的想法。就算是后进学生也能有自己的成就感，从而批培养对几何学习的兴趣。

第四章 网络教学平台设计

学习目标

1. 了解网络教学平台得以实现的硬件平台。
2. 了解网页制作的相关软件，能使用 Dreamweaver 软件进行网页制作。
3. 了解网络课程建设的相关知识。
4. 实验：网页制作，根据要求制作网页。

第一节 硬件平台

硬件平台的设计是网络教学平台设计的基础。如果软件系统是网络教学平台的灵魂所在，那么硬件平台则是承载这灵魂不可或缺的躯体。硬件平台主要包括：配置录音机、录像机、电视机、投影仪、语音室、视听教室、调频电台、VCD 等多种媒体设施，安装卫星、VBI 及 IP 接收装备，组建适用的计算机网络，开通 ATM 远程视频直播系统，建设基于 Internet 技术的网络教学网站等。

下面在图 3-4-1 的基础上，对基于 Internet 的网络教学硬件支撑平台的建设做一分析。

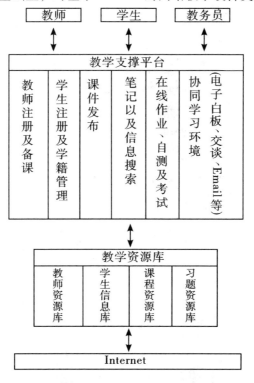

图 3-4-1 基于 Internet 的网络教学资源体系结构

一、基于 Internet 的网络教学的硬件支撑平台

基于 Internet 的网络教学系统区别于传统教学的一个显著的特点是"教"与"学"的活

动可在不同的时间和地点进行，它利用 Internet 来传输文字、图形、图像、声音和视频等多媒体的教学信息，达到双向、实时交互的传输目的，其传输模式如图 3 - 4 - 2 所示：

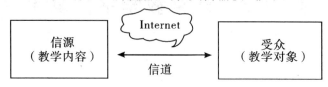

图 3 - 4 - 2 基于 Internet 的网络教学传输模式

在这个传播模式中，为了保证信源通过信道毫不失真地传输到受众中去，传输的效果很明显受到信源和信道质量的影响。基于 Internet 的网络教学系统和 Internet 的其他服务一样，也是采用客户——服务器（Cilent/Server）模式，在这种模式中，信源是系统的服务器端，而信道是系统所使用的计算机网络。客户机/服务器在分布处理过程中，使用基于连接的网络通信模式。该通信模式首先在客户机和服务器之间定义一套通信协议，并创建 Socket 类，利用这个类建立一条可靠的链接；然后，客户机/服务器再在这条链接上可靠地传输数据。客户机发出请求，服务器监听来自客户机的请求，并为客户机提供响应服务。这就是典型的"请求——应答"模式。图 3 - 4 - 3 展现了这种模式运行所需的网络拓扑结构，为了保证这一过程顺利进行，基于 Internet 的网络教学的硬件必须达到如下要求：

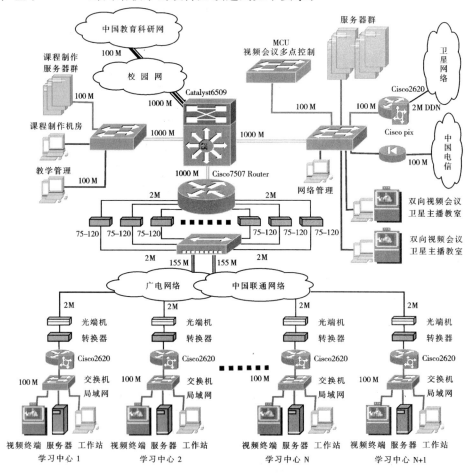

图 3 - 4 - 3 专用网络拓扑总图

（1）根据网络教学的规模采用高效率的服务器，并按各种服务的不同分工，尽可能采用多台服务器来分担不同的任务。例如把 WWW 服务、FTP 服务、VOD 服务、E－mail 服务等由各个单独的服务器来承担。

（2）使用可靠的信息传输网络，保证信息传输的实时性、双向交互的需求。目前，在 Internet 上广泛使用的有多种传输网络，如 ISDN、DDN、ADSL 以及 X.25 分组交换等，这些传输网络都有其优缺点。在网络教学中，传输的内容有很大部分为声音、视频等多媒体信息，因此，必须选择宽带传输网络。目前各高校已建立的校园网络一般采用的是 100M 或者千兆以太网，部分为 ATM 网络，这些网络的带宽已经足够实现网络教学的各种任务。但是，要使网络教学成为真正意义上的开放大学，就要使课堂教学从校园延伸到各个学习者的家庭，甚至是边远的山区，但校园网与社会上广泛使用的网络（称为公众网）之间普遍存在一个"瓶颈"，它们之间接口的带宽太窄，这将严重影响网络教学的教学效果。为了很好地解决这个问题，可以租用宽带电信线路或者进行主机托管，把教育网上的资源镜像到公众网的服务器上，从而实现覆盖面更加广泛的网络教学。

二、数量众多、形式各异的网络教学硬件平台的构建

由于多媒体技术和通信技术的飞速发展，国内外教育工作者利用传媒与通信技术构建网络教学平台，开展网络教学活动。主要有开路电视网络教学系统、Internet 教育系统、以卫星传输为主互联网传输为辅的教育系统、双向 HFC 有线电视网络现代网络教学系统、视频会议系统等。

（1）基于传统电视的网络教学系统。利用卫星电视系统、有线电视系统、无线广播等大众传播媒介传播各类教育教学节目和社会科学教学节目，学生则在各教学点或家里利用电视机收看。

（2）基于 Internet 的网络教学模式。该教学模式以其丰富的教学资源、方便的交互方式、迅速的反馈交流，正成为现代网络教学关注的热点。在 Internet 上，学生和教师之间可以传输文字、图形、声音、图像等各种信息。它适于异步讲授，个别化学习。

（3）基于电视与计算机相结合的网络教学模式。通过有线或开路电视系统学生可以直接获得比因特网上传输质量高得多的视频和音频信息；通过网络实现远程教学课件的浏览与学习，通过电子邮件可传送作业或答疑；利用卫星电视系统传输制作好的 CAI 课件，使学生通过卫星下载有关 IP 课件，利用多媒体计算机自主学习。

（4）基于双向传输的 HFC 有线电视网络。用光纤和同轴电缆结合而成的 HFC（Hybrid-Fiber Coax），是融数模传输为一体，集光电功能为一身的网络结构，不仅使多频道的广播电视传输质量大大提高，更主要的是形成一个性能优良、双向传输、多功能开发的网络平台。它充分利用 MPEG2 视音频编码压缩技术、DVB2C 数字广播技术，可以获得高质量视频、音频和数据服务，保证教学过程的实时转播、实时交互与课堂交流。

（5）视频会议系统。作为一种交互式的多媒体实时通信方式，使异地之间进行面对面的交流成为可能，可以使处于不同地区的多个用户之间，利用先进的硬件技术来完成对视频与音频信号的压缩/解压缩处理，进而通过多媒体网络相互实时地传送声音、图像、文件等信息，使用户更方便、更大限度地共享各类信息。

三、CDN 在高校网络教学硬件建设平台中的应用

1. 内容传输网络（CDN）：原理、结构与性能

CDN（Content Delivery Network）即内容传输网络，是最近几年出现的一种有效加速网络内容传输的新技术，是一个建立并覆盖在互联网（Internet）之上的一层特殊网络。CDN 网络主要由三个子系统组成。

（1）SuperDNS。SuperDNS 是 CDN 系统中的关键系统，主要功能是做各链路和设备的健康性检查并进行路径选择。当用户访问纳入 CDN 系统中的网站时，域名解析请求将最终由 SuperDNS 负责处理。它通过一组预先定义好的策略，将当时最接近用户的节点地址提供给用户，使用户可以得到快速的服务。同时，它还与分布在各处的所有 CDN 节点保持通讯，收集各节点及其所在网络的健康状态，以保证不将用户的请求导向一个已经不可用的节点上。它的工作原理是依靠一个性能检测设备（Performance Checker）不断地对各节点及其所在网络的出口进行检测，检测线路的有效性（是否连通）和性能（负载高低），以确定链路是否可用；还检测该节点各台服务器的健康状况，包括服务器的网络负载、CPU 利用率、内存利用率、各硬部件是否工作正常、服务软件工作是否正常、网站内容是否正确等，并计算其服务性能指数（ServerPerformance）。当有用户访问时，SuperDNS 根据用户距离各 CDN 节点的网络距离的远近和该节点各服务器的服务性能指数，确定对该用户最优的访问服务器，将用户的访问导向该服务器，保证访问的效率和访问内容的正确（不会出现 "Http - 404 无法找到文件" 这样的错误）。

（2）CDN 节点。CDN 节点是 CDN 网络的重要组成部分，CDN 通过分布在各地的节点为当地的用户提供快速响应。CDN 节点通常由一个或多个内容加速服务器（Cache Server）组成，它将用户经常访问的源网站的大量信息存储在本地，就像一个靠近用户的网站服务器一样响应本地用户的访问请求。由于这些 Cache Server 只是起缓存的作用，只保存源网站的部分内容，有的公司用专门的内容引擎做内容加速服务器，有的也可以用安装了内容代理软件的普通服务器。如果某个节点用户量太大，可以简单地增加服务器的数量，将新增服务器纳入 SuperDNS 的管理下，提升该节点的处理能力。CDN 网络具有很高的可扩展性，若某个网络或某地用户增多，可以在该网络或该地增加 CDN 节点，动态扩展 CDN 网络，而且因为各 CDN 节点只是起内容代理缓存的作用，不需要预先存储源服务器的内容，所以几乎不需要维护。

（3）CDN 网管中心。CDN 网管中心是整个系统正常运转的保证。它能为网络管理提供实时、前瞻性的信息。使用实时监控和系统报警，网络管理员可以随时了解系统中的各子系统和节点设备健康状况、当前网络流量的状态。它还能对网络历史性能数据进行分析以图表显示，并能预测用户访问量的未来趋势，帮助管理员对各 CDN 节点进行调整，使 CDN 网络能顺应用户访问量的发展趋势，提供更优质的服务。

由 CDN 各组成部分的功能可以看出，由于 CDN 将网站的内容发布到最接近用户的网络"边缘"，使用户可以就近取得所需的内容，提高用户访问网站的响应速度，因而 CDN 可以提高 Internet 网络中信息流动的效率，从技术上全面解决由于网络带宽不足、用户访问量大、网点分布不均等因素造成的用户访问网络时响应速度慢的问题。而且它是一个可以不断调整、丰富完善的网络，具有很高的灵活性和可扩展性。

2. 基于 CDN 构建高校网络教育硬件平台

针对学院建设资金紧缺，要求网络远程教育硬件平台建设的初期投入不能太多的现状，对于高校网络远程教育硬件平台的建设可以充分利用 CDN 的可扩展性，先建设 CDN 中的前两个子系统，即 SuperDNS 和 CDN 节点，而且对于 CDN 节点，可以只建设 ChinaNET 网络内的节点，再加上校园网内网络教育学院网站的服务器作源节点。这样的网络结构就可以提供较好的服务质量，其结构如图 3-4-4 所示。

在图 3-4-4 结构中，远程教育的学员访问高校远程教育网站的基本流程如下。

（1）用户在自己的浏览器中输入远程教育网站的域名；

（2）浏览器向本地 DNS 请求对该教育网站的域名进行解析；

（3）本地 DNS 将请求发到该教育网站域名的主 DNS，接着，主 DNS 再将请求转发到 CDN 的 SuperDNS；

（4）SuperDNS 根据前文提到的一系列的策略确定当时最适当的 CDN 节点和最适当的 CacheServer，并将解析的结果（某 CDN 节点某台 CacheServer 的 IP 地址）返回给用户；

（5）用户向给定的 CacheServer 请求相应网站的内容；

（6）CDN 节点中的 CacheServer 响应该学员的请求，提供所需的内容。

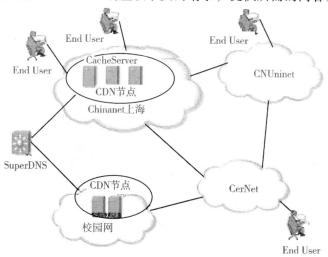

图 3-4-4　CDN 网络结构

由图 3-4-4 的访问流程可以看出，在 CDN 所有设备都正常的情况下，来自 ChinaNet 的用户会访问位于 ChinaNet 的 CDN 节点，CerNet 的用户会访问位于 CerNet 的 CDN 节点，CNUninet 的用户按 SuperDNS 的策略访问两个节点中的一个。如果 ChinaNet 中的 CDN 节点出现故障或负载过高，后面的访问大部分将会被智能地路由到位于 CerNet 的节点。

SuperDNS 是用户访问流程中关键的一个环节，而且由于只提供了一个 SuperDNS 点，所以一定要保证该 SuperDNS 的有效性，因此需要将该 SuperDNS 选择布置在网络可靠性高的网络中，否则一旦该 SuperDNS 不可访问，整个 CDN 将陷入瘫痪。在这个初期方案中，由于前面提到的资金方面的原因，没有设计 CDN 的网管中心，这个不足可以采用其他一些措施来部分弥补。由于 CDN 节点个数很少，可以利用 SuperDNS 的监控功能和网络管理员分析各服务器日志、统计代理命中率等方法发现并解决问题以提高服务质量。

随着网络教育学院的发展，学员的增多，可以增加 CDN 网管中心子系统，根据学员在网络中的分布情况调整、增加 CDN 节点。在此过程中，由于只是对 CDN 节点进行调整或增加，所以原来的设备可以继续使用，充分保护先期资金投入。为了消除 SuperDNS 的单点故障，可以选择性地增加 SuperDNS，将它们布置到不同网络，让它们工作在 Active - Standby 模式，这样即使网络间互联出现问题，本网络中 SuperDNS 和 CDN 节点也可以向本地用户提供部分服务，提高整个系统的可用性。根据这些思想，可以设计下面这个较完备的基于 CDN 的高校网络远程教育硬件平台建设方案，如图 3 - 4 - 5 所示。

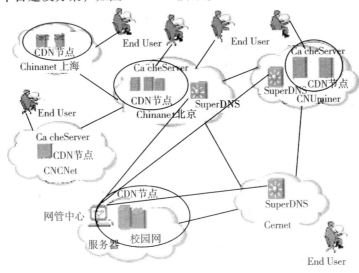

图 3 - 4 - 5 基于 CDN 的远程教育硬件平台建设方案

图 3 - 4 - 5 中的 CDN 节点分布仅供参考，具体情况下应该根据自己的学员在网络中的分布情况布置 CDN 节点。在这个方案中，增加了 CDN 网管中心子系统，依靠它，可以完全掌握整个网络的运行、学习者的访问情况。CDN 网管中心实时地监控各 SuperDNS 和各 CDN 节点下的 Cache Servers，了解它们的健康状况，并能在网络出现问题时通过多种方式向网络管理员报警，以便及时排除故障，而且即便某个地方出现问题，由于 SuperDNS 的自动调节功能将访问者导向健康的服务器，访问者也许根本就觉察不到网络出现过问题。利用 CDN 网管中心对网络历史性能数据进行分析并预测用户未来的访问趋势，可以对各 CDN 节点进行调整。比如 CDN 网管中心发现 A 城市 ChinaNet 用户访问量不断增加，按发展趋势估计一段时间后会发生网络拥塞，而 B 城市 CNUninet 用户访问量在连续减少，就可以适时减少 B 城市 CNUninet 中 CDN 节点的 Cache Server 甚至去掉该 CDN 节点，而增加 A 城市 ChinaNet 中 CDN 节点的 Cache Server，实现对 CDN 性能的调优。

在具体建设过程中，我们只需要自己建设网络教育学院总部的服务器群、CDN 网管中心和 SuperDNS，而对于各 CDN 节点则不需要自己建设。因为国内网络应用发展迅速，各网络运营商在各省会城市甚至地市一级城市都建有网络数据中心（IDC），可以采用租赁主机或主机托管的方式建立 CDN 节点。在各地租赁或托管的主机安装内容代理缓存软件及其他管理软件，就可以构成 CDN 节点，然后纳入 CDN 系统，而且这种方式下对 CDN 节点的调节也很方便。不同公司的 CDN 节点建设不太一样，有的需要内容交换机和特别的内容引擎，而不是用普通安装了内容代理软件的服务器，不过都可以用主机托管的方式建设。构建 CDN 网管中心和 SuperDNS，目前可以采用 Cisco 的 Local Director 和 CSS 系列内容交换机、F5 3DNS + BIG - IP + SEE - IT 系列设备或者其他一些公司的产品。对于网络教育学院总部的服务器群，由于主要是给各 CDN 节点提供内容，不会有太大的访问量，因此不需要配置太高档的服务器，也不会给学校网络出口带来多大压力。

3. CDN 网络教育应用前景展望

任何事物都不可能完美无缺，CDN 也不例外，其缺点主要在于 CDN 节点。由于 CDN 节点主要起内容代理缓存作用，不预存任何内容，源服务器上的特定内容只有当有用户访问时才会缓存到 CDN 节点上，当这些内容超过有效期后又有用户访问时，必须到源服务器去取一次，一定程度上影响访问效率。针对这种情况，有的解决方案是将源服务器上的部分不经常变化的内容预存到 CDN 节点以改善性能，但这样会增加 CDN 节点的存储成本和管理成本。另外一个问题是 CDN 节点主要是 Cache，所以仅对加速 WEB 上的静态页面和多媒体流有效，而对加速 CGI、ASP、JSP 等动态页面没有多大效用，不过由于动态页面所占网络带宽较小，不会给网络带来多大压力，但是对网络学院服务器处理能力要求较高，可以采用适当高配置的服务器或采用多台服务器负载均衡的办法来解决这个问题。

基于 CDN 的网络远程教育平台相对于服务器镜像的方式和卫星网络投递方式都有很强的优越性。在镜像方式下，如果某个用户经常访问的服务器出现故障或负载过高，将给该用户学习带来很大影响，该用户不得不自己查找别的可用镜像服务器，并且这种查找可能效率很低，而 CDN 总是会智能地将用户导向健康的 CDN 节点，让用户始终感觉网络运行良好。而且各镜像服务器不能自动进行内容更新，需要管理人员手动去更新各镜像服务器，这样既不及时也增加了管理成本，而 CDN 却不存在这些问题。基于 CDN 的网络远程教育平台相对于网络教学资源通过卫星网络远程投递的方式也有很强的灵活性，在 CDN 方式下，学员可以在任何时间任何可以上网的地方学习，享有极大的学习自主性。因此，随着网络教育的飞速发展，CDN 在网络教育中将会逐渐地体现出其优势，具有良好的发展前景。

第二节　网页制作软件

一、网页编辑软件概述

一般来说网页编辑软件主要包括网页编辑软件、图像处理软件、动画制作软件。要制作网页，首先必须要熟练掌握一种网页编辑软件，现在市面上网页编辑软件种类繁多，大体上分为两大类：一类是所见即所得的网页编辑软件，一类是直接编写 HTML 源代码的软件。它们在功能上各有千秋，也有各自的使用范围，但所见即所得的网页编辑软件已成为网页编辑软件中的主流类软件。所见即所得的网页编辑软件更直接也便于操作，对于初学网页编辑的人来说，易学易懂，并且随着这些所见即所得的网页编辑软件功能的不断扩展和完善，这类软件的功能也是越来越强大，基本上可以满足网页编辑者的要求。

除网页编辑软件外，网页编辑者还必须掌握一两种图像处理软件以及一些 Flash 动画制作软件。因为网页中除文字外还大量运用图片以及二维动画（主要是 Flash 动画）等，这对于网页的美观和表现力具有很大的帮促作用。

网页编辑软件比较多，例如：Dreamweaver、Microsoft FrontPage、Netscape 编辑器、Adobe Pagemi、Claris Home Page、Hot Dog Professiona、HomeSite、HotMetalPro 等，但其中以 Dreamweaver 和 FrontPage 使用最为普遍，特别是 Dreamweaver，在接下来的部分将对 Dreamweaver 软件的具体使用做一些介绍。图像处理软件常用的有：Photoshop、Fireworks、Ulead GIF Animator 等。二维动画制作软件主要有 Flash 和 Swish 软件等。

二、网页编辑软件介绍

1. Dreamweaver

Dreamweaver 是一个网页设计的主流软件，它包括可视化编辑、HTML 代码编辑的软件包，并支持 Active、JavaScript、Java、Flash、ShockWave 等特性，而且它还能通过拖拽从头到尾制作动态的 HTML 动画，支持动态 HTML（Dynamic HTML）的设计，使得页面没有 plug in 也能够在 Netscape 和 IE 浏览器中正确地显示页面中的动画。同时它还提供了 13 种更新页面信息的功能。Dreamweaver 采用了 RoundtriptITML 技术。这项技术使得网页在 Dreamweaver 和 HTML 代码编辑器之间可以进行自由转换，HTML 句法及结构不变。这样，专业设计者就可以在不改变原有编辑习惯的同时，充分享受到可视化编辑带来的益处。Dreamweaver 最具挑战性和生命力的是它的开放式设计，这项设计使任何人都可轻易扩展它的功能。下面以 Dreamweaver MX 2004 版本为例来介绍 Dreamweaver 软件的使用。

Macromedia Dreamweaver MX 2004 是所见即所得的网页编辑工具中非常优秀的一款，能够使网页和数据库相关联，支持最新的 DHTML 和 CSS，用于对 Web 站点、Web 页和 Web 应用程序进行设计、编码和开发。Macromedia Dreamweaver MX 2004 包含一个崭新、简洁、高效的界面，并且性能也得到了改进。此外，还包含了众多新增的功能，改善了软件的易用性并使你无论处于设计环境还是编码环境都可以方便地生成页面。

（1）Macromedia Dreamweaver MX 2004 的新功能简介。

1）简洁高效的设计和开发界面：易用的界面使工作效率和工作质量均得到提高。

2）"插入"面板的改进：简洁高效的新外观，并占用更少的工作区空间。还新增加了一个"收藏"类别，可以对"插入"栏进行自定义，将最常使用的对象放置在该栏上。

3）表格编辑可视化反馈：在表格中进行列调整操作时能看到实际效果，可视化反馈还可以使用户更方便的选择表格元素。

4）Word 和 Excel 的复制和粘贴命令：使用户可以直接把 Word 或 Excel 的文档直接粘贴到 Dreamweaver 中。

5）用户界面改进：可得到最大的可用工作区，更清晰地显示上下文和焦点，更易于使用和更具逻辑性。

6）起始页：能够访问最近使用过的文件，创建新文件和访问 DW MX 2004 资源。起始页会在启动 Macromedia Dreamweaver MX 2004 或尚未打开文档时显示。

7）保存桌面选项：可以选择当重新启动 Macromedia Dreamweaver MX 2004 时重新打开上一次使用的文档。

8）完全支持 Unicode：DW MX 2004 支持 Internet Explorer 所支持的所有文本编码方式。可以使用几乎所有的系统中安装的语言字体，Macromedia Dreamweaver MX 2004 会正确地显示和保存这些字体。

9）安全 FTP：能够完全加密所有文件传输。

10）新式的页面布局和设计环境。

11）强劲的 CSS 功能：CSS 布局可视化使得使用 CSS 对网页进行布局大为简化，改进的 CSS 的呈现使用户能够设计更复杂的布局并使用 Dreamweaver 设计工具完成可靠的可视化操作，用户可直接在文本检查器中直接应用样式，使用新型的 CSS 代码结构对页面属性可以进行更多的控制。

12）集成了图像编辑工具栏：使用户能够使用 Fireworks 技术从 Dreamweaver 中进行基本的图像操作和编辑。

13）动态跨浏览器验证：在保存文档时自动检查当前文档的跨浏览器兼容性问题。

（2）界面详解。Dreamweaver MX 2004 具有全新的风格和启动画面，可以在 baidu 或 google 搜索这个软件下载并安装，在此不做详细介绍。Dreamweaver MX 2004 提供了面向设计人员的布局和面向手工编码人员需求的布局。首次启动 Dreamweaver MX 2004 时，会出现一个工作区设置对话框如图 3 - 4 - 6 所示。

可以从中选择一种适合的工作区布局。如果不熟悉编写代码，可以选择"设计者"。如果以后想更改工作区，可以使用"编辑"菜单"首选参数"来实现切换如图 3 - 4 - 7 所示。

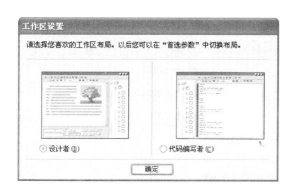

图 3 - 4 - 6　工作区设置对话框　　　　　　　图 3 - 4 - 7　编辑菜单对话框

然后在出现的对话中可以切换到另一种不同的工作区。"编辑"菜单"首选参数"对话框如图 3 - 4 - 8 所示。

Dreamweaver MX 2004 提供了将全部元素置于一个窗口中的集成布局。在集成的工作区中，全部窗口和面板都被集成到一个应用程序窗口中。（如图 3 - 4 - 9 所示）

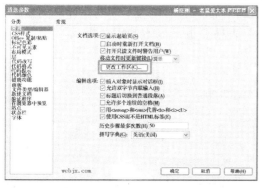

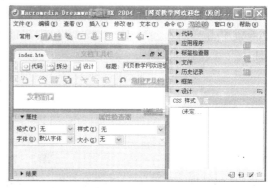

图 3 - 4 - 8　首选参数对话框　　　　　　　图 3 - 4 - 9　集成工作区界面

标题栏（如图 3 - 4 - 10 所示）：显示应用程序的名称、最小化、最大化和正常之间的切换按钮以及关闭按钮。

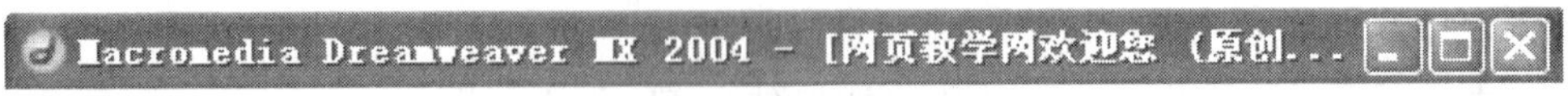

Macromedia Dreamweaver MX 2004 - [网页教学网欢迎您（原创...

图 3－4－10 标题栏

菜单栏（如图 3－4－11 所示）：包含有文件、编辑、查看、插入、修改、文本、命令、站点、窗口、帮助 10 个菜单项，具体功能如下。

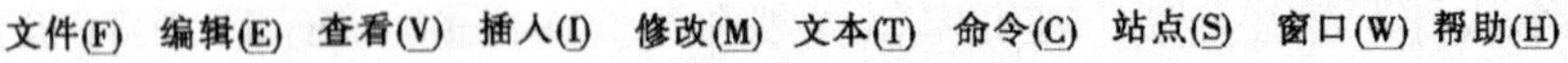

文件(F) 编辑(E) 查看(V) 插入(I) 修改(M) 文本(T) 命令(C) 站点(S) 窗口(W) 帮助(H)

图 3－4－11

"文件"菜单：包含"新建"、"打开"、"保存"、"关闭"、"另存为"、"保存全部"等命令，用于查看当前文档或对当前文档执行操作，例如"在浏览器中预览"和"另存为模板"。

"编辑"菜单：包含选择和查找命令，例如"选择父标签"和"查找和替换"，还包括"首选参数"命令。

"查看"菜单：可以设置文档的各种视图，例如"设计"视图和"代码"视图，并且可以显示和隐藏不同类型的页面元素和工具栏。

"插入"菜单：提供"插入"栏的扩充选项，用于将合适的对象插入你当前的文档。

"修改"菜单：可以更改选定页面元素或项的属性。使用此菜单，可以编辑标签属性，更改表格和表格元素，并且为库项和模板执行不同的操作。

"文本"菜单：可以轻松的设置文本的格式。

"命令"菜单：提供对各种命令的访问；包括清理 HTML、创建相册的命令、添加/移除 Netscape 调整修复（使网页适合 netscape 浏览）等。

"站点"菜单：提供用于管理站点以及上传和下载文件的菜单项。

"窗口"菜单：提供对 DW 中的所有面板、属性、检查器和窗口的访问。

"帮助"菜单：提供对 Dreamweaver 文档的访问，包括关于使用 Dreamweaver 以及创建 Dreamweaver 扩展功能的帮助系统，还包括各种语言的参考材料。其中包含 Dreamweaver 入门教程，初学者可以去看看。

插入栏（如图 3－4－12）：包含用于将各种类型的"对象"（如图像、表格和层）插入文档中的按钮。每个对象都是一段 HTML 代码，允许在插入它时设置不同的属性。例如，可以通过单击"插入"栏中的"表格"按钮插入一个表格。也可以不使用"插入"栏而使用"插入"菜单插入对象。

创建/插入最常用对象
cmail连接
表格
媒体
注释
标签选择题
常用
超级连接
命名描记
图象
日期
模板

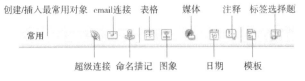

图 3－4－12 插入栏

某些类别具有带弹出菜单的按钮。从弹出菜单中选择一个选项时，该选项将成为该按钮的默认操作。例如，如果从"图像"按钮的弹出菜单中选择"图像占位符"，下次单击"图像"按钮时，Dreamweaver 会插入一个图像占位符。每当从弹出菜单中选择一个新选项时，该按钮的默认操作都会改变。

"插入"栏按以下的类别进行组织：

"常用"类别可以创建和插入最常用的对象，例如图像和表格。

"布局"类别可以插入表格、div 标签、层和框架。还可以从三个表格视图中进行选择："标准"（默认）、"扩展表格"和"布局"。当选择"布局"模式后，可以使用 Dreamweaver 布局工具："绘制布局单元格"和"绘制布局表格"。

"表单"类别包含用于创建表单和插入表单元素的按钮。

"文本"类别可以插入各种文本格式设置标签和列表格式设置标签。

"HTML"类别可以插入用于水平线、头内容、表格、框架和脚本的 HTML 标签。

"服务器代码"类别仅适用于使用特定服务器语言的页面，这些类别中的每一个都提供了服务器代码对象，可以将这些对象插入"代码"视图中。

"应用程序"类别可以插入动态元素，例如记录集、重复区域以及记录插入和更新表单。

"Flash 元素"类别可以插入 Flash 元素。

"收藏"类别可以将"插入"栏中最常用的按钮分组和组织到某一常用位置。

文档工具栏（如图 3 - 4 - 13 所示）包含按钮和弹出式菜单，它们提供各种"文档"窗口视图（如"设计"视图和"代码"视图）、各种查看选项和一些常用操作（如在浏览器中预览）。

图 3 - 4 - 13　文档工具栏

以下对文档工具栏选项进行说明：

显示代码视图：仅在"文档"窗口中显示"代码"视图。

显示代码视图和设计视图：在"文档"窗口的一部分中显示"代码"视图，而在另一部分中显示"设计"视图。当选择了这种组合视图时，"视图选项"菜单中的"在顶部查看设计视图"选项变为可用。使用该选项指定在"文档"窗口的顶部显示哪种视图。

显示设计视图：仅在"文档"窗口中显示"设计"视图。

标题：允许为文档输入一个标题，它将显示在浏览器的标题栏中。如果文档已经有了一个标题，则该标题将显示在该区域中。

没有浏览器/检查错误：可以检查跨浏览器兼容性。

文件管理：显示"文件管理"弹出菜单。

在浏览器中预览/调试：在浏览器中预览或调试文档。从弹出菜单中选择一个浏览器。

刷新设计视图：在"代码"视图中进行更改后刷新文档的"设计"视图。

视图选项：允许为"代码"视图和"设计"视图设置选项。

"文档"窗口：显示当前创建和编辑的文档。

状态栏：提供与正创建的文档有关的其他信息。

标签选择器（如图 3 - 4 - 14 所示）：显示环绕当前选定内容的标签的层次结构。单击该层次结构中的任何标签以选择该标签及其全部内容。比如：单击可以选择文档的整个正文。

图 3 - 4 - 14　标签选择器

窗口大小：弹出菜单（仅在"设计"视图中可见）用来将"文档"窗口的大小调整到预定义或自定义的尺寸。

"窗口大小"弹出菜单的右侧是页面的文档大小和估计下载时间。

"属性检查器"（如图 3 - 4 - 15 所示）：用于查看和更改所选对象或文本的各种属性。

图 3 - 4 - 15　属性检查器

"面板组"（如图 3 - 4 - 16 所示）是分组在某个标题下面的相关面板的集合。若要展开一个面板组，请单击组名称左侧的展开箭头；若要取消停靠一个面板组，请拖动该组标题条左边缘的手柄。

DW MX 2004 中的面板被组织到面板组中。面板组中选定的面板显示为一个选项卡。每个面板组都可以展开或折叠，并且可以和其他面板组停靠在一起（或取消停靠）。面板组还可以停靠到集成的应用程序窗口中，这使得能够很容易地访问所需的面板，而不会使工作区变得混乱。

Dreamweaver MX 2004 提供了多种此处未说明的其他面板、检查器和窗口。若要打开其他面板，请使用"窗口"菜单。

（3）站点设置。Web 站点是一组具有如相关主题、类似的设计、链接文档和资源。Dreamweaver MX 2004 是一个站点创建和管理工具，因此使用它不仅可以创建单独的文档，还可以创建完整的 Web 站点。创建 Web 站点的第一步是规划。为了达到最佳效果，在创建

图 3 - 4 - 16　面板组

任何 Web 站点页面之前，应对站点的结构进行设计和规划。决定要创建多少页，每页上显示什么内容，页面布局的外观以及页是如何互相连接起来的。

使用站点定义向导定义本地文件夹请执行以下操作。

1）启动 Dreamweaver MX 2004：选择"站点—管理站点"（即从"站点"菜单选择"管理站点"）。出现"管理站点"对话框。如图 3 - 4 - 17。

图 3 - 4 - 17　管理站点对话框

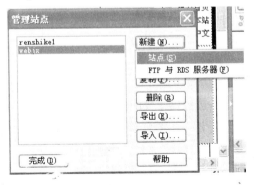

图 3 - 4 - 18　新建站点

2）在"管理站点"对话框中，单击"新建"，然后从弹出式菜单中选择"站点"。出现"站点定义"对话框。如图3－4－18所示：3）如果对话框显示的是"高级"选项卡，则单击"基本"。出现"站点定义向导"的第一个界面，要求为站点输入一个名称。如图3－4－19所示：

在文本框中，输入一个名称以在 Dreamweaver MX 2004 中标志该站点。该名称可以是任何所需的名称，在实际的开发中，站点名称多数用英文，因为很多网页编辑软件较早的版本对中文的支持都不是很好。

4）单击"下一步"。出现向导的下一个界面，询问是否要使用服务器技术。如图3－4－20所示。

图3－4－19　站点定义（1）

图3－4－20　站点定义（2）

选择"否"选项，指示目前该站点是一个静态站点，没有动态页。

5）单击"下一步"。出现向导的下一个界面，询问要如何使用文件。如图3－4－21所示。

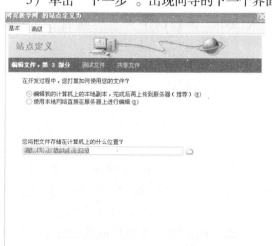

图3－4－21　站点定义（3）

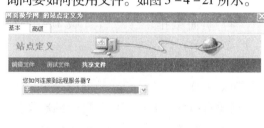

图3－4－22　站点定义（4）

选择标有"编辑我的计算机上的本地副本，完成后再上传到服务器（推荐）"选项。在站点开发过程中有多种处理文件的方式，初学网页制作者请选择此选项。单击文本框旁边的文件夹图标。随即会出现"选择站点的本地根文件夹"对话框。

6）单击"下一步"，出现向导的下一个界面，询问如何连接到远程服务器，如图 3 - 4 - 22 所示。从弹出式菜单中选择"无"。可以稍后设置有关远程站点的信息。目前，本地站点信息对于开始创建网页已经足够了。

7）单击"下一步"，该向导的下一个屏幕将出现，其中显示设置概要，如图 3 - 4 - 23 所示。

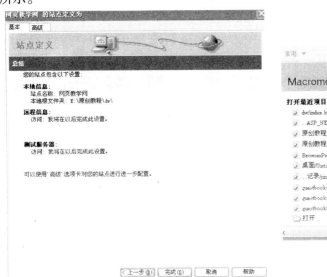

图 3 - 4 - 23　站点定义（5）　　　　　　　　　图 3 - 4 - 24　页面编排对话框

单击"完成"完成设置。随即出现"管理站点"对话框，显示设置的新站点。单击"完成"关闭"管理站点"对话框。

现在，已经为新的站点定义了一个本地根文件夹。下一步，可以编辑网页了。

（4）页面编排。启动中文版 Dreamweaver MX 2004，窗口的中央有三项列表（如图 3 - 4 - 24所示）。

打开最近项目列表：此栏目中列出了最近打开的文件列表。可以双击打开此栏目中的文件，如果想打开的文件没在当前列表中，可以单击底部的"打开"进行打开文件操作。

创建新项目：列出了可以创建的新文件类型。

从范例创建：提供了许多网页模板，使用这些模板可以直接快捷地从模板中创建网页文件，新建的网页继承了模板网页的布局设置。

下面介绍如何创建一个新的网页，可以选择"文件—新建"，弹出如图 3 - 4 - 25 所示的对话框。从各种预先设计的页面布局中选择一种。比如：选择"基本页"HTML，点击创建按钮。Dreamweaver MX 2004 即展开工作区界面（一个空白页），如图 3 - 4 - 26 所示。

可以在空白页添加表格和输入文本进行编辑。如果要向页面添加图片或其他元素，应先保存这个空白页。选择"文件—另存为"，在"另存为"对话框中，浏览站点本地根文件夹下。填入文件名，保存退出。

图 3-4-25　页面创建对话框

图 3-4-26　工作区界面

（5）制作技巧。

1）空格输入的方法。①在编辑网页的时候，有时根据排版要求或其他原因需要输入空格，DW MX 2004 提供了对中文输入的最好支持。首先进行设置：点"编辑—首选参数—常规"，勾选"允许多个连续的空格"。如图 3-4-27 所示。直接敲空格键即可输入空格（半格）。②或通过将输入法调整到全角模式敲空格键，每敲一次，输入一个空格。方法是：打开中文输入法（以智能 ABC 为例），按 Shift + Space 切换到全角状态，再敲空格键就可以自如

图 3-4-27　空格输入设置对话框

地输入空格了。③在智能 ABC 输入法状态下按小写字母 v1 然后选择 1 也可以输入空格。④此外，还可以通过其他的方法输入空格，比如：拷贝空格粘贴在需要输入空格的位置。或输入一定长度的文字或标点符号后，然后调整文字的颜色与当前的背景颜色相同。（此方法简单易行，但在不同设置的显示器下也可能不会百分之百的奏效。）

2）网页标题信息设置。浏览网页时，顶部的提示信息往往代表网页内容的主题，有助于访问者提前了解网页内容，如果不加以设置，那么访问者浏览器就会显示"无标题文档"，如图 3-4-28。

图 3-4-28　无标题文档

设置方法如下：①在工具条标题域中直接输入标题内容，如图 3-4-29 所示；②在代码视图，应用"Title"属性来完成。

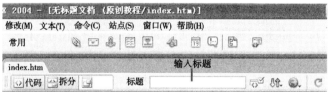

图 3-4-29　标题设置对话框

3）换行的技巧。在 DW4 编辑中，大块文字输入时候程序会自动换行，敲回车键的作用是另起一段，如果只是想换行，用回车行间距显得过大。最简单的办法是在要换行的地方按

下 Shift 键，然后再敲回车键，就会换一行，使段落排列整齐有序。

4）添加图片提示信息。在浏览网页时，当鼠标停留在图片对象或链接上时，在鼠标的右下有时会出现一个提示信息。对目标进行一定的注释说明。如图 3 - 4 - 30 所示。

图 3 - 4 - 30　图片提示信息

选中图片，在属性面板里"替代"输入框输入"欢迎你……"图 3 - 4 - 31 为属性面板状态。图片提示信息添加完毕，按 F12 键浏览一下效果。不满意的话还可以进行修改。

图 3 - 4 - 31　属性面板对话框

5）供别人下载的文件设置方法。除了 ZIP、RAR、EXE 类型文件以外，凡是不被浏览器识别的格式文件作为链接目标时，浏览器默认的操作都是下载。所以，只要把相关文件的链接路径写准确，告诉浏览者即可。当然，事先必须把供别人下载的文件传送到自己的网络空间。

6）页面插入背景音乐。插入背景音乐有多种方法，如：使用插件、控件、代码都可以实现。

现在介绍使用简单代码插入背景音乐的方法。首先要说的是，必须事先准备好一首 midi 音乐，比如：文件名为：music. mid 放在网站根目录下。

将下面这段代码插入到标签之间。标签你可能不熟悉，不妨你先照着做。先在编辑状态，用鼠标在网页的下方空白处点击（定一个插入点），确认光标在这个位置闪烁。点工具栏代码按钮，显示代码视图状态，找到刚才确定的插入点光标位置，把下边的代码写进去。

< bgsound src = " music. mid" loop = " - 1" >

src = " music. mid" 是指定背景音乐文件的位置及文件名。Loop = " - 1" 代表背景音乐循环播放，也可以指定播放次数。这种插入背景音乐的方法简单，但是只适用于 IE 浏览器，也不易控制，没法关闭。

以下介绍适应范围比较广泛的控制音乐播放的代码。

src = " * * * *. mid" 指定音乐文件的路径与文件名。最好用相对路径（目前就是相对路径）。这里的 * * * *. mid 跟网页文件在同一个目录。

autostart = " * * * *" 设定当音乐文件载入后是否自动播放。有两个逻辑选项，true 和 false。true 表示自动播放；false 不自动播放。

loop = " ＊＊＊" 表示音乐文件是否循环播放，也可以指定循环播放的次数。比如 loop ＝" 3" 表示重复播放 3 次，loop ＝" –1" 表示无限循环，loop ＝"true" 也表示无限循环。

width ＝" ＊＊＊" height ＝" ＊＊" 表示显示控制面板的宽和高，当两个参数均设为 0 时，表示隐藏控制面板。

（6）超级连接。作为网站肯定有很多的页面，如果页面之间彼此是独立的，那么网页就好比是孤岛，这样的网站是无法运行的。为了建立起网页之间的联系必须使用超级链接。称"超级链接"是因为它什么都能链接，如：网页、下载文件、网站地址、邮件地址……下边来讨论怎样在网页中创建超级链接。

1）页面之间的超级连接。在网页中，单击了某些图片、有下划线或有明示链接的文字就会跳转到相应的网页中去。①在网页中选中要做超级链接的文字或者图片。②在属性面板中单击黄色文件夹图标，在弹出的对话框里选中相应的网页文件就完成 了。做好超级链接属性面板出现链接文件显示。（如图 3 – 4 – 32 所示）。③按 F12 预览网页。在浏览器里光标移到超级链接的地方就会变成手型。

图 3 – 4 – 32 超级链接创建对话框

提示：也可以手工在链接输入框中输入地址。给图片加上超级链接的方法和文字完全相同。

如果超级链接指向的不是一个网页文件。而是其他文件例如 zip、exe 文件等，单击链接的时候就会下载文件。

超级链接也可以直接指向地址而不是一个文件，那么单击链接直接跳转到相应的地址。例如，在链接框里写上 http：//www. webjx. com/那么，单击链接就可以跳转到网页教学网了。

2）邮件地址的超级连接。在网页制作中，还经常看到这样的一些超级链接。单击了以后，会弹出邮件发送程序，联系人的地址也已经填写好了。这种超级链接的制作方法是：在编辑状态下，先选定要链接的图片或文字（比如：欢迎你提出更好的意见!），在插入栏点或点插入菜单选"电子邮件链接"弹出如图 3 – 4 – 33 所示的对话框，填入 E – Mail 地址即可。

图 3 – 4 – 33 电子邮件链接对话框（1）

提示：还可以选中图片或者文字，直接在属性面板链接框中填写"mailto：邮件地址"。

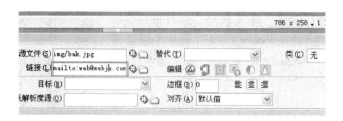

图 3 - 4 - 34 电子邮件链接对话框（2）

创建完成后，保存页面，按 F12 预览网页效果。

3）制作图片上的超级链接。这里所说的图片上的超级链接是指在一张图片上实现多个局部区域指向不同的网页链接。比如一张某市地图的图片，单击了不同的地区跳转到不同的网页。可点的区域就是热区。为了演示制作效果下面的某市地图加了一些链接，可以用鼠标测试。鼠标移动到某地区的热区，会显示提示，如果有预先设置的网站，点击会进入对方的网站。

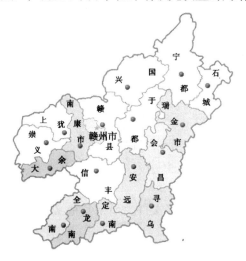

图 3 - 4 - 35 图片超链接

①首先插入图片。单击图片，用展开的属性面板（如图 3 - 4 - 36）上的绘图工具在画面上绘制热区。②属性面板改换为热点面板如图 3 - 4 - 37：链接输入框：填入相应的链接；替代框：填入提示文字说明；目标框：不作选择则默认在新浏览器窗口打开。③保存页面，按 F12 预览，用鼠标在设置的热区检验效果。

图 3 - 4 - 36 图片属性面板

图 3 - 4 - 37 热点面板

提示：对于复杂的热区图形可以直接选择多边形工具来进行描画。替代框填写了说明文字以后，光标移上热区就会显示出相应的说明文字。

（7）层及应用。层（Layer）是一种 HTML 页面元素，可以将它定位在页面上的任意位置。层可以包含文本、图像或其他 HTML 文档。层的出现使网页从二维平面拓展到三维。可以使页面上元素进行重叠和复杂的布局。如图 3－4－38。

　　层制作过程为：① 在"窗口"菜单选"层"，或点"插入"菜单—布局对象—选"层"；② 在页面中显示一个层；③ 通过周围的黑色调整柄拖动控制层的大小；④ 拖动层左上角的选择柄可以移动层的位置；⑤ 单击层标记可以选中一个层；⑥ 在层中可以插入其他任何元素包括图片文字链接表格等。

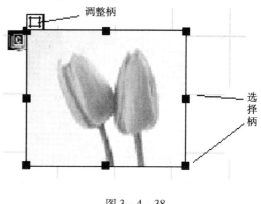
调整柄
选择柄

图 3－4－38

　　一个页面中可以画出很多的层，这些层都会列在层面板中。层之间也可以相互重叠。层面板可以通过菜单"窗口"菜单选"层"打开，如图 3－4－39。

　　这里需要对几个概念进行解释。层有隐藏和显示的属性。这是层的一个重要属性和以后说到的行为相结合就变成了重要的参数。单击层面板列表的左边，可以打开关闭眼睛。眼睛打开和关闭表示层的显示和隐藏。

　　层还有一个概念就是层数，层数决定了重叠时哪个层在上面哪个层在下面。比如层数为 2 的层在层数为 1 的层的上面。改变层数就可以改变层的重叠顺序。

　　层面板上面还有一个参数就是防止层重叠。一旦选中，页面中层就无法重叠了。

　　层还有一种父子关系也就是隶属关系。在层面板中是这样表示的。图 3－4－40 中 Layer2 挂在 Layer1 的下面。Layer1 为父层，Layer2 为子层。在页面中拖动 Layer1，Layer2 也跟着动起来。因为他们已经链在一起了，并且 Layer2 隶属于 Layer1。父层移动会影响到子层。移动 layer2 层，Layer1 层不动。也就是子层不会影响到父层。

　　要建立这样的一种隶属关系方法很简单。在层面板中按 Ctrl 键将子层拖拽到父层即可。

　　由于层在网页布局上非常方便，所以，一些人可能不喜欢使用表格或"布局"模式来创建自己的页面，而是喜欢通过层来进行设计。Dreamweaver MX 2004 可以使用层来创建自己的布局，然后将它们转换为表格。

图 3－4－39　层

图 3－4－40　层面板

　　在转换为表格之前，请确保层没有重叠。请执行以下操作：选择"修改—转换—层到表格"。即可显示"转换层为表格"对话框，如图 3－4－41。

　　选择所需的选项。单击"确定"。

　　若要将表转换为层，请选择"修改—转换—表格到层"。即可显示"转换表格为层"对话框。选择所需的选项，单击"确定"，如图 3－4－42。

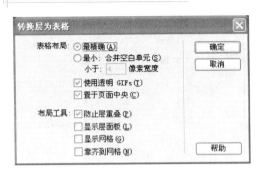 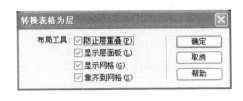

图 3 - 4 - 41　转换层为表格对话框　　　　图 3 - 4 - 42　转换表格为层对话框

（8）用表格定位网页。使用表格可以清晰地显示列表的数据，实际上表格的作用远远不止显示数据，它在网页定位上一直起着重要的作用，尤其是对于使用非 IE 浏览器的网友来说，使用表格定位的网页比使用图层定位的网页更具有优势。

1）创建表格。

第一步：在 Dreamweaver MX 2004 中运行"Insert→Table"命令，弹出属性设置窗口，其中"Rows"和"Columns"分别对应表格的行数和列数，"Table width"表示表格的宽度，而"Border thickness"则是边框的宽度，同时还可以设定表格的样式，根据自己的需要来设置表格的相应属性即可。

小提示：表格的宽度和高度可以通过浏览器窗口百分比或者使用绝对像素值来定义，比如设置宽度为窗口宽度的 60%，那么当浏览器窗口大小变化的时候表格的宽度也随之变化；而如果设置宽度为 400 像素，那么无论浏览器窗口大小为多少，表格的宽度都不会变化。

第二步：点击窗口中的"OK"按钮之后即可在 Dreamweaver MX 2004 中新建一个表格，而且通过窗口下部的属性面板还可以对其进行诸如表格线条的颜色、表格的背景色、单元格的对齐方式等参数进行调整。

2）基本使用。在创建了上述的表格之后，就可以对它进行调整使用。比如需要制作 3 - 4 - 43 所示的表格，就可以先插入一个四行四列的表格，然后对其进行下述操作。

学术概况		科学研究	
历史沿革		本科教学	
学校领导		研究生教学	
校园风光		继续教育	

图 3 - 4 - 43　表格制作

第一步：在表格第一列的上面两个单元格中按下并拖动鼠标，此时可以选中两个单元格。接着点击属性模板中的"Merges selected cells using spans"按钮，这样就把选中的两格合并成为一个单元格。按照这种方法再将表格第一行右侧的两个单元格合并为一个单元格。

小提示：选中一个单元格之后点击属性面板中的"Splits cell into rows or columns"按钮可以把单元格拆分为多个行或者列。

第二步：将表格第一列的三个单元格全部选中，再将属性面板中的背景颜色（Bg）一项设置为"#FFFF00"，这样表格第一列中的单元格背景全部变为黄色。

第三步：在表格中输入相应的文本，为了美观可以在属性面板中进行居中设置。

第四步：为了使表格产生立体效果，可以将整个表格选中，然后在属性面板中设定表格边框的宽度（Border）为7，并且将边框颜色（Border color）设置为蓝色即可。

小提示：通常选取整个表格比较困难，在此提供四种常用的方法：① 把鼠标移动到表格右边界外侧，按下鼠标之后往左拖拽，这样可以快速选取整个表格。②运行"Modify→Table→Insert Table"命令选择整个表格。③ 在单元格中右击鼠标，并且从弹出菜单中选择"Table→Insert Table"命令选取整个表格。④用鼠标点击任一个单元格，接着按两下"Ctrl + A"组合按钮选取整个表格。

完成上述操作之后，就可以在 Dreamweaver MX 2004 中定制出颇具专业水准的表格了。

（9）发布站点。在发布网站之前先使用 Dreamweaver MX 2004 站点管理器对网站文件进行检查和整理，这一步很必要。可以找出断掉的链接、错误的代码和未使用的孤立文件等，以便进行纠正和处理。

步骤如下：在编辑视图点"站点"菜单选"检查站点范围的链接"，弹出"结果"对话框，如图3-4-44所示：

（a）　　　　　　　　　　　　（b）

图3-4-44　检查站点链接

图3-4-45是检查器检查出本网站与外部网站的链接的全部信息，对于外部链接，检查器不能判断正确与否，请自行核对。

图3-4-46是检查器找出的孤立文件，这些文件虽然网页没有使用，但是仍在网站文件夹里存放，上传后它会占据有效空间，应该把它清除。清除办法是：先选中文件，点 Delete 键，确定。这些文件就放在"回收站"。

图3-4-45　站点检查结果（1）　　　　图3-4-46　站点检查结果（2）

如果不想删除这些文件，点保存报告按钮（如图3-4-46所示），在弹出的对话框中给报告文件一个保存路径和文件名即可。该报告文件为一个检查结果列表。可以参照此表，进行处理。

纠正和整理之后，网站就可以发布了。

如果是第一次上传文件，远程 Web 服务器根文件夹是空文件夹时按以下操作进行。如果不是空文件夹，另行操作附后。

服务器根文件夹是空文件夹时，连接到远程站点，请执行以下操作。

在 Dreamweaver MX 2004 中，选择"站点—管理站点"。管理站点对话框中"网页教学网"，如图 3－4－47 所示。这里这个站点在制作网站之前已经设置好了。选择一个站点（即本地根文件夹），然后单击"编辑"。

图 3－4－47　站点管理对话框

图 3－4－48　站点定义（1）

单击对话框顶部的"基本"选项卡，如图 3－4－48。在前面"设置站点"时，已填写了"基本"选项卡中的前几个步骤，因此单击几次"下一步"，直到向导顶部高亮显示"共享文件"步骤。如图 3－4－49 所示。

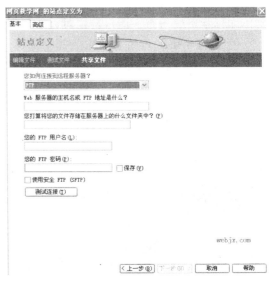

图 3－4－49　站点定义（2）

图 3－4－50　站点定义（3）

在图3－4－50中的各项中请输入以下选项：

输入服务器的主机名；（必须填入）

"你打算将你的文件储存在服务器上的什么文件夹中？"（可以留空）

在相应的文本框中输入你的用户名和密码。

"使用安全FTP（SFTP）"选项。（可不勾选）

单击"测试连接"。如果连接不成功，请检查设置或咨询系统管理员。

在输入相应的信息后，单击"下一步"，出现如图3－4－51选项。不要为站点启用文件存回和取出。单击"下一步"。单击"完成"以完成远程站点的设置。再次单击"完成"以退出"管理站点"对话框。

图3－4－51　站点定义（4）　　　　　　　图3－4－52　上传文件（1）

在设置了本地文件夹和远程文件夹（空文件夹）之后，可以将文件从本地文件夹上传到Web服务器。

请执行以下操作：

在"文件"面板（"窗口—文件"）中，选择站点的本地根文件夹，如图3－4－52所示。单击"文件"面板工具栏上的"上传文件"蓝色箭头图标 ☝ 。Dreamweaver MX 2004会将所有文件复制到服务器默认的远程根文件夹。

多数空间提供商都设置有服务器默认的文件夹，请在此文件夹下创建一个空文件夹，方法是：在"文件"面板，将"本地视图"转换为"远程视图"。右键点击文件夹，选"新建文件夹"，输入一个名称，用作远程根文件夹，名称与本地根文件夹的名称一致，便于操作。

为了操作更直观，也可以最大化"文件"面板。请打开"文件"面板的最右边的"扩展/折叠"按钮，最大化文件面板，如图3－4－53所示，左边为远端站点内容，右边为本地文件内容：（注）这是将文件夹展开的示例，便于观察，仅供参考。

点击 ☝ ，Dreamweaver MX 2004将所有文件复制到你定义的远程文件夹。

提示：第一次上传必须搞清楚网络空间服务商指定的服务器默认存放网页的文件夹，在此文件夹下存放站点文件。访问网站地址，例如：http：//www.5jsj.com/index.htm

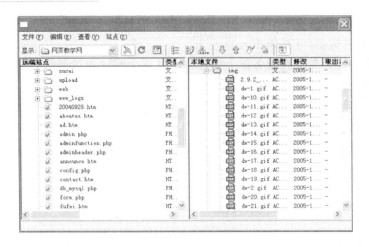

图 3 - 4 - 53   上传文件（2）

　　如果在服务器默认的文件夹下建立了与本地根文件夹同名的文件夹，那么访问网站，需要用这样的地址：http：//www.5jsj.com/（文件夹名）/index.htm。例如，如果在服务器默认的文件夹下建立的与本地根文件夹同名的文件夹名称为"myweb"，访问网站的地址将是：http：//www.5jsj.com/myweb/index.htm

　　上传完毕，请在浏览器中输入浏览地址，测试上传的结果。

　　如果喜欢使用专业的 FTP 软件（通常用的上传软件有 CUTEFTP 和 LEADFTP 都有中文版的了，而且当自己买了空间之后，空间商主页那都有帮助如何使用的详细步骤）上传站点文件，这里就不赘述了。

　　Dreamweaver 软件功能非常强大，除上述内容外，Dreamweaver 中还有模板、框架、行为等。掌握这些内容将使你在网页制作时得心应手。

　　2. Microsoft FrontPage

　　Microsoft FrontPage 也是现今网页编辑的主流软件之一。以 Microsoft FrontPage XP 为例，Microsoft FrontPage XP 是微软公司出品的网页制作软件，因为与微软公司的其他产品有良好的兼容性，所以它最大的优点是易用，只要会用 Word 就可以轻松掌握它。FrontPage XP 具有强大的站点管理功能，适合中小型网站的管理和发布，同时内置了许多特效，如果对 Word 很熟悉，那么相信用 FrontPage XP 进行网页设计一定会非常顺手。使用 FrontPage XP 制作网页，能真正体会到功能强大，简单易用的含义，它包括准确到像素的定位和分层，预设主题和自定义主题，跨浏览器的 DHTM 动画效果、增强的颜色工具、级联样式表、嵌套子站点、版本控制、工作流程报表、创作和管理、指定特定的站点浏览器和服务器、个性化的菜单、个性化的工具栏、可定义的工具栏、格式刷、背景拼写检查、预先创建的网页元素、直接创建站点、Web 服务器管理和移动用户配置文件等功能打开 FrontPage XP，工作窗口由 3 个标签页组成，分别是"所见即所得"的编辑页、HTML 代码编辑页、预览页。FrontPage 带有图形和 GIF 动画编辑器，支持 CGI 和 CSS 向导和模板都能使初学者在编辑网页时感到更加方便。FrontPage XP 的另一大特点是其站点管理功能。在更新服务器上的站点时，不需要创建更改文件的目录。FrontPage XP 会为设计者跟踪文件并拷贝那些新版本文件。FrontPage XP 是现有网页制作软件中既能在本地计算机上工作，又能通过 Internet 直接对远程服务器上的文件进行编辑的软件之一。FrontPage XP 软件适合于对 Word 产品熟悉的初中级使用者。

3. 其他网页制作工具简介

（1）Netscape 编辑器。Netscape 浏览器在浏览器家族也占有一定的市场份额。网页制作者比较容易掌握，是初学者制作网页入门的首选。如果喜欢用 Netscape 浏览器上网，那么使用 Netscape 编辑器将是一件快乐的事情。因为它具有良好的中文支持、方便的表格制作功能，操作起来简单易用。单击编辑按钮，Netscape 就会把网页存储在硬盘中，然后就可开始编辑了。网页制作者也可以像使用 Word 那样编辑文字、字体、颜色，改变主页作者、标题、背景颜色或图像，定义锚点，插入链接，定义文档编码，插入图像，创建表格等，与 Front-PageXP 有些类似。但是，Netscape 编辑器对复杂的网页设计就显得功能有限了，它连表单创建、多框架创建都不支持。Netscape 编辑器是网页制作初学者很好的入门工具，适合作些简单的网页。如果网页主要是由文本和图片组成的，Netscape 编辑器将是一个轻松的选择。如果对 HTML 语言有所了解的话，可以使用 Notepad 或 UltraEdit 等文本编辑器编写少量的 HTML 语句来弥补 Netscape 编辑器的一些不足。

（2）Adobe Pagemill。Pagemill 功能不算强大，但使用起来很方便，适合初学者制作较为美观、不是非常复杂的主页。如果主页需要很多框架、表单和 ImageMap 图像，那么 Adobe Pagemill 的确应是首选。Pagemill 建多框架网页十分方便，可以同时编辑各个框架中的内容。Pagemill 在服务器端或客户端都可创建与处理 ImageMap 图像，也支持表单创建。Pagemill 允许在 HTML 代码上修改，支持大部分常见的 HTML 扩展，还提供拼写检错、搜索替换等文档处理工具。Pagemill 还增加了站点管理能力，但对一些高级特性仍不支持。Pagemill 另一大特色是有一个剪贴板，可以将任意多的文本、图形、表格拖放到里面，需要时候再打开，非常方便。

（3）Claris Home Page。如果使用 Claris Home Page 软件，可以在几分钟之内创建一个动态网页。因为它有一个很好的创建和编辑 Frame（框架）的工具，不必花费太多力气就可以增加新的 Frame（框架）。而且 ClarisHomePage 3.0 就集成了 File Maker 数据库，增强的站点管理特性还允许检测页面的合法链接。不过界面设计过于粗糙，对 ImageMap 图像的处理也不完全。

（4）HomeSite。Allaire 的 HomeSite 是一个小巧而全能的 HTML 代码编辑器，有丰富的帮助功能，支持 CGI 和 CSS 等，并且可以直接编辑 perl 程序。HomeSite 工作界面繁简由人，根据习惯可以将其设置成像 Notepad 那样简单的编辑窗口，也可以在复杂的界面下工作。HomeSite 具有良好的站点管理功能，链接确认向导可以检查一个或多个文档的链接状况。HomeSite 适合比较复杂和精彩页面的设计。如果希望能完全控制制作页面的进程，HomeSite 是最佳选择。不过对于生手过于复杂。

（5）HotMetal Pro。HotMetal 既提供"所见即所得"图形制作方式，又提供代码编辑方式，是个令各层次设计者都不至于太失望的软件。但是初学者需要熟知 HTML，才能得心应手地使用这个软件。HotMetal Pro 具有强大的数据嵌入能力，利用它的数据插入向导，可以把外部的 Access、Word、Excel 以及其他 ODBC 数据提出来，放入页面中。而且 HotMetal 能够把它们自动转换为 HTML 格式。此外它还能转换很多老格式的文档（如 WordStar 等），并能在转换过程中把这些文档里的图片自动转换为 GIF 格式。HotMetal 为用户提供了"太多"的工具，它还可以用树状图表现整个站点文档的链接状况。

三、Photoshop、Fireworks、Ulead GIF Animator 三种图像处理软件介绍

Photoshop 是 adobe 公司推出的一个专业图像处理软件，它的功能非常强大，利用它可以

创作出任何能构想出来的图像作品。Photoshop 的专长在在于图像处理，而不是图形创作。图像处理和图形创作并不是同一个概念，图像处理是对已有的位图图像进行编辑加工处理以及运用一些特殊效果，其重点在于对图像的处理加工；图形创作软件是按照自己的构思创意，使用矢量图形来设计图形。从功能上看，Photoshop 可分为图像编辑、图像合成、校色调色及特效制作部分。Fireworks 与 Dreamweaver、Flash 被称为网页制作三剑客，它们是同一公司开发的三款软件，兼容性非常好。Fireworks 是第一款彻底为 Web 制作者设计的图像处理软件，它拥有一套完成的笔触和色彩效果填充系统，其丰富的笔触和多种微调设定远比 Photoshop 中的同类先进。同时，Fireworks 能够自由地导入各种图像（Freehand、illustrator、CorelDraw 的矢量文件，PSD、GIF、JPG、BMP、TIFF 等），甚至是文本文件，而且 Fireworks 能够自动转换矢量文件中的路径以及 Photoshop 文件中的层，Fireworks 内建丰富的网络出版功能和一个完美的网络图像生成器，但是从图像处理的功能上说 Photoshop 要更为强悍。Ulead GIF Animator 是 Ulead 公司推出的一款 GIF 动画制作软件，它体积小功能强，包含有众多的场景变换和文字特效，利用它可以轻松地制作出一款优美的 GIF 动画。

四、Flash、Swish 二维动画制作软件简介

Flash 是 Macromedia 公司出品的一个矢量动画制作软件，用它做出来的动画叫 Flash 动画。Flash 的基本功能有：绘图功能，可以完成图形绘制、特殊字形处理等方面的工作；动画功能，即使没有绘画基础也可以使用 Flash 提供的动画工具，编辑从外部导入的图像，制作出漂亮的动画；编辑功能，制作交互式动画必不可少的部分。Flash 提供了几百个关键词，但在实际应用中需要十几个关键词就足以完成大多数工作了。这三部分功能是相对独立的，在实际工作中这些工作往往分别进行。例如，由美工人员完成绘图及部分多媒体的制作，后期再由编程人员进行加工处理。Flash 的特点是：动画具有很强的交互性，使用 Flash 可以制作一个漂亮的动态网页及简单的网站；采用"准"流（Stream）式的设计，就是说，可以一边下载动画文件一边欣赏动画；由于它是基于矢量的图形系统，因而只要使用得当，就可以大大减少文件的数据存储量，所占空间比位图少得多，非常适合在网络上使用。同时，矢量图像可以做到真正的无级放大，这样，无论用户的浏览器使用多大的窗口，图像始终可以完全显示，并且不会降低画面质量。

Swish 软件是一款非常方便的 Flash 字体特效的制作工具，特效中有许多细节结合使用能得到非常醒目的效果，直接预览，能直接导出为 SWF 文档格式。Swish 的最新版本是 SWiSH-max，也就是大家企盼已久的 Swish3 了，现在程序更名为 SWiSHmax，最新版本已经可以完全支持 Flash MX 的语法，新版本做了大量的改进，功能强劲无比更快速更简单地在网页中加入 Flash 动画，超过 150 种可选择的预设效果。SWiSH 是一个快速、简单且经济的方案，可以在网页中加入 Flash 动画。只要点几下鼠标，就可以加入让网页在众多网站中令人注目的酷炫动画效果。可以创造形状、文字、按钮以及移动路径。也可以选择内建的超过 150 种诸如爆炸、漩涡、3D 旋转以及波浪等预设的动画效果。可以用新增动作到物件，来建立自己的效果或制作一个互动式电影 SWiSH 会输出跟 Macromedia Flash 相同的 SWF 格式，所以超过 97% 的飙网者都可以看到动画而不需要再下载一个外挂程序。可以在未发表在网络或其他播放器之前，先以 SWiSH 预览动画，并直接编辑，可以在动画播放的同时做任何的改变。SWiSH 可以创造所有你需要上传到 Web server 的文件，也可以产生 HTML 代码，贴到现有的网页中。

第三节 网络课程建设

一、什么是网络课程

网络课程建设是教育信息化进程中的一项重要内容，网络课程是在网络上进行教学，让学生自主学习的教学手段，是随着国家信息化建设的进程而发展起来的新兴教学方式。它离开了传统教学方式的课堂的束缚，可以使名师名课得到广泛的传播，优秀的教学资源得到充分利用；可以不受课堂的空间与时间的限制，让学生可以在任何有网络的地方根据自己的时间表自主地安排学习，特别是对一些疑难章节可以反复学习。网络课程对教与学两方面都有重要意义，因此近几年来得到了迅速发展。当然，正因为网络课程是在网络上进行教学，教与学缺少面对面交流的机会，这就对网络课程的设计与开发提出了极高的要求，既要深入浅出、画龙点睛，让学生容易接受教学内容，又要提供必要的交互手段，让教与学、学与学之间有交流的机会，使学生成为真正获取知识的主体。美国新教育百科辞典"课程"条目说："所谓课程是指在学校的教师指导下出现的学习者学习活动的总体，其中包含了教育目标、教学内容、教学活动以及评价方法在内的广泛的概念。"网络课程，简单地说就是以网络为媒介的课程，是指在网络环境中为学生提供某门学科的教学内容及实施教学活动的总和。它包括按一定教学目标、教学策略组织起来的教学内容和网络支撑环境两部分。

二、网络课程建设的理论基础

目前，有一部分网络课程仍停留在"书本搬家"、"课堂搬家"，未能充分发挥网络课程的优势。究其根源，缺乏科学理论指导无疑是造成这种局面的原因之一。

1. 构建主义理论

随着心理学家对人类学习过程认知规律研究的深入，建构主义学习理论逐渐成为学习理论的主流。建构主义认为，知识不是通过教师传授得到，而是学习者在一定的情境、借助教师和同学的帮助、利用必要的学习资料、通过协作和会话的方式达到对知识的意义构建。在该过程中，学生是认知活动的主体，教师是学生学习的帮助者、促进者、引导者。在网络课程构建的学习环境下，运用超媒体技术对知识进行教学设计，虚拟现实技术进行学习情境的构建，交互性技术来支持协作和会话。学习者可以在课程设计的学习情境下有针对性、有目的地自主选择学习内容，真正实现以学习者为中心。由于课程中采用图文并茂、视听结合的信息呈现方式，刺激多种感官，拓宽了人的认知空间和时间，大大提高了学习者接收的信息量，同时借助课程中论坛、留言板、在线提问等交互平台，学生可以一起发现问题然后带着疑惑学习，并一同寻找答案，从而完成了知识的构建。

2. 人本主义理论

人本主义的代表人物罗杰斯认为，在现代社会中最有用的学习是了解学习的过程，学习应是从做中学来的，促进学习的最有效方式之一是让学生接触实际问题包括个人问题、社会问题及自然科学问题和哲学问题。人本主义课程论强调课程以需要为基石，从社会需求出发设置课程，以人自我实现的人格理想为课程设计的核心；要求突出课程的情意基础，将教育内容与方法植根于情意的土壤中，强调情意教育和认知教育相统一；注重课程的个性化发挥学生的主体参与作用及社会的教育功能；强调课程的多样性。按照人本主义的课程观，网络课程应当关注其内容是否对学生的需要和发展有意义，因而网络教育在课程体系建设上应在对学生、学科和社会研究的基础上确定课程内容、组织内容，把对学习主体的尊重、学科的发展和社会的需要协调起来。课程建设要充分满足学生的个性化学习的要求，在时间、空间和内容上进行开发和动态更新，为学生制造探索与创造的广阔空间。

3. 教学理论

教学理论是研究教学一般规律的科学，它涉及教什么、如何教等普遍性的教学问题。作为一种教学系统，网络课程教学遵循教学的一般规律，其设计的主体中的教学序列、教学流程都是教学理论的基本内容，因此设计网络课程时需要现代教学理论的指导。进行网络课程设计时主要需要遵循教学最优化理论。教学最优化理论认为：将教学看成是一个系统，用系统的观点、方法来研究教学过程，完整地描述教学过程中各个组成部分，从而去探讨教学过程最优化的方法。因此，在进行网络课程设计时，需要用系统的方法设计教学，全面科学地剖析和阐述教学过程，考察和研究教学过程中各要素（如教学目的、教学任务、教学内容等）之间错综复杂的关系，建立解决教学问题的模式，以实现教学最优化。

三、网络编程语言

常用来制作网页的语言有 HTML、JavaScript 和 VBScript、Java、ASP 及 ASP. NET、JSP、PHP、XML 等，建立数据库则需要安装数据库平台，如 Access、SQL Server、Oracle 等。

1. HTML

HTML（超文本标记语言）是一种描述文档结构的标注语言，它使用一些约定的标记对 WWW 上的各种信息进行标注。当用户浏览 WWW 上的信息时，浏览器会自动解释这些标记的含义，并按照一定的格式在屏幕上显示这些被标记的文件。HTML 的优点是其跨平台性。即任何可以运行浏览器的计算机都能阅读并显示 HTML 文件，不管其操作系统是什么，显示结果都相同。HTML 文件是标准的 ASCII 文件，且其后缀名为 htm 或 html 的文件。HTML 文件看起来像是加入了许多被称为链接签（tag）的特殊字符串的普通文本文件。从结构上讲，HTML 文件由元素（element）组成，组成 HTML 文件的元素有许多种，用于组织文件的内容和指导文件的输出格式。绝大多数元素是"容器"，即它有起始标记和结尾标记。元素的起始标记叫做起始链接签（start tag），元素结束标记叫做结尾链接签（end tag），在起始链接签和结尾链接签中间的部分是元素体。每一个元素都有名称和可选择的属性，元素的名称和属性都在起始链接签内标明。

2. JavaScript

JavaScript 是一种基于对象（Object）和事件驱动（Event Driven）并具有安全性能的脚本语言。它与 Java 不同：JavaScript 主要用于 HTML 的页面，脚本嵌入在 HTML 的源码中；而 Java 是一个独立的、完整的编程语言，既可以在 Web 中应用，也可以用于与 Web 无关的情况。另外，JavaS cript 编写的程序不必在运行前编译，它们可以直接写入 Web 页面中并由调用它们的浏览器来解释执行。这样，一些基本交互作用就不用在服务器端完成，提高了客户端的响应时间。

3. VBScript

为了适应 Internet 上的应用，Microsoft 公司把用于应用程序描述的 Visual Basic 语言压缩成一个更合理的子集，称为 Visual Basic Scripting Edition，简称 VBScript。它也是一种 HTML

嵌入脚本语言, 具有易学易用等特点。如果你已了解 Visual Basic 或 Visual Basic for Applications, 就会很快熟悉 VBScript。Microsoft 公司将 VBScript 语言作为实施其 ActiveX 脚本化的最佳选择, 用户可以采用小的相互操作的部件一起来完成工作, 使得应用程序的功能更加强大。

4. Java

Java 是一个由 Sun 公司开发而成的新一代编程语言。是近年来很流行的一种网络编程语言, 它由 C 语言发展而来, 是完全面向对象的语言。在与网络的融合中, 已显现出它的强大生命力和广阔的前景。Java 的语法简练, 学习和掌握比较容易, 使用它可在各式各样不同种机器、不同种操作平台的网络环境中开发软件。Java 正在逐步成为 Internet 应用的主要开发语言。它彻底改变了应用软件的开发模式, 带来了自 PC 机以来又一次技术革命, 为迅速发展的信息世界增添了新的活力。

5. ASP 及 ASP. NET

ASP 是微软公司推出的意图取代 CGI 的新技术。通过它用户可以使用几乎所有的开发工具来创建和运行交互式的动态网页, 如反馈表单的信息收集处理、文件上传与下载、聊天室、论坛等, 实现了 CGI 程序的功能而且又比 CGI 简单, 而且容易学习。由于 ASP 使用基于开放设计环境的 Active X 技术, 用户可以自己定义和制作组件加入其中, 使自己的动态网页具有几乎无限的扩充能力。它还可利用 ADO (Active Data Object, 微软的一种新的数据访问模型) 方便地访问数据库, 能很好地对数据进行处理。借 Windows 东风, ASP 得到了长足的发展。

6. JSP

JSP (Java Server Pages, Java 服务器页面) 是在 Sun Microsystems 公司的倡导下, 由许多公司共同参与建立的一种新的动态网页技术标准。它在动态网页的建设方面具有强大而特殊的功能。Sun 公司应用组建 "Java 社团" 的思想开发 JSP 技术。在开发 JSP 规范的过程中, Sun 公司与许多主要的 Web 服务器、Web 应用服务器和开发工具供应商, 以及各种各样富有经验的开发团体进行合作, 找到了一种适合于应用和页面开发人员的开发方法, 它具有极佳的可移植性和易用性。针对 JSP 的产品, Sun 公司授权工具提供商 (如 Macromedia)、结盟公司 (如 Apache, Netscape)、最终用户、协作商及其他人。最近, Sun 公司将最新版本的 JSP 和 Java Servlet (JSP 1. 1, Java Servlet 2. 2) 的源代码发放给 Apache, 以求 JSP 和 Apache 紧密结合、共同发展。Apache、Sun 公司和许多其他的公司及个人公开成立的咨询机构更能方便任何公司和个人免费取得信息。

7. PHP

PHP, 一个嵌套的缩写名称, 是英文 "超级文本预处理语言" (PHP: Hypertext Preprocessor) 的缩写。PHP 是一种 HTML 内嵌式的语言, PHP 与微软的 ASP 颇有几分相似, 都是一种在服务器端执行的 "嵌入 HTML 文档的脚本语言", 语言的风格类似于 C 语言, 现在被很多的网站编程人员广泛的运用。PHP 独特的语法混合了 C、Java、Perl 以及 PHP 自创新的语法。它可以比 CGI 或者 Perl 更快速的执行动态网页。用 PHP 做出的动态页面与其他的编程语言相比, PHP 是将程序嵌入 HTML 文档中去执行, 执行效率比完全生成 HTML 标记的 CGI 要高许多; 与同样是嵌入 HTML 文档的脚本语言 JavaScript 相比, PHP 在服务器端执行, 充分利用了服务器的性能; PHP 执行引擎还将用户经常访问的 PHP 程序驻留在内存中, 其他用户在一次访问这个程序时就不需要重新编译程序了, 只要直接执行内存中的代码就可以了, 这也是 PHP 高效率的体现之一。PHP 具有非常强大的功能, 所有的 CGI 或者 JavaScript 的功能 PHP 都能实现，而且支持几乎所有流行的数据库以及操作系统。

8. XML

XML 开发者源于 SGML 的设计和应用者。他们已经在 SGML 上投入了大量精力，但他们却发现 SGML 并没有完全发挥它的作用。他们当然有其充分的理由。我们可以列举以下几个重要方面给大家，在这些方面 SGML 带来的影响可以说是一场革命。SGML（通用标记语言标准 ISO 8879：1986）是 HTML 的前身技术，它是文件和文件中信息的构成主体。SGML 与 HTML 不同。它允许用户扩展 tag 集合，允许用户建立一定的规则。SGML 所产生的 tag 集合是用来描述信息段特征的。而 HTML 仅仅只是一个 tag 集合。所以可以说 HTML 是一个 SGML 的子集。早在 Seattle 会议之前，Bosak 和一些精心挑选的 SGML 结构信息专家就已向 W3C 提出了"网络上的 SGML"计划。W3C 支持并赞助了他们的努力。工作于 1996 年 7 月正式开始启动。工作的早期有较大的阻力，因为也存在反对 SGML 的人。一些制订 XML 标准的 W3C 代表甚至声称"网络上的 SGML"是不可能实现的。工作组（原称"SGML 编辑审议委员会"）并未退缩，他们打算让 SGML 以全新的面目出现在网上，给 SGML 以全新的面貌，故给它命名为"可扩展标志语言"，即 XML。

四、网络课程的建设

网络课程的建设一般由四个步骤组成，即分析、设计、开发、发布。在设计工作开展之前，先要对学习者、教学目标、教学内容和技术可行性进行分析。网络课程建设流程见图3 - 4 - 54。

网络课程作为一个教学系统，从大的方面来看包括教学内容和网络支撑环境这两个要素。前者，称之为前台，其设计应保证实现教学目的，有教学性。后者，称之为后台，其设计主要应该保证网络课程的可用与方便。整个课程建设流程最后的"成果"具体也就体现在网络课程的前台和后台上了。下面就对网络课程的前台和后台的设计、开发做一些阐述，以供读者参考。

1. 网络课程的前台

网络课程是一个复杂的教学系统，通过精心设计的教学系统为学习者提供最佳的教学条件、解决教学问题、完成教学任务，取得最优的教学效果。

网络课程教学系统的设计为了追求教学效果的最优化，不仅要关心如何教，更应该关心学生如何学。在其设计过程中，注意综合应用对教与学的研究成果和理论。同时，教学系统应该作为一个整体来进行设计，应用系统工程的方法来研究、探索各个要素（如教师、管理者、学习者、信息资源、教学目标、教学方法、教学组织形式、网络平台等）之间的联系，使各要素有机结合，完成网络教学系统的功能。

仅就教学内容而言，一个成熟的网络课程，它不仅仅只是把教师的教学文本材料简单地放置到网络上供学生学习，它需要将不同的教学内容用最适合的表现形式表达出来，吸引学生的注意力，讲解课程中的重点难点，让其在网络环境下独自面对计算机屏幕的学生能够自觉、自主地完成这门课程的学习。这些表现形式可以是文本、视频、Flash 动画等。

视频的内容可以有四类。其一，录制的教师的讲课过程。这种形式教师更多地在于讲授，学生作为一个听众理解教师的观点。其二，录制的课堂讨论的情景，通过有效的编辑，作为这个知识点的视频解说部分放在网络课程中。这种表现形式的好处在于，让学生感到不再是独自一人在学习，而是在与大家共同讨论，倍感亲切。可以从各个人的发言中得到启发，从

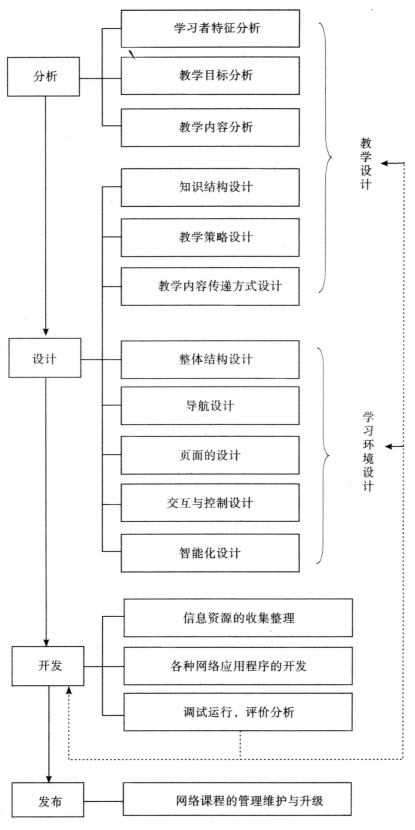

图 3 - 4 - 54　网络课程建设流程

不同的角度加深对有关内容的理解。其三，结合教学内容录制的一些实景。这种形式可以帮助学生克服空间（如难以实地参观的国内外最先进的生产线，最新的科学成果等）和时间（如需要较长时间观察的生物的成长过程等）上的困难，给学生以感性认识。其四，教师制作的演示软件。用电脑模拟某一事件的发生或发展过程，再配以声音解说、声像结合，构成演示软件放在网络课程中。这种形式可以帮助学生对一些抽象问题的理解，达到更好的教学效果。

学习网络课程的学生由于空间的限制，可能没有机会、没有条件完成一些实验，特别是实践性比较强的一些课程，这有可能会大大影响学习者的认知程度，也影响了这门课程的教学效果。Flash 动画的表现形式可以很好填补这项空缺，可以用动画演示实验过程。甚至可以把实验室搬到网络上，学习者可以通过对用 Flash 模拟出来的实验环境进行操作练习，达到预期的结果。如果在操作过程中出现不符合实验要求的误操作，则给出错误提示，帮助学生正确地完成实验，充分体现智能化的一面。好的 Flash 动画甚至可以做到学习者在娱乐中得到学习，印象深刻，在娱乐中达到教学目的。利用多媒体技术与虚拟现实技术创设的逼真情境，有助于调动学习者的所有感官和所学知识去探索与解决问题，提高学生的学习兴趣。

以上所提到的表现形式通常会被制作成课件供学习者学习参考。因此，在网络课程的设计与开发过程中，首先要根据所面向的学习者的文化层次来设计课程中所要使用的课件；其次，考虑到网络课程的学习过程需要的一些具体设备的好坏、各地信息化建设水平的不同导致网络带宽以及传输速度的限制、学习者遍布各地而且起始水平参差不齐等都会影响课件的使用效果的因素，一般还应把握以下三个原则：①易操作性。学习者不需要太多的计算机知识就可以操作，操作步骤简单易懂，操作界面友好，操作按钮清晰易见，提示信息详细、准确、恰当，不能让学习者把过多的精力放在应付如何操作上。②形象化原则。在开发网络课程课件的过程中，要充分发挥多媒体技术的优势，灵活运用文字、符号、声音、图形、动画和视频图像等多种媒体信息，从听觉、视觉等方面加大对学习者的刺激，促进其对所学知识的理解、掌握。但在强调形象化的同时，必须突出"教为学"的思想，要紧紧围绕教学内容这一中心。③小型化原则。这里指的是网络课程的单个课件应该尽量小。由于网络教学主要是通过计算机网络传递教学信息、答疑解惑，网络的带宽和传输速度将直接影响到教学的实施。在网络带宽和传输速度一定的情况下，如果课件体积过大，势必传输速度较慢，影响浏览与下载。为此，在制作网络课程的多媒体课件时，要尽量减小单个课件的容量，对课件的容量加以限制，使每一个课件都不超过规定的大小；而对内容较多的课件可以分割成若干小的模块，分别制作并建立链接，以此减小单个课件的体积。

网络课程中一般还应提供给学习者"课程简介"、"教学大纲"、"教学目的"、"参考资料"、"相关链接"等内容。

2. 网络课程的后台

网络课程的"前台"展示给学习者的是丰富多彩、生动有趣的学习内容。而要做到这一点，必须有"后台"强有力的技术支持。后台的功能主要是便于管理者和教师管理、维护整个网络课程，同时也提供给学习者与教师交流的平台。

首先，网络课程应采用 B/S 模式，学习者只要使用网络浏览器就可以随时随地完成学习过程。

其次，发布系统。主要是提供教师实时发布与更新教学内容的功能。科学总是在不断发展，知识总是在不断更新，因此也必须实时更新教学内容，以反映这门学科的最前沿。所谓实时更新是指可以实现修改或更新网页的局部内容而不涉及整个网络课程的总体框架。

第三，作业系统。练习与作业是教的必要补充，学的重要手段。因此，笔者认为教师布置必要的作业、学生完成作业、教师检查学生作业完成情况等仍然是网络课程必要的教学手段。练习与作业的题目的编写与选择，除了必须考虑既定的教学目标、教学策略之外，学生要在网络上提交作业，教师要在网络上检查学生作业的完成情况，还必须充分考虑网络的特点，便于操作。因此必须提供教师可以在后台以教师的身份进入系统布置作业，学习者以自己的账号进入系统完成作业，教师在网络上批改作业的交互平台。

第四，师生交流区。提供教师与学习者、学习者与学习者之间交流的空间。在学习的过程中，由于知识的复杂性，学习者可能对这门课程的某些知识理解的不透彻，同时，对实验、练习、作业，学习者有可能不能完全独立完成，从而使教师与学习者、学习者与学习者之间交流和"协作学习"成为必要。因此，很多学者认为提供一个师生交流区是网络课程不可缺少的组成部分，以聊天室或者论坛的形式供师生、同学之间进行交流。学习者可以在此提出自己的问题，讲述自己的观点，教师也可以参与讨论或答复问题。一些典型的有普遍指导意义的问题或者观点，教师还可以把它提取出来设立专题讨论区，以供以后的学习者参考。这样，无论学习者与老师身在何处，都可以进行实时的交流，事实上增加了"面对面"交流的机会，大大提高了学习者的学习效率，增强了学习者的学习效果。当然，也需要教师对学生的讨论或留言进行有效的管理。

评价与反馈。评价与反馈也是网络教学中很重要的一个部分，是网络课程不断完善和发展的因素之一。因此，网络课程还应包括评价与反馈系统等。评价系统包括对学生作业和考试的评价与分析，对学习过程参与度的评价，对教师和对课程内容的评价等。反馈包括对学生的作业和提出的问题能提供正确答案和详细的解释，给学生提供对所学知识的复习和回顾以及对错误的反思与重试的机会，征求学生对所学知识的建议和看法等。评价与反馈是一种较为规范和正式的师生交流。

第五，用户系统。用户注册：匿名用户只能浏览其中部分内容，普通用户浏览所有网页需先注册并得到管理员审批方能登录浏览。注册系统提示用户填写相关信息注册。用户登录：经管理员审批的用户可以登录浏览网站内容，并拥有参与学习、讨论等权限。

第六，管理系统。用户管理：对注册用户账号、用户授权和认证进行管理，不同权限的用户拥有不同的操作界面。试题管理：提供"网上考试"试题的录入、删除、修改，还可以实现对客观题被抽取次数、学生答对率进行统计。

总之，"后台"强有力的技术支持，使网络课程成为可以充分利用互联网进行教与学的教学手段。

当前，网络教学在各地蓬勃展开，成为教育技术领域的一个热点。而网络课程的建设，实现教学的多元化，并不是一个简单的知识搭建，它需要由一支规模相当的队伍协同完成，需要网络课程的本专业专家、教育学专家、电教专业人员、程序设计人员等统筹配合。

第四篇　整合与研究篇

第一章　信息技术与课程整合

学习目标

1. 能描述信息技术与课程整合的相关概念，指出信息技术与课程整合的目标，说明信息技术与课程整合的理论基础。
2. 能举例说明信息技术与课程整合开放层次的三个阶段十个层次。
3. 能描述教学模式的定义，归纳出教授型模式、基于网络的协作学习模式、"资源利用——主题探索——协作学习"模式和"专题探索——网站开发"模式的特点和步骤；能分析具体实例，选择适当的模式做一节课的教学设计。

第一节　信息技术与课程整合基础

信息技术的快速发展，教育信息化已成为世界各国促进教育现代化极其重要的手段。而实现教育信息化就必须将信息技术、信息资源、信息方法与课程整合起来。信息技术与课程整合正是我国教育信息化的重要手段之一，也是课程改革的发展方向。

信息技术与课程整合不但要求将信息技术整合到已有的课程学习活动中，以便更好地完成课程目标、培养创新精神和锻炼实践能力，而且要求在此基础上对传统教学方式进行根本变革，在教学实践中开辟出教育现代化的道路。本节将主要介绍信息技术与课程整合的相关概念、信息技术与课程整合的目标和信息技术与课程整合的指导思想与理论。

一、相关概念界定

1. 信息技术

人们对信息技术（information technology）的定义，因其使用的目的、范围、层次不同而有不同的表述。

（1）信息技术就是"获取、存贮、传递、处理分析以及使信息标准化的技术"。

（2）信息技术"包含通信、计算机与计算机语言、计算机游戏、电子技术、光纤技术等"。

（3）现代信息技术"以计算机技术、微电子技术和通信技术为特征"。

（4）信息技术是指在计算机和通信技术支持下用以获取、加工、存储、变换、显示和传输文字、数值、图像以及声音信息，包括提供设备和提供信息服务两大方面的方法与设备的总称。

（5）信息技术是人类在生产斗争和科学实验中认识自然和改造自然过程中所积累起来的获取信息，传递信息，存储信息，处理信息以及使信息标准化的经验、知识、技能和体现这些经验、知识、技能的劳动资料有目的的结合过程。

（6）信息技术是管理、开发和利用信息资源的有关方法、手段与操作程序的总称。

（7）信息技术是指能够扩展人类信息器官功能的一类技术的总称。

（8）信息技术包括信息传递过程中的各个方面，即信息的产生、收集、交换、存储、传输、显示、识别、提取、控制、加工和利用等技术。

综上所述，信息技术包含了两层含义：物化形态的技术和智能形态的方法和技能。信息技术不但作为一种手段，而且也作为个人参与和灵活运用信息资源的自身观念和能力。

2. 课程

以下是对课程（curriculum）的各种定义。

（1）课程是学习方案。美国的塔巴（H. Taba）、麦克唐纳（J. Macdonald）、威尔逊（L. L. Wilson），英国的坦纳（D. Tanner）等学者主张，课程是学习方案（program of studies）。把"教学计划"作为课程的总规划，把教学大纲作为具体学科的规划，教科书作为具体知识材料的叙述。

（2）课程是有计划的学习经验。学者中持这一观点的较为普遍，尤其是美国的众多学者，如泰勒（R. W. Tyler）、多尔（R. C. Doll）、史密斯（B. O. Smith）、斯坦利（W. O. Stanley）等。他们给课程下定义所使用的关键用语是"经验"二字，而最初使用这一用语的是杜威。他们继承了杜威的观点，认为只有让学生亲自从事活动，才可能从中学到以前没有学过的东西，才能获得经验，才能认识和预见到学习对其现在和未来的行动所产生的后果。他们进而得出结论，即课程作为教育蓝图，最终是由学生在学校领导下所应该获得的经验组成。这是由于学校的建立是为了让年青一代朝着某一特定的方向发展。而发展则要通过学习者所获得的经验去实现。因此课程应该是"在学校当局指导下，学生所经历的全部经验"。其中不限于课内活动。美国《科里尔百科全书》就将上述观点作为定义。

（3）课程是预期的学习结果的构造系列。持这一观点的主要是美国课程技术派的学者，如约翰逊（M. Johnson）、英洛（G. M. Inlow）、布卢姆（B. S. Btoom）等。课程作为教学的指南，是预期的教学结果，而不是作为手段来加以利用的材料和活动。这样，课程只能由"预期的学习结果的构造系列"组成，其余的一切活动，包括学习内容的选择，学习活动的组织都不是课程的事情。

（4）课程是教学内容和进程的总和，其中包括大纲和教材（王策三《教学论稿》，1985）。课程与教学计划两种称谓，可以并行不悖，互相补充。也就是说，教学计划是课程的总规划，教学大纲是具体学科的规划，教科书是具体知识材料的叙述。此外，在何志汉著《教学论稿》（1988），刘克兰编著《教学论》（1988）等书中也有类似的表述。

（5）课程就是课堂教学、课外学习以及自学活动的内容纲要和目标体系，是教学和学生各种学习活动的总体规划及其过程（李秉德《教学论》，1991）。

综合上述对课程一词的定义，可以发现课程至少要包含下列要素：①课程是对人类文化进行恰当的抽象演绎；②课程是实现教育教学目标的手段；③课程是关于教学内容及其进度的规划；④课程是进行教育教学评价的依据。

课程是课业及其进程，它是根据学校的教育目标，对人类文化进行恰当的抽象演绎，并以学生的年龄特征和接受能力为准绳，对所选材料进行合理的组织，其中既包括学校总科目的设置，也包括每门学程的内容与进度的安排，它是教学活动得以运转的基础。

3. 整合

整合（integration）在英语中首先是一个普通词，主要含义是综合、融合、集成、成为整体、一体化等。在不同学科中，整合具有独特的含义。而在哲学意义上，"整合"是指由系统的整体性及其系统核心的凝聚作用而导致的使若干相关部分或因素合成为一个新的统一整体的建构、序化过程。它揭示的是事物内在的机制，它的理念是从事物自身出发，着眼于自身及其各个因素、部分，最终落脚于事物自身的存在和发展变化。实质上，整合就是指一个系统内各要素的整体协调、相互渗透，使系统各要素发挥最大效益。相应的，可以把教育、教学中的整合理解为"教育、教学系统中各要素的整体协调、相互渗透，以发挥教育系统的最大效益"。

4. 课程整合

课程整合（curriculum integration）的概念从理论上来讲是对课程设置、课程教育教学目标、教学设计、教学评价等诸要素作系统的考虑与操作，也就是要用整体的、联系的、辨证的观点来认识、研究教育过程中各种教育要素之间的关系。

"课程整合"是使分化了的教学系统中各要素及其各成分形成有机联系，并成为整体的过程。

比较狭义的课程整合通常是指：考虑到各门原本分裂的课程之间的有机联系，将这些课程综合化。

相对广义的理解：课程设置的名目不变，但相关课程的课程目标、教学与操作内容、学习手段等课程诸要素之间互相渗透、互相补充，当这些相互渗透和补充的重要性并不突出，或者已经非常自然，到了潜移默化的程度时，就没有必要提出整合，反之，就需要强调整合。

5. 信息技术与课程整合

以下是关于信息技术与课程整合的定义。

（1）陈至立部长在 2002 年的报告中的定义：在开好信息技术课程的同时，要努力推进信息技术与其他学科教学的整合，鼓励在其他学科教学中广泛应用信息技术手段，并把信息技术教育融合在其他学科的学习中，技术与课程的整合就是通过课程把信息技术与学科教学有机地结合起来，从根本上改变传统教和学的观念以及相应的学习目标、方法和评价手段。

（2）所谓信息技术与课程整合是指将信息技术以工具的形式与课程融为一体，将信息技术融入课程教学体系各要素中，使之成为教师的教学工具，学生的认知工具，重要的教材形态，主要的教学媒体。（南国农，2002）

（3）所谓信息技术与学科课程整合，就是通过将信息技术有效地融合于各学科的教学过程来营造一种新型教学环境，实现一种既能发挥教师主导作用又能充分体现学生主体地位的以"自主、探究、合作"为特征的教与学的方式，从而把学生的主动性、积极性、创造性充分地发挥出来，使传统的以教师为中心的课堂教学结构发生根本性变革，从而使学生的创新精神与实践能力的培养真正落到实处。（何克抗，2005）

（4）信息技术与课程整合是指在课程教学过程中把信息技术、信息资源、信息方法、人力资源和课程内容有机结合，共同完成深思教学任务的一种新型教学方式。（李克东，2002）

关于信息技术与课程整合的含义还有很多说法，例如大整合、小整合。

"大整合论"认为信息技术与课程整合实质上是一种基于信息技术的课程研制理论和实践，即课程信息化，实际上它包括两个方面：信息技术课程化和学科课程信息化。信息技术课程化的研究把信息技术作为一门独立的课程，研究信息技术作为独立课程的目标、内容与评价。学科课程信息化是要把信息技术融入学科课程的各个方面，让学科课程内容信息化、课程实施过程信息化、课程评价信息化。"大整合论"的观点有助于从课程整体的角度去思考信息技术的地位和作用。

"小整合论"则将课程等同于教学。这种观点将信息技术与课程整合等同于信息技术与学科教学整合，信息技术主要作为一种工具、媒介和方法融入教学的各个层面中，运用教学设计的方法将教师、学生、内容、媒体系统地加以考虑，使学习内容的组合更加合理、清晰，课堂教学结构的设计更加优化，信息技术既是教师的教学工具，也是学生学习的认知工具，在学科教学中教师使用信息技术工具自然快捷，信息技术就同学科教学融合为一体。

无论哪种信息技术与课程整合的定义都是从不同的侧面来反映其本质的，即在先进的教育思想、理论指导下，把计算机、网络为核心的信息技术作为促进学生自主学习的认识工具与情感激励工具、丰富的教学环境的创设工具，并将这些工具全面运用到各学科教学过程中，使各种教学资源、各个教学要素和教学环节，经过组合、重构，相互融合，在整个优化的基础上产生聚集效应，从而促进传统教学方式的根本变革，以达到培养学生创新精神与实践能力的目标。

二、目标

1. 培养学生具有终身学习的态度和能力

学习资源的全球共享，虚拟课堂、虚拟学校的出现、现代远程教育的兴起，人们可以随时随地通过互联网进行学习，使学习空间变得无围墙界限。教育信息化还为人们从接受一次性教育向终身学习转变提供了机遇和条件，

终身学习就是要求学习者能根据社会和工作的需求，确定继续学习的目标，并有意识地自我计划、自我管理、自主努力通过多种途径实现学习目标的过程。要实现终身教育和终身学习，教育必须进行深刻的变革。要使教学个性化、学习自主化、作业协同化，要把培养学生学会学习，培养学生具有终身学习的态度和能力作为学习的培养目标。

2. 培养学生具有良好的信息素养

教育信息化为终身学习带来了机遇，但只有学生具备良好的信息素养，才能把终身学习看成是自己的责任。才能够理解信息所带来的知识并形成自己的知识结构。信息技术与课程整合正是培养学生形成所有这些必备技能和素养的有效途径。

有学者认为信息素养是指"能清楚地意识到何时需要信息，并能确定、评价、有效利用信息以及利用各种形式交流信息的能力"（纽约州立大学图书馆馆长理事会，1997）；我们认为，信息素养应包含着三个最基本的要点。

（1）信息技术的应用技能。这是指利用信息技术进行信息获取、加工处理、呈现交流的技能。这是通过对学习者进行信息技术操作技能与应用实践训练来培养。

（2）对信息内容的批判与理解能力。在信息收集、处理和利用的所有阶段，批判性地处理信息是信息素养的重要特征，对信息的检索策略、对所要利用的信息源、对所获得的信息内容都能进行逐一的评估，在接受信息之前，会认真思考信息的有效性、信息陈述的准确性，识别信息推理中的逻辑矛盾或谬误，识别信息中有根据或无根据的论断，确定论点的充分性。这些素养的形成不仅是通过计算机技术技能训练形成的，而是要通过加强科学分析思维能力的训练来培养。

（3）运用信息，具有融入信息社会的态度和能力。这是指信息使用者要具有强烈的社会

责任心、具有与他人良好合作共事精神，使信息技术的应用能推动社会进步，并为社会作出贡献。这些素养的形成也不是通过计算机技术技能训练就能形成的，而是要通过加强思想情操教育训练来培养。

3．培养学生掌握信息时代的学习方式

在信息化学习环境中，人们的学习方式发生重要的变化。学习者的学习主要不是依赖于教师的讲授与课本的学习，而是利用信息化平台和数字化资源在教师、学生之间开展协商讨论、合作学习，并通过对资源的收集利用、探究知识、发现知识、创造知识、展示知识的方式进行学习，因此，通过信息技术与课程的整合，要使学生掌握信息时代的学习方式：①会利用资源进行学习；②学会在数字化情境中进行自主发现的学习；③学会利用网络通信工具进行协商交流，合作讨论式的学习；④学会利用信息加工工具和创作平台，进行实践创造的学习。

三、指导思想与理论

1．指导思想

《基础教育课程改革纲要（试行）》吸收了世界各国的先进思想理念。这一次新课程改革是在教育信息化的背景下展开的，有着跟以往根本不同的性质，其总目标就是要使教育"面向现代化、面向世界、面向未来"，全面推进素质教育。以新的教育教学理论为指导，建立新的学生观，重视学生个性的发展；建立新的人才观，重视多层次人才的培养；积极实现学生学习方式的转变。

信息技术整合于课堂教学，存在着如何进行整合的策略性问题，但是最本质最关键的问题是教育观念的问题。在信息技术与课程整合中必须有现代的教育教学理论作为指导，它是将信息技术运用于课堂教学的基础，对于长期习惯于传统学校教育的人来说是一种新的挑战和机遇。这种挑战不仅是对学校教学模式、课程、教材等的挑战，更重要的是对于我们长期以来已经非常习惯的而且在一定程度上已经根深蒂固的教育思想和教育观念的挑战。信息进入教学过程，带来新的教学观念。这种挑战迫使教师不得不重新思考，重新为自己进行定位，调整自己的教育思想和教学观念使之与信息化教学环境相适应。

现代教育观念强调在教育中应用现代信息技术和最新的教育理论，优化教学效果，强调对学习者的学习需求和学习特点的研究，重视学习者个性需求的满足，强调素质教育和创造性人才的培养，以培养学习者的四大支柱（学会认知、学会做事、学会合作、学会做人）为教育的最终目的。

现代教育观念不再只是强调研究教师如何教，而更关注学习者如何学；现代教育观念要求教师不再只是知识的传递者和教学过程的讲授者，而是教学活动的设计者，学习资源的开发者，学习者学习过程的帮助者、调控者和评价者；现代教育观念追求学习者能力的全面发展，不只是认知能力的提高，而是四大支柱支持的个性和社会性人格和能力的全面培养。现代教育观念与传统的教育观念完全不同，它是现代社会对教育的要求，是教育面对急剧发展的社会做出的必然反应，是研究和实践的基本依据，也应是教师教育教学活动的指导思想。

基于信息化教育环境中的课程教学改革，我们在更新教育教学观念的同时，应该了解：信息技术为教学带来了什么变化？与传统的教学相比信息技术赋予信息化教学哪些特征？1993 年，美国教育部组织了十多位资深专家（B. Means 等）完成了一份题为《用教育技术支持教育改革》的报告，为如何运用现代化信息技术进行基础教育改革提供了指导性的框架。

表 4-1-1 信息技术整合于教学的新特征

传统的教学	革新的教学
教师导向（教师中心）	学生自主探索（学生中心）
说教性教学	互动式教学
单学科的固定教学模块	带真实任务的多学科延伸模块
个体作业	协同作业
教师作为知识施予者	教师作为帮促者
同质分组（按能力）	异质分组
基于事实、知识的学习	批判性思维和基于信息的决策
被动学习	积极主导的、有计划的行动
注重学习结果评价	注重过程评价

利用信息技术革新教学，形成了对传统教学全方位的冲击，其变化核心是考虑教学的思维惯性要彻底进行转变。老师通常习惯于考虑如何将知识更多更有效地传递给学生，他们精心地组织教学内容，合理地组织教学过程结构，设计教师"如何教"是教师要重点考虑的问题；应用信息技术改革教学，老师要考虑的是如何关注学生的学习、设计学生"如何学"的问题，重心发生了转移，师生都要进行角色转变。学生要从被动、低投入的学习变为积极主动的自主探究性学习，学会学习、学会生存、学会与人相处显得尤为重要。学习不再是停留在对知识简单回忆的标准，教师要为学生设计与现实生活相联系的、真实的富有挑战性的主题或问题，引导学生解决问题，进行意义建构，促进学生高级思维的发展。

2. 指导理论

信息技术与课程整合的指导理论包括建构主义学习理论、多元智能理论、人本主义学习理论、主导——主体教学理论，这些理论在前面章节都介绍了这里不再赘述。

第二节　信息技术与课程整合的层次

分析信息技术与课程整合的层次，可以勾画出信息技术与课程整合的发展过程，更能从总体上把握信息技术与课程整合的发展方向。本节将从教育范式层次和开放层次两个角度来讨论信息技术与课程整合的层次问题。

一、教育范式层次

从系统理论的角度来看信息技术与课程整合的层次经历了从代表工业时代的现代范式向代表信息化时代的后现代范式发展，可分为以下三个层次。

信息技术与课程整合的第一层次就是教学媒体的更新。将信息技术作为一种物化形态的工具与课程系统整合而产生了新的教学媒体。这只是教学手段的变化。在使用信息技术作为教学媒体的过程中，人们逐渐认识到信息技术也可用来创造一些传统媒体难以运用的教学方法和教学模式。例如，利用计算机模拟仿真方法学习一些抽象的物理和数学内容，这是传统媒体无法实现的；利用计算机网络实施"基于任务或项目的学习模式"也是传统媒体难以完成的。

信息技术与课程整合的第二层次是整合过程中会产生符合人才发展的课程结构、课程内容、课程目标、课程实施、课程评价。因为随着信息技术日益发展，课程的外部环境、社会对人才的知识结构要求也发生着变化，课程目标、课程内容不仅单纯地先于课程实施，而且动态地产生于课程实施过程中。

信息技术与课程整合的第三层次是教学系统从以教为主的教学结构发展为以学为主的教学结构。随着计算机硬件技术日益成熟，软件功能也日益强大，模拟仿真、虚拟现实、人工智能、专家系统等能够帮助人们做以往不能做的事情，人们可以超越技术整合，向教学结构、教学范式发生根本转变的方向发展。

二、开放层次

根据信息技术与课程整合的不同程度和深度，可以将整合的进程大略分为三个阶段：封闭式的、以知识为中心的课程整合阶段；开放式的、以资源为中心的课程整合阶段；全方位的课程整合阶段。这三个阶段又可以划分为十个层次。

（1）封闭式的、以知识为中心的课程整合阶段包括：信息技术作为演示工具、信息技术作为交流工具、信息技术作为个别辅导工具三个层次。

（2）开放式的、以资源为中心的课程整合阶段包括：信息技术作为资源环境、信息技术作为信息加工工具、信息技术作为协作工具、信息技术作为研发工具。

（3）全方位的课程整合阶段包括：课程内容改革、教学目标改革。

与这十个层次相对应的教学策略、学习方式、教师角色、学生角色、教学评价、信息技术的作用、硬件要求等如表4－1－2所示。

表4－1－2　信息技术与课程整合层次划分表（马宁，余胜泉 2002）

阶段	层次	教学策略	学习方式	教师角色	学生角色	教学评价	信息技术的作用	硬件要求
封闭式的、以知识为中心的课程整合	信息技术作为演示工具	说教式讲授	集体听讲	知识施予者	知识被灌输者	纸笔测试、口头问答	演示工具	一台教师机、投影机
	信息技术作为交流工具	说教式讲授 个别辅导	个体作业为主	知识施予者、活动组织者	被灌输为主、呈现出主动参与学习的兴趣	纸笔测试	简单的人人交互工具,培养学习兴趣、促进情感交流	局域网或互联网
	信息技术作为个别辅导工具	个别辅导式教学、个别化学习	个体作业	计算机软件的开发者或选择者、辅导者	主动学习、接受软件讲授	纸笔测试或计算机测试	简单的人机交互工具,实现教师职能的部分代替	每人一台PC机
开放式的、以资源为中心的课程整合	信息技术作为资源环境	探索式学习等策略	个体作业＋协作学习	教学的引导者、帮助者	学习主动参与者	测试/学生的作品	资源收集、查询工具	局域网或互联网
	信息技术作为信息加工工具	个别化学习、协作式学习	个体作业为主、少量协作作业	知识施予者、学习的指导者、活动组织者	学习主动参与者	测试/学生的作品	学生表达思想、观点、交互的工具	网络教室或局域网
	信息技术作为协作工具	多种学习策略,以问题解决式、任务驱动式为主	协作作业为主	教学的指导者、帮助者、教学活动的组织者	学习主动参与者	按照学生的作品进行评价	生活、学习的协作工具	互联网
	信息技术作为研发工具	多种学习策略,以发现式、任务驱动式为主	协作作业或个体作业或二者均有	教学的指导者、帮助者、促进者	主动探索、主动发现、主动建构	有一定价值的作品	智能工具	宽带互联网

续表

阶段	层次	教学策略	学习方式	教师角色	学生角色	教学评价	信息技术的作用	硬件要求
全方位的课程整合	课程内容改革							
	教学目标改革							
	教学组织架构改革							

1. 信息技术作为演示工具

这是信息技术用于学科教学的最初表现形式，是信息技术和课程整合的最低层次，也是目前大多数基础教育和高等教育都处于的层次。

教师可以使用现成的计算机辅助教学软件或多媒体素材库，选择其中合适的部分用在自己的讲解中；也可以利用 Powerpoint 或者一些多媒体制作工具，综合利用各种教学素材，编写自己的演示文稿或多媒体课件，清楚的说明讲解的结构，形象的演示其中某些难以理解的内容，或用图表、动画等展示动态的变化过程和理论模型等。另外，教师也可以利用模拟软件或者计算机外接传感器来演示某些实验现象，帮助学生理解所学的知识。这样，通过合理的设计与选择，计算机代替了幻灯、投影、粉笔、黑板等传统媒体，实现了它们无法实现的教育功能。

2. 信息技术作为交流工具

信息技术作为交流工具是指将信息技术以辅助教学交流的方式引入教学，主要完成师生之间情感与信息交流的作用。要实现上述目的，并不需要复杂的信息技术，只需在有互联网或局域网的硬件环境下，采用简单的 BBS 、QQ 等工具即可。目前绝大多数学生都拥有一个或多个QQ号码，同时深圳腾讯公司又为会员提供了开设群的服务。教师可根据教学的需要或学生的兴趣，申请一个QQ群并给群取一个让学生有认同感的群名，如：赣南师院06教育技术1班、我们的06美术3班等，并赋予学生管理群以及群空间的权利，使他们在课后有机会对课程的形式、教师的优缺点、无法解决的问题等进行充分的交流，另外教师和学生还可以通过这些通讯工具与外界交流，获取知识。

讲授式教学仍然是此层次的主要教学策略，学生仍以个体作业形式完成学习任务，评价方式也与前一层次相同，教师的角色和学生的角色也基本没有变化，但是，教师多了一项工作：对交流的组织和管理，由于学生感情和学习兴趣的激起，使其对学习产生优于前一层的积极性。此外，此层次对信息技术提出了新的要求：互联网和局域网的使用。

3. 信息技术作为个别辅导工具

随着计算机软件技术的飞速发展，出现了大量的操练练习型软件和计算机辅助测验软件，让学生在练习和测验中巩固、熟练所学的知识，决定下一步学习的方向，实现了个别辅导式教学。在此层次，计算机软件实现了教师职能的部分代替，如：出题、评定等，因此，教学的发生对技术有较强的依赖性，此外，教学还能在一定程度上注意学生的个别差异，提高学生学习的投入性。主要应用技术有个别辅导软件以及教师与学生之间的交流工具。

　　根据不同的学习内容和学习目标，个别辅导软件提供的交互方式也有所不同，体现了不同的教学（或学习）方法，从而形成了不同子模式的个别辅导软件，反映了利用计算机进行学习的交互方式，包括：操练和练习、对话、游戏、模拟、测试、问题解答等。

　　在此层次，主要采取的教学策略有个别辅导式教学和个别化学习等，虽然教学仍是封闭的、以"知识"为中心，但是，学生有丰富的和优秀软件相接触的机会，对学习有较高的积极性，当学习遇到问题时可以向教师或其他学生请教。教师要时刻关注学生的学习进展，在其遇到障碍或问题时，给予及时的辅导和帮助。最后的评价方式仍以测验为主。

4. 信息技术提供资源环境

　　信息社会需要有信息能力的新型人才，而信息能力就是指获取、分析和加工信息的能力。随着网络技术的飞速发展，网络资源可以说是浩如烟海，如何在广袤的信息海洋中快速、准确地找到自己所需的资源，如何迅速的判断资源的价值并对其进行取舍，如何合理的将资源重新组合为己所用，这些都关系到个人和团队的成败。用信息技术提供资源环境就是要突破书本是知识主要来源的限制，用各种相关资源来丰富封闭的、孤立的课堂教学，极大扩充教学知识量，使学生不再只是学习课本上的内容，而是能开阔思路，看到百家思想。

　　在此层次，主要培养学生信息能力中获取信息、分析信息的能力，让学生在对大量信息进行筛选的过程中，实现对事物的多层面了解。教师可以在课前将所需的资源整理好，保存在某一特定文件夹下或做成内部网站，让学生访问该文件夹来选择有用信息；也可以为学生提供适当的参考信息，如网址、搜索引擎、相关人物等，由学生自己去 Internet 或资源库中搜集素材。相比较来说，后者比前者更能培养学生获取信息、分析信息的能力。但是，由于现实环境的限制，如：上网速度慢、学生信息处理能力低、无法上 Internet 等原因，也可以采用第一种方式，不过要求教师提供尽可能多的资源，让学生有对信息进行"筛选"的可能。

　　该层次是所有后续层次教学的基础，在信息社会，学生只有找到资源才有创作、发明可言。

5. 信息技术作为信息加工工具

　　上一层主要培养学生信息能力中获取信息和分析信息的能力，强调学生在对大量信息进行筛选过程中对事物综合地了解和学习。该层次主要培养学生信息能力中分析信息、加工信息的能力，强调学生在对大量信息进行快速提取的过程中，对信息进行重整、加工和再应用。该层次不能单独成立，必须依赖于"信息技术提供资源环境"。如果没有可供探索的资源，无法实现对信息的获取，就根本无法进行信息的分析和加工，这也正说明该层次比第四层先进。

　　在该层次的教学中，重点培养学生的信息加工能力和思维流畅表达的能力，达到对大量知识的内化。该层次可采用任务式教学策略，而且适合于小学高年级以上的所有年级，如：让小学六年级的学生写一篇最向往的地方的作文，学生可以在网上自由邀游，选择祖国山河的壮丽一景，然后将文本、图形等进行重新加工，用 Word 写出一篇精美、感人的作文等。

　　在教学过程中，教师要密切注意学生整个的信息加工处理过程，在其遇到困难的时候给予及时的辅导和帮助。

6. 信息技术作为协作工具

　　和个别化学习相比，协作学习有利于促进学生高级认知能力的发展，有助于学生协作意识、技巧、能力、责任心等方面的素质的培养，因而受到广大教育工作者的普遍关注。但是，在传统的课堂教学中，由于人数、教学内容等种种因素的限制，常常使得教师有心无力。计算机网络技术为信息技术和课程整合、实现协作式学习提供了良好的技术基础和支持环境。计算机网络环境大大扩充了协作的范围，减少了协作的非必要性精力的支出。在基于 Internet 网络的协作学习过程中，基本的协作模式有四种：竞争、协同、伙伴和角色扮演。组织不同类型的协作学习对技术的要求程度不同。

竞争是指两个或多个学习者针对同一学习内容或学习情景，也通过互联网进行竞争性学习，看谁能够首先达到教学目标的要求，在培养学生技巧和能力的同时，培养学生的竞争意识和能力。基于竞争模式的网络协作学习，一般是由学习系统先提出一个问题或目标，并提供学生解决问题或达到目标的相关信息。学习者在开始学习时，先从网上在线学习者名单中选择一位竞争对手（也可选择计算机作为竞争对手），并协商好竞争协议，然后开始各自独立的解决学习问题。在学习过程中，学习者可看到竞争对手所处的状态以及自己所处的状态，学习者可根据自己和对方的状态调整自己的学习策略。竞争一般在智能性较强的网络教学软件支持下进行。

协同是指多个学习者共同完成某个学习任务，在共同完成任务的过程中，学习者发挥各自的认知特点，相互争论、相互帮助、相互提示或者是进行分工合作。学习者对学习内容的深刻理解和领悟就在这种和同伴紧密沟通与协调合作的过程中逐渐形成。协同需要多种网络技术的支持，如：视频会议系统、聊天室、留言板等。

伙伴就是在网络环境下找到与现实环境中的伙伴相类似的学生，然后共同协作、共同进步的过程。另一种伙伴形式是由智能计算机扮演伙伴角色，和学生共同学习、共同玩耍，在必要时给予忠告等。

角色扮演指在用网络技术创设的与现实或历史相类似的情境中，学生扮演其中的某一角色，在角色中互相学习的过程。要实现角色扮演一般采用实时交互的网络工具，如：net－meeting、视频会议、多功能聊天室等。

可以发现，以上四种学习模式中，学习和教学基本都在网络技术的支持下发生，而且学生绝大部分时间都处于一种投入状态。

7. 信息技术作为研发工具

虽然强调对信息的加工、处理，以及协作能力的培养，但最重要的还是要培养学生的探索能力、自己发现问题和解决问题的能力，以及创造性思维的能力，这才是教育的最终目标。在实现这种目标的教学中，信息技术扮演着"研发工具"的角色。

很多工具型教学软件都可以为该层次的教学和学习提供很好的支持。如在中学数学教学中，几何画板可为学生提供自我动手、探索问题的机会：当面对问题时，学生可以通过思考和协作，提出自己的假设和推理，然后用几何画板进行验证；此外，学生还可以使用几何画板自己做实验来发现、总结一些数学规律和数学现象，如：三角形的内角和为180度、圆周率的存在及计算等。随着信息技术的飞速发展，新技术在教学中的应用更为学生的探索和学习提供了强有力的支持，如在经济学课程中，虚拟现实技术可以模拟真实的商业情境，让学生在各种真实、复杂的条件下做出决策和选择，提高学生对真实问题的解决能力。

探索式教学和问题解决式教学等都是将信息技术作为研发工具的教学模式，而且也取得了一定的成果。但是，如何更好地发挥信息技术的作用，设计能更好地培养学生创造性思维能力的模式仍是国内外所有教育人员奋斗的方向之一。

8．教育内容改革

信息技术在教学中的应用，给传统教学内容结构带来了强大地冲击。那些强调知识内在联系、基本理论、与真实世界相关的教学内容变得越来越重要，而那些大量脱离实际、简单的知识传授和技术培训的教学内容则成为一种冗余和障碍。其次，教学内容的表现形式也会发生很大变化，将由原来的文本性、线性结构形式变为多媒化、超链接结构形式。目前，一些省市教育部门针对本地区的教育情况和课程改革的进展情况已经开始进行教学内容改革的探索，如：广东省教课所为了提高小学低年级学生的识字、阅读教学，出版了《创新式教育实验教材》。

总的来说，教育内容的发展趋势如下：教材的难度增加，重视基本理论，强调知识内在的联系。要依据高难度、高速度和理论化原则重新编写教材，在课程设计上重在学科结构合理，教学内容少而精，着重使学生掌握一般的基本原理以发展学生的认识能力。制订教学大纲要着眼于能力，特别是思维能力、创造力的培养，而不是现成知识的传授和一般技术的培训，基础要宽。教育内容还要与生产实践相结合，着力培养学生解决真实问题的能力。教材的多媒化，利用多媒体尤其是超媒体技术，建立教学内容的结构化、动态化、形象化表示，使学生在学习某一内容时，可跳转到和该内容相关的任何知识点和资源。已经有越来越多的教材和工具书变成多媒体化，它们不但包含文字和图形，还能呈现声音、动画、录像以及模拟的三维景象教材的信息化表述。

9．教学目标改革

教育内容的一系列改革会对现有的以知识为中心的教学目标产生强烈冲击，以能力为核心的教学目标将成为主体。而这些能力包括：①信息处理（获取、组织、操作和评价）的技能；②问题解决能力；③批判性思维能力；④学习能力；⑤与他人合作和协作的能力。这些目标已经在一定程度上受到一些人的重视，一些开拓者已经在实际教学中尝试上述目标的教学，如前两个阶段七个层次中提到的一些教学策略和模式，但是，这些尝试毕竟是小范围的，短时间的，在自发的形式下组织的。随着信息技术和课程改革的不断深入，必将产生新的强调帮助学生参与真实性（authentic）任务和产生真实性项目的教学目标。

10．教学组织架构改革

随着教育内容和教学目标的改革，教学组织架构和形式也会发生相应的变革。教学目标强调以真实性问题为学习的核心，这样，就要求教学必须打破传统的45或50分钟一堂课，学生都坐在教室中听课的时间和空间限制，必须以项目和问题为单位，对学习的时间和空间进行重新设计和规划。在教学的组织形式上、活动安排的分组上，也要打破传统的按能力同质分组的方式，实行异质分组。

国外很多研究机构和学校都已经开始了改革教学组织结构的过程，如美国密西根州立大学为一学校设计的6～8年级的数学、经济课是这样的：为了让学生在日常生活中学习数学，同时了解社会，了解父母作出一些选择的依据，进行了为期13天的教学。让学生分成小组，每个小组都要选择一种职业，按照你的收入情况、纳税情况来建设一个家庭，包括选择贷款方式来买房、买家具、买车、选择家庭日常消费等，计算每个月的收支表，最后进行小组汇报。学生在真实性问题情境中，以协作的方式，愉快地完成了作业。

第三节　信息课程整合的模式

信息技术与课程整合的模式，实际上就是指信息技术与课程整合的教学模式。信息技术与课程整合的教学模式因教育理念、教学目标、实现条件和操作程序等方面因素的不同而千差万别。限于篇幅，本节主要介绍一些常见的信息技术与课程整合的模式。

一、关于教学模式

所谓教学模式，是指在一定教育思想指导下和丰富的教学经验基础上，为完成特定的教学目标和内容而围绕某一主题形成的、稳定且简明的教学结构理论框架及其具体可操作的实践活动方式（李如密，1996）。作为教学结构理论框架，教学模式从宏观上把握教学活动整体及各要素之间内部的关系和功能；作为具体可操作的实践活动方式则突出了教学模式的有序性和可操作性。

教学模式通常包括五个因素，即理论基础、教学目标、活动程序、实现条件、教学评价，这五个因素之间有规律的联系就是教学模式的结构。①理论基础：教学模式是一定的教学理论或教学思想的反映，是一定理论指导下的教学行为规范。不同的教育观往往提出不同的教学模式。②教学目标：任何教学模式都指向和完成一定的教学目标，在教学模式的结构中教学目标处于核心地位，并对构成教学模式的其他因素起着制约作用，它决定着教学模式的操作程序和师生在教学活动中的组合关系，也是教学评价的标准和尺度。正是由于教学模式与教学目标的这种极强的内在统一性，决定了不同教学模式的个性。不同教学模式是为完成一定的教学目标服务的。③活动程序：每一种教学模式都有其特定的逻辑步骤和活动程序，它规定了在教学活动中师生先做什么、后做什么，各步骤应当完成的任务。④实现条件：能使教学模式发挥效力的各种条件因素，如教师、学生、教学内容、教学手段、教学环境、教学时间等。⑤教学评价：教学评价是指各种教学模式所特有的完成教学任务，达到教学目标的评价方法和标准等。由于不同教学模式所要完成的教学任务和达到的教学目的不同，使用的程序和条件不同，当然其评价的方法和标准也有所不同。

信息技术与课程整合的教学模式因这些因素的不同，即使同样的内容也可能呈现在多个教学模式中。因此在实际的教学活动中应该因目标、因人、因时、因内容、因条件等的不同来选择最合适的信息技术与课程整合模式。切不可赶时髦，忽视具体条件地套用教学模式。

二、信息技术与课程整合的模式

目前国内外对信息技术与课程整合的模式方面的研究已取得了不少进展，信息技术与课程整合的模式多种多样，如讲授型模式、个别辅导型模式、讨论学习型模式、协作学习模式、头脑风暴模式、"资源利用—主题探索—协作学习"模式、网络探究（WebQuest）模式、随机进入教学、抛锚式教学、游戏化教学等。这些教学模式或是基于多媒体课件、或是基于网站、或是两者兼而用之，例如2006年12月28日由赣南师范学院承办的江西省高校第三届优秀多媒体教学课件展示评比中所有参赛的单机版或是网络版课件都是开发该课件的教师根据自己所教授的课程内容选择适当的教学模式开发出来的。

限于篇幅本节将主要介绍讲授型模式、基于网络的协作学习模式、"资源利用—主题探索—协作学习"模式和"专题探索—网站开发"模式。

1. 讲授型模式

传统的讲授型教学模式是以教师教授、学生听课为主。当计算机技术融入课堂讲授教学中以后，特别是随着多媒体计算机在课堂教学中得到多种应用，例如电子讲稿制作与演示，用网络化多媒体教室支持课堂演示、示范性练习、师生对话、小组讨论等，讲授型教学模式重新焕发了生机。互联网技术引入课堂后，在网上实施讲授型教学模式，为讲授型教学模式注入了新的内涵。

（1）课堂讲授型模式。教师把信息技术作为教学辅助工具，在课堂讲授型教学中，利用信息技术，创设社会、文化、自然情境，问题情境，虚拟实验情境，指导学习者对情境进行观察、思考、操作、意义建构。

这一模式分为如下步骤：①利用数字化的共享资源，创设探究学习情境；②指导初步观察情境，提出思考问题，借助信息表达工具（如 Word 等）形成意见并发表；③对数字化资源所展示的学习情境，指导学生进行深入观察和进行探索性的操作实践，从中发现事物的特征、关系和规律；④借助信息加工工具（如 PowerPoint，Internet 等）进行意义建构；⑤借助测评工具，进行自我学习评价，及时发现问题，获取反馈信息。

（2）网上讲授型模式。

1）同步讲授学习模式。网络型同步讲授型模式的特点是教师与学生同一时间在不同的地点共同完成教学活动，教师在讲的同时学生就在听，师生之间可以有一些简单的交流。教师课前把讲授内容、学习材料以超文本的形式组织并存放在 Web 服务器上，教师讲解时学生同步浏览。这种教学模式可以通过视频会议系统或网络实时多媒体交互系统来实现。通过 Internet 同步传送视音频或音频信号，教师在一端讲课可以被远端的学生看到和听到，并且学生可以跟教师做简单的交流，如基于 H. 323 协议的视频会议系统可以通过配置摄像机、话筒、电子白板、投影仪等设备。网梯多媒体交互系统（http：//2. whaty. net/mcs/index. asp）通过网络、话筒等设备可以实现此教学模式。

同步讲授型的优点是网络实时多媒体交互系统技术简单易行，容易实现，信息传输方式与网络带宽相关，适合习惯于传统教学的学习者，对教师的要求也不高。其缺点在于师生交互性差，缺乏情感交流。

2）异步讲授学习模式。异步讲授学习模式的特点是学生的学习活动可以在任何时间进行，学生可以根据自己的实际情况确定学习的时间、内容和进度；教师课前把讲授内容、学习材料、教学要求、课后作业等以超文本的形式组织并存放在 Web 服务器上，也可以事先录制好教师上课的声像材料一并放在网络上，如网梯多媒体交互系统就可以将在线讲课的录音存储下来；师生通过聊天室、E - mail 交流、讨论。

异步讲授学习模式优点在于技术简单易行，容易实现，信息传输方式与网络带宽相关；缺点是师生交互性差，缺乏情感交流。

两种网上讲授型教学模式不同之处主要是学习者时间上的自由度，异步讲授学习模式要求学习者有更强的自觉性。两种网上教学模式都没有改变传统的教学模式中以教师为主的讲授模式。因此应该积极组织网上沙龙，让网上的学习者通过"沙龙"互相交流学习体会，进行网上讨论或网上协作攻关，给他们提供集体活动的机会，促进学生之间、师生之间的情感交流，保证学生完整人格的形成。

网络讲授型模式的优点是突破了课堂教学中学生人数和时空的限制。它对于平衡教育资源具有重要的作用，特别是对解决贫困地区的教育落后状况、发挥发达地区名师的作用，具有非常重要的意义。其缺点是与传统讲授型教学模式有共同的不足，而且缺乏在课堂教学中教师与学生的面对面交流，学习情景的真实性不强。

教学案例可参看 http：//2. whaty. net/mcs/index. asp。

2．基于网络的协作学习模式

基于网络的协作学习是指利用计算机网络及多媒体技术，有多个学习者针对同一学习内容彼此交互和合作，结成若干个协作学习小组，以达到对教学内容更深的理解与掌握的过程。

为了达到某一教学目标，在不同国度、地区或城市，各自选择几所学校作为实验学校。在不同实验学校内，各自组成若干个协作学习小组，小组同学内部分工、协同，分别进行问题探索。环绕同一主题，不同学习小组的学生通过 Internet，寻找与主题相关的信息与资源。各个小组分别制作自己的学习成果，学习成果可以是竞争型的，从而在各小组中进行比较、评比；学习成果也可以是互补型的，如都是某一大课题下的子课题，从而各小组共同完成一个大的课题。一般来说，学习成果以能用网页表现为宜，这样使各个实验学校的学生都能方便地看到所有小组的学习成果，如图 4－1－1 中所示的学习模式。最后，所有的学生对所有的成果进行讨论和分析，发表意见、互相交流。

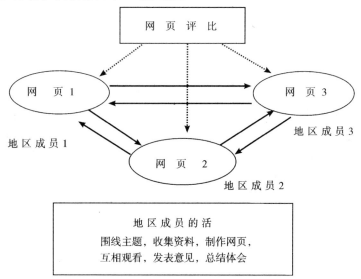

图 4－1－1　基于网络的协作学习模式

（1）基于网络环境的协作学习的基本要素（见表 4－1－3）。

1）协作小组：小组人数不要太多，一般 2~4 人为宜。

2）学习成员：小组成员按照学习成绩、知识结构、认知能力、认知风格、认知方式等互补的原则选定。

3）辅导教师：辅导教师的恰当参与使得协作学习的组织、目标的实现、学习效率的提高得到有效的控制和保证。

4）协作学习环境：①组织环境：协作小组的组织结构、成员功能分配等。②空间环境：协作学习的场所。③硬件环境：学习所使用的硬件条件，如计算机、网络等。④资源环境：学习所能利用的资源。如数字图书馆、资源网站等。

表 4 - 1 - 3   基于网络的协作学习模式

（适用环境：因特网络环境）

课程教学过程	信息技术应用
在不同国度、地区或城市，各自选择几所学校作为地区成员实验学校，并协商确定一个共同的学习主题	利用因特网进行协商，确定共同学习主题
在各地区实验学校内，各自组成若干个合作学习小组，各合作学习小组同学内部分工，分别进行问题探索	根据学习主题，学习小组各成员进行分工，并彼此交换电子邮件地址和网上通讯代码
不同地区的实验学校，围绕主题，通过因特网，寻找与主题相关的网页并通过下载，获取相关信息	通过因特网，搜索并下载与主题相关的信息资料
不同地区的实验学校，围绕主题，建立小组网页	利用所得资料，进行素材加工，利用网页制作工具制作小组网页
各合作学习小组相互浏览其他合作学校的网页并进行讨论	各合作学习小组定期浏览其他合作学校的网页并利用借助 NetMeeting、Internet Phone、ICQ、Email、Chat Room、BBS 等网络通信工具，实现相互之间的交流，进行讨论；对其他合作学校的网页发表意见，互相交流
经过一段时间后，组织学生进行学习总结，对综合课程知识的掌握和学习能力进行自我评价并进行网页评比	利用文字处理工具、电子文稿编辑工具和网页制作工具进行学习总结知识重构

（2）基于网络支持的协作学习的特点。交互性和协作性是实现网络支持的协作系统的最关键的问题。

1）协作学习系统的交互性。传输信息丰富。随着网络传输速度的提高，多种形式的交互信息保证了学习者之间进行有效协作所需的必要交互信息。①人与人交互方式多样。一对一、一对多、多队一、多对多等。②交互控制权灵活。③交互时空灵活。同步交互、异步交互。④交互的间接性。学习者可以进行匿名交互，而不必顾忌他人的想法畅所欲言（克服心理障碍），把学习的重点集中在学习内容本身。

2）协作学习系统的协作性。网络支持下的协作学习系统应该提供下列协作学习机制。①支持共享信息：可以使每个成员个体获得更广、更多、更新的信息。②支持共享活动：集体讨论、轮流发言、流线操作等。③支持角色扮演：成员各司其职，共担荣辱。④支持创造行为：协作学习过程是多维的，会促进学习者个体自身学习观、学习方法和知识结构、技能结构的极大丰富，新的观点、思路、策略等常常涌现出来。⑤支持控制管理：需要完善的控制管理策略。

（3）基于网络的协作学习的优越性。与传统课堂环境下的协作学习比较，有如下优点。

1）学习群体范围广阔。学习群体不受地域限制，这对促进人类多元化学习具有极其深远的意义；由于学习伙伴来源广泛，成员的教育背景和思维层次不同，使得小组的总体智慧水平会有所提高，这对提高小组的总体创造性思维极具帮助。

2）学习资源获取途径多样，内容生动丰富。

3）群体教师共同参与教学过程。利用网络进行协作学习，教师可以是一个庞大的教师群体，学生可在这个群体中选择他所需要的指导教师。

4）评价方式多样。在线测试评价、指导教师评价、学习成员间的评价。

（4）基于网络环境协作学习的作用。

1）有助于学习者个体的自我发展。生动而丰富的环境有助于维持学生的兴趣，可以提供一个自然的学习场所，为学习者创造性思维的发展提供了广阔而丰富的空间。

2）有助于学习者高级认知能力的发展。皮亚杰指出，协作学习在认知建构发展中扮演了一个很重要的角色。在协作学习中，学习者对自己的学习行为负责，80%的学习者能进行自我批评（反馈），而在非协作学习中只有20%。在协作学习中学生的写作能力、批判思维能力会潜移默化地提高。

3. "资源利用—主题探究—合作学习"模式

这种模式由李克东教授针对校园网络环境提出的一种信息技术与课程整合的模式，这种模式可用图4-1-2表示，其具体整合的方法在表4-1-4（李克东，2001）中用课程教学过程以及与之对应的信息技术应用表示出来了。

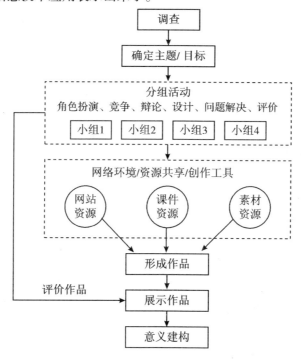

图4-1-2　"资源利用—主题探究—合作学习"模式

这一模式可分为如下步骤。

（1）在教师指导下，组织学生进行社会调查，了解可供学习的主题。

（2）根据课程学习的需要，选择并确定学习主题，制订主题学习计划（包括确定目标、小组分工、计划进度）。

（3）组织协作学习小组。

（4）教师提供与学习主题有关的资源目录、网址、资料收集方法和途径（包括社会资源、学校资源、网络资源的收集）。

（5）指导学生浏览相关网页和资源，并对所有信息进行筛选。

（6）根据需要组织有关协作学习活动（如竞争、辩论、设计、问题解决或角色扮演等）。

（7）形成作品。要求学生以所找到的资料为基础，做一个与主题相关的研究报告（可以是文本、电子文稿、网页等），并向全体同学展示。

（8）教师组织学生通过评价作品，形成观点意见，达到意义建构的目的。

表4-1-4 "资源利用—主题探究—合作学习"模式

适用环境：校园网络（或与外部因特网相连）

课程教学过程	信息技术应用
在教师指导下，组织学生进行社会调查，了解可供学习的主题	利用因特网检索作为社会调查的一种方式
根据课程学习需要，选择和确定学习主题，并制订主题学习计划（包括确定目标、小组分工、计划进度）	利用计算机文字处理工具，写出主题学习计划
组织合作学习小组，设计合作活动方式，包括：角色扮演、竞争、辩论、设计、问题解决、评价	学习小组各成员交换电子邮件地址和网上通信代码
教师提供与学习主题相关的资源目录、网址和资料收集方法和途径（包括社会资源、学校资源、网络资源的收集）	学生在网络环境中，通过浏览器浏览相关网页和资源
指导学生对所获得的信息和资源进行去伪存真、选优除劣的分析	对所获得的信息进行思考、分析，去伪存真、选优除劣
根据需要组织有关协作学习活动（如竞争、辩论、设计、问题解决或角色扮演等）	借助 NetMeeting、Internet Phone、ICQ、Email、Chat Room、BBS 等网络通信工具，实现相互之间的交流，参加各种类型的对话、协商、讨论活动
要求学生以所找到的资料为基础，做一个与主题相关的研究报告（形式可以是文本、电子文稿、网页等），并向全体同学展示	利用汉字输入和编辑排版工具、利用"几何画板"、"作图"、"作曲"工具、电子文稿制作或网页开发等信息"集成"工具创作作品，并向全体同学展示
教师组织学生通过评价作品，形成观点意见，达到意义建构的目的	根据评价意见，修改并正式发布完成的作品，达到意义建构的目的

4. "专题探索—网站开发"模式

对某一专题进行较广泛、深入地研究学习，并借此培养学生的创新精神和实践能力，提高学生的综合素质。这就是"专题探索—网站开发"模式，运用这类模式进行教学的过程如图4-1-3所示。

图4-1-3 "专题探索—网络开发"模式教学过程

运用"专题探索—网站开发"模式进行教学的第一步是确定主题，确定好主题后就要进行网站的构建，即要求学生构建"专题学习网站"，这类网站的基础构成如图4-1-4所示。

这些模块必须包含如下基本内容。

（1）展示学习专题相关的结构化的知识，把与课程学习内容相关的文本、图形、图像、动态资料等进行知识结构化重组。

（2）将与学习专题相关的、扩展性的学习素材资源进行收集管理，包括学习工具（字典、辞典、读音、仿真实验）和相关资源网站的链接。

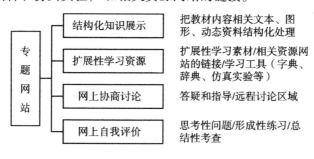

图 4 - 1 - 4 专题学习网站基本构成

（3）根据学习专题、构建网上协商讨论、答疑指导和远程讨论区域。

（4）收集与学习专题相关的思考性问题、形成性练习和总结性考查的评测资料，让学习者能进行网上自我学习评价。专题学习网站搭架好了之后，学生就可以进行教学过程中的其他几个步骤了，就是意义的建构与网站形成的过程。具体过程如表 4 - 1 - 5 所示。

表 4 - 1 - 5 意义建构与网络形成

（适用环境：网站开发环境）	
课程教学过程	信息技术应用
组织学生对某一重要专题进行较广泛、深入地研究	利用搜索引擎、权威网站、专题网站、专业网站和资源库等进行深入研究
广泛收集与专题学习内容相关的文本、图形、图像、动态资料并加以整理	利用网站、各类型的电子出版物广泛收集相关资料并分类整理
把收集到的素材资源进行分类管理，并根据深入研究的结果，按照一定的结构进行知识结构化重组，形成专题学习网站	利用信息加工工具进行素材加工，利用网站制作工具制作专题网站
把所建立的专题学习网站向全校或社会发布	利用信息发布技术发布网站
利用专题学习网站进行课堂教学或自主讨论学习，学习者可以在网站上充分发表意见和进行提问质疑	利用发布的网站中的信息交流平台进行讨论，发表意见
对本专题学习内容有兴趣的师生，可以把相关资料上传到网站上，使专题学习网站得到扩充和完善	利用 FTP 等网页上传工具把新成果加入专题网站中，扩充专题网站资源

具体整合案例见附录 4：信息技术与课程整合案例

第二章　现代教育技术研究与方法

学习目标

1. 掌握现代教育技术研究的对象和原则。
2. 了解现代教育技术研究的方法。
5. 了解质的研究方法。
4. 掌握现代教育技术实验研究的基本组成部分。

随着计算机多媒体技术的不断发展,现代教育与现代技术已经无法分开。它们本身就成为了一个整体,这是社会与经济发展的必然结果。计算机、多媒体、网络等技术对支持和提高教与学的效果是肯定的。因此,现代教育技术成为一门发展迅速的年轻新型学科。伴随着技术的不断发展,对该领域的研究也相应有很多需要解决的新问题。张际平教授在 2001 年《电化教育研究》第五期《关于现代教育技术研究的几个热点问题》中指出:当前现代教育技术研究的主要热点问题如下。

(1)在新教学环境下(技术支持的环境)需采用何种新教学模式和策略。提出对新模式和新策略的研究是为了实际指导教师和学习者在新的环境和条件下如何更好地教与学;

(2)技术对改善学校的哪些工作所起的作用最显著。主要围绕学校的管理(校长的决策支持、教务管理、后勤管理、教师业务和学生的学籍档案管理)、教学应用、数字化图书馆、数字化校园的建设等。

(3)技术对哪些学科和对象更为有效。主要是基于现代技术在教育上的应用对不同的学科和学习对象所起效果的研究。这可以为教育主管部门和学校有重点地选择和开展现代教育技术应用起积极的引导作用。

(4)技术在教育中有效应用的主要条件是什么。对技术在教育中有效应用的主要条件问题的研究是为了找出主要的制约因素,从而可以为所有学校能够根据自身的条件真正开展好技术在教育上的应用提供有价值的参考。

(5)成本效益如何。成本效益问题研究是为了对技术在教育上的投入效益进行的一种量化计算,便于作为政府和教育部门的领导作为教育技术资金投入决策提高提供依据。对该问题的研究可以重点从技术的投入以后教育质量的提高程度、教学和管理效率的提高、学生培养数量的增加和培养时间的减少以及教师和学生的综合素质能力的提高等方面综合研究。

当然,随着社会的不断发展、技术水平的不断提高,教育自身理论的进步和多学科的交叉渗透,现代教育技术的研究范畴、研究领域也将不断拓宽。

一、现代教育技术研究的对象和原则

关于教育技术学的研究对象或领域目前的表述有:1971 年日本学者坂元昂为教育技术学(教育工艺学)设定过三方面的课题:利用自然科学、工程技术的成果来提供教学效率的研究;利用心理学关于学习理论的研究成果研究教学内容、教学方法,以提高教学效率的研究;利用人类工程学的知识开发便于教育现场使用的设备和教材教具,以提供教育效果的研究。米切尔 1978 年提出教育技术学有五个方面的研究内容:教育心理学、教育信息与传播技术、教育管理技术、教育系统技术和教育计划技术。美国教育传播与技术协会(Association for Education Communication and Technology；AECT)1994年对教育技术的定义：教育技术是关于学习过程与学习资源的设计、开发、利用、管理和评价的理论与实践。

教育技术是一个庞大的研究领域，它涉及所有的运用技术解决教育、教学问题的理论和实践。那么，应该如何表述教育技术领域呢？我国教育技术领域的专家、学者在长期工作和研究中，从不同侧面对教育技术的概念进行了界定，其中有代表性的论述如下。

(1) 教育技术是开发和使用种种学习资源来便利学习的一种系统方法。(万嘉若,1993)

(2) 广义的含义：教育技术就是"教育中的技术"，是人类在教育活动中所采用的一切技术手段和方法的总和。它分为有形(物化形态)和无形(智能形态)两大类。狭义的含义指的是在解决教育、教学问题中所运用的媒体技术和系统技术。(尹俊华,1996)

(3) 所谓现代教育技术，就是运用现代教育理论和现代信息技术，通过对教与学过程和教学资源的设计、开发、利用、评价和管理，以实现教学优化的理论与实践。(李克东,1998)

(4) 可以将教育技术的概念理解为：应用现代信息技术，对学习资源和学习过程进行设计、开发、利用、管理和评价的理论与实践，包括教育技术学的理论基础、媒体与教学、教学资源的开发与应用、教学过程的理论与实践、教学设计与开发、远程教学技术、教学评价技术等内容。(祝智庭,2001)

(5) 教育技术就是人类在教育教学活动中所运用的一切物质工具、方法、技能和知识经验的综合体，它分为有形(物化形态)技术和无形(观念形态)技术两大类。有形技术是教育技术的依托，无形技术是教育技术的灵魂，这才是教育技术的真正内涵。(何克抗,2002)

(6) 李龙曾于2002年提出：教育技术是恰当地运用相关的手段和方法提高教育绩效的研究领域。这一概念的界定实际上可以看做关于教育技术领域的规定性定义的表述。其中"恰当"一词包含有科学、合理、有效、可能和负责任五个要素；"手段和方法"分别指物化技术和智能技术，即广义的技术；"教育绩效"包含教育效果、教育效率和教育效益三部分；"研究领域"包括理论研究和实践应用与研究两方面，研究的范畴仍然采用AECT94定义的设计、开发、利用、管理和评价五个部分。

(7) 2004年7月在"长春—2004教育技术国际论坛"上，美国AECT94定义起草者巴巴拉·西尔斯带来了由Michael. Molenda等人起草的AECT定义与术语委员会文件《教育技术的含义(The Meanings of Educational Technology)》一文的主要内容，给出了准备在2005年发表的关于教育技术的新定义：Educational technology is the study and ethical practice of facilitating learning and improving performance by creating, using and managing appropriate technological processes and resources. 可以译作：教育技术是通过创建、使用和管理适当的技术过程和资源来促进学习和提高绩效的研究与符合道德的实践。我们把它称为2005定义(讨论稿)。

现代教育技术就是运用现代教育理论和现代信息技术，通过对教与学的过程和资源的设计、开发、利用、管理和评价，以实现教学优化的理论和实践。

现代教育技术研究的理论基础：现代教育理论和现代信息技术。

现代教育技术研究的范畴：设计、开发、利用、管理和评价。

现代教育技术研究的对象：教与学的过程和教与学的资源。

现代教育技术研究的目标：培养创新型人才。

二、现代教育技术研究的方法

现代教育技术在研究过程中使用的方法通常有三类。

第一类是哲学方法,如辩证唯物主义方法,它是研究现代教育技术的宏观性的、指导性的方法。

第二类是一般的研究方法,主要是在具体研究过程中针对某类学科、某类问题而使用的方法。一般研究方法又包括三种:一种是质性研究方法,如实地观察法、社会调查法、行动研究法、文献研究法和访谈法等;第二种是量的研究方法,主要有实验研究法、统计法、测量法、数学建模法等;第三种是综合方法,包括系统论方法、信息论方法、控制论方法、定性定量结合方法和软件工程方法等。

第三类是专门研究方法,是针对专门问题采用的研究方法,如内容分析法、评价研究法、任务分析法、解释结构模型法和反应信息分析法等。

目前对现代教育技术研究的方法研究成果不多,系统研究教育技术研究方法的著作有十年前李克东教授发表的《教育传播科学研究方法》和近几年李克东教授发表的《教育技术学研究方法》。开展现代教育技术课题研究目的就是要运用科学的研究方法,对应用现代教育技术进行教育活动过程的发生、变化、发展的普遍规律和因果关系进行探索,对应用现代教育技术进行教育活动的现象和事实做出科学的解释、预测和控制,并建立系统的理论,从而对现代教育技术中复杂的图景做出精确、深刻的描述。由于现代教育技术研究方法所涉及的面较广,这里只能简单介绍几种现代教育技术研究方法。

1.系统科学方法论

系统科学方法论的基本理论是系统论、信息论和控制论。系统论、信息论和控制论等学科是 20 世纪发展迅猛的学科,该理论的出现不仅在理论上丰富了科学知识的宝库,同时为人类的科学认识提供了强有力的主观手段,突破了传统方法的局限性,深刻改变了科学方法论的体系。现代教育技术在发展过程中受到来自科学方法论发展的影响,系统科学理论既是现代自然科学、社会科学和思维科学发展的综合结果,又是现代科学研究的一般方法论,是探讨一切科学领域的普遍性科学方法。

教学过程是一个由教学目标、教师、学生、媒体等构成的相互作用的运动过程,是一个多因素、多层次、多功能的复杂系统。现代教育技术研究以系统方法来进行设计、开发、应用、管理和评价。系统方法就是从系统的观点出发,着重从整体与部分之间,整体与外部环境的相互联系、相互作用的关系中,精确地考察对象,以求得整体获得最佳功能的科学研究方法。

系统论方法的基本原则主要是:①整体性和综合化原则。人们在研究问题时要树立全局观念,把研究对象看成一个有机整体。任何系统虽由若干部分组成,但在功能上,各部分的总和不等于整体的功能;任何系统的整体功能等于各部分功能的总和加上各部分相互联系形成结构产生的功能。②联系性原则。一方面是系统与外部的联系和制约,另一方面是系统内部各元素之间的联系和制约。③动态性原则。任何系统都不是绝对的、封闭的和静止的,都与外界有能量、物质、信息的交换。系统是开放的,是会随环境的变化而变化的。④最优化原则。这是系统论的出发点和最终目的。一个系统可能有多种组成方案,最优的方案就是体现低成本、高效率。因此,系统论的科学研究方法就是根据上述理论,把研究的对象放在系统的形式中,从整体上、联系上、结构的功能上,精确地考察整体与部分(要素)之间、部分与部分之间、整体与外部之间的关系,从而获得最优处理问题的一种方法。

控制论是一门以揭示不同系统的共同控制规律的理论,它着重从事物量的方面去发现各种控制系统的共同规律,并把反馈方法作为提高系统的稳定性、达到优化控制目的的有效方法。控制论的观点对实现教学过程最优化及构建优化的教育教学系统有着重要的理论价值。控制论应用在教育领域形成教育控制论,教育控制论主要以提高教学效率和教学质量为控制目标,以信息流为主要传输形式的系统。它是研究教学系统中运用信息反馈来控制和调节系统的行为,从而达到既定教学目标的理论。传递教学信息的出发点和归宿点在教学效果的最优化,而信息反馈是实现教学效果最优化的关键。教师通过对教学系统进行有效调节,使教学设计更能符合学生的实际。

信息论是美国数学家香农创立的。信息论主要是关于系统中信息的计量、传递、变换、储存和使用规律的科学。该研究方法的特点:①用信息概念作为分析和处理问题的基础,完全撇开对象的具体运动形态;②把系统有目的的运动抽象为一个信息变换过程,在信息流动变换过程中,利用反馈信息来使得系统按预定目标实现控制;③把两个系统之间的相互联系看做依赖信息通道进行信息交换。

2.质的研究

质的研究方法,是目前国际上比较重要的,影响越来越大的一种人文社会科学研究方法。它以研究者本人作为研究工具、在自然情境下采用多种资料收集方法对社会现象进行整体性探究、使用归纳法分析资料和形成理论、通过与研究对象互动对其行为和意义建构获得解释性理解的一种活动。作为一种不同于量的研究范式,质的研究方法最大的特点是具有强烈的人文关怀精神和平民意识,提倡研究者对研究情境的参与,与研究对象共情,通过与研究对象的"互动",共同建构研究结果。近年来,国外社会科学界出版了许多关于"质的研究方法"的书籍,但是对这种方法目前还没有一个明确的,公认的定义。下面是国内著名质的研究方法学者陈向明博士的定义。

"质的研究方法是以研究者本人作为研究工具、在自然情境下采用多种资料收集方法对社会现象进行整体性探究、使用归纳法分析资料和形成理论、通过与研究对象互动对其行为和意义建构获得解释性理解的一种活动。"

质的研究方法有下列几个方面的特征。

(1)研究是在自然情境中进行。这是指质的研究总是在某一自然情境中进行实地研究的,它不用控制变量。质的研究注重实地研究,并强调情境性,对结果的解释也依存于收集资料的情境。

(2)研究者的角色既是研究的工具,又是研究的主体。在质的研究中,研究者本人既是研究的工具,又是研究的主体。研究者与被研究的对象之间的关系是互动关系。这包含几层意思:①要求研究者以参与观察者身份进入情境现场;②强调研究者与情境现场的研究对象之间的互动关系;③研究者也是一个学习者

(3)研究过程注重描述性资料的收集。质的研究的资料多是文字形式的描述的资料,这些资料被称为软性的资料(soft data),其内容包括:现场记录、访谈记录、官方文件、私人文件、备忘录、照片、图表、录影带等。

(4)研究的结论和理论的形成方式是归纳法的运用。质的研究是注重归纳的,质的研究者以归纳的方式搜集和分析资料,质的研究者从资料搜集的过程中发展洞察力或发展归纳概念、理论。而不是搜集资料或证据来评估或验证在研究之前预想的模式、假设或理论。

(5)研究结果是描述性的。这是指质的研究结果具有现象描述的特征。质的研究者关心的是现象的过程的描述,而不是结果或其产物。

(6)整体性与全局性。这是指质的研究关注研究对象的整体、全局的特征。它与实验法不同,不需要事先提出理论假设,然后设计特殊程序来检验假设。与此相反,质的研究是对所收集

的研究对象的资料进行归纳、而不是演绎,注重随着资料的收集而产生假设。

质的研究者以整合的观点进行研究,他们不将研究的场所、人们或团体缩减为变项来处理,而是将现场所有的人和事物看作一个整体,研究者运用这样的整体的研究观点,即需要在现场很多时间,运用多种方法搜集多种资料,借以发现所有的研究角度和资料的脉络性,以描写一幅社会整体的图画。

当然,从世界现代教育技术学方法论的发展趋势看,在现代教育技术理论和方法论体系中占有重要地位的系统理论与方法,正在经历历史性的转变:从线形走向非线形。也就是为了适应互联网中复杂的超文本、非线形结构相适应,为了适应网络教学的多样化、个性化发展的趋势,今后将会有系统科学前沿的耗散结构、协同、混沌等非线形学科引入现代教育技术研究方法中来。

三、现代教育技术实验

实验原来是在自然科学领域中广泛采用的一种研究方法,后来逐渐推广到社会科学领域内。

实验,就是根据研究目的,运用一定的手段,主动干预或控制研究对象,在典型的环境中或特定的条件下进行的一种探索活动。

实验,是搜集科学事实、获取感性材料的基本方法之一,也是形成、发展和检验理论的实践基础。实验和观察是紧密联系在一起的。实验包括观察活动,但是科学的实验与简单的观察不同。

简单的观察是在自然状态条件下考察对象,而科学的实验则是在人为地造成、控制或改变对象的状态和条件下考察对象。也就是说,实验是在变革中认识客观世界的,因而更加充分地体现了人的主观能动作用;而观察则具有直观性和一定程度的被动性,它是在自然发生的条件下,在不干预和不控制对象的情况下,通过人的感觉器官(虽然也常常借助一定的科学仪器)来感知客观世界的事物和现象。

由于实验可以人为地控制有关条件,因此,它具有如下的特点:①它可以使人观察到在自然条件下所遇不到的情况,从而扩大研究的范围;②它可以把某种特定的因素分离出来,以便于分析某一特定因素的效果;③它便于测量,并从而获得比较可靠的研究成果;④它可以重复验证。

现代教育技术实验研究是由实验者、实验对象和实验手段三个基本部分组成。

1. 实验者及其活动

实验者作为实验活动的主体。实验者必须进行一系列操作活动,这些活动包括对实验变量的控制,实验者借助感觉器官或仪器在实验过程中获取信息、实验者的逻辑思维与理论的分析等活动。

2. 实验对象

实验对象是实验活动的客体。教育技术实验研究的对象主要是教学过程中受教育的个体或全体。他们是作为社会成员的人,是有思想、有意识、有主观能动作用的活生生的人。因此,同自然科学以物为主要对象的实验不同,教育技术研究的实验控制更为困难,教育技术实验研究对象具有它的特殊性。

(1)实验者与实验对象存在相互影响。由于实验者和实验对象都是活生生的人,而且,两者往往关系密切,因此,实验者的言行,甚至其职位、资历、态度等都会对实验对象起某种暗示的作用。例如,在某项教育技术应用实验中,当有的实验对象无意中了解到主持该项实验的实验者是位有名望的学者,还了解到所做实验的目的意图,实验对象就有可能有意识地按实验者的意愿作出某种反应、回答问题。显然,这将会影响实验的准确性和客观性。

(2)实验对象的心理状态对实验过程会产生影响。由于社会或家庭及其他因素的影响,实验对象对待实验的动机、态度、情绪有所不同,这些心理状态会对实验因素刺激的接受和反应都有所不同,从而使实验结果的准确性受到影响。

(3)对受教育者的实验存在某些禁区。与自然科学不同,物理学家、化学家可以随意变化实验条件,实验对象(物质)都可以承受。但教育技术研究的实验对象是受教育的人,在实验中,给实验对象的刺激作用是有限制的,不能给实验对象带来精神或肉体上的痛苦,也不能人为地安排某些破坏儿童身心健康的环境(如色情、暴力电视)去对青少年儿童施加影响(当然不排除我们进行社会传播环境对儿童影响的研究),这不仅是实验的禁区,也是实验者必须具备的道德修养。

3. 实验手段

在教育技术实验研究中,主要的实验手段是现代教育媒体以及某些测量仪器和其他实验装置。实验手段的基本功能主要是刺激、干预、控制和检测实验对象的活动,或对实验对象施加影响,以及记录和分析实验结果。

(1)刺激手段。这是指实验者按照一定的目的,通过设计、控制媒体的各种因素,包括媒体的内容构成、媒体的种类、媒体的组织、媒体的演播方式等方面,对实验对象产生不同的刺激作用,从而观察、测量实验对象的行为和心理上的反应,以探索其规律。

(2)观察手段。这是指实验者借助广角摄影、带遥控变焦镜头的电视录像、电影摄影、电视特技等手段进行重点跟踪观察、非临场遥控观察、多场面对比观察、搜索性观察等,或借助虚拟现实技术,模拟现实中的实验环境进行观察,可以实现在现实中难以达到的实验条件。因此,借助现代教育媒体作为观察手段,可以弥补人的感觉器官的局限性,以获得更多的信息。

(3)记录、存贮与重现手段。这是指借助照相、幻灯可以对瞬时静态资料进行记录,把某些实验反应过程中最有代表性的典型资料记录下来,并加以保存。借助电视录像、电影摄影可以记录实验过程中实验对象的行为变化过程,还可以记录行为存在的环境条件、行为的各种表现形态、行为在时间上的演变、行为在空间上的分布等。借助录音机可以记录有关实验过程中所进行的有关实验问题的谈话、演讲、课堂教学、学生回答等语言资料。借助计算机或利用计算机原理设计的反应信息装置,可以记录下实验对象的特征资料(姓名、性别、民族、教育程度等)及实验对象的实验反应信息,如学习得分、反应时间等。以上各种资料将分别以照片、幻灯片、电影片、录像片、录音带、计算机磁盘、CD-ROM 光盘等方式存贮起来。

(4)信息处理与分析手段。计算机是一种具有快速运算能力又具有逻辑判断和信息存贮与分析功能的现代化设备,它作为教育技术实验手段,日益发挥着显著的作用。在对问卷和答卷数据的采集、对响应信息的记录以及数据的统计分析等方面已经取得了显著的效果,新的应用领域正在发展。

附录 1 多媒体组合教学案例

一、教材内容

　　《趵突泉》是九年义务教育人教版小学语文第八册第一组的看图学文课文。这一组课文有一个新的训练要求——读文章、想画面。这篇看图学文，图上画的是趵突泉公园，突出了泉池中的三个大泉，大泉冒出水面，在不断翻滚；小泉眼冒出的水泡隐约可见。泉池中的水清澈见底，池中有游鱼，池边有凉亭、垂柳。课文的三、四段是叙述并丰富图画的内容部分，因此，这两部分就是本次教学的重点部分。

　　看图学文课文，学生不是第一次学习，而这次的教学是要在原有的基础上，培养学生读文章，想画面的能力。书上的画面只是静止的画面，趵突泉那活泼的动态景观从图上是看不出来的，必须凭借对语言文字的理解展开想象的翅膀，把课文中对大泉、小泉的具体描写转化成活动的画面，边读边想象，才能有如临其境之感，才能对课文的思想内容有更深的理解、思考和发现。

　　另一方面，由于老舍先生是在 20 世纪 30 年代写下这篇文章的，那时的"趵突泉"的确是"趵突腾空，声如隐雷"为"天下奇观"。但大半个世纪过去了，"趵突泉"已势不如前，甚至还停喷了近两年之久。因此，为了拉近课文与学生生活的距离，布置了课前让学生收集有关趵突泉今昔对比的图片和相关的资料，并且使学生在上课时能有机会运用资料，更好地理解课文内容，更深刻感受趵突泉的神奇美丽。同时，当学生了解到今日趵突泉的现状时，不禁为此担忧，从而加强了学生的环保意识，使他们更加懂得珍惜宝贵的水资源。

二、学习者特征分析

　　所任教的班级有较好的朗读能力，初步懂得欣赏词句；学习的积极性和主动性很高，能踊跃参与到教学的各个环节中；具有初步的上网浏览、查找信息的能力。

三、教学内容与学习水平的分析与确定

1. 知识点的划分与学习水平的确定

课题名称	知 识 点	学 习 水 平			
		知识	理解	应用	品评
	(1) 字：冒、妩、媚、昼、夜、碎等	√			
	(2) 词：妩媚、摇曳、没日没夜、五光十色、晶莹、不知疲倦等	√	√	√	

续表

趵突泉	（3）句：①假如没有趵突泉，济南会失去它一半的妩媚。 ②在阳光照射下，大大小小的水泡五光十色，没有哪一种珠宝能比得上。 ③三个水柱都有井口大，没日没夜地冒、冒、冒，永远那么晶莹，那么活泼，好像永远不知疲倦。 ④有的不断地冒泡，均匀的小气泡连成一串，像一串珍珠，随着水流摇曳。 ⑤有的半天冒出一个气泡，那些气泡比较大，大都扁扁的，一边往上升，一边摇晃，碰着水面就碎了。 ⑥要是冬天来玩就更好了，池面腾起一片又白又轻的热气，在深绿色的水藻上飘荡着，会把你引进一种神秘的境界。	√	√		
	（4）大泉眼和小泉眼的位置	√			
	（5）大泉眼和小泉眼的特点		√		
	（6）按照景物特点描写的方法	√	√		
	（7）"读文章、想画面"的读书方法			√	

2. 学习水平的具体描述

知 识 点	学习水平	描 述 语 句	行 为 动 词
字：冒、妩、媚、昼、夜、碎等	知识	读准字音，认清字形	读准、认清
		正确辨音	辨音
		正确辨形	辨形
词：妩媚、摇曳、没日没夜、五光十色、晶莹、不知疲倦等	知识	能正确读、写这些词语	读、写
	理解	正确解释这些词语的意思	应用
	应用	能用这些词语造句	造句
句：（1）假如没有趵突泉，济南会失去它一半的妩媚。 （2）在阳光照射下，大大小小的水泡五光十色，没有哪一种珠宝能比得上。 （3）三个水柱都有井口大，没日没夜地冒、冒、冒，永远那么晶莹，那么活泼，好像永远不知疲倦。 （4）有的不断地冒泡，均匀的小气泡连成一串，像一串珍珠，随着水流摇曳。 （5）有的半天冒出一个气泡，那些气泡比较大，大都扁扁的，一边往上升，一边摇晃，碰着水面就碎了。	理解	找出这些句子中的重点词语	找出
		理解这些重点词语对表达语句和作者感情的作用	理解
		说出这些重点词语是怎样表现大、小泉眼的特点的	说出
		能正确回答这些句子的含义	回答
	品评	说出这些句子描写的精美之处	说出
		体会这些句子字里行间所流露出的作者的思想感情	体会

(6)要是冬天来玩就更好了,池面腾起一片又白又轻的热气,在深绿色的水藻上飘荡着,会把你引进一种神秘的境界。			
大泉眼和小泉眼的位置	知 识	准确找出大、小泉眼的位置	找出
大泉眼和小泉眼的特点	理 解	找出描写大、小泉眼特点的句子	找出
		有感情地朗读这些优美的句子	朗读
		理解这些句子的含义	理解
按照景物特点描写的方法	理 解	找出描写大、小泉眼特点的词语和句子	找出
	应 用	用一句话赞美趵突泉	赞美
"读文章、想画面"的读书方法	应 用	通过读文章,品析词句,联想画面	读、品析、联想

3.分析教学的重点和难点

教学重点:读文章,想画面,品味词句,体会大泉与小泉的不同特点。

教学难点:(1)联系上下文,体会含义深刻的句子,体会大、小泉的特点。

　　　　　(2)初步掌握"读文章,想画面"的读书方法。

四、教学媒体的选择与运用

知识点	学 习 水 平				媒体类型	媒体内容要点	资料来源	媒体在教学中的作用	媒体使用方式
	知识	理解	应用	品评					
2	√	√	√		网络课件	气泡的形态	自己开发	A.展示事实 B.创设情景	D.边播放边讲解
3		√		√	网络课件、视频录像	(1)趵突泉的概貌 (2)趵突泉冒泡的情景 (3)池面腾起热气的情景	自己开发和从视频库中收集	B.创设情景 D.呈现过程,解释原理	A.设疑—播放—讲评

注:1.媒体在教学中的作用分为:A.展示事实;B.创设情景;C.提供示范;D.呈现过程,解释原理;E.设疑思辨,解决问题;F.其他。

　　2.媒体使用方式包括:A.设疑—播放—讲评;B.讲解—播放—概括;C.讲解—播放—举例;D.边播放、边讲解;E.复习巩固;F.其他

・板书设计・

趵突泉　　　　　大泉　　冒　涌　翻滚
(清浅 鲜洁)　　小泉　　大大小小　五光十色　　大自然伟大

五、课堂教学过程结构的设计

1.画出流程图

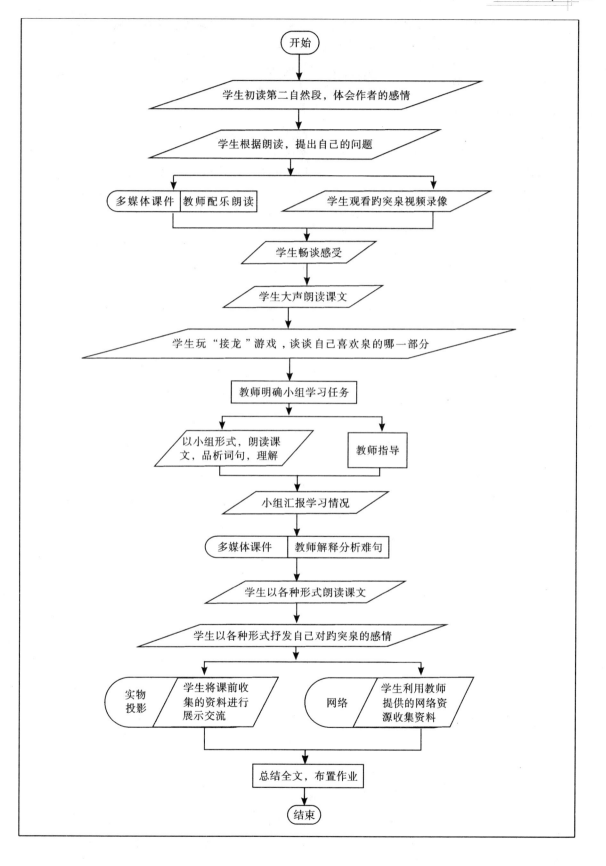

开始、结束	教师活动 教学内容	学生活动	网络应用	学生利用网 络学习	判断

2. 对流程图作简要的说明

　　教师首先让学生初读课文第二自然段,体会作者的感情,提出问题。接着利用趵突泉的视频录像创设学习情境,激发学生的学习兴趣和积极性,让学生从整体感知趵突泉的美,教师根据视频录像的音乐有感情地朗读课文。学生通过仔细听教师的朗读、观看视频录像和大声朗读课文,自由发表自己的感受。

　　教师让学生以小组的形式朗读课文,相互之间交流读懂了什么、想到了什么和发现了什么,教师对学生进行个别指导。然后小组汇报学习情况,教师利用多媒体课件帮助学生理解难句,品析好词好句。教师鼓励学生以自由读、同伴读和对手读等方式有感情地朗读课文,体会作者所要表达的思想感情。

　　最后教师让学生用一句话赞美、有感情地朗读、在黑板上画画或者创作广告词等不同的形式抒发对趵突泉的感情。将课前收集到的有关趵突泉的资料用实物投影在课堂上展示交流,有的学生则利用教师提供的网络资源当堂收集资料。

参考资料网站:http://www.mixiao.com/

附录2　中小学现代远程教育案例

一、中基中小学校园网解决方案（资料来源中基网）

随着全国各中小学校园网建设的日渐普及，校园网已成为学校必备的重要信息基础设施，其规模和应用水平已经成为衡量学校教学与科研综合实力的一个重要标志。通过近年来在校园网建设中积累的技术经验，结合教育技术信息化、数字化、网络化、宽带化的发展趋势，提出了先进实用的一体化数字校园解决方案。（如附图2-1所示）

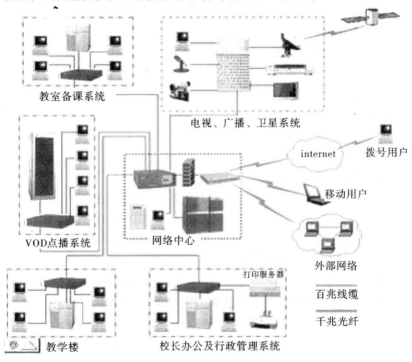

附图2-1　中基中小学校园网解决方案

该校园网络方案采用最流行实用的千兆以太网网络技术，统筹规划各种类型网络，丰富了校园教学与管理的内容与手段，在充分运用原有的教学设备的基础上，做到各种类型网络的无缝连接，实现校园网效能的最大化。

1. 方案设计

校园网里涵盖了校园办公系统、校园内部主页、内部电子邮件、多媒体教室、电子图书馆、电子备课室、VOD点播、内部信息服务系统等主要应用子系统。

在校园网系统中，整个网络由网络中心、办公子网、图书馆子网、教学子网等组成。其中网络中心是整个网络的主干系统，其余各个子网的中心为二级节点。

2. 中小学校园网解决方案具备如下特点

（1）采用先进的网络技术。

1）主干千兆、百兆交换到桌面。提供充足的网络带宽，支持数据、语音、视频等各种多媒体应用；

2）采用流行的 TCP/IP 网络体系结构，提供各种标准网络协议的支持；

3）采用星型拓扑结构、层次化、模块化的网络体系，网络可靠性高、便于维护、兼容性好，易于升级扩展；

4）均衡化的网络计算方案；

5）充分共享的网络资源；

6）方便灵活地连接到 Internet 和其他类型的网络方便扩展远程应用。

（2）采用优秀的网络设备产品和世界领先的综合布线系统。

1）布线系统严格采用综合布线（PDS）规范，兼容模拟信号、数字信号传输，采用超五类线缆，五类接插模块；光纤干线及光纤连接交换模块选用快速以太网及千兆以太网的网络设备；

2）带宽：满足多媒体教学应用，时延小，抖动小；

3）支持多种网络系统应用：10/100/1000Base-T、TX、FX、ATM 等；

4）维护简洁可靠：可由非专业人员进行系统维护；

5）优良的性能价格比符合经济效益；

6）电气性能、传输性能保证系统支持宽带应用；

7）产品标准化、模块化。

（3）一体化的网络思想，多种类型的网络在统筹协作中运行。对于已经建成的闭路电视、VOD 点播、广播系统、多媒体教室进行适当的线路改造，通过智能网络交换组与中心网络交换机相连，使校园宽带交互多媒体综合校园网、多媒体双向电视综合教学网络、多媒体多功能电教室相互通信、协同工作，在保证先进性的同时，避免了校园网重复建设，网络设备闲置和信息资源的浪费；系统采用模块化设计，布线一次完成，比按旧方式单独建设各个子系统极大地降低了成本，是一个比较适合国情的数字化校园解决方案。

（4）功能特色。以教学应用为向导，教育资源为核心，建立一个先进的、开放的系统软件平台及应用软件开发、运行环境；建立一个开放实用的网络管理平台。

1）现代教育资源库：《中基教育资源库》提供大量优选的教学资源与素材，包括各学科题库、教案、参考资料和电子图书，教育管理资料等内容，针对性、实用性强。

2）选用符合国际发展潮流的标准软件技术，选用流行实用的多媒体教学软件、课件制作软件，满足教学、教研、管理等多方面的需要。模块化设计，基于 B/S 架构，稳定易用，利于扩展远程教学、网际资源共享、校园网站等服务。

3）校园网功能模块分为：①电子图书 多媒体课件制作；②视频点播 校园综合信息管理；③图书管理 多媒体教室系统；④校园网站 电化辅助教学系统

二、卫星直播课堂录播用户手册

"远程教育 IP 卫星数据接收软件"和"远程教育 IP 卫星数据广播接收软件"使用说明。

1. 系统概述

中央电教馆资源中心卫星接收系统是中央电教馆资源中心卫星教学系统的一部分。卫星教学系统包括：资源子系统、发送子系统、转播卫星、接收子系统、多媒体教室等几个环节。如图 2-2 所示。

中央电教馆资源中心卫星资源接收平台——直播课堂录播系统，主要运行在有直播课堂信号的网络中。用于记录实时播放的网络流媒体。

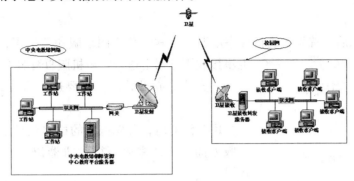

附图 2-2　卫星教学系统

2. 软件安装

（1）运行环境的要求。

	软件要求	硬件要求
直播课堂录播系统	Windows 2000 或者更高版本； IE 5.0 以上浏览器； Media Player 7.0 以上播放器。	奔腾 200 以上 CPU； 32M 以上内存； 20M 以上剩余硬盘空间。

（2）安装步骤。把卫星接收系统光盘放入光驱中，将自动运行安装程序，弹出运行界面，如附图 2-3 所示。光盘中包含直播课堂录播系统以及用到的微软资源 Media Player 7.1、IE5.0。按照需要选择安装。单击安装的资源按钮进行安装，在安装过程中，依据安装向导可以不停单击"下一步"按钮直到结束，系统将安装在默认路径下，也可以在第二步过程中，通过浏览选择安装路径，然后继续单击"下一步"按钮，直到安装结束。这样就完成了安装。

当卫星资源接收平台运行在 Win95/98 下时，有可能会出现无法接收的情况，这有可能是没有安装 Media Player，或操作系统本身所安装的 Media Player 版本太低，请安装资源盘中的 Media Player 7.1 和 IE5.0。

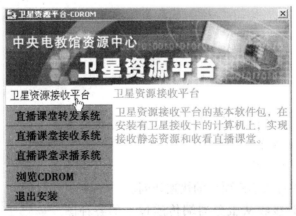

附图 2-3　直播课堂录播系统安装界面

（3）程序卸载。打开"开始"菜单，选择"设置"，打开"控制面板"，打开"添加/删除文件",再选择"卫星直播课堂播放记录系统"菜单项,双击启动卸载即可完成。

3.程序注册

在安装完成以后,首先要进行程序注册。本软件分为网络版和单机版,网络版的注册在卫星接收服务器上进行,单机版自身具有注册功能按钮。

附图2-4   程序注册

在安装完成以后,首先要进行程序注册。如图2-4所示。

用户注册时,首先把您的机器码抄下来,打电话给软件服务商,软件服务商得到机器码后,会自动给您使用权限。

当用户使用权限到期以后,如要继续使用本软件,则必须重新注册。否则,将不允许在继续使用本软件。接收程序将不能正常运行,注册步骤和初次注册时一样。

4.系统主控面板介绍

直播课堂录播系统的主界面——控制面板,如附图2-5所示。

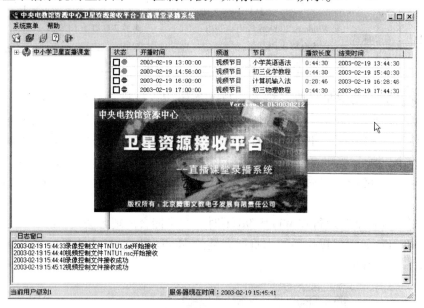

附图2-5   直播课堂录播系统控制面板

系统界面主要有:菜单栏、工具栏、广告接收栏、节目接收栏、消息日志栏和系统状态栏组成。

菜单栏:主要是节目清单菜单,包含整个接收系统的各项操作命令。如图2-6所示。

详细介绍请参看菜单介绍。

工具栏:主要提供对菜单栏项目的快速访问。

广告接收栏:即时接收从服务器端传递过来的各种图片,当鼠标悬停在图片上时,将显示广告连接,单击图片可以打开图片所连接的网页。

附图2-6   节目清单菜单

节目接收栏:系统主控面板左侧是频道列表栏,可以选择"卫星电视"、"资源下载"。

其中，"卫星电视"播放的是流媒体教学文件，是提供视频接收的频道；"资源下载"播放的是文本文件，是提供文件下载的频道。

根据选择在右侧的节目清单区将显示该频道所包含的节目计划安排详细资料以及各个节目的播放状态。在节目状态栏中，图标▶为表示当前节目正在播放，图标●为表示当前节目已经播放完毕，图标●为表示当前节目处于等待播放的状态。

消息日志栏：消息选项页除了正常显示日志以外，还可以即时接收从服务器端传递的文本消息。日志选项页显示程序的运行状况，并自动保存操作日志。

系统状态栏：显示程序运行状况、用户级别、服务器时间。节目单的时间是服务器时间。

5. 菜单命令介绍

直播课堂录播系统菜单包括系统设置和系统帮助两部分。

附图2-7　系统菜单

系统菜单，包括系统设置、系统消息、系统注册和退出四项见附图2-7。

系统消息：用于看接收到的消息。如下附图2-8所示。

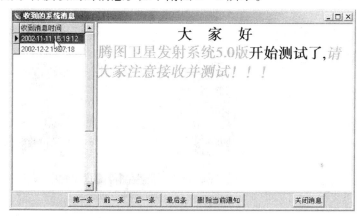

附图2-8　收到的系统消息

系统设置：设置系统的一些必备选项，如附图2-9所示。

附图2-9　系统设置

卫星卡 IP 地址：设置用于接收多播数据的卫星卡或网卡；

录像保存路径：设置用于保存下载录像的路径；

退出：退出接收程序；

注册：注册应用程序。

系统注册：为用户注册提供方便，单击打开注册窗口，注册过程参看软件注册（单机版）。

系统帮助：包括联机帮助和关于命令。

附图 2－10 网络设置

6. 接收 IP 地址的设定

直播课堂录播系统设定：在系统运行时，首先弹出 IP 设定窗口，在第一次运行时，系统将自动读出所有安装网卡的 IP 地址，只要按照配置正确地选择接收卫星卡和输出网卡的地址就可以了。然后单击附图 2－10 中"继续"按钮，进入运行状态。

如果卫星卡或网卡的 IP 地址有更改，在再次启动时，可以修改上次设定值，否则，单击"继续"按钮，成功启动转发程序。

7. 接收和录制卫星电视

直播课堂录播系统的控制面板打开以后，系统默认选择全部显示，在节目清单中显示卫星教学系统的所有教学计划安排。如附图 2－11 所示。

附图 2－11 直播课堂录播系统界面

在节目状态栏中，图标为 ▶ 表示当前节目正在播放，图标为 ● 表示当前节目已经播放完毕，图标为 ○ 表示当前节目处于等待播放的状态。可以通过双击当前正在播放的节目，打开 Media Player 播放器收看正在播放的教学内容，也可以通过在状态图标前的复选框内划钩 ☑▶ 来启动 Media Player 播放器收看正在播放的教学内容。如果在图标为 ○ 的节目的复选框内划对钩 ☑○，那么当服务器时间到了节目计划播放时间后，系统将自动启动 Media Player 播放器准时收看将要开始播放的教学内容，并自动开始录制所播放的视频节目。如下附图2－12所示。

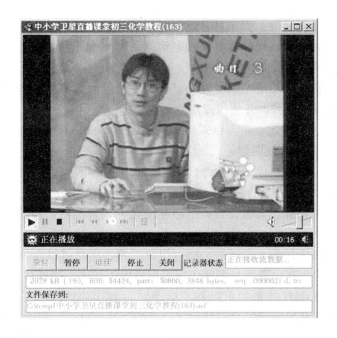

附图2-12　卫星直播课堂

　　当节目刚刚启动时，系统会默认保存要录制的节目。按暂停键暂停录制节目；继续键继续录制节目到文件中；停止键完全停止这个节目的录制。录制键把当前节目录制到一个规定的文件中。

三、卫星资源接收平台用户手册

　　"远程教育IP卫星数据接收软件"和"远程教育IP卫星数据广播接收软件"使用说明。

1. 系统概述

　　中央电教馆资源中心卫星接收系统是中央电教馆资源中心卫星教学系统的一部分。卫星教学系统包括：资源子系统、发送子系统、转播卫星、接收子系统、多媒体教室等几个环节。如附图2-13所示。

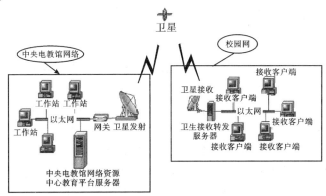

附图2-13　资源中心接收系统

　　卫星接收系统5.0版本此次主要改进主要有以下几个功能。

　　（1）完善整个系统的通讯机制。在原来的基础上，改变了整个通讯机制。确保了通讯的稳定性和完整性。

（2）提供了自动更新功能。程序可自动实现升级，方便用户的操作。

（3）提供断点续接功能，确保文件接收完整。采用独立开发的技术，支持在卫星单向多播的条件下，实现卫星数据接收的完整性。

（4）提供文件资源下载历史纪录管理。对已经下载过的资源存放到数据库中。用户可以快速的浏览已经下载过的资源，并能快速定位到它。

（5）改变广告发送的格式。广告格式由原来的图片格式，到支持 Htm 、mht、以及其他可以在 IE 中直接浏览的文档或图像。

（6）改变系统消息的发送模式。更改原来的消息机制由原来的纯文本，更改到支持超文本格式，支持字体的颜色大小等。

（7）支持自动关机功能。通过设置，用户可以在下载资源后，系统自动关闭。（支持自动关机的计算机）

（8）支持定制各种资源的自动下载。通过用户配置，用户可以在新节目单到来以后自动下载相应的小学、初中、高中资源。方便用户不用每次重新点击选择节目。

（9）直播课堂转发和接收系统可以在不启动转发程序的情况下，照样使用资源下载程序。原来网络版接收下载程序只能在服务程序启动的情况下使用，现在可以单独使用。

（10）卫星资源接收平台也可以在除了有卫星卡还有别的网卡的机器上运行。支持用户自定义接收卡地址，使卫星接收平台也可以在除了有卫星卡还有别的网卡的机器上运行。

（11）提供消息的存贮。收到的消息也可以存储在数据库中，以方便查看。

（12）支持用户对已下载的快速访问。当文件下载完毕以后，可以直接快速的访问到所下载到的目录。

2．软件安装

（1）运行环境的要求。

	软件要求	硬件要求
卫星资源接收平台	Windows 98SE \ NT4 \ 2000 \ XP，Microsoft Media Player 7.0 以上、IE 5.0 以上，建议 Windows 2000 Media Player 7.0 以上播放器。	P Ⅱ 450 以上，128MB 内存，10M 网络环境，20M 以上剩余硬盘空间；建议 P Ⅲ 550 以上，256M 内存

（2）安装步骤。把卫星资源接收平台光盘放入光驱中，将自动运行安装程序，弹出运行界面，如附图2－14所示。光盘中包含：卫星资源接收平台、直播课堂转发系统 Server、直播课堂接收系统 Client 以及用到的微软资源 Media Player 7.1 、IE 5.0。按照需要选择安装。单击安装的资源按钮进行安装，在安装过程中，依据安装向导可以不停单击"下一步"按钮直到结束，系统将安装在默认路径下，也可以在第二步过程中，通过浏览选择安装路径，然后继续单击"下一步"按钮，直到安装结束。这样就完成了安装。

当卫星接收客户端运行在 Win 95/98 下时，有可能会出现无法接收的情况，这有可能是没有安装 Media Player，或操作系统本身所安装的 Media Player 版本太低，请安装资源盘中的 Media Player 7.1 和 IE 5.0。

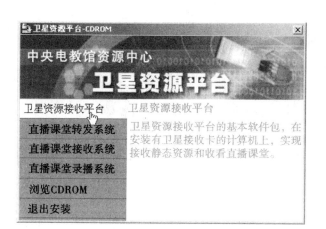

附图 2 – 14　卫星资源接收平台安装界面

（3）程序卸载。打开"开始"菜单，选择"设置"，打开"控制面板"，打开"添加/删除文件"，再选择"卫星接收系统"菜单项，双击，启动卸载即可完成。

3. 程序注册

在安装完成以后，首先要进行程序注册。本软件分为卫星资源平台，网络版的注册在卫星接收服务器上进行，单机版自身具有注册功能按钮。

在安装完成以后，首先要进行程序注册。如附图 2 – 15 所示。

附图 2 – 15　程序注册

用户注册时，首先把您的机器码抄下来，打电话给您软件服务商，软件服务商得到机器码后，会自动给您使用权限。

当用户使用权限到期以后，如要继续使用本软件，则必须重新注册。否则，将不允许在继续使用本软件，接收程序将不能正常运行。注册步骤和初次注册时一样。

4. 系统主控面板介绍

卫星资源接收平台主控面板如附图 2 – 16 所示。

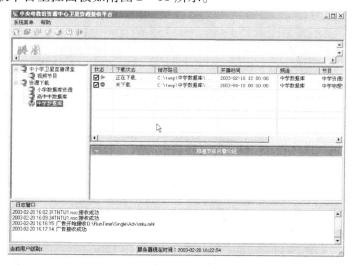

附图 2 – 16　卫星资源接收平台

附图2-17 节目清单菜单

系统界面主要有：菜单栏、工具栏、广告接收栏、节目接收栏、消息日志栏和系统状态栏组成。

菜单栏：主要是节目清单菜单，包含整个接收系统的各项操作命令。如附图2-17所示。

详细介绍请参看菜单介绍。

工具栏：主要提供对菜单栏项目的快速访问。

广告接收栏：即时接收从服务器端传递过来的各种图片，当鼠标悬停于图片上时，将显示广告连接，单击图片可以打开图片所连接的网页。

节目接收栏：系统主控面板左侧是频道列表栏，可以选择"卫星电视"、"资源下载"。其中，"卫星电视"播放的是流媒体教学文件，是提供视频接收的频道；"资源下载"播放的是文本文件，是提供文件下载的频道。

根据选择在右侧的节目清单区将显示该频道所包含的节目计划安排详细资料以及各个节目的播放状态。在节目状态栏中，图标为 ▶ 表示当前节目正在播放，图标为 ● 表示当前节目已经播放完毕，图标为 ◓ 表示当前节目处于等待播放的状态。

消息日志栏：消息选项页除了正常显示日志以外，还可以即时接收从服务器端传递的文本消息。日志选项页显示程序的运行状况，并自动保存操作日志。

系统状态栏：显示程序运行状况、用户级别、服务器时间。节目单的时间是服务器时间。

5. 菜单命令介绍

卫星资源平台系统菜单包括系统设置和系统帮助两部分。

系统菜单，包括系统设置、系统消息、资源下载管理、自动关机、注册和退出四项如附图2-18所示。

系统消息：用于看接收到的消息。如附图2-19所示。

附图2-18 卫星资源平台系统菜单

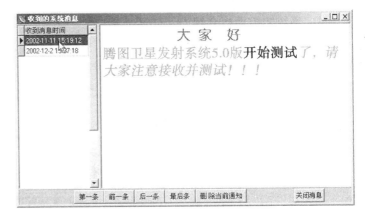

附图2-19 收到的系统消息

资源下载管理：当下载过一些资源以后，下载的记录会记录在里面。如附图2-20所示。

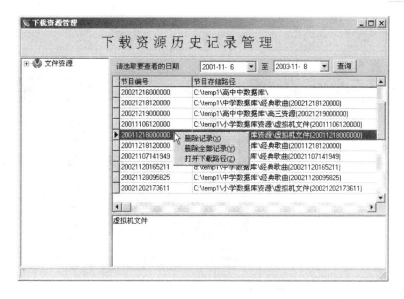

附图 2 - 20　下载资源管理

自动关机：设定此项以后，当文件资源下载完毕后，会自动关闭计算机（所在计算机需要支持自动关机）。

系统设置：设置系统的一些必备选项，如附图 2 - 21所示。

卫星卡 IP 地址：设置用于接收多播数据的卫星卡或网卡。

资源保存路径：设置用于保存下载资源的路径。

网页资源自动合并：下载的卫星资源一部分节目需要发布到 Web 服务器上，用户首先在自动下载的复选框打钩然后选 Web 服务器的路径所在的位置，如果 Web 目录不存在，则系统不会合并资源，网页资源存放在原来下载的目录下。

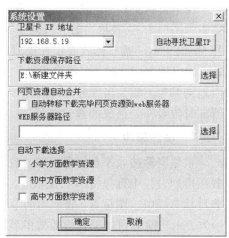

附图 2 - 21　系统设置

自动下载选择：根据自己的需求，当新节目来以后要下载的资源。选择以后收到节目单会自动下载相应的资源。例如选择了小学方面的资源，则新节目单到达以后会自动下载所有关于小学的资源。

退出：退出接收程序。

注册：注册应用程序。

系统注册：为用户注册提供方便，单击打开注册窗口，注册过程参看软件注册（单机版）。

系统帮助：包括联机帮助和关于命令。

6. 接收卫星电视

卫星资源接收平台接收：控制面板打开以后，系统默认选择全部显示，在节目清单中显示出了卫星教学系统的所有教学计划安排。如附图 2 - 22所示。

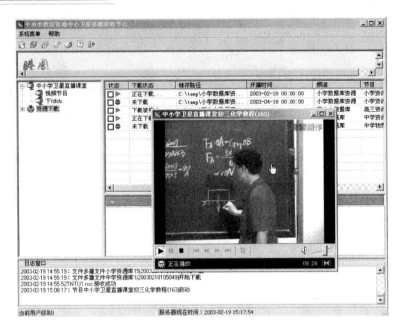

附图 2-22　卫星资源接收平台

在节目状态栏中，图标为 ▶ 表示当前节目正在播放，图标为 ⬤ 表示当前节目已经播放完毕，图标为 ⬤ 表示当前节目处于等待播放的状态。可以通过双击当前正在播放的节目，打开 Media Player 播放器收看正在播放的教学内容，也可以通过在状态图标前的复选框内划钩 ☑▶ 来启动 Media Player 播放器收看正在播放的教学内容。如果在图标为 ⬤ 的节目的复选框内划钩 ☑⬤，那么当服务器时间到了节目计划播放时间后，系统将自动启动 Media Player 播放器准时收看将要播放的教学内容。

7. 资源接收

卫星资源接收平台资源接收。在打开接收程序以后，系统将自动更新节目单。在资源下载频道列表栏中选择资源下载频道。在右侧节目清单中详细显示出各个节目的播放状态，在节目状态栏中，图标为 ▶ 表示当前节目正在播放，图标为 ⬤ 表示当前节目已经播放完毕，图标为 ⬤ 表示当前节目处于等待播放的状态，只有当前正在播放的文件才能下载。资源开始下载后，将在不同的下载情况下显示不同的下载状态，用户从中可以得知相应的信息，并作一些相应的控制。如附图 2-23 图示。

状态	下载状态	储存路径	开播时间	频道	节目	结束时间
☐ ▶		D:\downloaddd\tt\yy\{...	2002-04-01 00:00:00	tt	yy	2002-04-03 01:00:00

附图 2-23 资源下载状态

开始下载文件：双击当前正在播放的文件节目列表，或者选中复选框，或者单击右键弹出下拉菜单，选择开始下载，节目资源开始下载，文件节目列表中的下载状态栏将显示"正在下载……"如附图 2-24 所示：

状态	下载状态	储存路径	开播时间	频道	节目	结束时间
☑ ▶	正在下载	D:\downloaddd\uu\ret...	2002-03-28 00:00:00	uu	ret2	2002-04-04 01:00:00

附图 2-24　资源下载控制状态

查看下载状态：双击当前正在下载的文件节目列表，或者单击右键弹出下拉菜单，选择属性，弹出下载状态框，如附图 2-25 所示。

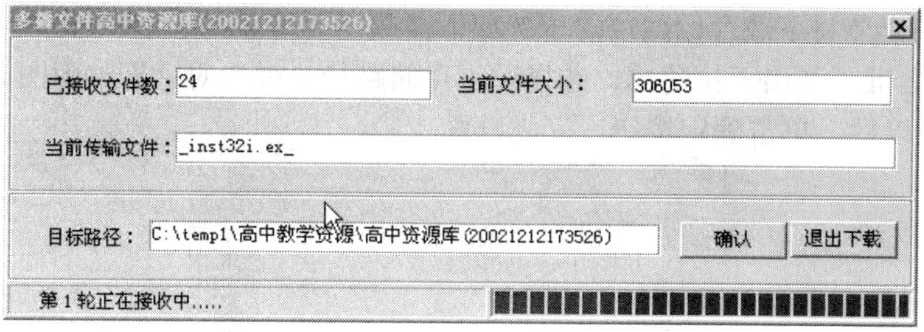

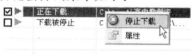

附图 2－25　查看资源下载状态

状态栏显示：第－1－轮接收进行中……当一轮接收完成后在上面文件信息面板中，系统将自动写入相关数据。如果是重复播放文件，在一轮接收完成后，系统将自动进入下一轮接收。直到文件播放节目结束自动关闭下载窗口，如果选择了"下载完毕后，自动关闭窗口"，那么从当前下载轮次开始，再进行三轮下载后自动停止下载并关闭窗口。

在正在下载的栏目上单击右键会弹出菜单如下：

此时可以选择停止下载或者查看下载状态。

在其他成分的下载栏目中单击右键弹出菜单如下：

点击开始下载下载资源；点击设定存储路径来设置要存储的文件存放路径；如果已经下再过资源点击打开下载路径会打开下载资源所在的目录。

下载文件存放路径设置：

（1）设置默认路径。

步骤如下：第一步，选择系统菜单系统设置命令，如附图 2－26 所示。

第二步，选择存放文件夹。单击"选择"按钮，弹出对话框如图 3－27 所示：

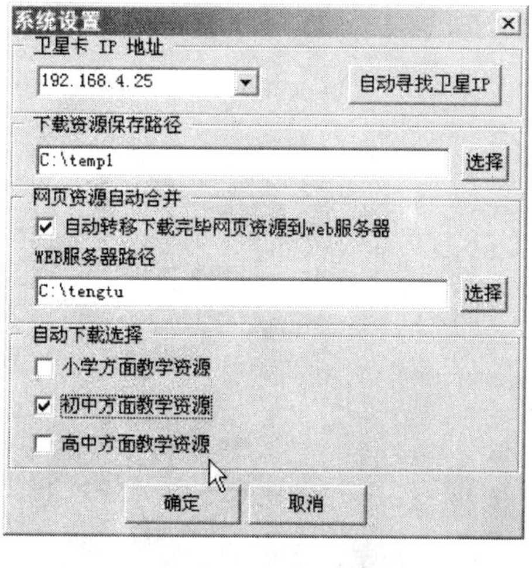

附图 2－26　系统设置　　　　　　　　　　　　附图 2－27　资源下载路径选择

（2）设置单个节目下载存储路径。步骤如下：选择要接收的节目（节目处于没有正在下载状态），单击右键，弹出下拉菜单，选择设定存储路径，弹出对话框如附图2-28所示。选择资源下载路径以后，单击确定按钮，完成设置。

附图2-28 设置单个节目下载存储路径

（注：如果单个节目下载存储路径与原有路径不同，节目的状态将被清空，原有的路径信息将丢失！）

附录3
教学案例标题（课程标准中规定的教学主题）
——副标题

（如果希望在标题中体现教学案例涉及的活动主题、实际任务或作品名称，请统一在副标题中体现。副标题要注意言简意赅）

一、案例背景信息

（1）案例所属模块。

（　　）信息技术基础　　　　（　　）算法与程序设计　　　（　　）多媒体技术应用

（　　）网络技术应用　　　　（　　）数据管理技术　　　　（　　）人工智能初步

（2）年级：高中一年级。

（3）所用教材版本：（请在教材版本前的括号内打"√"）

（　　）教育科学出版社　　　（　　）中国地图出版社　　　（　　）广东教育出版社

（　　）浙江教育出版社　　　（　　）上海科教出版社

（4）学时数。

非上机时间＿＿＿＿分钟，上机操作时间＿＿＿＿分钟，其他活动（如：实地调查、访谈、课下调研等），请指出活动方式：＿＿＿＿，大约用＿＿＿＿分钟

本教学案例参与人员基本信息

	姓名	性别	通讯地址及邮编	联系电话	E-mail
设计者					
指导者					
实施者					
课件制作者					
光盘制作者					

（若有相同，如设计者与实施者是同一人，填"同上"即可）

二、教学设计

（1）教学目标（请参照相应的课程标准、结合具体内容撰写，注意知识与技能、过程与方法、情感态度与价值观三个维度的有机结合，切忌相互割裂；用语要标准）。

（2）内容分析（根据课程标准的规定，结合自己的教学经验和本班学生水平分析教学内容中的重点、难点；简要说明教学内容在整个知识体系中的位置）。

（3）学生分析（简要分析学习者的认知特点、学生已有知识经验及能力水平、对教学内容的了解程度等）。

（4）教学策略设计。

1）教学方法设计（说明案例设计者是如何根据本教学主题及其教学目标确定教学指导思想，设计教学方法的，并对选择教学方法的相关依据做简要说明）

2）关于教—学流程和教—学活动的设计思路（课前对教学活动、学习活动和教—学流

程的规划和设想，大体阐明设计的关键活动及其流程即可，可以采用流程图方式）

3）学生上机操作安排和教师应用信息技术的情况：①学生上机操作的任务和目标；教师应注意哪些方面的巡视指导？②教师计划使用哪些设备、软件、课件或资源？

三、教与学的实际过程描述

（文字描述既可以采用下述的表格式描述，也可以采取叙事的方式。应尽量采用写实的方式描述教学过程的真实情景，尽量将教学中的关键环节以及教学过程中某些值得注意和思考的现象和事件描述清楚）

1．教与学的过程描述

教学阶段及所用时间	教师活动	学生活动	对学生学习过程的观察和考查	信息技术的应用
……	……	……	……	

2．关键环节提炼

例如：如何利用信息技术创设情境，激发学生兴趣？或如何利用信息技术呈现问题，使学生产生认知冲突？或如何利用信息技术直观地呈现抽象的概念，或者演示学生难以理解的现象和过程的？或如何利用信息技术促进学生对基础知识、基本技能的学习、操练和练习的？或如何利用信息技术，尤其是网络提供丰富资源，拓展学生的学习的？或如何让学生借助信息技术手段开展探索、模型总结或进修创作的？或如何利用信息技术为学生的学习提供评价、反馈和矫正的？或如何利用信息技术支持师生间、生生间的交流对话的？……

四、教学反思

注意事项

（1）除了依据教师自身的思考和感受以及同行的意见开展反思之外，要注意搜集并利用学生的反馈、感受和学生的学习结果来支持自己的观点；要注意体现学科特点。

（2）反思不仅要总结本次教学活动的优点和成功之处，也要注意指出本次教学活动激发的值得研究的课程问题、具启发意义的事件或教学实际实施过程中的缺陷。并就这些问题做出自己的思考，重在通过分析、找出问题的症结，提出改进教学的方法。

（3）反思要突出重点，不一定面面俱到，建议采用小标题的方式提点反思的几个方面，不宜太多。要注意在事实的基础上加以总结和提升，不要单纯罗列事实和现象。但理论的总结又要注意语言通俗简明，并利用本次教学活动的具体证据来论证，不要长篇大论地引用他人文章，或脱离具体教学活动做笼统的理论阐述。

（4）反思建议分为几个小标题。小标题原则上不超过5个；小标题的名称要到位，能确实提点本课的关键方面和重点，不能空洞、笼统，甚至不知所云。

（5）模式总结（本部分不是必要要求）。如果本人已经根据自己的教学案例总结出一定的信息技术教学模式，请在本部分将模式描述清楚；如果没有或者难以总结成模式，本部分可以没有。模式的总结或描述至少应包括以下方面：

（1）模式的典型实施流程。为了便于读者或其他教师借鉴、学习或提出改进建议，请根据自己的教学实践，总结出实施这类教学的典型流程，最好用直观的流程图方式阐述，流程图要注意阐明教师、学生、信息技术设备资源等各要素之间的相互作用。

在描述模式的各个环节时，要注意阐明各环节的实施关键、各环节实际操作中容易出现的问题和自己所采取的对策等。

（2）模式的理论依据或理论建构。根据具体案例和自己的反思，总结提炼该模式反映或体现的教学理念或教学理论。可以从教育技术学、教学论、教育心理学、学习理论等不同角度中选择合适的角度加以阐述。理论依据要实事求是、紧扣自己的案例或实践，突出重点，不要面面俱到，避免贴标签。

（3）模式的特点和实施关键。

五、教学资源和参考资料

（1）参考资料。

（2）本课用到的网络资源及其网址［网络资源的名称、网址（或用到的教—学网站的名称），最后检索时间］。

（3）本课设计或用到的课件（如果没有，请删掉本标题；如果设计了教学课件，请列出课件的名称，并简要描述教学课件的设计意图、大体结构等）。

注意事项

参考资料的写法要规范，具体如下：

——杂志或期刊类的规范：作者. 文章名. 杂志或期刊名，时间，期号，页码

例如：顾泠沅、王洁. 以课例为载体引领教师发展. 人民教育，2003 年第 6 期，24 – 25

——著作类的规范：作（译）者. 书名. 出版社所在地：出版社名，出版时间，页码

例如：R. M. 加涅等著、皮连生等译. 学习的条件和教学论. 上海：华东师范大学出版社，1999，22 – 28

——如果应用的图书、文件或课程标准的作者为政府部门，可将作者替换为政府部门。

例如：中华人民共和国教育部. 普通高中技术课程标准（实验）. 北京：人民教育出版社，2003. 4

——网络资料类的规范：作者. 文章或著作名. 网站名称，具体网址，作者最后检索的时间。

例如：许颖. 筷子原理与信息技术课的生存问题. 中小学信息技术教育网"中小学信息技术教育论坛"：

http：//www. nrcce. com/discuz/viewthread. php？tid = 60&sid = jH6Klx5y. 作者最后访问该网页的时间为：2004 年 3 月 7 日 20：00.

六、学生学习过程及典型成果

搜集范围：学生课前、课上或课后搜集的资料；学生活动过程的图片等；学生的典型作业或制作的各种作品。

提供要求：如果是实物，可选择合适数量的材料拍照或扫描并提供图片；如果是电子文稿，可选择合适数量的材料作为附件；如果有学生过程的录像，请提供录像以便附在案例光盘中。

信息化教学设计案例

设计者					
姓名		电子信箱		电话	
区县		学校名称		日期	

案例摘要					
教学题目	第一节 信息与信息技术				
所属学科	信息技术	学时安排	1	年级	七年级
所选教材	信息技术 七年级（上册）				

一、学习目标与任务

1. 学习目标描述（知识与技能、过程与方法、情感态度与价值观）

知识与技能：(1) 让学生利用已有的信息技术知识、技能介绍自己和对信息技术的认识；

(2) 了解信息的概念，信息的作用，信息的特征；

过程与方法：能够从日常生活、学习中发现或归纳、总结需要利用信息解决的问题，并能根据信息的特征对自己所获取信息的真实性、准确性和相关性进行评价。

情感态度价值观：(1) 能体会信息是一项重要的资源，在现代信息社会里，信息对于人类社会发展的作用越来越明显，激发学生搜集信息、利用信息的愿望。

(2) 使学生认识到信息技术对社会发展、科技进步以及个人生活与学习的影响。

(3) 增强辨别和自律能力，能够识别和抵制不良信息，负责任地参与信息活动。

2.学习内容与学习任务说明(学习内容的选择、学习形式的确定、学习结果的描述、学习重点及难点的分析)

学习内容：

学生在老师的引导下通过讨论，从信息的含义、信息的表现形式以及信息的载体理解身边的信息。然后教师通过实例帮助学生理解信息的作用和信息的特征。引导学生举出身边的能体现信息某些方面特征的实例，在分析学生举出的实例的过程中帮助学生进一步理解信息的特征。

学习要求：

明确本课的学习目标，能够合理使用信息技术、看待信息世界。

学习重点：

理解信息的含义和信息的特征

3. 问题设计（能激发学生在教学活动中思考所学内容的问题）

(1) 我们身边的信息

(2) 信息技术给你的生活带来什么影响?

二、学习者特征分析（说明学生的学习特点、学习习惯、学习交往特点等）

学习特点：学习对象为七年级学生，对信息技术有着浓厚的学习兴趣，但基本的计算机操作熟练程度不一，对学习资源利用和知识信息的获取、加工、处理与综合能力较低。对信息的认识不够。

学习习惯：七年级学生知识面较狭隘，习惯于教师传道授业解惑这种被动接受式的传统教学，缺乏独立发现和自主学习能力。

学习交往：七年级学生在新的学习环境中，学习交往表现为个别化学习，课堂上群体性的小组交流与协同讨论学习机会很少。

三、学习环境选择与学习资源设计

1. 学习环境选择（打√）		
（1）WEB 教室√	（2）局域网√	（3）城域网
（4）校园网	（5）因特网	（6）其他

2. 学习资源类型（打√）		
（1）课件√	（2）工具	（3）专题学习网站
（4）多媒体资源库√	（5）案例库√	（6）题库
（7）网络课程√	（8）其他	

3. 学习资源内容简要说明（说明名称、网址、主要内容）

谈谈信息技术课教学（http：//www. jledu. com. cn/xxjsjyzx/xxjsjy/jxsj/007. htm）

中小学信息技术教育网（http：//www. nrcce. com：8088/site）

四、学习情境创设

1. 学习情境类型（打√）

（1）真实情境	（2）问题性情境√
（3）虚拟情境	（4）其他

2. 学习情境设计

问题性情景：举几个有关网吧的反面例子，请大家讨论。

五、学习活动组织

1. 自主学习设计（打√，并填写相关内容）

类型	相应内容	使用资源	学生活动	教师活动
（1）抛锚式	举例引入	Word、	填写信息表格	指导学生讨论
（2）支架式				
（3）随机进入式				
（4）其他				

2. 协作学习设计（打√，并填写相关内容）

类型	相应内容	使用资源	学生活动	教师活动
（1）竞争				
（2）伙伴				
（3）协同				
（4）辩论√	1. 正确认识信息的载体 2. 在信息世界里如何看待一些不良的问题			
（5）角色扮演				
（6）其他				

3. 教学结构流程的设计

认识信息
信息的载体、含义
学生填写"我们身边的信息"表格
学生讨论、分析
认识信息技术
全国青少年网络文明公约
搜集相关资料，进行整理，制作一个简单的文档。

教学环节	教师活动	学生活动
导入（创设情境，引发学生对信息的兴趣。）	过教材上的小故事，提出信息的重要性。 大屏幕展示并朗诵："塞外音书无信息，道旁车马起尘埃"——《寄远》唐代诗人杜牧 "梦断美人沉信息，目穿长路倚楼台"——《暮春怀故人》唐代诗人李中 "不乞隋珠与和璧，只乞乡关新信息"——宋代李清照 在古代就有信息的概念，古人文章中信息的含义是音信、消息通从而引出信息的概念。 今天，人类社会已经进入信息时代，"信息"这个词汇可以说是世界上使用频率最高的词汇之一。那么究竟什么是信息，信息有什么作用，信息有什么特征呢？	激发学生思考到底什么是信息呢？信息有什么作用呢？信息有什么特征？
理解信息的概念	要求学生从学习、生活实际出发，从信息的含义、信息的表现形式、信息的载体三个方面理解自己一天活动所接触到的信息	填写"我们身边的信息"表格
信息的作用	分析学生的所提交的"我们身边的信息"表格，通过"信息的含义"来理解信息的作用。	讨论周围同学填写的信息内容
总结	我们了解了信息的概念、信息的作用以及信息的特征。我们可以看到，信息无时不在、无处不在，信息对我们的学习、生活和今后的工作有着深刻的影响，但是，对于信息，如何通过多种渠道获取有用的信息、如何加工成为有效的信息、如何将获得的信息进行科学的管理、如何充分准确的表达自己的信息，在信息时代如何利用合理的工具合理、合法地开展交流，这些信息素养正是我们信息技术课程要学习和提高的。——提出信息技术课程学习的目标	

六、学习评价设计

1. 测试形式与工具（打√）

（1）课堂提问	（2）书面练习	（3）达标测试
（4）学生自主网上测试	（5）合作完成作品√	（6）其他

2. 测试内容

搜集、引用资料等，制作 word 作品。
以作者的姓名为文件名保存

附录4 信息技术与课程整合案例

案例1 高中生物《神经调节》

一、课程目标

1. 知识目标

（1）神经调节的基本方式及结构基础。

（2）兴奋的传导。

（3）高级神经中枢对人和高等动物生理活动的调节。

（4）神经调节和体液调节的区别与联系。

2. 智能目标

（1）通过对非条件反射、条件反射原理的学习，培养学生的分析问题、解决问题的能力。

（2）随着对"兴奋传导"这一生命活动本质规律的深入探讨，培养学生观察、分析、推理、归纳、综合等思维能力。

（3）通过学生对"兴奋传导"等脑科学有关知识的课外拓展，培养学生收集信息、处理信息的能力。

（4）通过课外的"网上头脑风暴"，培养学生的批判性思维和创造性思维的能力。

3. 情感态度教育目标

（1）随着探索"兴奋传导"等思维活动的深入展开，培养学生探索生命本质的科学精神，同时领会研究神经生理的科学方法。

（2）通过学习大脑皮层各功能区对特定生命活动的调节及神经调节与体液调节的联系，使学生树立生物是统一整体的观点。

（3）通过对"邱少云的英雄事迹"的分析，培养学生的爱国主义精神。

（4）通过课外的"网上头脑风暴"，培养学生科学的世界观和人生观。

二、课程设计的总体思路

这节课以"二期教改"的新《生物课程标准》所倡导的教学理念面向全体学生、提高生物科学素养、倡导探究性学习为设计指导思想。把培养会学习、具有高度科学文化素养和人文素养的人作为最终的教学目标。尝试进行信息化环境下的教学设计（信息化教学设计），即用系统方法，以学生为中心，充分利用现代信息技术和信息资源，科学地安排教学过程的各个环节和要素，以实现教学过程的优化。

1. 重视科学、技术、社会的联系

（1）"在我们的生活、学习、娱乐或校园中有哪些条件反射的现象呢？你能举出一两个吗？"

（2）"条件反射是脑的一项高级调节功能，它提高了人和动物适应环境的能力，从建立条件反射的角度分析，大家怎样才能养成良好的生活，学习习惯，来更好的适应我们的学习生活？"

（3）"在生产、生活的哪些领域，科学家们运用条件反射的原理改善生活，提高生活质量的？"

（4）"对儿童尿床的行为疗法——生物反馈治疗"。

（5）"成语、谚语连线题的解答"。

2. 科学与人文的结合

在二期教改中，生物学课程改革强调科学与人文的结合。这节课通过对"邱少云的英雄事迹"的分析，培养学生的爱国主义精神。通过课外的"网上头脑风暴"，培养学生科学的世界观和人生观。通过"成语、谚语连线题的解答"对学生进行人文主义教育。

3. 生物学教学与信息技术的整合

（1）利用网上资源。

（2）精选图片、动画帮助学生对知识的理解，提高学生的学习兴趣。

（3）勾勒知识结构图，对概念、原理进行系统化。

（4）精心设计"基本问题"（Essential Question），开展一次基于博客的"网上头脑风暴"。"基本问题"的设计是信息化教学设计的关键，它能够引导学生致力于揭示各学科核心位置的基本概念的问题，并且是指向学科核心思想和深层次理解的，能够揭示学科内涵的丰富性和复杂性的问题。对基本问题的探究和解答能促使学生进行有意义的学习，帮助学生从哲理高度来认识所学的学科知识，使学习与人类历史、社会、自然相联系，使当前的学习联系其他学科和更广泛的主题。

我的基本问题：①由华生的名言联想开去，婴儿是不是一块"白板"？②人类对同一"刺激"所作出的"反应"为什么如此多样？（作为课后作业，让同学们开展一次基于博客的"网上头脑风暴"，形成对课本知识的拓展。）

（5）课程的电子化。把这节课作成"电子版"课程，包括教案、课件背景资料等，上传到我的个人网站，为学生的课外复习提供便利。

三、教后感

教学过程中，紧扣自己的教学设计思想，基本达到预想的教学目标，但还是有些"遗憾"，有些地方需要反思和改进。

（1）学生的参与度较低，课堂气氛不活跃，有待改进。这和学生们比较拘束，放不开手脚不无关系

（2）问题的思路比较窄，没有充分的联想，这和提问的方式和引导的力度不够有一定关系，如学生解答"条件反射涉及诸多与生活、学习、工作相关的内容。在我们的生活、学习、娱乐或校园中有哪些条件反射的现象，你能举出一两个吗？"这一问题时学生的回答并不踊跃，如果引导一下，就可以激活学生的思路。

（3）上课时学生"出乎意料"的提问，如有学生问：导盲犬是怎样训练出来的？导盲犬是怎样区别红绿灯的？有同学就说了：那一定是让狗看到红灯停步，予以奖励，进行强化。但有同学反驳了：狗是色盲，不能区分红绿色。由于课前没有"备"过，所以没有科学的答案，发挥集体的力量，让其他同学解答此题也未果。面对这样的问题需要老师的"智慧"和学生的默契。

（4）课外（额外）作业：基于博客的"网上头脑风暴"——怎样形成良好学习习惯，课后学生参与的热情不高，只有个别学生参与。现在学生家里都有电脑，但是他们可能很少把电脑用来学习。

（案例 1 来自：魏国芳. 高中生物《神经调节》. 生物学杂志，2006，23（2））

案例 2

美国密歇根州的一些教师根据密歇根州的教学大纲文件设计了若干方案，包括小学和中学的几门课程的整合设计，涉及美术、综合艺术、语言艺术、数学、理科、社会学科、特殊教育以及技术等，并且已经在课堂上对学生进行了试验。

一、"沿着那颗星"学习案例

1. 课程描述

这个专题学习要讨论的是美国内战前期专门帮助奴隶逃跑的秘密组织——地下铁路的问题，它对于理解黑人圣歌的历史意义，以及对 Paul Collins 的一幅油画 "Harret Tubman's Underground Railroad" 的历史意义。所涉及的学科包括交流艺术、人文学科（音乐和艺术）、语言艺术、社会学科、技术等。适用的年级：4～8（相当于小学 4 年级到初中 2 年级）。

过去教师讲授"地下铁路的故事"时主要集中于奴隶对社会的影响，包括 Harret Tubman 在内的一些废奴者的贡献，而"沿着那颗星"这一课则呈现一个机会来突出内战之前音乐和艺术的意义。与技术的整合使得音乐变得生动，用多媒体的方式来呈现信息则为学生提供了探索的机会。

时间安排：将用大约 2～4 周的时间，其中包括每个班级每周两次到媒体中心。教师在前面需要的准备包括：①准备唱片或光盘并收集带有相关音乐的光盘，了解各个有关的因特网站点；②教学中的角色：电脑教师、艺术教师和课堂教师相互配合协调来呈现这一单元，每位教师承担不同的职责。电脑教师收集所需的资源，教授调查研究的技能，帮助学生鉴别和查找资源材料，并提供指导；课堂教师引入单元，描述计划和相关的活动，评价学生的作品；艺术教师在艺术课内为计划和教学的进行安排一定的时间，并为手工艺术和评价计划提供材料；电脑教师和课堂教师帮助个别学生的调查和计划，并评价完成的作品。学生首先要具备的技能：在方案实施前要在电脑室里教学生使用电子百科全书，并要让他们了解基本的因特网搜索和查询技能。

2. 教学活动/过程：方案的具体实施主要围绕三个内容展开：圣歌、艺术作品和音乐

（1）圣歌部分。圣歌是内战之前在南方奴隶中间发展起来的，但是直到 19 世纪 60 年代才被收集编写，作为民间艺术的形式，大多是口头流传的，不知道歌曲的作者。许多圣歌有两重含义，既表达了奴隶们希望得到精神拯救，也表达了希望得到最终的自由。主要由社会学科教师、语言艺术教师主持其教学活动。

教学过程：①歌词与背景的学习：学生阅读 "Follow the Drinking Gourd" 的歌词，讨论大熊星座的不同形状和大小，并且指出这首歌告诉逃亡的奴隶沿着夜空中大熊星座所指的北极星的方向逃跑，那是通往自由的方向，可以在因特网上查找这首歌的背景及其重要作用。（http：//www2. 1hric，org/pocantico/tubman/gourd1. html）②阅读 "Steal Away" 这首歌词并且听听它，然后让学生讨论"你会怎样'Steal Away'？"，"歌词中的'home'是什么含

义?","这首歌有两重含义吗?"等问题。③4~5名学生组成小组,每个小组选择其中的一首圣歌并进行表演,或者自己创作一首圣歌。

(2) 艺术作品部分。由艺术教师主持教学活动,学生在 Paul Collins 的站点上观看 "Harret Tubman's Underground Rail - road" 这幅油画,查看 Paul Collins 的传记信息。教师可以向学生提出问题:例如 "画面上有一个婴儿,你认为 Harret Tubman 是怎样使婴儿安静的?" "画中所描绘的是什么季节?" "你能否描述一下在画中看到的紧张气氛?"。可以让学生通过因特网查看非洲艺术作品,观察 Paul Collins 最初创作的油画,选择一个作品,根据它来编写故事。

另外还可以补充一些活动,比如,让学生们设想如果生活在农奴时代,他们会帮助奴隶做什么,用口头或图画的形式进行解释;要求学生写一篇文章,关于如果他们被当作奴隶会怎样逃跑;根据 "Wade In The Water" 这首歌确定一条奴隶逃跑的路线;让学生收集信息来展现一个 3~5 分钟的短剧,描述一个奴隶逃跑的行程,要确定短剧是在哪里发生,并在地图上标出位置,最后向全班解释他们作为奴隶的感觉如何、最艰难的是什么等。

(3) 音乐部分。音乐教师主持教学活动,指出不同形式的流行音乐反应了人们从世界不同地方所继承的产物和所受的影响。列举出音乐世代流传的方式并举例。让学生们写一篇关于布鲁斯、爵士乐或乡村音乐的报告,包括这种音乐的历史,主要的音乐家以及对音乐形式的讨论。同时,在听过 "Follow the Drinking Gourd" 这首歌后,学生会设想一下怎样创作一本唱片集。他们会组成合作小组,为小组选一个名字,确定唱片集的名字,通过研究来确定做什么样唱片集,并设计一个封面。可以查询的站点有:http://asu.alasu.edu/academic/advstudies/4f.htm;http://lcweb2.loc.gov/ammem/wpa/10131337.html。

3. 分析

这样的一个大型研究性专题学习任务,要求不同的学科教师从各自教学角度出发主持各自的教学活动,而又统一在总的目标基础上;各个方面的教学活动比较深入地应用了信息技术,有利于学习者信息素养的培育,也有利于学习者多方面知识与技能的提高;完成的作业是多方面的,有论文与讨论,也有多媒体光盘,都采取了合作学习的方法。

二、"那辆车花多少钱?"学习案例

1. 课程描述

这个专题学习计划方案要使达到驾车年龄的学生清楚买一辆旧车要花多少钱,怎样从银行获得贷款来支付它。学过代数或高等代数的学生可以利用周期复利或连续复利得出买车要花的金额。它属于数学学科教学,所适用的年级:8~12 年级(相当于初中 2 年级到高中)。时间安排为大约 150 分钟,或者分为两段各 90 分钟,或者分为三段各 50 分钟。具体安排为:教给学生利率的知识,其中可允许学生讨论(30~35 分钟);在报纸上查找要购买的车,并把相关的信息剪下或者扫描成文字处理文件(10~15 分钟);在因特网上查找利率信息(15~20 分钟);创作电子数据表(25 分钟);创作图表(35 分钟);分析信息并决定选择哪笔贷款(10 分钟);详细描写并打印出所进行的计划(20 分钟)。

教师的准备:创作电子数据表和图表;搜寻并标记有关利率信息的网址;如果使用扫描仪,教师应该熟悉扫描仪的使用以及把图片转变成文字处理文件。学生首先要具备的技能:学生应该熟悉安排电子数据表的格式、计算的公式以及设计和安排基本的图表的格式。如果学生不熟悉这些,要在课堂上用大约 30 分钟的时间教给他们。

2．教学活动/过程

（1）教师要安排一个短课教给学生利息公式的知识，这应该与代数或高等代数课直接配合。学习代数课的学生会用周期复利公式：$A = P (1 + r/n) nt$，而学习高等代数的学生会使用计算连续利息的公式：$A = Pert$。

（2）关于利率的因素比如年数、利率等进行讨论对于教师和学生都是很重要的。每 3 到 4 名学生组成小组集体讨论关于收集信息、组织和计算数据、显示信息、最终做出决定方面的问题。然后教师把每个小组所讨论的一个问题拿出来让大家分享，当所有的问题都拿出来以后，学生就要独立继续后面的活动，但是可以向其他学生或教师寻求帮助。

（3）学生通过当地的报纸查找他们自己要购买的旧车，教师需要确定学生能够支付的最大和最小金额的限度。当学生找到要买的车后，可以把描述那辆车的文章剪下来或者扫描下来，然后到因特网上查找当前的利率，可以使用的站点是：www. rate. net 和 www. banx. com。学生要查找 5 个银行的当前利率，这 5 个银行分别在密歇根、加利福尼亚、佛罗里达、纽约以及一个因特网公司。

（4）学生用电子数据表输入信息，利用不同的州三年和四年贷款的利率计算买车的花费。

（5）制作柱状图、线性图以及两者结合的图表进行比较，比如：比较不同州的利率，比较各州的三年和四年贷款所支付的总数、利息等。学生可以创造性地制作图表，选择能增强图表外观的颜色配置，安排图表的格式，使其看起来更专业化。

（6）学生必须分析数据表和图表中的数据来决定选择哪个州的贷款、要贷几年，还必须要用文字处理软件打印出至少半页的文章，说明影响他们决定的因素。然后学生们要交给教师一份带有公式、图表、报纸剪辑和文章的电子数据表。

3．分析

这个学习专题比较小，但却是学习者非常感兴趣的问题，有直接的实践意义。教学活动中给学习者以充分的时间与帮助，使他们能够利用信息技术收集信息、处理信息，并且开发自己的信息，经历了信息技术应用的全过程。

（案例 2 来自：孙莹、王吉庆. 美国信息技术与课程整合的案例及分析. 全球教育展望，2002，3）

案例 3　以多媒体项目为中心的学习计划设计范例

这是美国教师和学生以项目为中心（Project Based Learning）的学习案例"挑战 2000"多媒体项目是一种以项目为中心的学习，是一种运用多媒体的最佳的实践活动，即以多媒体项目为中心的学习。它是一种教与学的手段，使学生在设计、计划和制作一个多媒体产品（如网页或网站、计算机展示、计算机动画、电视节目、大宣传标牌等）的过程中获得新的知识和技能。

范例：公民学项目计划

年级：12 年级

学科：公民学（政治学）

一、决定项目

我打算让修《公民学》这门课的 12 年级（毕业班）学生完成一个长期项目，让他们对政治体制的某些方面进行更深入的探讨，我要求学生调查他们真正感兴趣的一些事情，鼓励他们在选择主题和如何表达它时有所创新。

针对这个项目选择了四个主要方面：与现实社会的联系、学生自主学习、较长的时间框架和多媒体。

二、草拟时间框架

这个课题计划持续整个学期。每周大约有一天研究小组活动，还有许多学生放学后或周末也继续项目工作。项目变化很大，一些我们非常想做的事情必须做好准备。由于这些项目各自的日程和安排不同，不可能每一步都计划好，所以我只是决定项目开始和结束的时间。相反，我要求学生自己去计划。他们起初得花好长一段时间来制订各自的计划和时间框架。

三、计划活动

小组要花数星期来选择主题，集思广益，然后向全班展示自己的项目行动计划。

四、计划评价

对于评价，我赞同项目日记和工作笔记—两项活动的想法。

五、学生开始项目研究

小组在班里宣传展示了自己的行动计划并得到建议后，一般他们就要开始进行自己项目的研究了。小组要有一份总体计划和时间框架，并在本子上写下每星期要达到的目标、计划和进展情况……

六、完成项目并反思

用一系列的展示对项目进行总结。每组先介绍他们的项目和制作过程，然后展示录像、Powerpoint 文档或者他们自己创作的网页。接着，解答教师和其他同学的提问。每一组都是由班上的一部分同学来评价（每个学生只评价几个项目组，并不是评价全部的项目组）。评价包括已完成的作品和小组整个研究过程的表现。每个学生都将得到一份同学们的评价和教师的评价，并要写一份对过程的反思涉及自己发挥的作用和最终结果的评价。这些反思是工作笔记和日记的最后一个部分。

总的来说，我认为这个项目实现了"让学生调查他们真正感兴趣的一些事情"这一目标。我相信学生自己寻找和发现的信息一定比从书本上或者我的讲解中直接获得的信息记得更牢、更持久。

从这个教师的活动设计可以看出，以多媒体项目为中心的学习是一个系统的学习过程，学生以设计制作网页或网站、计算机动画等为中心，以课程相关的内容为选题进行自主、合作、探究活动。教师对学生确定项目有明确的要求：必须与政治体制有关，必须结合课堂上学过的概念，必须与现实社会相联系，必须包含多媒体展示。

"挑战 2000"多媒体项目是用多媒体的力量使学生参与挑战性的学习活动。学生利用现实生活中和网络上的信息与研究方法来完成任务并利用信息技术等制作精彩的多媒体课件来展示学习的成果。学生学习了工作过程，掌握了技术方法和技能，也培养了团队合作、人际交往、计划和解决问题的能力。在这个学习活动中，信息技术的作用主要表现在：提供丰富的网络资源、先进的学习工具、开放的学习环境。

（摘于霍益萍主编的《国外及港台地区研究性学习资料选编》。）

案例5　海底世界

学校：广州市东风东路小学

班级：三年级（2）班　学生：52 人

教师：李永莉，教龄 10 年，语文教师，致力于网络环境下各种新型教学模式改革的探究。

一、教法

自主探究、发现问题——网络搜索、协作商讨——汇报表演、解决问题——网络查阅、知识扩展

二、教材

人民教育出版社九年义务教育教材第六册第 9 课

三、说明

《海底世界》是一篇常识性的文章，它以生动有趣的笔法，介绍海底的丰富物产和奇异的景色。为了进一步激发广大学生热爱自然、探索自然的兴趣。虽然，三年级的学生对海底世界的有关知识知道得不是很多，但求知欲强的学生对这课却是充满了浓厚的兴趣。为了满足学生的学习需求，在学习过程中充分利用网络环境创设情景，把认知活动和情感活动结合起来，激发他们的感情；与此同时，通过上网查阅让学生扩展课本外的一些海底生物知识并让他们自己交流，既培养了自主学习能力，又发展了思维能力。

四、学习目标

1. 知识目标

（1）学会本课 16 个生字、新词，能读准多音字"参"，会用"普通、物产丰富"造句。

（2）通过第三、四自然段的教学进行句与句联系的训练。

（3）了解海底是景色奇异、物产丰富的地方，激发热爱自然、探索自然奥秘的兴趣。

（4）有感情朗读课文，背诵第三自然段。

2. 情感目标

利用课文内容、网络资源，了解海底是景色奇异、物产丰富的地方，从而激发热爱自然、探索自然奥秘的兴趣。

3. 行为目标

（1）用校园网、互联网自主查寻收集资料拓宽学生视野，让学生了解海底景色奇异 、物产丰富的特点。逐步培养学生运用现代信息技术帮助学习的意识。

（2）培养学生的团结协作精神，自主学习的能力。训练学生的创新能力，语言表达能力。

教学重点：了解海底景色奇异、物产丰富的特点。

难点：理解第三、四自然段中句与句之间的联系。

五、教学内容简析

人教版小学语文第六册教科书第 9 课《海底世界》是一篇常识性的文章。它以生动有趣

的笔法，从光和声两方面描述海底的景象，从动物、植物、矿物三方面介绍海底的物产，从而让人们认识到海底真是个景色奇异、物产丰富的世界，进一步激发广大学生热爱自然、探索自然的兴趣。

六、教学对象简析

三年级的学生对海底世界的有关知识知道得不是很多，但求知欲强的学生对这课《海底世界》却是充满了浓厚的兴趣。为了满足学生的学习需求，在学习过程中充分利用现代教育信息技术创设情景，把认知活动和情感活动结合起来，激发他们的感情；与此同时，通过国际互联网让学生扩展延伸到课本外的一些海底生物知识，让他们自己交流、表演并下载资料制作电子作品，扩展、丰富了学生们的课外知识。既培养了语言能力，又发展了思维能力。

1．教学目标分析

本课的教学目标按知识目标、能力目标和情感目标进行分析，详细情况如下。

（1）知识目标：① 通过第三、四自然段的教学进行句与句联系的训练；② 了解海底是景色奇异、物产丰富的地方，会用"普通、物产丰富"造句；③ 有感情朗读课文，背诵第三自然段。

（2）能力目标。通过上校园网，互联网查寻、收集资料拓宽学生视野，并通过使用相关教学软件，让学生了解海底是个景色奇异、物产丰富的地方。从而培养他们通过 Internet 获取知识、解决问题，扩展视野的能力。

（3）情感目标。了解海底是个景色奇异、物产丰富的地方，激发热爱自然、探索自然奥秘的兴趣。

2．教学思路和教学软件设计

课前，教师将相关的海底资源链接到《海底世界》的主题网页中，并设置为局域网中的虚拟网站。在教学过程中，先利用计算机网络的优势查找出课文中所描写四种海底动物的有关资料；再进行"角色扮演"，以海参、梭子鱼、乌贼章鱼、贝类四种海底动物的身份进行汇报学习；最后，学生自主上网查阅、下载一些自己感兴趣的海底资料，从而获得更多课外的知识，使课内的知识向课外扩展，提高了认知能力。这次教学的流程为：自主探究、发现问题——网络搜索、协作商讨——汇报表演、解决问题——网络查阅、知识扩展。

3．教学过程设计

步骤	教 师 行 为	学 生 行 为
自主探究发现问题	（1）理解第四自然段中句与句之间的联系。 学生进入《海底世界》教学软件中找出该段的中心句，看看围绕这句分别写了哪几种动物，它们是怎样活动的。（明确"先总后分"的写作方法） （2）当学生自学第三自然段后，质疑。	学生先进入《海底世界》专题网页学习第四自然段的内容。初步知道课文是怎样有代表性地描写海底的四种动物。 学生自主学习后提出有关疑难问题： （1）贝类有眼睛吗？ （2）为什么章鱼能喷出"墨水"？ （3）梭子鱼有哪些种类？ （4）乌贼、章鱼遇到强大的敌人时用什么办法逃生？ （5）海参遇到强敌时如何脱身？ （6）乌贼为什么游得这么快？ （7）海参又名什么？熟食海参能治什么病？ （8）什么鱼长得很像梭子鱼？

步骤	教 师 行 为	学 生 行 为
网络搜索协作商讨	（1）让学生通过自主上网（海洋资源——是一个虚拟的网站，各网页都是从网上下载的）查找与这几种动物有关的资料，并以小组为单位协作学习，加深对这些动物的认识。 （2）学生汇报表演时，教师加以点拨，穿插解决知识重、难点。	学生带着对四种动物的各种疑问浏览相关站点。 （1）当海参遇到敌害进攻无法脱身时，可以用分身法逃命，内脏迅速从肛门抛出。天敌看到颜色鲜艳的美味，就会舍本逐末地扑向海参的内脏。弃内脏的海参还可以活着。 （2）梭子鱼可分两种。一种是台湾梭子鱼，体侧有两条褐色带，尾鳍为黄色，身长40～50厘米。居住于珊瑚礁水域及内湾浅水内，喜欢群居，时速60～70公里。一种是大和梭子鱼，具有沿岸性，经常群居与于水的中、表层。 （3）乌贼被称为海中"化妆师"，因为它实在太爱"打扮"了。乌贼十分善于利用体色表达感情。它体色发生突变，多半是因为感到恐惧或激动。到繁殖季节，雌乌贼用五彩缤纷的颜色表达对异性的爱慕。它们常常在自己的躯干上涂上一道道斑纹，犹如穿上了漂亮的睡衣。 （4）多种多样的贝壳螺壳，形状奇特、色彩斑斓。其中虎斑贝、白玉贝、夜光贝、五爪螺、猪母螺、珍珠贝、贞洁螺、唐冠螺、七角贝、猪耳壳以及可作烟灰缸的马蹄螺、渔民作用号角的大角螺等，都是惹人喜爱的天然工艺品，用光滑油亮的海贝壳雕琢、镶嵌制成的各种画屏、器具、摆设等，具有色泽明丽自然，格调名贵雅致的特色。 学生浏览的相关网页： （1）太平洋海底世界（http：//www. buww. com. cn/） （2）多彩的热带鱼世界（http：//fish18. topcool. net/） （3）广州海洋馆（http：//www. gzoceanworld. com/p－html/home. htm） （4）中国金鱼（http：//www. chinagoldfish. net/）
汇报表演解决问题	采用老师扮演"海洋日报"的记者和学生分组扮演的几种动物进行对话的方式。在对话过程中，通过创设情景，精心设计问题，让学生通过说、演、做动作、换词等方法，有机地解决课文中的难点。讲到梭子鱼这一环节时，我适当地穿插了一段有关梭子鱼的视频，让学生加深对这种动物的认识。这种学习方式寓教于乐，既启发了学生说的欲望，培养了说的能力，也训练了学生的口语交际能力。	在小组合作表演汇报的过程中，学生把在网上搜索到的有关知识结合课本上的内容把这些海底动物的特点、生活习性生动地表现出来，同时还解决了同学们提出的疑难问题。 海参：当海参遇到敌害进攻无法脱身时，可以用分身法逃命，内脏迅速从肛门抛出。天敌看到颜色鲜艳的美味，就会舍本逐末地扑向海参的内脏。弃内脏的海参还可以活着。 梭子鱼：梭子鱼有一个长长的流线型身体。两只宽大的背鳍和叉型的尾巴可给梭子鱼提供足够的前进动力。喜欢集群，经常能看到很大的鱼群。身长40～50厘米。 乌贼、章鱼：在海洋生物中，乌贼的游泳速度最快。它是靠肚皮上的漏斗管喷水的反作用力飞速前进，能跳出水面高达7米到10米。乌贼肚子里藏有墨汁，这在动物界是罕见的。墨囊内有墨腺，能分泌浓厚的墨汁，而且喷出后能迅速补充。当乌贼和强敌突然相遇时，它就利用这种特殊的防御武器使自己转危为安。 贝类：珍珠贝的外形呈卵圆形或圆盘形，有轮脊，靠近边缘的轮脊上有鳞片。铰合部较长，两端都有小齿，两壳的中央面一般呈现浅褐色或者灰色，有浓密的红褐色放射纹；内面有珠母光泽。 当小组表演汇报后，还以小组协作形式即席解答同学的质疑。
网络查阅知识扩展	课文知识学完后，学生自主上网搜索自己最感兴趣的海底生物。 （1）学生上网查找资料、教师实时监控。 （2）学生交流上网查阅的资料。（指名汇报，全体发送） （3）学生从网上下载资料制作一张以海底世界为主题的电子报刊。	学生浏览的相关网页： （1）太平洋海底世界（http：//www. buww. com. cn/） （2）多彩的热带鱼世界（http：//fish18. topcool. net/） （3）广州海洋馆（http：//www. gzoceanworld. com/p－html/home. htm） （4）中国金鱼（http：//www. chinagoldfish. net/）

4. 媒体的选择应用

知识点	学习水平	媒体类型	媒体内容要点	使用时间	媒体在教学中的作用	媒体使用方式
知识	理解	多媒体	动物发出的声音	3分	创设情景,激发兴趣	听、看
知识	理解	网络	了解海参、梭子鱼、乌贼和章鱼、贝类以及海底植物、矿物的活动情况和生活习性	15分	提供资源	查看、模仿
能力	理解、分析、应用	网络	了解海参、梭子鱼、乌贼和章鱼、贝类的特点	10分	创设情景，提供观察资源	查看、讨论
情感	理解、分析、综合	网络多媒体	知道更多的海底生物特点	15分	提供资源,知识扩展	查阅、交流、下载

（案例5来自 http：//www. jswl. cn/course/kczh/IT/IIS/index3. htm)

案例6　真想变成大大的荷叶

一、教学目标：

（1）知识目标：能正确、流利、有感情地朗读课文，背诵课文。

（2）能力目标：①由读而感，有感而发，模仿诗歌的形式，说说写写画画；②培养学生团结协作精神，自主学习的能力。

（3）情感目标：通过课文的朗读感悟，激发学生对美好大自然的向往，体会、亲近大自然。培养、增强学生的环保意识。

二、教学对象——学生特征分析

（1）学生是金坛市白塔中心小学二（3）班的学生。

（2）思维较为活跃，肯动脑筋，知识面较宽，有一定的自学能力。

（3）儿童是最富有活力的。他们对周围世界的万事万物充满了好奇，勃动着探索的欲望，尤其有着大胆的及至梦幻的想象力。而文中"想变点儿什么"的一问，启开了想象的闸门，为孩子们提供了一个广阔的想象空间。低年级学生的思维形态以形象思维为主，在教学中应用多种教学媒体的展示，让学生直观形象地感受美、亲近美。而且孩子与生俱来就有探索、实践的欲望，他们对现实世界已具有一定的生活经验，乐于表达自己眼中的世界，抒发自己的内心情怀，让他们在读中感受美、想象美，再去创造美，步步渐进，使他们身临其境，趣味盎然。

三、教学内容

1. 教材分析，内容重、难点分析

根据"语标"二年级阅读的目标要求，我将本课时的教学重点、难点定为：通过对课文的朗读感悟，激发学生对大自然的热爱，让学生充分发挥想象，有感而发，真情表露。

这是一首儿童诗，展现了孩子们在夏天的美好遐想，洋溢着浓浓的童真童趣。这首诗由第一节开始，一步一步铺陈孩子的遐想，于遐想中又透出对大自然的向往和心灵的美好，读起来合情合理，易于引发学生的共鸣。教师从整体出发，适时点拨，启发激活学生的内心世界，在教学中教师不能以自己的感受代替学生的感受，可以采用多种方法诱导学生把自己对

诗句的感受读出来，发自内心、溢于言表。

2．教学内容和学习水平的分析与确定

（1）知识点的划分与学习水平的确定						
	知识点	学习目标水平				
		识记	理解	应用	分析综合	接受	反应
认知	能正确、流利、有感情地朗读课文，背诵课文	√	√		√		
能力	①由读而感，有感而发，模仿诗歌的形式，说说写写画画；②培养学生团结协作精神，自主学习的能力。训练学生的创新能力，语言表达能力				√	√	
情感	通过课文的朗读感悟，激发学生对美好大自然的向往，体会、亲近大自然。培养、增强学生的环保意识					√	√

（2）学习水平的具体描述			
知识点	学习水平	描述词语	行为动词
知识	阅读	儿童诗优美，读来朗朗上口	感情朗读
能力	理解	利用课件增强学生感悟、理解的能力，语言表达能力的培养	观看、讨论
情感	接受、反应	通过课文的朗读感悟，激发学生对美好大自然的向往，体会、亲近大自然。培养、增强学生的环保意识	朗读、评价

（3）分析教学的重点和难点
教学重点、难点：通过对课文的朗读感悟，激发学生对大自然的热爱，让学生充分发挥想象，有感而发，真情表露

四、教学媒体的选择与应用

遵循媒体教学设计整体优化的原则，围绕教学目标，努力构建知识向能力迁移的动态系统。本课使用的媒体为计算机动画软件。通过在网上的搜集与查寻，我有选择性地将有关图片与音乐下载，并以投影片的形式，在教学中适时运用，声形并茂地呈现于学生面前，激发了学生的学习兴趣，使他们乐于其中，学得自主、有效。

知识点	学习水平	媒体类型	媒体内容要点	使用时间	媒体在教学中的作用	媒体使用方式
知识	理解	课件	夏季美景	15秒	创设情景，提供观察资源	浏览观察
能力	应用	课件	夏季景物	10秒	升华情感，提高感悟	观看、创作
情感	接受反应	课件	景物的美	2秒	提供资源、情感渲染	演示

五、教学过程

1．借助媒体，创设情境

（1）播放大自然夏天的音乐：雷声，雨声，蛙声，知了声……（媒体出示）闭上眼睛，竖起耳朵，仔细听，你好像看到了什么？（学生自由说，师生共同进入夏天的情境中）

（2）（媒体出示）师：夏天来了，夏天是位小姐姐，她穿着绚丽多彩的衣服，来到人间。她飞过高山，山峰变得更苍翠；她飞过小河，河水流得更欢快；她飞过树梢，知了唱起了欢快的歌……让我们变成草木虫鱼，一起去感受夏天的情怀，好吗？（听课文录音）（媒体出示）一起来听一首优美的小诗吧，我想你会喜欢的！

（3）揭题：真想变成大大的荷叶

2．初读课文，整体感知

（1）自由读诗，读准字音，读通句子。

（2）读给同桌听，互相指点。

（3）谁愿意选一段读给大家听？可以是你读得最好的一段，让大家欣赏一下，也可以是你读得还不够好的一段，让大家当你的小老师，帮帮你。

（4）谁能正确流利的读完整首诗。

3．品读诗歌，读中感悟

（1）师述导语（第一节：夏天是位小姐姐。她热情地问我：想变点儿什么？）小朋友，你最想变成什么？把有关的诗句读给同桌听！

（2）指名读，学生根据自己最想变成什么，自由组合成七个小组：雨滴、小鱼、蝴蝶、蝈蝈、星星、新月、荷叶组。教师分发各组的形象标志。

（3）小组合作，读中感悟（媒体出示）：①读（友情提示：读有关诗句，可以小组齐读，也可以一个人读，其余人欣赏）；②说（友情提示：听了朗读，你仿佛看到了什么？听到了什么？还想到了什么？）；③再读（友情提示：带着想象，再读一读，读出画面来）；④学生自主合作学习时，教师参与其中，给予适当的点拨。

（4）以组为单位，进行交流：①读（可以小组齐读，也可以一个人读，重在展示合作学习的成果。）；②说（指名汇报交流与同伴共同学习所获得的体会和感悟，以引起其余各组学生的共鸣，引发他们加以补充。）。

A 透明的雨滴落在绿油油的树叶上，多美的景色呀；活泼的小鱼游在清凌凌的河水里，多么纯净的世界呀！

B 绚丽的花丛中，蝴蝶在翩翩起舞，多么自由自在呀；浓密的树阴里，蝈蝈在唱歌，这些小精灵生活得多么快乐呀！

C 夏夜里的繁星离我们那么近，一闪一闪的，好像在眨着眼睛；弯弯的新月仿佛是夜空中一艘金色的小船，等着我们去乘坐，这一切多么美好啊！

D 夏天，荷叶满塘，小鱼在荷叶下往来嬉戏，无拘无束。雨点在荷叶上跳动，晶莹似珠，叮叮作响，多像在为小鱼弹奏一首欢快的乐曲啊！

（5）齐读全诗。

4．补充阅读，巧破难点（媒体出示）

（1）课文中的小鱼，雨点喜欢荷叶，还有许多可爱的朋友也喜欢荷叶呢！你们瞧！（出示短文，学生自读，再师生配合进行感情朗读）

荷叶圆圆的，绿绿的。

小水珠说："荷叶是我的摇篮"小水珠躺在荷叶上，眨着亮晶晶的眼睛。

小蝴蝶说："荷叶是我的大舞台。"小蝴蝶站在荷叶上，跳起了优美的舞蹈。

小青蛙说："荷叶是我的歌台。"小青蛙蹲在荷叶上，呱呱地放声歌唱。

小蜜蜂说："荷叶是我的小床。"小蜜蜂采花粉累了，躺在荷叶上美美地睡了。

小乌龟说："荷叶是我的避风港。"每当刮风下雨的时候，小乌龟就躲在荷叶下自由自在的游玩。

小刺猬说："荷叶是我的电影院。"每当孤独的时候，听听美妙动听的音乐，看看优美的舞蹈，小刺猬的心里觉得很快乐。

小朋友说："荷叶是我的凉帽。"小朋友头上顶着荷叶，红润润的脸蛋儿藏在绿油油的荷叶下，笑得比荷叶还美。

（2）老师小结：这么多朋友愿意跟荷叶在一起，怪不得这首诗最后用了一个"……"呢！荷叶不仅自己美丽可爱，还能给小鱼，雨点，小蝴蝶，小青蛙它们带来欢乐，怪不得小诗人"最想"变成大大的荷叶呢！

5．画笔生辉，拓展延伸（机动）

（1）小朋友，夏天已经来到我们身边了，你想变成什么呢？悄悄告诉周围的小伙伴吧！快拿出彩笔，把你美丽的想象画下来吧！喜欢写文章的小朋友还可以在画上写上几句诗呢！

（播放大自然夏天的音乐）（媒体出示）

（2）学生作画，教师巡视欣赏，与学生交谈。

（3）学生完成后，自愿上前向大家介绍自己的画，朗读自己的诗句。

（4）老师小结：小朋友，你们的画和诗不仅美，而且有情有趣，然而，大自然的美，大自然的情和趣是画也画不完的，写也写不尽的，让我们用一双智慧的眼去发现，让我们用一双灵巧的手去描绘，也让我们拥有一颗仁爱的心去呵护。你们愿意吗？

六、教学评价

1．指导思想

体现素质教育要求，把评价的侧重点放在学生的学习活动上，围绕学生主动学习来评价；充分利用现代教育技术，使评价具有客观性和可操作性，便于教师掌握和应用。

2．定量评价结果（定量指标分析）

评价指标	统计指标	统计结果	占总时间或人数百分比
学生参与的时间	学生学习时间	30 分钟	75%
	个别学习和小组学习时间	15 分钟	37.5%
学生参与的广度	个别学习和小组学习次数	8 次	
	回答问题与示范的人次	80 人次	200%
	开放性问题	6 个	
	学生提供多种答案	40 次	
	教师提供多种答案	0	
学生参与的认知水平	综合性和推理性问题	3 个	
	学生得出结论	20 人次	
	教师提供结论	1	
	学生回答有创意	10 人次	
	学生主动提问	12 次	
学生参与的形式	分组讨论、朗读、阅读、回答问题、写作训练		
学生参与的效果	回答问题正确率	98%	
	纪律问题	0 次	
现代教育技术应用	使用时间	20 分钟	50%

案例7   AT THE TAILOR'S SHOP

学校：佛山市南海区第一中学   姓名：曹红娟   日期：2005.11
课题：SEFC Book 2 A Unit 10 Lesson 38 At The Tailor's Shop

一、教学设计背景

这是一节基于专题学习网站"高中英文名著学习"的英语网络教学课，高中英文名著学习网站是基于现行高中英语教材的文学题材而建立起来的网站，网站内容如下：

执行者将就这一专题的开发与运用进行三至四轮研究，每一轮研究由三个课时组成，以 At The Tailor's Shop 为例。

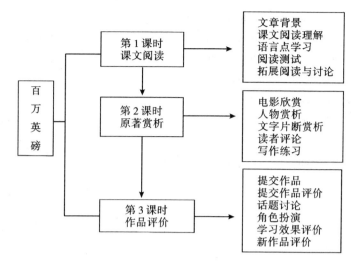

二、教学设计思想

这是一节英语网络教学课，执教者将对基于 Web 条件下的在线教学进行探讨并试图突出以下教学特点：①对学科专题教学进行尝试；②通过网上阅读的方式培养阅读能力；③通过网络测评系统对阅读速度和理解程度进行检测；④通过 BBS 实现不同学校学生之间的异地异步交流和合作，鼓励学生到国外英语论坛发表帖子 EnglishClub. com，Cambridge，England。

三、学习者特征分析

本课题适合的学习对象为高二学生，他们具备了一定的听说读写能力，有一定的电脑操作水平与网络知识，会使用一些学习工具并用 BBS 或电子信箱与人交流。对名著，但对英文原文的欣赏还有些吃力，需要借助老师的指点及视频、图像等多媒体资源来帮助理解。对文章的理解深度不够，书面语言表达能力尚待提高。

四、学习目标与任务

1．学习目标描述

知识目标	（1）完成本课的阅读任务，对文章背景知识的掌握，对课文的整体理解与深层理解，掌握字词句的表达。 （2）分角色朗读课文或表演对话。把握人物性格特征。
能力目标	阅读能力：在十分钟内完成一篇课文的阅读理解。达到一定的阅读速度和理解程度。 听说能力：通过课堂讨论，角色扮演朗读培养听说能力。 交际能力：通过在 BBS 上发表作品提高书面表达能力及回复本校和异地帖子培养网上交际能力。 创新能力：通过给文中人物画像，培养想象力和创新能力。
信息素养目标	提高学生的信息素养以及在网络环境中协作学习和自主学习的能力。利用 BBS 进行学习交流，利用测试系统和作品上传系统进行学习并学会使用一些学习工具。
情感目标	通过文学作品的感染培养高尚的情操，通过人物品质的挖掘与发现培养正确的人生观与价值观，实现学科教学的德育渗透。

2．学习内容与学习任务说明

（1）文章背景学习 A brief introduction of the story. ①About Mark Twain. ②About the short story "The £ 1000000 Bank – note"

学习任务 Read the text and try to find out the following questions：①When and where was Mark Twain born？ ②What was his first story，what was his masterpiece？ ③Where was the £ 1000000 Bank – note from？ Why did the brothers give it to a stranger？ ④What happened to the young man with the £ 1000000 Bank – note？

任务说明：此项任务由小组协作完成，分成四个小组，一个小组负责回答一个问题。

（2）课文阅读。① Fast – reading AT THE TAILOR'S SHOP：Read the dialogue as quickly as possible and take Test1． ② Intensive – reading：Some of the language and expressions are a little different from modern English. Try to go through each sentence and take Test2.

任务说明：此项任务为自主学习任务，由学生独立完成两个测试，在课文阅读时可以点击"注"帮助对课文的理解，也可以借助金山词霸等学习工具，课文提供各种链接以照顾学生差异。

（3）读与演 Reading and acting。Watch the film "The One Million Pounds Bank – note"，Pay attention to the characters' facial expression. Then read the dialogue in groups of three. Try to read it in right tone and mood..

任务说明：此项任务需协作完成，分角色朗读或表演对话。

（4）Discussion If I won £ 1000000：Imagine you win a million pounds！What will you do with it？Will you keep it all？Give some of it away？Give it all away？Stop working？Stop studying？Go on a holiday？But a castle？Start a business？Put it in the bank？Or under your mattress？Discuss with your partner，then issue your discussions in BBS.

任务说明：论坛可以按小组分成若干个区，也设有南海一中专区和兄弟中学专区，南海一中专区又以不同的班级为区，可以在自己所在的区发表帖子也可到对方班级或学校回复帖子，实现不同学校不同班级学生之间的异地异步交流。也可以参与国外的网站 English club ESL Forums．Cambridge England．（一个非母语英语课程学习网站）发表相同话题的帖子。

（5）Homework：Read the passage more carefully，try to get the characteristic of three person. Customer，Tod and manager. Draw a picture of them，any imagination is OK. You can use Photoshop or other drawing tools in your computer. Also you can draw it on paper and hand it to the teacher.

任务说明：这是一份创意作业，为人物画像，通过电脑画图工具完成，并配以简要的解说词，通过作品上传系统上传，同学们可以进行互相评价，评价标准为思想内容30分，创意30分，技术美工20分，文字解说（英语）20分。

五、学习环境的选择与学习资源设计

1．学习环境的选择

1．学习环境的选择（打√）		
（1）Web 教室√	（2）局域网	（3）城域网√
（4）校园网√	（5）Internet√	（6）其他
2．学习资源类型（打√）		
（1）课件（网络课件）√	（2）工具√	（3）专题学习网站√
（4）多媒体资源库	（5）案例库	（6）题库
（7）网络课程	（8）其他	

续表

3. 学习资源内容简要说明（名称、网址、主要内容）
网络课件：http://www.nhyz.org/bluesky 专题学习网站：http://www.nhyz.org//bluesky 学习工具：金山词霸 在线测试系统： 其他相关网址：http://www.classicreader.com/read.php/sid.6/bookid.518/ http://www.eastoftheweb.com/short - stories/UBooks/Neck.shtml http://www.twainquotes.com/Q.html Mark Twain's House

2. 学习情境创设

1. 学习情境类型（打√）	
（1）真实情境√	（2）问题性情境√
（3）虚拟情境√	（4）其他
2. 学习情境设计	

（1）真实情境：①由视频材料提供的情景；②由角色扮演创设的情景。

（2）问题性情境：①Where was the £ 1000000 Bank - note from? Why did the brothers give it to a stranger?
　　②What would happen to the young man with the £ 1000000 Bank - note?

（3）虚拟情境：想象 If I won £ 1000000

六、学习活动组织

1. 自主学习设计（打√并填写相关内容）		
类型	学生活动	教师活动
（1）抛锚式√	围绕问题进行学习 What would happen to the young man with the £ 1000000 Bank - note?	
（2）支架式√	Reading - Test2 - Reading again - Test2 - Reading - Discuss——Homework 沿着结构支架步步攀升。	设问与引导
（3）随机进入式		
（4）其他		

2. 协作学习设计（打√并填写相关内容）					
类型	相应内容	使用资源	分组情况	学生活动	教师活动
（1）竞争√	Test1 Test2	网络测试	个人竞争	参加测试	即时反馈竞争情况
（2）伙伴					
（3）协同√	An Introduction to The Story Homework	网站资源	分四个小组自由组合	小组协作学习完成本组任务，完成作业并进行作品的互相评价	任务驱动，教师评价
（4）讨论√	If I won £ 1000000	BBS	分四个小组	参与网上讨论	参与讨论并进行评价
（5）角色扮演√	Reading and acting	课本/视频	三人一组	角色扮演	参与角色，引导
（6）其他					

七、教学方法设计

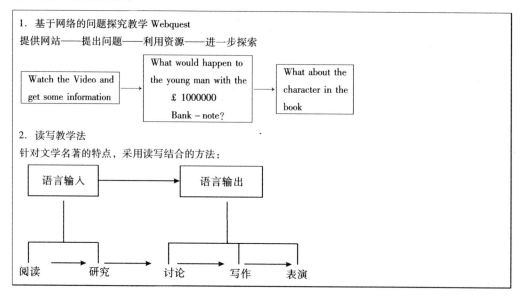

1. 基于网络的问题探究教学 Webquest

提供网站——提出问题——利用资源——进一步探索

2. 读写教学法

针对文学名著的特点，采用读写结合的方法：

八、教学评价设计

1. 测试形式与工具（打√）		
（1）课堂上提问√	（2）书面练习	（3）达标测试√
（4）学生自主网上测试√	（5）合作完成作品√	（6）其他（学习效果问卷调查）√
2. 测试内容：限时阅读理解测试与深层理解测试，学习效果问卷调查。（见网站测试系统）		

九、教学结构流程的设计

案例 7 来自：http://www.etc.edu.cn/academist/ysq/YsqTemp/优秀案例/中学英语_高中英语名著专题/index.htm

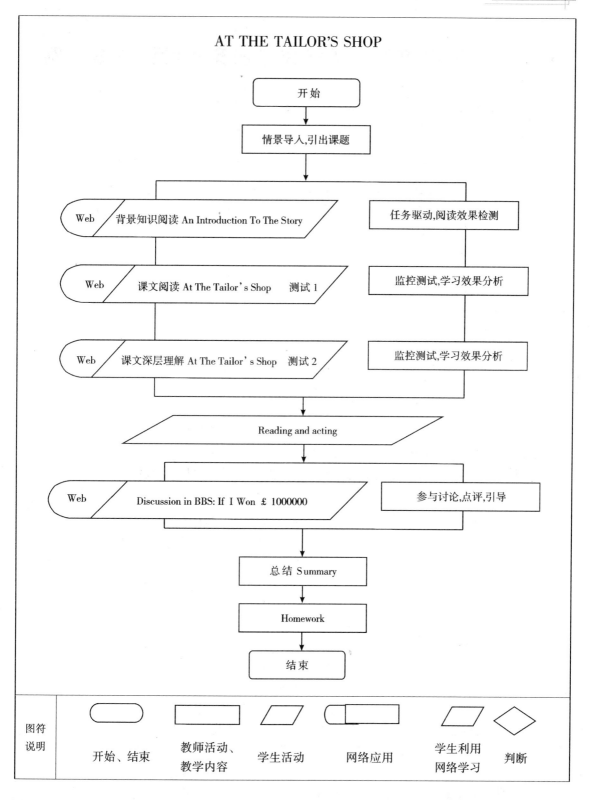

附录5 现代教育技术研究方法实验设计方案案例

一、研究题目

小学五年级兴趣作文教学模式的效果影响的实验研究

二、实验目的

研究兴趣作文教学模式在小学五年级作文教学中所产生的影响和效果，了解其优势与不完善之处，并做出相应的修正，使之得以推广应用，在小学作文教学中发挥更大的作用。为小学作文课堂教学改革奠定基础。

三、实验类型

对比性实验（普通班跟实验班的对比）

四、实验变量

1．实验变量（自变量）

自变量1：兴趣作文教学模式

自变量2：传统作文教学模式

2．反应变量（因变量）

因变量1：学生的作文写作水平（平时的作文评价和测试分数）

因变量2：学生写作的创造性（作文的评价）

因变量3：学生的写作兴趣（很感兴趣/感兴趣/不感兴趣/很不感兴趣）

3．无关变量（干扰变量）

（1）媒体素材的质量（即所选媒体、资源是否符合小学生的认知心理）。

（2）教师素质（教师能否较好地把握和运用此种教学模式和方法）。

（3）学习环境资源。

五、实验模式

等组实验（普通班跟实验班的对比）

六、实验步骤

（1）确定实验学校及实验班级。（开学前一星期）

（2）对实验班教师进行培训。（开学前两星期）

（3）检查实验学校的硬件及软件资源建设。（在开学前与第二步同时进行）

（4）分别实行传统作文模式和兴趣作文教学模式（上课时间及上课次数相同），每两周上交一篇作文，教师按照以下量表评分。（一个学期）

（5）（期末）问卷调查，总评。

（6）（期末）数据分析，得出实验报告。

七、实验过程（计划）

1．确定实验对象

第一步：通过抽样确定实验学校；

第二步：在实验学校五年级所有班级评测一次，确定出水平接近的两个班，分别实行传统作文模式和兴趣作文教学模式。

2．实验实施及控制

（1）实验变量控制：对实验班实施兴趣作文模式，对普通班实行传统作文模式。

（2）干扰变量控制：①对实验班教师进行培训，控制教师素质这一干扰变量；②保证每个学校的硬件设施及教学资源，控制教学环境这一干扰变量；③保证媒体素材的质量。

（3）反应变量测量。根据调查问卷及下表，测量学生的兴趣态度。

写作兴趣	行动表现	参加作文比赛、文学团体、在刊物上发表文章的次数
	感情表现	是否积极参加作文训练；在老师没有规定的情况下有没有创作的欲望；是否有写日记的习惯
	文章内容表现	是否有真情实感的流露

（4）根据下面的测量量表测量学生写作能力。（作文分数）

写作能力	观察、思维能力（30%）	观察能力（10%）	明白事情的来龙去脉，事物的特点性质，人们的思想感情。
		想象、联想能力（10%）	能够把自己观察到的事情在头脑里多回忆，多联想，多问几个为什么。
		记录能力（10%）	能够把看到的、听到的、想到的及时记下来。
	命题、立意能力（30%）	创新的立意的能力（10%）	立意首先要求正确，还要求有新意。
		自拟题目的能力（10%）	即要切合内容，不要"题不对文"；要具体，不要空洞；要精练，不要累赘；要醒目，不要一般化。
		审题的能力（10%）	能把教师出的题目的含义弄清楚，然后再在这个范围内选择材料，确定中心。
	选材、组织能力（20%）	选材组织（10%）	每篇作文都要有一个中心，要把有关中心的话写进去，而且要排列得妥帖，使中心显露出来
		作文提纲（10%）	选择材料和把材料排好队
	遣词、造句能力（20%）	用词（10%）	运用词语要准确，要符合规范，不能生造词语。遣词还要恰当，就是说，要选择和运用表达意思最准确的词。
		句子（10%）	句子要通顺，要符合语言习惯。

3．数据分析

根据以上两个量表和调查问卷得到的数据，进行统计分析，写出分析报告。

参考文献

1 张剑平. 现代教育技术—理论与应用. 北京:高等教育出版社,2001

2 杨平展等. 现代教育技术概论. 长沙:湖南大学出版社,2000

3 南国农,李运林主编. 电化教育学(第二版). 北京:高等教育出版社,1998

4 李芒主编. 现代教育技术. 长春:东北师大出版社,1999

5 尹俊华主编. 教育技术学导论:北京:高等教育出版社,1996

6 李克东,谢幼如编著. 多媒体组合教学设计,北京:科学出版社,1992

7 [美]巴巴拉·西尔斯,丽塔·里奇著,乌美娜,刘雍潜等译,教学技术领域的定义和范畴. 北京:中央广播电视大学出版社,1999

8 祝智庭主编. 现代教育技术——走进信息化教育. 北京:教育科学出版社,2002

9 黄宇星著. 现代教育技术学. 福州:福建教育出版社,2004

10 陈至立. 抓住机遇,加快发展,在中小学大力普及信息技术教育[DB/OL]. http://www.edu.cn/20020327/3023659.shtml

11 教育部. 基础教育课程改革纲要(试行)[Z]. http://www.mon.edu.cn/edoas/web-site18/info7256.htm

12 黎加厚. 东行记[DB/OL]. http://www.jeast.net/old/001023.html

13 何克抗. 信息技术与课程深层次整合的理论与方法. 电化教育研究,2005,(1):7~15

14 南国农. 教育信息化几个理论与实际问题,电化教育研究:2002(11)

15 李克东,谢幼如. 信息技术与课程整合的理论与实践. 北京:北京师范大学出版社,2002

16 马宁,余胜泉. 信息技术与课程整合的层次. 中国电化教育,2002,(1):9~13

17 徐万胥. 信息技术与课程整合的理念与策略. 电化教育研究,2003,(2):54~57

18 马宁,余胜泉. 信息技术与课程整合的层次. 中国电化教育,2002,01

19 张铁炳,李芒. 用系统论的方法分析信息技术与课程整合的层次性与多样性. 电化教育研究,2005(11)

20 李如密. 关于教学模式若干理论问题的探讨. 课程·教材·教法,1996(4)

21 高文. 现代教学的模式化研究. 济南:山东教育出版社,1998

22 马宁,余胜泉. 信息技术与课程整合的层次. 中国电化教育,2002

23 张铁炳,李芒. 用系统论的方法分析信息技术与课程整合的层次性与多样性. 电化教育研究. 2005(11)

24 高文. 现代教学的模式化研究. 济南:山东教育出版社,1998:480

25 杨改学. 三种学习理论与现代远程教育. 中国远程教育,2003.23:25

26 万嘉若,曹揆申. 现代教育技术学大学后教育书系. 北京:中国科学技术出版社,1991

27 徐道安. 现代教育技术管理与应用. 北京:国防科技大学出版社,2002

28 桑新民. 技术—教育—人的发展(上)——现代教育技术学的哲学基础初探. 电化教育研究,1999.2

29 桑新民. 技术—教育—人的发展(下)——现代教育技术学的哲学基础初探. 电化教育研究,1999.3:30

30　吴疆,李乃超. 现代教育技术教程(一级). 北京:人民邮电出版社,2003

31　顾清红,祝智庭. 教育技术的后现代观. 电化教育研究,2001.7:3

32　祝智庭. 现代教育技术——走向信息化教育. 北京:教育科学出版社,2002

33　南国农主编. 信息化教育概论. 北京:高等教育出版社,2004

34　何克抗,李文光编著. 教育技术学. 北京:北京师范大学出版社,2002

35　尹俊华等. 教育技术学导论(第二版). 北京:高等教育出版社,2002

36　南国农,李运林主编. 教育传播学(第二版). 北京:高等教育出版社,2005

37　李兆君主编. 现代教育技术. 北京:高等教育出版社,2004

38　李运林,徐福荫编著. 教学媒体的理论与实践. 北京:北京师范大学出版社,2003

39　张筱兰主编. 信息技术与课程整合的理论与方法. 北京:民族出版社,2004

40　[美]Walter Dick Lou Carey 著,汪琼译. 教学系统化设计. 北京:高等教育出版社,2005

41　James O. Carey R·M·加涅·J·布里格斯 著,皮连生、庞维国等译. 教学设计原理. 上海:华东师范大学出版社,2000

42　乌美娜 主编. 教学设计,北京:高等教育出版社,2002

43　乌美娜,李芒 主编. 现代教育技术基础. 哈尔滨:东北师范大学出版社,2000

44　[美]ROBERTE. SLAVIN 著,姚梅林译. 教育心理学. 北京:人民邮电出版社,2004

45　闫寒冰编著. 信息化教学评价——量规实用工具. 北京:教育科学出版社,2003

46　尹俊华,庄榕霞,戴正南. 教育技术学导论. 北京:高等教育出版社, 2002

47　何克抗. 关于教育技术学逻辑起点的论证与思考. 电化教育研究. 2005,(11)

48　黄荣怀. 关于教育技术学领域中的若干关键技术. 中国电化教育. 2005,(4)

49　黄荣怀. 关于教育技术学科发展的思考中国电化教育. 2005,(1)

50　黄荣怀. 论教育信息化与信息技术教育. 中国电化教育. 2003,(1)

51　黄荣怀. 我国教育技术的发展趋势简析. 中国电化教育. 2002,(9)

52　黎加厚. 2005AECT 教育技术定义:讨论与批判. 现代远程教育研究. 2005,(1)

53　彭绍东. 教育技术的定义与命题. 电化教育研究. 2000,(10)

54　陈琦,张建伟. 建构主义与教学改革. 教育研究与实验. 1998,(3)

55　张建伟. 现代教育技术学研究领域的基本架构. 教育研究. 2002,(4)